(Conserver la Couverture)

EUGÈNE FROMENTIN

SAHARA ET SAHEL

I. — UN ÉTÉ DANS LE SAHARA
II. — UNE ANNÉE DANS LE SAHEL

ÉDITION ILLUSTRÉE
DE DOUZE EAUX-FORTES PAR LE RAT, COURTRY ET RAJON
D'HÉLIOGRAVURE PAR LE PROCÉDÉ GOUPIL
ET DE QUATRE GRAVURES EN RELIEF D'APRÈS LES DESSINS D'EUGÈNE FROMENTIN

PARIS
LIBRAIRIE PLON
E. PLON, NOURRIT et Cie, IMPRIMEURS-ÉDITEURS
10, RUE GARANCIÈRE

M DCCC LXXXVII

SAHARA ET SAHEL

L'auteur et les éditeurs déclarent réserver leurs droits de traduction et de reproduction à l'étranger..

Ce volume a été déposé au ministère de l'intérieur (section de la librairie) en novembre 1886.

DU MÊME AUTEUR, A LA MÊME LIBRAIRIE :

Les Maîtres d'autrefois : Belgique-Hollande. Cinquième édition. Un vol. in-18. Prix : 4 francs.

Dominique. Un volume grand in-18. Caractères elzeviriens. Quatrième édition. Prix : 3 fr. 50.

EUGÈNE FROMENTIN

SAHARA ET SAHEL

I. — UN ÉTÉ DANS LE SAHARA
II. — UNE ANNÉE DANS LE SAHEL

ÉDITION ILLUSTRÉE

DE DOUZE EAUX-FORTES PAR LE RAT, COURTRY ET RAJON
D'UNE HÉLIOGRAVURE PAR LE PROCÉDÉ GOUPIL
ET DE QUATRE GRAVURES EN RELIEF D'APRÈS LES DESSINS D'EUGÈNE FROMENTIN

PARIS
LIBRAIRIE PLON
E. PLON, NOURRIT ET Cⁱᵉ, IMPRIMEURS-ÉDITEURS
10, RUE GARANCIÈRE
—
M DCCC LXXXVII

NOTE DES ÉDITEURS

A LA PRÉCÉDENTE ÉDITION ILLUSTRÉE DE *SAHARA* ET *SAHEL*

L'ouvrage que nous présentons aujourd'hui au lecteur est la réunion de deux livres déjà consacrés par le succès : *Un été dans le Sahara*, qui parut pour la première fois en 1856, et *Une année dans le Sahel*, qui ne fut publié que deux ans après.

Il eût été facile de les fondre l'un dans l'autre, en intercalant à leur date, entre le chapitre III et le chapitre IV du *Sahel*, les lettres qui forment le volume du *Sahara*.

Mais cette disposition de l'ouvrage eût été, croyons-nous, contraire à la pensée d'Eugène Fromentin, qui a voulu que chaque livre formât un tout, ayant son unité de plan et son caractère distinct.

Nous ne pouvions donc que conserver la division adoptée par l'auteur.

Dans la préface de la troisième édition d'*Un été dans le Sahara*, Eugène Fromentin explique comment la difficulté de peindre tout avec le pinceau l'avait amené à essayer aussi de la plume.

C'est en lisant cette préface, reproduite ici tout entière et à laquelle nous croyons utile de renvoyer le lecteur, qu'il nous a paru intéressant de juxtaposer, en quelque sorte, l'œuvre du peintre et celle de l'écrivain. On ne doit donc pas s'attendre à trouver ce livre illustré comme un autre, c'est-à-dire à ce que chaque gravure ou chaque dessin répète précisément ce que le récit dit à côté. Une telle coïncidence, au contraire, ne se rencontrera que par fortune.

« Le livre est là, écrivait Eugène Fromentin, non pour répéter l'œuvre du peintre, mais pour exprimer ce qu'elle ne dit pas. » Ce que nous avons reproduit de l'œuvre du peintre, dirons-nous à notre tour, apparaît ici, soit pour éclairer le récit, soit, le plus souvent, pour compléter la pensée esthétique de l'auteur.

Le sentiment bienveillant qui a porté les plus illustres amateurs à mettre avec tant d'empressement leurs galeries à notre disposition pour nous aider dans notre entreprise, nous est une garantie de l'intérêt qu'elle doit offrir aux personnes qui, dans les lettres et dans les arts, ont le goût des recherches délicates.

A

ARMAND DU MESNIL

Cher ami, en te dédiant mes souvenirs de voyage, je ne fais que te restituer des lettres qui t'appartenaient, pour la plupart, avant de devenir un livre. C'est d'ailleurs indiquer l'origine particulière et le sens familier de ces récits, que de les publier sous le patronage d'une amitié qui rend nos deux noms inséparables.

E. F.

Paris, 15 octobre 1856.

PRÉFACE

DE LA TROISIÈME ÉDITION

Ces livres sont déjà d'une autre époque; et, disons-le nettement, la pensée de les faire revivre, après tant d'années, ne pouvait plus venir qu'à l'auteur lui-même. Les lecteurs d'autrefois, s'il les conserve, ceux d'aujourd'hui, s'il doit en avoir, jugeraient peut-être l'idée bizarre et sans opportunité; aussi l'auteur se croit-il obligé de la motiver en quelques pages.

Un été dans le Sahara date de 1856. *Une année dans le Sahel* ne parut que deux ans après. Le métier de l'auteur n'était pas d'écrire; on lui sut gré de s'en tirer convenablement. On lui tint compte aussi de la bonne foi, de la déférence et même des ingénuités dont il donnait la preuve, en touchant à un art qui n'était pas le sien et ne devait pas l'être. Chacun de ces livres eut deux éditions. Tout portait à croire que l'auteur n'en écrirait pas d'autres; c'était une dernière raison pour que leur publicité s'arrêtât là.

Si ces livres ne contenaient que des récits ou des tableaux de voyage, une bonne partie de leur valeur aurait disparu. Les lieux ont beaucoup changé. Il y en a, parmi ceux que je cite, qui pouvaient alors passer pour assez mystérieux ; tous ont perdu l'attrait de l'incertitude, et depuis longtemps. L'intérêt qui s'attachait à ces notes, en leur nouveauté, ne serait donc plus le même, soit qu'on y reconnût mal les traits du présent, soit qu'on n'y trouvât plus le piquant des choses inédites. D'ailleurs, quel est le lecteur, un peu au courant des explorations récentes, qui s'occuperait avec la moindre curiosité d'un petit coin de l'Afrique française, parcouru jadis par un observateur spécial, aujourd'hui que le vaste monde est à tous et qu'il faut, pour surprendre, instruire ou intéresser, de lointains voyages, beaucoup d'aventures, ou beaucoup de savoir?

J'ajoute que, si leur unique mérite était de me faire revoir un pays qui cependant m'a charmé, et de me rappeler le pittoresque des choses, hommes et lieux, ces livres me seraient devenus à moi-même presque indifférents. A la distance où me voici placé de tout ce qu'ils évoquent, il m'importe à peine qu'il y soit question d'un pays plutôt que d'un autre, du désert plutôt que de lieux encombrés, et du soleil en permanence plutôt que de l'ombre de nos hivers. Le seul intérêt qu'à mes yeux ils n'aient pas perdu, celui qui les rattache à ma vie présente, c'est une certaine manière de voir, de sentir et d'exprimer qui m'est personnelle et n'a pas cessé d'être mienne. Ils disent à peu près ce que j'étais, et je m'y retrouve. J'y retrouve également ce que j'avais rêvé d'être, avec des promesses qui toutes n'ont pas été tenues et dont la plupart n'ont pas eu d'effet. De sorte que si j'ai peu grandi, du moins je n'ai pas changé. Voilà quel est, pour l'auteur qui vient de les relire, le sens actuel de ces livres de jeunesse; et c'est uniquement à cause de cela qu'il y tient.

PRÉFACE

DE LA TROISIÈME ÉDITION

Ces livres sont déjà d'une autre époque; et, disons-le nettement, la pensée de les faire revivre, après tant d'années, ne pouvait plus venir qu'à l'auteur lui-même. Les lecteurs d'autrefois, s'il les conserve, ceux d'aujourd'hui, s'il doit en avoir, jugeraient peut-être l'idée bizarre et sans opportunité; aussi l'auteur se croit-il obligé de la motiver en quelques pages.

Un été dans le Sahara date de 1856. *Une année dans le Sahel* ne parut que deux ans après. Le métier de l'auteur n'était pas d'écrire; on lui sut gré de s'en tirer convenablement. On lui tint compte aussi de la bonne foi, de la déférence et même des ingénuités dont il donnait la preuve, en touchant à un art qui n'était pas le sien et ne devait pas l'être. Chacun de ces livres eut deux éditions. Tout portait à croire que l'auteur n'en écrirait pas d'autres; c'était une dernière raison pour que leur publicité s'arrêtât là.

Si ces livres ne contenaient que des récits ou des tableaux de voyage, une bonne partie de leur valeur aurait disparu. Les lieux ont beaucoup changé. Il y en a, parmi ceux que je cite, qui pouvaient alors passer pour assez mystérieux ; tous ont perdu l'attrait de l'incertitude, et depuis longtemps. L'intérêt qui s'attachait à ces notes, en leur nouveauté, ne serait donc plus le même, soit qu'on y reconnût mal les traits du présent, soit qu'on n'y trouvât plus le piquant des choses inédites. D'ailleurs, quel est le lecteur, un peu au courant des explorations récentes, qui s'occuperait avec la moindre curiosité d'un petit coin de l'Afrique française, parcouru jadis par un observateur spécial, aujourd'hui que le vaste monde est à tous et qu'il faut, pour surprendre, instruire ou intéresser, de lointains voyages, beaucoup d'aventures, ou beaucoup de savoir?

J'ajoute que, si leur unique mérite était de me faire revoir un pays qui cependant m'a charmé, et de me rappeler le pittoresque des choses, hommes et lieux, ces livres me seraient devenus à moi-même presque indifférents. A la distance où me voici placé de tout ce qu'ils évoquent, il m'importe à peine qu'il y soit question d'un pays plutôt que d'un autre, du désert plutôt que de lieux encombrés, et du soleil en permanence plutôt que de l'ombre de nos hivers. Le seul intérêt qu'à mes yeux ils n'aient pas perdu, celui qui les rattache à ma vie présente, c'est une certaine manière de voir, de sentir et d'exprimer qui m'est personnelle et n'a pas cessé d'être mienne. Ils disent à peu près ce que j'étais, et je m'y retrouve. J'y retrouve également ce que j'avais rêvé d'être, avec des promesses qui toutes n'ont pas été tenues et dont la plupart n'ont pas eu d'effet. De sorte que si j'ai peu grandi, du moins je n'ai pas changé. Voilà quel est, pour l'auteur qui vient de les relire, le sens actuel de ces livres de jeunesse ; et c'est uniquement à cause de cela qu'il y tient.

A l'époque où je fus pris du besoin d'écrire, je n'étais qu'un inconnu, très-ignorant et désireux de produire; pour ces deux raisons, fort en peine.

J'avais visité l'Algérie à plusieurs reprises; je venais d'y pénétrer plus loin et de l'habiter posément. Une sorte d'acclimatation intime et définitive me la faisait accepter, sinon choisir, comme objet d'études et, très-inopinément, décidait de ma carrière, beaucoup plus que je ne l'imaginais alors, et, l'avouerai-je? beaucoup plus que je n'aurais voulu.

Je rapportais de ce voyage de vifs souvenirs, à défaut de bons documents. Surtout, j'en rapportais le désir impatient de le reproduire n'importe comment, n'importe à quel prix. Je me persuadais qu'il n'y a pas de sujet médiocre, ni de sujet ennuyeux, mais seulement des cœurs froids, des yeux distraits, des écrivains ennuyés. La nouveauté du sujet ne m'embarrassait guère. Il ne me semblait nullement téméraire de parler de l'Orient après tant d'auteurs grands ou charmants : convaincu que n'étant personne encore, j'avais chance au moins de devenir quelqu'un, et qu'à être ému, net et sincère, on risquait encore d'être écouté.

Le hasard m'avait fourni le thème; restait à trouver la forme. L'instrument que j'avais dans la main était si malhabile, que d'abord il me rebuta. Ni l'abondance, ni la vivacité, ni l'intimité de mes souvenirs ne s'accommodaient des pauvres moyens de rendre dont je disposais. C'est alors que l'insuffisance de mon métier me conseilla, comme expédient, d'en chercher un autre, et que la difficulté de peindre avec le pinceau me fit essayer de la plume.

Voilà, qu'on me pardonne ce retour sur leurs origines, comment sont nés ces deux livres : à côté d'un chevalet, dans le demi-jour d'un atelier, au milieu d'ombres fort sérieuses, que le soleil oriental constamment en vue, comme une sorte de mirage éblouissant, ne parvenait pas toujours à égayer. La chose entreprise, il me parut intéressant de comparer dans leurs procédés deux manières de s'exprimer qui m'avaient l'air de se ressembler bien peu, contrairement à ce qu'on suppose. J'avais à m'exercer sur les mêmes tableaux, à traduire, la plume à la main, les croquis accumulés dans mes cartons de voyage. J'allais donc voir si les deux mécanismes sont les mêmes ou s'ils diffèrent, et ce que deviendraient les idées que j'avais à rendre, en passant du répertoire des formes et des couleurs dans celui des mots. L'occasion de faire cette épreuve est assez rare, et je n'étais pas fâché qu'elle me fût donnée.

J'entendais dire, et j'étais assez disposé à le croire, que notre vocabulaire était bien étroit pour les besoins nouveaux de la littérature pittoresque. Je voyais en effet les libertés que cette littérature avait dû se permettre depuis un demi-siècle afin de suffire aux nécessités des goûts et des sensations modernes. Décrire au lieu de raconter, peindre au lieu d'indiquer; peindre surtout, c'est-à-dire donner à l'expression plus de relief, d'éclat, de consistance, plus de vie réelle; étudier la nature extérieure de beaucoup plus près dans sa variété, dans ses habitudes, jusque dans ses bizarreries; telle était en abrégé l'obligation imposée aux écrivains dits descriptifs par le goût des voyages, l'esprit de curiosité et d'universelle investigation qui s'était emparé de nous.

Un même courant, d'ailleurs, emportait l'art de peindre et celui d'écrire hors de leurs voies les plus naturelles. On s'occupait moins de l'homme et beaucoup plus de ce qui l'environne. Il semblait que tout avait été dit de ses passions et de ses formes, excellemment, décidément, et qu'il ne restait qu'à le faire mouvoir dans le cadre changeant des lieux, des climats, des horizons nouveaux. Une école extraordinairement vivante, attentive, sagace, douée d'un sens d'observation, sinon meilleur, du moins plus subtil, d'une sensibilité plus aiguë, avait déjà renouvelé sur un point la peinture française et l'honorait grandement. Cette école avait, comme toutes les écoles, ses maîtres, ses disciples et déjà ses idolâtres. On voyait, disait-on, mieux que jamais; on révélait mille détails jusque-là méconnus. La palette était plus riche, le dessin plus physionomique. La nature vivante pouvait enfin se considérer pour la première fois dans une image à peu près fidèle, et se reconnaître en ses infinies métamorphoses. Il y avait du vrai et du faux dans ces dires. Le vrai excusait le faux, et le faux n'empêchait pas que le vrai n'eût un prix réel. Le besoin d'imiter tout, à tout propos, faisait naître à chaque instant des œuvres singulières; et lorsque le don d'émouvoir s'y mêlait par fortune, il inspirait des œuvres considérables. Comment s'étonner qu'un pareil mouvement, se produisant à côté des lettres contemporaines, ait agi sur elles, et que, devant de tels exemples, participant eux-mêmes à de tels besoins, sensibles, rêveurs, ardents, les yeux comme nous bien ouverts, nos écrivains aient eu la curiosité d'enrichir aussi leur palette et de la charger des couleurs du peintre?

Je n'oserai pas dire que je leur donne tort, tant ils avaient d'éclat, tant ils mettaient d'habileté, de zèle, de souplesse et de talent à se donner raison. Seulement, à considérer les choses en dehors de ce mouvement, dont l'effet n'était irrésistible qu'au milieu du courant, en m'isolant du souvenir de certains livres, si bien faits pour convaincre, et de l'admiration qui m'attachait à quelques-uns, je me demandais s'il était nécessaire d'ajouter aux ressources d'un art qui vivait de son propre fonds et s'en était trouvé si bien. En définitive, il me parut que non.

Il est hors de doute que la plastique a ses lois, ses limites, ses conditions d'existence, ce qu'on appelle en un mot son domaine. J'apercevais d'aussi fortes raisons pour que la littérature réservât et préservât le sien. Une idée peut à la fois s'exprimer de deux manières, pourvu qu'elle se prête ou qu'on l'adapte à ces deux manières. Mais sa forme choisie, et j'entends sa forme littéraire, je ne voyais pas qu'elle exigeât ni mieux, ni plus que ne comporte le langage écrit. Il y a des formes pour l'esprit, comme il y a des formes pour les yeux; la langue qui parle aux yeux n'est pas celle qui parle à l'esprit. Et le livre est là, non pour répéter l'œuvre du peintre, mais pour exprimer ce qu'elle ne dit pas.

A peine au travail, la démonstration de cette vérité me rassura. Je la tirais d'une expérimentation très-sûre et décisive. J'en conclus avec la plus vive satisfaction que j'avais en main deux instruments distincts. Il y avait lieu de partager ce qui convenait à l'un, ce qui convenait à l'autre. Je le fis. Le lot du peintre était forcément si réduit, que celui de l'écrivain me parut immense. Je me promis seulement de ne pas me tromper d'outil en changeant de métier.

Ce fut un travail charmant, qui ne me coûta pas d'efforts et me causa de vifs plaisirs. Il est clair que la forme de lettres, que j'adoptai pour les deux récits, était un simple artifice qui permettait plus d'abandon, m'autorisait à me découvrir un peu plus moi-même, et me dispensait de toute méthode. Si ces lettres avaient été écrites au jour le jour et sur les lieux, elles seraient autres; et peut-être, sans être plus fidèles, ni plus vivantes, y perdraient-elles ce je ne sais quoi et qu'on pourrait appeler l'image réfractée, ou, si l'on veut, l'esprit des choses. La nécessité de les écrire à distance, après des mois, après des années, sans autre ressource que la mémoire et dans la forme particulière propre aux souvenirs condensés, m'apprit, mieux que nulle autre épreuve, quelle est la *vérité* dans les arts qui vivent de la nature, ce que celle-ci nous fournit, ce que notre sensibilité lui prête. Elle me rendit toute sorte de services. Surtout, elle me contraignit à chercher la vérité en dehors de l'exactitude, et la ressemblance en dehors de la copie conforme. L'exactitude poussée jusqu'au scrupule, une vertu capitale lorsqu'il s'agit de renseigner, d'instruire ou d'imiter, ne devenait plus qu'une qualité de second ordre, dans un ouvrage de ce genre, pour peu que la sincérité soit parfaite, qu'il s'y mêle un peu d'imagination, que le temps ait choisi les souvenirs; en un mot, qu'un grain d'art s'y soit glissé.

Je n'insisterai pas autrement; ce sont là des façons de voir et des détails de purs procédés qui ne regardent et qui n'intéresseraient personne. Je dirai seulement que le choix des termes, à côté du choix des couleurs, me servait à plus d'une étude instructive. Je ne cacherai pas combien j'étais ravi, lorsqu'à l'exemple de certains peintres, dont la palette est très-sommaire et l'œuvre cependant riche en expressions, je me flattais d'avoir tiré quelque relief ou quelque couleur d'un mot très-simple en lui-même, souvent le plus usuel et le plus usé, parfaitement terne à le prendre isolément. Il y avait là, pour un homme qui n'était pas plus maître de sa plume qu'il ne l'était de son pinceau et qui faisait à la fois deux apprentissages, un double enseignement plein de leçons intéressantes. Notre langue, étonnamment saine et expressive, même en son fonds moyen et dans ses limites ordinaires, m'apparaissait comme inépuisable en ressources. Je la comparais à un sol excellent, tout borné qu'il est, qu'on peut indéfiniment exploiter dans sa profondeur, sans avoir besoin de l'étendre, propre à donner tout ce qu'on veut de lui, à la condition qu'on y creuse. Souvent je me demandais ce qu'on devrait entendre au juste par *néologisme*. Et quand je cherchais l'explication de ce mot dans de bons exemples, je trouvais qu'un néologisme est tout simplement l'emploi nouveau d'un terme connu.

Ces remarques, assez inutiles s'il se fût agi d'un livre où l'idée domine, où le raisonnement est l'allure ordinaire de l'esprit, devenaient autant de précautions nécessaires dans une suite de récits et de tableaux visiblement puisés aux souvenirs d'un peintre. Ce que sa mémoire avec des habitudes spéciales, ce que son œil avec plus d'attention, de portée et de facettes, avaient retenu de sensations pendant le cours d'un long voyage en pleine lumière, il essayait de l'approprier aux convenances de la langue écrite. Il transposait à peu près comme fait un musicien, en pareil cas. Il aurait voulu que tout se vît sans offusquer la vue, sans blesser le goût; que le trait fût vif, sans insistance de main; que le coloris fût léger plutôt qu'épais; souvent que l'émotion tînt lieu de l'image. En un mot, sa pensée constante, je le répète, était que sa plume n'eût pas trop l'air d'un pinceau chargé d'huile et que sa palette n'éclaboussât pas trop souvent son écritoire.

Ces deux livres terminés, à deux ans de distance et pour ainsi dire écrits d'une haleine, je les publiai comme ils étaient venus, sans y regarder de trop près. Les défauts qui sautent aux yeux, je les apercevais, même avant qu'on me les signalât. Soit à dessein, soit par impuissance de me corriger, je n'en fis pas disparaître un seul; et le public voulut bien n'y voir qu'un manque excusable de maturité.

On fit à ces deux livres un bon accueil. Je dirais que l'accueil fut inespéré, si je ne craignais d'exagérer l'importance d'une publicité de petit bruit et de manquer de mesure, pour ne pas manquer de reconnaissance. Des approbations, que je n'oublierai jamais, me vinrent de divers côtés. Il y en eut que je n'attendais guère; il y en eut que je n'osais point espérer. Je fus surpris, touché, profondément heureux, et plutôt tranquillisé dans ma manière d'être et de voir. Je me gardai bien de prendre ces témoignages pour un brevet de confraternité, donné par des écrivains de premier ordre, à un débutant qui ne devait jamais être un des leurs. J'y vis une sorte de complaisance empressée, bienveillante, infiniment courtoise, à admettre momentanément dans leur compagnie quelqu'un, venu par hasard, et qui n'y devait pas rester.

De ceux dont le patronage inattendu me fut alors le plus doux, l'un est mort depuis, en plein éclat, après avoir occupé dans la littérature pittoresque un rang tout à fait supérieur; romancier, poëte, critique, voyageur; passionnément épris de la forme dans sa rareté, dans son opulence; une main exquise, un œil d'une surprenante justesse; doué comme il le fallait pour tenter l'alliance entre deux arts dont, grâce à lui, les contacts devenaient si fréquents, et seulement trop convaincu peut-être qu'il y avait réussi; au fond très-circonspect; sachant admirablement ce qu'il faisait et le faisant à merveille; *impeccable,* comme écrivait de lui un de ses disciples, en ce sens que s'il n'est pas un maître exemplaire, il aura du moins laissé dans son œuvre quelques morceaux de maîtrise excellents.

L'autre, pour l'honneur des lettres françaises, porte, aussi légèrement que si cela ne pesait rien, quarante années révolues de travaux et de vraie gloire. Le jour où mon premier livre parut, ce fut lui qui me tendit la main, pour ainsi dire à mon insu. J'ignore ce qu'on put augurer d'un inconnu quand on le vit placé sous le patronage d'un pareil nom; mais je sais bien qu'en m'appuyant pour la première fois sur cette main quasi souveraine, je sentis combien elle avait de bonté pour les jeunes et de douceur encourageante pour les faibles.

J'ai dit, je crois, ce que j'avais à dire. Peut-être est-ce trop ou pas assez. Un volume de pur roman, publié quelques années plus tard, reproduisit sous une autre forme le côté tout personnel des ouvrages précédents, et j'en restai là.

Des voyages que j'ai faits depuis lors, j'ai résolu de ne rien dire. Il m'eût fallu parler de lieux nouveaux, à peu près comme j'avais parlé des anciens. Mais à quoi bon? Qu'importe que le spectacle change, si la manière de voir et de sentir est toujours la même?

Il me reste, à la vérité, un champ d'observations tout différent, celui où je suis placé désormais et où me retiennent mes habitudes, plutôt que mes goûts. Trouverai-je là l'occasion d'écrire? Je l'ignore. J'estime quil y aurait, sur certains points qui me sont familiers, beaucoup à dire, en exposant ce que j'aperçois, ce que je sais, ce que je crois. Le sujet serait, on le comprend, délicat pour un homme de métier devenu critique, à qui l'on demanderait, avec raison, moins de paroles et de meilleures preuves. Ce sujet à la fois si tentant et si épineux, m'est-il permis, me sera-t-il défendu d'y toucher? Jusqu'à présent, j'ai jugé qu'il était séant de me l'interdire.

Il n'est pas de livre un peu digne d'être lu qui n'ait son public et qui ne se l'attache, grâce à des affinités purement humaines. Il se forme ainsi quelquefois des amitiés qui se consolident, en raison de l'âge du livre, en souvenir de l'époque où l'on était jeunes ensemble. C'est à ce petit nombre d'amis connus ou inconnus d'ancienne date que je destine particulièrement cette édition.

E. F.

Paris, 1er juin 1874.

PREMIÈRE PARTIE

UN ÉTÉ

DANS LE SAHARA

I

DE MEDEAH A EL-AGHOUAT.

Medeah, 22 mai 1853.

Cher ami, je comptais ne t'écrire que de ma première étape; mais l'inaction forcée où je suis me fait ouvrir, sans plus attendre, mon journal de route. Je le commence quand même, ne fût-ce que pour abréger les heures et pour me consoler avec « cette petite lumière intérieure » dont parle Jean Paul, et qui nous empêche de voir et d'entendre le temps qu'il fait dehors.

Depuis le jour où tu m'as quitté, nous vivons au milieu d'une vraie tempête. Tu l'as traversée toi-même, sans doute, en retournant en France; car elle nous vient du Nord, soufflant à la manière du mistral et tout imprégnée d'eau de mer. Quoique nous soyons en mai, l'hiver, tu t'en souviens, avait encore un pied posé sur les blancs sommets de la Mouzaïa; c'est lui qui visite une dernière fois, du moins on l'espère, les jolies campagnes déjà fleuries de Medeah. — Suppose une étendue de quarante lieues de nuages, amoncelés entre l'*Ouarensenis* et nous, et tu pourras imaginer dans quelles profondeurs de brume sa magnifique pyramide est ensevelie. Quant au Zaccar, notre voisin, c'est à peine si, de loin en loin, on aperçoit, à travers un rideau de pluie moins serré, sa double corne tout estompée par les bords et d'un affreux ton d'encre de Chine, étendue d'eau.

Ce brusque retour des pluies nous a surpris au moment de monter à cheval. Nos adieux étaient faits, nos mulets de bât déjà chargés; il a fallu donner contre-ordre à notre escorte de cavaliers; et me voici, confiné dans une chambre d'auberge, n'ayant pour toute distraction que la vue des cigognes, lugubrement perchées aux bords de leurs vastes nids, et attendant impatiemment qu'une éclaircie se fasse dans ce ciel de Hollande.

Réduit comme je le suis à stimuler mon enthousiasme prêt à faiblir par toutes sortes de rêveries, anticipées ou rétrospectives, j'ai accueilli avec complaisance tout à l'heure un souvenir dont tu voudras bien te contenter, faute de mieux. Il pourrait, du reste, servir de préface à ces notes, où je compte plus tard prendre ma revanche, en te racontant les fêtes du Soleil.

— Tu dois connaître dans l'œuvre de Rembrandt une petite eau-forte, de facture hachée, impétueuse, et d'une couleur incomparable, comme toutes les fantaisies de ce génie singulier, moitié nocturne, moitié rayonnant, qui semble n'avoir connu la lumière qu'à l'état douteux de crépuscule, ou à l'état violent d'éclairs. La composition est fort simple : ce sont trois arbres hérissés, bourrus de forme et de feuillage; à gauche, une plaine à perte de vue, un grand ciel, où descend une immense nuée d'orage; et, dans la plaine, deux imperceptibles voyageurs, qui cheminent en hâte et fuient, le dos au vent. — Il y a là toutes les transes de la vie de voyage, plus un côté mystérieux et pathétique, qui m'a toujours fortement préoccupé. Parfois même, il m'est arrivé d'y voir comme une signification qui me serait personnelle : c'est à la pluie que j'ai dû de connaître, une première fois, il y a cinq ans, le pays du perpétuel Été; c'est en la fuyant éperdûment qu'enfin j'ai rencontré le soleil sans brume.

C'était en 1848, en février; il n'y avait pas eu d'intervalle cette année-là entre les pluies de novembre et les grandes pluies d'hiver, lesquelles duraient depuis trois mois et demi, presque sans un seul jour de repos. J'avais fui de Blidah à Alger, d'Alger à Constantine, sans trouver un point du littoral épargné par ce funeste hiver; il s'agissait de chercher un lieu qu'il ne pût atteindre : c'est alors que je pensai au Désert. — La route qui y conduit se dessinait sur le *Coudiat-Aty* trempé d'eau, et, de temps en temps, j'en voyais descendre de longs convois de gens, au visage marqué par un éternel coup de soleil, suivis de leurs chameaux chargés de dattes et de produits bizarres. Il me semblait sentir encore, en les approchant, comme un reste de tiédeur apportée dans les plis fangeux de leurs burnouss. Un matin donc, nous partîmes en désespérés, passant, tant bien que mal, les rivières débordées et poussant droit devant nous, vers Bisk'ra. Cinq jours après, le 28 février, j'arrivais à *El-Kantara*, sur la limite du Tell de Constantine, harassé, transi, traversé jusqu'au cœur, mais bien résolu à ne plus m'arrêter qu'en face du soleil indubitable du sud.

El-Kantara — le pont — garde le défilé et pour ainsi dire l'unique porte par où l'on puisse, du Tell, pénétrer dans le Sahara. Ce passage est une déchirure étroite, qu'on dirait faite de main d'homme, dans une énorme muraille de rochers de trois ou quatre cents pieds d'élévation. Le pont, de construction romaine, est jeté en travers de la coupure. Le pont franchi, et après avoir fait cent pas dans le défilé, vous tombez, par une pente rapide, sur un charmant village, arrosé par un profond cours d'eau et perdu dans une forêt de vingt-cinq mille palmiers. Vous êtes dans le Sahara.

Au delà s'élève une double rangée de collines dorées, derniers mouvements du sol, qui, douze lieues plus loin, vont expirer dans la plaine immense et plate du petit désert d'Angad, premier essai du grand Désert.

Grâce à cette situation particulière, El-Kantara, qui est, sur cette ligne, le premier des villages sahariens, se trouve avoir ce rare privilège d'être un peu protégé par sa forêt contre les vents du désert, et de l'être tout à fait contre ceux du nord par le haut rempart de rochers auquel il est adossé. Aussi est-ce une croyance établie chez les Arabes que la montagne arrête à son sommet tous les nuages du Tell; que la pluie vient y mourir, et que l'hiver ne dépasse pas ce pont merveilleux, qui sépare ainsi deux saisons, l'hiver et l'été ; deux pays, le Tell et le Sahara ; et ils en donnent pour preuve que, d'un côté la montagne est noire et couleur de pluie, et de l'autre, rose et couleur de beau temps.

C'était notre avant-dernière marche, la dernière devant nous conduire d'une traite à Bisk'ra. La matinée avait été glacée ; le thermomètre, sous nos froides tentes de Ks'our, marquait à notre réveil 1° au-dessous de 0. Je me souviens, quoique à cinq ans de distance, des moindres détails de cette journée. Peu s'en était fallu qu'elle ne devînt terrible ; mon ami A... S... avait failli se casser la tête en voulant me passer mon fusil ; je portais en bandoulière ce fusil funeste, et l'avais déchargé, m'étant promis de ne plus m'en servir. Il y avait, pour le sûr, un peu de mélancolie parmi nous et, depuis l'accident surtout, on se taisait. Le lieu était fort triste. Nous suivions une avenue pierreuse, encaissée entre deux longs murs de rochers sombres, absolument dépouillée d'herbes, mal éclairée par un jour sans soleil. De temps en temps, un aigle, posé sur un angle avancé de la montagne, se levait lentement à notre approche et montait d'un vol circulaire au-dessus de nos têtes. Le ciel tendu de gris se reposait de pleuvoir ; mais le vent se maintenait au nord : il enfilait la gorge et semblait vouloir nous poursuivre. C'était un petit souffle aigu, persistant, qu'on entendait à peine, et cependant très-incommode. Je me le rappelle surtout à cause des bruits singuliers qu'il faisait dans les canons vides de mon fusil ; on eût dit la sonnerie de deux cloches tintant ensemble sur un mode plaintif et pas tout à fait à l'unisson. Le bruit était si léger qu'il me paraissait venir de fort loin, et si étrangement triste, que, pendant le reste de la journée, il m'importuna. Ce ne fut que le lendemain qu'en l'entendant se reproduire, je finis par en découvrir la cause. Enfin nous atteignîmes le défilé ; il était six heures moins quelques minutes.

Le docteur T... nous précédait au galop de son cheval boiteux, tout en chantant languissamment la chanson pseudo-arabe et nouvelle encore de *Khedoudja ;* il arriva le premier sur le pont, se découvrit et nous cria :

« Messieurs, ici on salue! »

Est-il vrai que la première colonne militaire qui ait, en 1844, franchi ce pont célèbre, se soit arrêtée par un mouvement de subite admiration, et que les musiques se soient mises à jouer d'enthousiasme? Je ne sais là-dessus que ce qu'on m'en a dit; mais, ce soir-là, le spectacle que j'avais sous les yeux m'eût fait croire à cette tradition.

Les palmiers, les premiers que je voyais ; ce petit village couleur d'or, enfoui dans des feuillages verts déjà chargés des fleurs blanches du printemps; une jeune fille qui venait à nous, en compagnie d'un vieillard, avec le splendide costume rouge et les riches colliers du désert, portant une amphore de grès sur sa hanche nue; cette première fille à la peau blonde, belle et forte d'une jeunesse précoce, encore enfant et déjà femme; ce vieillard abattu, mais non défiguré par une vieillesse hâtive; tout le désert m'apparaissant ainsi sous toutes ses formes, dans toutes ses beautés et dans tous ses emblèmes; c'était, pour la première, une étonnante vision. Ce qu'il y avait surtout d'incomparable, c'était le ciel : le soleil allait se coucher et dorait, empourprait, émaillait de feu une multitude de petits nuages détachés du grand rideau noir étendu sur nos têtes, et rangés comme une frange d'écume au bord d'une mer troublée. Au delà commençait l'azur; et alors, à des profondeurs qui n'avaient pas de limites, à travers des limpidités inconnues, on apercevait le pays céleste du bleu. Des brises chaudes montaient, avec je ne sais quelles odeurs confuses et quelle musique aérienne, du fond de ce village en fleurs; les dattiers, agités doucement, ondoyaient avec des rayons d'or dans leurs palmes; et l'on entendait courir, sous la forêt paisible, des bruits d'eau mêlés aux froissements légers du feuillage, à des chants d'oiseaux, à des sons de flûte. En même temps un *Muezzin,* qu'on ne voyait pas, se mit à chanter la prière du soir, la répétant quatre fois aux quatre points de l'horizon, et sur un mode si passionné, avec de tels accents, que tout semblait se taire pour l'écouter.

Le lendemain, même beauté dans l'air et même fête partout. Alors, seulement, je me donnai le plaisir de regarder ce qui se passait au nord du village, et le hasard me rendit témoin d'un phénomène en effet très-singulier. Tout ce côté du ciel était sombre et présentait l'aspect d'un énorme océan de nuages, dont le dernier flot venait pour ainsi dire s'abattre et se rouler sur l'extrême arête de la montagne. Mais la montagne, comme une solide falaise, semblait le repousser au large; et, sur toute la ligne orientale du Djebel-Sahari, il y avait un remous violent exactement pareil à celui d'une forte marée. Derrière, descendaient lugubrement les traînées grises d'un vaste déluge; puis, tout à fait au fond, une montagne éloignée montrait sa tête couverte de légers frimas. Il pleuvait à torrents dans la vallée du Metlili, et quinze lieues plus loin il neigeait. L'éternel printemps souriait sur nos têtes.

Notre arrivée au désert se fit par une journée magnifique, et je n'eus pas une seule goutte de pluie pendant tout mon séjour dans le Sahara, qui fut long.

Tel fut, cher ami, le préambule radieux de mon voyage aux *Zibans*. Ce passage inattendu d'une saison à l'autre, l'étrangeté du lieu, la nouveauté des perspectives, tout concourut à en faire comme un lever de rideau splendide; et cette subite apparition de l'Orient par la porte d'or d'El-Kantara m'a laissé pour toujours un souvenir qui tient du merveilleux.

Aujourd'hui, je n'attends plus, ni ne désire aucune surprise; mon arrivée au désert se fera plus simplement; sans étonnement, car je vais revoir, sinon les mêmes lieux, du moins des choses et des aspects connus; sans coup de théâtre, car il n'y a pas d'El-Kantara sur la route uniforme et très-prévue que je vais suivre.

Même, et pour savoir d'avance à quoi m'en tenir tout à fait, j'ai soigneusement étudié la carte du sud, depuis Medeah jusqu'à

El-Aghouat; non point en géographe, mais en peintre. — Voici à peu près ce qu'elle indique : des montagnes jusqu'à Boghar; à partir de Boghar, sous la dénomination de Sahara, des plaines succédant à des plaines : plaines unies, marécages, plaines sablonneuses, terrains secs et pierreux, plaines onduleuses et d'*Alfa;* à douze lieues nord d'El-Aghouat, un palmier; enfin, El-Aghouat, représenté par un point plus large, à l'intersection d'une multitude de lignes brisées, rayonnant en tous sens, vers des noms étranges, quelques-uns à demi fabuleux; puis, tout à coup, dans le sud-est, une plaine indéfiniment plate, aussi loin que la vue peut s'étendre; et, sur ce grand espace laissé en blanc, ce nom bizarre et qui donne à penser, *Bled-el-Ateuch,* avec sa traduction : *Pays de la soif.* — D'autres reculeraient devant la nudité d'un semblable itinéraire; je t'avoue que c'est précisément cette nudité qui m'encourage.

Je crois avoir un but bien défini. — Si je l'atteignais jamais, il s'expliquerait de lui-même; si je ne dois pas l'atteindre, à quoi bon te l'exposer ici? — Admets seulement que j'aime passionnément le bleu, et qu'il y a deux choses que je brûle de revoir : le ciel sans nuages, au-dessus du désert sans ombre.

El-Gouëa, 24 mai au soir.

On compte, par la route que nous suivons, quatorze lieues de Medeah à Boghar; à peu près deux lieues de moins que la route des prolonges. Elle est aussi directe que peut l'être un sentier d'Arabe dans un pays difficile; c'est-à-dire qu'à moins d'escalader les montées comme on fait d'un rempart et de se laisser glisser aux descentes, il me paraît presque impossible d'abréger davantage. J'ai cru remarquer que le plus souvent nous coupions droit devant nous en pleine montagne, et je n'ai pas vu d'ailleurs que cette voie escarpée, où nous entraînait notre chef de file, fût autrement tracée que par le passage des bergers ou par l'écoulement naturel des eaux de pluie. Cependant rien n'est plus aisé que d'y mener un convoi marchant en bon ordre, avec des mulets peu chargés et des chevaux prudents.

Tout ce pâté de montagnes, que nous avons mis cinq heures à traverser, présente un système irrégulier de mamelons coniques profondément découpés et séparés par d'étroits ravins. Au fond de chacun de ces ravins, creusés en forme d'entonnoirs, il y a des eaux courantes ou de jolies fontaines, avec des lauriers-roses en abondance. Les pentes sont entièrement couvertes de broussailles, et les sommets se couronnent avec gravité de chênes verts, de chênes-liéges et d'arbres résineux. De loin en loin, de petites fumées odorantes, qu'on voit filer paisiblement au-dessus des bois, et de rares carrés d'orges vertes indiquent, dans ce lieu solitaire, la présence de quelques agriculteurs arabes. Cependant, on n'aperçoit ni le propriétaire du champ, ni les cabanes d'où sortent ces fumées; on ne rencontre personne, on n'entend pas même un aboiement de chien. L'Arabe n'aime pas à montrer sa demeure, pas plus qu'il n'aime à dire son nom, à parler de ses affaires, à raconter le but de ses voyages. Toute curiosité dont il peut être l'objet lui est importune. Aussi établit-il sa maison aux endroits les moins apparents, à peu près comme on ferait d'une embuscade, de manière à n'être point vu, mais à tout observer. Du fond de cette retraite invisible, il a l'œil ouvert sur les routes, il surveille les gens qui passent, en remarque le nombre et s'assure, avec inquiétude, du chemin qu'ils prennent. C'est une alarme quand on fait mine d'examiner le pays, de s'y arrêter ou de se diriger précisément vers le lieu qu'il habite. Quelquefois un de ces campagnards soupçonneux vous accompagne ainsi fort loin, à votre insu, et ne vous perd de vue que lorsqu'il n'a plus aucun intérêt réel ou imaginaire à vous suivre. Toutes les habitudes du paysan arabe sont soumises à ce système absolu de précaution et d'espionnage; et sa manière d'entendre la propriété ne peut s'expliquer que par ce général sentiment de défiance. Même à l'état sédentaire, il ne se croit tranquille possesseur que de ce qu'il détient; il préfère la fortune mobilière, parce que rien ne la constate, qu'elle est facile à convertir, facile à nier et enfouissable. La terre, au contraire, l'embarrasse; et toute propriété foncière lui semble incertaine et surtout compromettante. Il n'occupe donc ostensiblement que le petit coin qu'il a ensemencé, et, s'il néglige de s'étendre au delà et de s'approprier par la culture tout le terrain qui l'environne, s'il entretient la solitude autour de lui, et pour ainsi dire jusqu'à la porte de sa maison, c'est uniquement pour ne pas faire un aveu plus manifeste de ce qu'il possède. Rien n'est donc plus abandonné en apparence qu'un pays habité par des tribus arabes; on ne saurait y tenir moins de place, y faire moins de bruit, ni plus discrètement empiéter sur le désert.

Nous avancions en silence et gravissions péniblement, pendus aux crins de nos chevaux, de longs escarpements dont chacun nous coûtait une heure à franchir. Nous faisions lever des engoulevents, des tourterelles de bois, quelques volées plus rares de perdrix grises; par moments, le cri sonore d'un merle éclatait tout près de nous, et l'on voyait le petit oiseau noir fuir au-dessus des fourrés. Il faisait chaud; l'air était orageux; le ciel, semé de nuages, avec des trouées d'un bleu sombre, promenait des ombres immenses sur l'étendue de ce beau pays, tout coloré d'un vert sérieux. C'était paisible, et je ne puis dire à quel point cela me parut grand. A chaque sommet que nous atteignions, je me retournais pour voir monter, à l'horizon opposé, les pics bleuâtres de la *Mouzaïa*. Il y eut un moment où, par l'échancrure des gorges, j'entrevis un coin de la plaine, et au-dessus, dans le brouillard, quelque chose de bleu qui ressemblait encore à la mer, cette Méditerranée, mon ami, que d'ici j'appelle la mer du Nord, et qu'un jour, avec regret, j'appellerai, comme autrefois, la mer d'Afrique. De temps en temps, Medeah se montrait au nord-ouest sur un plateau plus clair que les autres, où l'on voyait se dessiner des routes. Vers trois heures, je l'aperçus pour la dernière fois et je lui dis adieu. Il n'apparaissait plus que comme une masse un peu rouge piquée de points blanchâtres au-dessus d'un triple étage de mamelons boisés; je distinguais confusément les deux ou trois minarets qui dominent la ville; je crus reconnaître celui que tu préfères, au pied des casernes, et je donnai un souvenir à nos cigognes; puis mon œil fit le tour de l'horizon. Je ne sais quels fils imperceptibles qui me tenaient au cœur se tendirent un moment plus fort que je n'aurais cru, et je compris alors seulement que je partais et que j'entreprenais autre chose qu'une promenade.

Il y avait quatre heures que nous marchions; nous n'avions pas fait cinq lieues encore, mais nous achevions de monter. Après une dernière heure de marche sur des pentes douces et parmi des fourrés très-épais, mon cheval donna des signes de joie, et je découvris devant moi, dans une sorte de clairière élevée, une maison blanche entourée de cabanes de paille, quelques tentes noires, et notre avant-garde de cavaliers qui déjà disposait le bivouac.

Nous voici donc dans *El-Gouëa*, ou, si tu veux, à *la Clairière*, campés pour cette nuit près de la maison du commandement de *Si-Djilali-Bel-Hadj-Meloud*, caïd des *Beni-Haçen*. On appelle maison de commandement certaines maisons fortifiées, que notre gouvernement fait bâtir à l'intérieur du pays, pour servir de résidence officielle à un chef de tribus, de lieu de défense en cas de guerre, et en même temps d'hôtellerie pour les voyageurs. Indépendamment du chef arabe, qui l'occupe assez irrégulièrement, ces postes sont en général gardés par quelques hommes d'infanterie détachés de la garnison française la plus voisine. Avec plus d'importance et de plus grandes dimensions, ils deviennent des *bordj* (proprement : lieux fortifiés). La maison d'El-Gouëa n'est qu'un modeste corps de garde en rez-de-chaussée, avec une cour au centre, quatre pavillons saillants aux quatre angles, des murs bas, seulement percés de meurtrières, une porte pleine et ferrée. Un grand noyer qui s'élève en forme de boule de l'autre côté de la maison, des hangars de chaume disposés autour, soutenus par des branches mortes et palissadés de broussailles, le jeu du ciel entre les vastes rameaux de l'arbre et de gros nuages orageux roulés en masses étincelantes au-dessus des coteaux devenus bruns, tout cela formait un ensemble de tableau peu oriental, mais qui m'a plu, précisément à cause de sa ressemblance avec la France. Du côté du sud, il n'y a pas de vue; du côté du nord et du couchant, nous dominons une assez grande étendue de collines et de petites vallées clair-semées de bouquets de bois, de prairies naturelles et de quelques champs cultivés. Les collines se couvraient d'ombres, les bois étaient couleur de bronze, les champs avaient la pâleur exquise des blés nouveaux; le contour des bois s'indiquait par un filet d'ombres bleues. On eût dit un tapis de velours de trois couleurs et d'épaisseur inégale; rasé court à l'endroit des champs, plus laineux à l'endroit des bois. Dans tout cela, rien de farouche et qui fasse penser au voisinage des lions.

Les deux tentes arabes dressées pour nous recevoir serviron d'asile à nos gens et d'abri pour nos bagages, car nous avons tout juste de quoi nous loger nous-mêmes. Je te parlerai de notre *gafla* (caravane) quand elle sera complète et organisée sur un pied de long voyage, quand nous aurons remplacé nos mulets de montagne par des chameaux, et quand notre *khebbir* (conducteur-chef de caravane), qui, tu le sais, est M. N***, aura rassemblé toute sa suite de cavaliers et de serviteurs. Le tout, chameaux, tentes supplémentaires et gens d'escorte, nous attend à *Boghari*, où nous les trouverons demain soir. Jusqu'ici, notre petit convoi, d'assez vulgaire apparence, se compose, presque à nombre égal, de burnouss et d'habits français, et nos muletiers n'ont pas la rude et patiente allure que je m'attends à trouver dans nos chameliers, ces intrépides marcheurs du désert.

Il est huit heures; nous venons de rentrer sous nos tentes après avoir soupé chez le caïd. *Si-Djilali* nous a donné la *diffa* : il arrivait tout exprès pour nous recevoir de la tribu qu'il habite à quelques lieues d'ici. Il est impossible de recevoir au seuil des pays arabes une hospitalité plus encourageante. Quant à notre hôte, je retrouve en lui ces grands traits de montagnard que nous avons déjà pressentis à Medeah et tant admirés, si tu t'en souviens; et, comme personnage de frontispice, il a déjà sa valeur. C'est une belle tête, fortement basanée, ardente et pleine de résolution, quoique souriante, avec de grands yeux doux et une bouche fréquemment entr'ouverte à la manière des enfants; cette habitude fait remarquer ses dents qui sont superbes. Il porte deux *burnouss*, un noir par-dessus un blanc. Le *burnouss* noir, qu'on voit rarement dans les tribus du littoral et qui disparaît, m'a-t-on dit, dans le sud, semble être propre aux régions intermédiaires que je vais traverser de Medeah à D'jelfa. Il est de grosse laine ou de poil de chameau; on dirait du feutre, tant il est lourd, épais, rude au toucher; il a plus d'ampleur que le burnouss de laine blanche, et tombe tout d'une pièce quand il est pendant; relevé sur l'épaule, il forme à peine un ou deux plis réguliers et cassants. Il fait paraître courts les hommes les plus grands, tant il les élargit, et leur donne alors une pesanteur de démarche, une majesté de port extraordinaires. Ajoute à ce vêtement un peu monacal, qui tient de la chape par la roideur, et du froc par le capuchon rabattu dans le dos, des bottes rouges de cavalier, un chapelet de bois brun, une ceinture de maroquin bouclée à la taille, usée par le frottement des pistolets, enfin un long cordon d'amulettes de bois ou de sachets de cuir rouge descendant sur un *haïk djeridi* de fine laine lamée de soie; tout laine et tout cuir, sans broderie, sans flots de soie, sans une ganse d'or, telle était la tenue sévère de notre hôte. *Si-Djilali* est de noblesse militaire; son père, *Si-Hadj-Meloud*, est pèlerin de la Mecque. Il y a, comme tu le vois, du sang de fanatique et de soldat dans ses veines. C'est un homme de trente ans, ou bien alors un jeune homme que la fatigue, une grande position, la guerre peut-être, ou seulement le soleil de son pays, ont mûri de bonne heure. A le regarder de plus près, on s'aperçoit que ses yeux pleins de flammes ne sont pas toujours d'accord avec sa bouche, quand celle-ci sourit, et que cette juvénile hilarité des lèvres n'est qu'une manière d'être poli.

La chambre où nous mangions était petite, sans meubles, avec

LA DIFFA (ÉTUDE POUR LE TABLEAU

Réduction en fac-simile d'un dessin appartenant à Madame Fromentin.

une cheminée française et des murs déjà dégradés, quoique la maison soit neuve. Il y avait du feu dans la cheminée; un tapis de tente, trop grand pour la chambre et roulé contre un des murs, de manière à nous faire un dossier; pour tout éclairage, une bougie tenue par un domestique accroupi devant nous, et faisant, dans une immobilité absolue, l'office de chandelier. Si simple que soit la salle à manger, si mal éclairé que soit le tapis qui sert de table, un repas arabe est toujours une affaire d'importance.

Je n'ai pas à t'apprendre que la *diffa* est le repas d'hospitalité. La composition en est consacrée par l'usage et devient une chose d'étiquette. Pour n'avoir plus à revenir sur ces détails, voici le menu fondamental d'une *diffa* d'après le cérémonial le plus rigoureux. D'abord un ou deux moutons rôtis entiers; on les apporte empalés dans de longues perches et tout frissonnants de graisse brûlante : il y a sur le tapis un immense plat de bois de la longueur d'un mouton; on dresse la broche comme un mât au milieu du plat; le porte-broche s'en empare à peu près comme d'une pelle à labourer, donne un coup de son talon nu sur le derrière du mouton et le fait glisser dans le plat. La bête a tout le corps balafré de longues entailles faites au couteau avant qu'on la mette au feu; le maître de la maison l'attaque alors par une des excoriations les plus délicates, arrache un premier lambeau et l'offre au plus considérable de ses hôtes. Le reste est l'affaire des convives. Le mouton rôti est accompagné de galettes au beurre, feuilletées et servies chaudes; puis viennent des ragoûts, moitié mouton et moitié fruits secs, avec une sauce abondante, fortement assaisonnée de poivre rouge. Enfin arrive le couscoussou, dans un vase plat de bois reposant sur un pied en manière de coupe. La boisson se compose d'eau, de lait doux (*halib*), de lait aigre (*leben*); le lait aigre semble préférable avec les aliments indigestes; le lait doux, avec les plus épicés. On prend la viande avec les doigts, sans couteau ni fourchette; on la déchire; pour la sauce, on se sert de cuillers de bois, et le plus souvent d'une seule qui fait le tour du plat. Le couscoussou se mange indifféremment, soit à la cuiller, soit avec les doigts; pourtant, il est mieux de le rouler de la main droite, d'en faire une boulette et de l'avaler au moyen d'un coup de pouce rapide, à peu près comme on lance une bille. L'usage est de prendre autour du plat, devant soi, et d'y faire chacun son trou. Il y a même un précepte arabe qui recommande de *laisser le milieu, car la bénédiction du ciel y descendra.* Pour boire, on n'a qu'une gamelle, celle qui a servi à traire le lait ou à puiser l'eau. A ce sujet, je connais encore un précepte : « Celui qui boit ne *doit* pas respirer dans la tasse où est « la boisson; il *doit* l'ôter de ses lèvres pour reprendre haleine; « puis il *doit* recommencer à boire. » Je souligne le mot doit, pour lui conserver le sens impératif.

Si tu te rappelles l'article *Hospitalité* dans le livre excellent de M. le général Daumas sur le *Grand Désert*, tu dois voir que c'est dans les mœurs arabes un acte sérieux que de manger et de donner à manger, et qu'une *diffa* est une haute leçon de savoir-vivre, de générosité, de prévenances mutuelles. Et remarque que ce n'est point en vertu de devoirs sociaux, chose absolument inconnue de ce peuple antisocial, mais en vertu d'une recommandation divine, et, pour parler comme eux, à titre d'*envoyé de Dieu,* que le voyageur est ainsi traité par son hôte. Leur politesse repose donc non sur des conventions, mais sur un principe religieux. Ils l'exercent avec le respect qu'ils ont pour tout ce qui touche aux choses saintes, et la pratiquent comme un acte de dévotion.

Aussi ce n'est point une chose qui prête à rire, je l'affirme, que de voir ces hommes robustes, avec leur accoutrement de guerre et leurs amulettes au cou, remplir gravement ces petits soins de ménage qui sont en Europe la part des femmes; de voir ces larges mains, durcies par le maniement du cheval et la pratique des armes, servir à table, émincer la viande avant de vous l'offrir, vous indiquer sur le dos du mouton l'endroit le mieux cuit, tenir l'aiguière ou présenter, entre chaque service, l'essuie-mains de laine ouvrée. Ces attentions, qui dans nos usages paraîtraient puériles, ridicules peut-être, deviennent ici touchantes par le contraste qui existe entre l'homme et les menus emplois qu'il fait de sa force et de sa dignité.

Et quand on considère que ce même homme, qui impose aux femmes la peine accablante de tout faire dans son ménage par paresse ou par excès de pouvoir domestique, ne dédaigne pas de les suppléer en tout quand il s'agit d'honorer un hôte, on doit convenir que c'est, je le répète, une grande et belle leçon qu'il nous donne, à nous autres gens du Nord. L'hospitalité exercée de cette manière, par les hommes à l'égard des hommes, n'est-elle pas la seule digne, la seule fraternelle, la seule qui, suivant le mot des Arabes, *mette la barbe de l'étranger dans la main de son hôte?* Au reste, tout a été dit là-dessus, excepté peut-être quelques détails plus ignorés qui prouvent à l'excès que l'invité est autorisé à se mettre dans le plus grand bien-être possible, et qu'il est permis, même en compagnie, de témoigner qu'on a l'estomac plein. C'est une habitude que notre civilité puérile et honnête n'a pas même imaginé de défendre aux petits enfants qui ont trop mangé. Elle sera difficile à comprendre, surtout à excuser, de la part de gens si graves, et qui jamais ne s'exposent à la moquerie. Mais il ne faut pas oublier qu'elle est dans les mœurs, et que ces choses-là se font avec la plus étonnante bonhomie.

Le café, le thé et le tabac ne sont servis qu'aux étrangers chrétiens, et sont totalement inconnus dans les k'sours et dans les douars arabes du sud. Un Arabe qui se respecte s'abstient assez généralement d'en faire usage. Il y a de pauvres gens qui n'en ont jamais goûté. On se figure, tout à fait à tort, que chaque Arabe est armé de sa pipe, comme on voit les Maures et les Turcs. Les Maures eux-mêmes ne fument pas tous. J'en connais qui regardent cela comme un vice presque égal à celui de boire du vin ; ceux-là sont les méthodistes sévères qui se montrent exacts aux mosquées et ne portent que des vêtements de laine ou de soie, sans broderie de métal, d'or ni d'argent.

Onze heures. — J'achève, en regardant la nuit, cette première veillée de bivouac. L'air n'est plus humide, mais la terre est toute molle, la toile des tentes est trempée de rosée ; la lune, qui va se lever, commence à blanchir l'horizon au-dessus des bois. Notre bivouac repose dans une obscurité profonde. Le feu allumé au milieu des tentes, et près duquel les Arabes ont jusqu'à présent chuchoté, se racontant je ne sais quoi, mais assurément pas les histoires d'Antar, quoi qu'en disent les voyageurs revenus d'Orient ; le feu abandonné s'est éteint et ne répand plus qu'une vague odeur de résine qui parfume encore tout le camp ; nos chevaux ont de temps en temps des frissons amoureux et poussent, vers une femelle invisible qui les enflamme, des hennissements aigus comme un éclat de trompette ; tandis qu'une chouette, perchée je ne sais où, exhale à temps égaux, au milieu du plus grand silence, cette petite note unique, plaintive, qui fait : clou ! et semble une respiration sonore plutôt qu'un chant.

Boghari, 26 mai au matin.

Ou je me trompe fort, ou j'ai sous les yeux l'Afrique africaine comme on la rêve ; et le reste de mon voyage n'aura plus, sous certains rapports, grand'chose à m'apprendre d'ici au désert. J'ai fait une vraie découverte en arrivant ici ; car j'ai trouvé qu'à côté de *Boghar,* seul point que je connusse de nom, et qui, pour moi, représentait tout un pays, il en existe un autre dont personne ne parle, sans doute à cause de son inutilité stratégique, ou, plus probablement, à cause de son extraordinaire aridité. Ce pays, qui ne ressemble en rien au premier, s'appelle d'un nom qui a l'air d'un diminutif de Boghar, *Boghari.*

Boghar est une citadelle française, sorte de grand'garde aventurée sur le sommet d'une haute montagne boisée de pins sombres et toujours verts ; Boghari, au contraire, est un petit village entièrement arabe, cramponné sur le dos d'un mamelon soleilleux et toujours aride ; ils se font face à trois quarts de lieue de distance, séparés seulement par le Chéliff et par une étroite vallée sans arbres. Je ne suis point monté à Boghar ; ce que j'en vois d'ici me paraît triste, froid, curieux peut-être, mais ennuyeux comme un belvédère; quant à Boghari, heureusement pour lui, à peine habitable pour les Arabes, c'est tout simplement la vraie terre de Cham. Mais n'anticipons pas; j'y reviendrai. Nous traverserons ensemble toute cette vallée du Chéliff, et je m'imagine que derrière ces collines aplaties et nues qui barrent l'horizon du sud, et que je vais franchir aujourd'hui, il y a des choses qui me surprendront.

La première partie de l'étape en venant d'El-Gouëa, d'où nous sommes partis hier au jour levant, se fait non plus comme celle de la veille à travers des maquis entremêlés de bouquets d'arbres, mais à travers une belle forêt de chênes verts; par de vastes clairières tapissées d'herbes et avec de profondes perspectives sur les fonds bleus, sur les fonds verts, touffus, feuillus, d'un pays toujours et toujours boisé. Cette partie de l'étape est très-belle. On rêve chasse, on rêve aboiements de meutes, dans ces solitudes pleines d'échos.

Tout à coup la montagne manque sous vos pieds; l'horizon se dégage, et l'œil embrasse alors à vol d'oiseau, dans toute sa longueur, une vallée beaucoup moins riante, d'un gris fauve qui commence à sentir le feu; elle est comprise entre deux rangées de collines, celles de droite encore broussailleuses, celles de gauche à peine couronnées de quelques pins rabougris, et de plus en plus découvertes.

La vallée prend son nom de l'*Oued-el-Akoum*, petite rivière encaissée, dont le voisinage anime par-ci par-là d'assez belles cultures, mais ne fait pas pousser un seul arbre, et qui court, inégalement bordée de berges terreuses et de lauriers-roses, se jeter dans le Chéliff au pied de Boghar.

C'est là qu'à la halte du matin, par une journée blonde et transparente, j'ai revu les premières tentes et les premiers troupeaux de chameaux libres, et compris avec ravissement qu'enfin j'arrivais chez les patriarches.

Le vieux *Hadj-Meloud*, tout semblable à son ancêtre *Ibrahim*,

Ibrahim l'hospitalier, comme disent les Arabes, nous attendait à sa zmala, où son fils Si-Djilali était venu nous conduire lui-même, pour que toute la famille y fût présente. Il nous reçut à côté du *douar,* suivant l'usage, dans de grandes tentes dressées pour nous (Guïatin-el-Dyaf, tentes des hôtes), au milieu de serviteurs nombreux et avec tout l'appareil convenu. On y mangea beaucoup, et nous y bûmes le café dans de petites tasses vertes sur lesquelles il y avait écrit en arabe : « *Bois en paix.* »

Je n'ai jamais, en effet, rien vu de plus paisible, ni qui invitât mieux à boire en paix dans la maison d'un hôte ; je n'ai jamais rien vu de plus simple que le tableau qui se déroulait devant nous.

Nos tentes très-vastes et, soit dit en passant, déjà rayées de rouge et de noir comme dans le sud, occupaient la largeur d'un petit plateau nu, au bord de la rivière. Elles étaient grandes ouvertes, et les portes, relevées par deux bâtons, formaient sur le terrain fauve et pelé deux carrés d'ombres, les seules qu'il y eût dans toute l'étendue de cet horizon accablé de lumière et sur lequel un ciel à demi voilé répandait comme une pluie d'or pâle. Debout dans cette ombre grise, et dominant tout le paysage de leur longue taille, Si-Djilali, son frère et leur vieux père, tous trois vêtus de noir, assistaient en silence au repas. Derrière eux, et en plein soleil, se tenait un cercle de gens accroupis, grandes figures d'un blanc sale, sans plis, sans voix, sans geste, avec des yeux clignotants sous l'éclat du jour et qu'on eût dit fermés. Des serviteurs, vêtus de blanc comme eux et comme eux silencieux, allaient sans bruit de la tente aux cuisines dont on voyait la fumée s'élever en deux colonnes onduleuses au revers du plateau, comme deux fumées de sacrifice.

Au delà, afin de compléter la scène et comme pour l'encadrer, je pouvais apercevoir, de la tente où j'étais couché, un coin du douar, un bout de la rivière où buvaient des chevaux libres, et, tout à fait au fond, de longs troupeaux de chameaux bruns, au cou maigre, couchés sur des mamelons stériles, terre nue comme le sable et aussi blonde que des moissons.

Au milieu de tout cela, il n'y avait donc qu'une petite ombre, celle où reposaient les voyageurs, et qu'un peu de bruit, celui qui se faisait dans la tente.

Et de ce tableau, que je copie sur nature, mais auquel il manquera la grandeur, l'éclat et le silence, et que je voudrais décrire avec des signes de flammes et des mots dits tout bas, je ne garderai qu'une seule note qui contient tout : « *Bois en paix.* »

La vallée de l'Oued-el-Akoum, qui se rétrécit et se dépouille encore à mesure qu'on avance au sud, rencontre le Chéliff à trois heures de là, et débouche, comme je te l'ai dit, entre Boghar et Boghari, dans une autre vallée courant en sens contraire, de l'est à l'ouest, et celle-ci tout à fait aride.

Boghar apparaît de fort loin, posé sur sa montagne pointue, comme une tache grisâtre parmi des massifs verts. Ce n'est au contraire qu'en entrant dans la vallée du Chéliff qu'on découvre, à main gauche, au fond d'un amphithéâtre désolé, mais flamboyant de lumière, le petit village de Boghari, perché sur son rocher.

C'est bizarre, frappant; je ne connaissais rien de pareil, et jusqu'à présent je n'avais rien imaginé d'aussi complétement fauve, — disons le mot qui me coûte à dire, — d'aussi jaune. Je serais désolé qu'on s'emparât du mot, car on a déjà trop abusé de la chose; le mot d'ailleurs est brutal; il dénature un ton de toute finesse et qui n'est qu'une apparence. Exprimer l'action du soleil sur cette terre ardente en disant que cette terre est jaune, c'est enlaidir et gâter tout. Autant vaut donc ne pas parler de couleur et déclarer que c'est très-beau; libre à ceux qui n'ont pas vu Boghari d'en fixer le ton d'après la préférence de leur esprit.

Le village est blanc, veiné de brun, veiné de lilas. Il domine un petit ravin, formant égout, où végètent par miracle deux ou trois figuiers très-verts et autant de lentisques, et qui semble taillé dans un bloc de porphyre ou d'agate, tant il est richement marbré de couleurs, depuis la lie de vin jusqu'au rouge sang. Hormis ces quelques rejetons poussés sous les gouttières du village, il n'y a rien autour de Boghari qui ressemble à un arbre, pas même à de l'herbe. Le sol, en quelques endroits sablonneux, est partout aussi nu que de la cendre. Nous campons au pied du village, sur un terrain battu, qui a l'apparence d'un champ de foire, et où bivouaquent les caravanes du sud. Depuis hier, nous y vivons en compagnie des vautours, des aigles et des corbeaux.

Ici, point de réception. Le pays est pauvre; et forcés de pourvoir nous-mêmes à nos divertissements, nous avons fait venir, cette nuit, de Boghari, des danseuses et des musiciens.

Tu sauras que Boghari, qui sert de comptoir et d'entrepôt aux nomades, est peuplé de jolies femmes, venues pour la plupart des tribus sahariennes *Ouled-Nayl*, *A'r'azlia,* etc., où les mœurs sont faciles, et dont les filles ont l'habitude d'aller chercher fortune dans les tribus environnantes. Les Orientaux ont des noms charmants pour déguiser l'industrie véritable de ce genre de femmes; faute de mieux, j'appellerai celles-ci des danseuses.

On alluma donc de grands feux en avant de la tente rouge qui nous sert de salle à manger; et pendant ce temps on dépêcha quelqu'un vers le village. Tout le monde y dormait, car il était dix heures, et l'on eut sans doute quelque peine à réveiller ces pauvres gens; pourtant, au bout d'une bonne heure d'attente, nous vîmes un feu, comme une étoile plus rouge que les autres, se mouvoir dans les ténèbres à hauteur du village; puis le son languissant de la flûte arabe descendit à travers la nuit tranquille et vint nous apprendre que la fête approchait.

Cinq ou six musiciens armés de tambourins et de flûtes, autant de femmes voilées, escortées d'un grand nombre d'Arabes qui s'invitaient d'eux-mêmes au divertissement, apparurent enfin au milieu de nos feux, y formèrent un grand cercle, et le bal commença.

Ceci n'était pas du Delacroix. Toute couleur avait disparu pour ne laisser voir qu'un dessin tantôt estompé d'ombres confuses, tantôt rayé de larges traits de lumière, avec une fantaisie, une audace, une furie d'effet sans pareilles. C'était quelque chose comme la *Ronde de nuit* de Rembrandt, ou plutôt, comme une de ses eaux-fortes inachevées. Des têtes coiffées de blanc et comme enlevées à vif d'un revers de burin; des bras sans corps, des mains mobiles, dont on ne voyait pas les bras, des yeux luisants et des dents blanches au milieu de visages presque invisibles, la moitié d'un vêtement attaqué tout à coup en lumière et dont le reste n'existait pas, émergeaient au hasard et avec d'effrayants caprices d'une ombre opaque et noire comme de l'encre. Le son étourdissant des flûtes sortait on ne voyait pas d'où, et quatre tambourins de peau, qui se montraient à l'endroit le plus éclairé du cercle, comme de grands disques dorés, semblaient s'agiter et retentir d'eux-mêmes. Nos feux, qu'on entretenait de branchages secs, pétillaient et s'enveloppaient de longs tourbillons de fumée mêlés de paillettes de braise. En dehors de cette scène étrange, on ne voyait ni bivouac, ni ciel, ni terre; au-dessus, autour, partout, il n'y avait plus rien que le noir, ce noir absolu qui doit exister seulement dans l'œil éteint des aveugles.

Aussi, la danseuse, debout au centre de cette assemblée attentive à l'examiner, se remuant en cadence avec de longues ondulations de corps ou de petits trépignements convulsifs, tantôt la tête à moitié renversée dans une pâmoison mystérieuse, tantôt ses belles mains (les mains sont en général fort belles) allongées et ouvertes, comme pour une conjuration, la danseuse, au premier abord, et malgré le sens très-évident de sa danse, avait-elle aussi bien l'air de jouer une scène de *Macbeth*, que de représenter autre chose.

Cette autre chose est, au fond, l'éternel thème amoureux sur lequel chaque peuple a brodé ses propres fantaisies, et dont chaque peuple, excepté nous, a su faire une danse nationale.

Tu connais la danse des Mauresques. Elle a son intérêt, qui vient de la richesse encore plus que du bon goût des costumes. Mais, en somme, elle est insignifiante ou tout à fait grossière. Elle fait pendant aux licencieuses parades de *Garageuz* et ne peut pas s'empêcher, dans tous les cas, de sentir un peu le mauvais lieu.

La danse arabe, au contraire, la danse du sud, exprime avec une grâce beaucoup plus réelle, beaucoup plus chaste, et dans une langue mimique infiniment plus littéraire, tout un petit drame passionné, plein de tendres péripéties ; elle évite surtout les agaceries trop libres qui sont un gros contre-sens de la part de la femme arabe.

La danseuse ne montre d'abord qu'à regret son pâle visage entouré d'épaisses nattes de cheveux tressés de laines ; elle le cache à demi dans son voile ; elle se détourne, hésite, en se sentant sous les regards des hommes, tout cela avec de doux sourires et des feintes de pudeur exquises. Puis, obéissant à la mesure qui devient plus vive, elle s'émeut, son pas s'anime, son geste s'enhardit. Alors commence, entre elle et l'amant invisible qui lui parle par la voix des flûtes, une action des plus pathétiques : la femme fuit, elle élude, mais un mot plus doux la blesse au cœur ; elle y porte la main, moins pour s'en plaindre que pour montrer qu'elle est atteinte, et de l'autre, avec un geste d'enchanteresse, elle écarte à regret son doux ennemi. Ce ne sont plus alors que des élans mêlés de résistance ; on sent qu'elle attire en voulant se défendre ; ce long corps souple et caressant se contourne en des émotions extrêmes, et ces deux bras jetés en avant, pour les derniers refus, vont défaillir.

J'abrége ; toute cette pantomime est fort longue et dure jusqu'à ce que la musique, qui se fatigue au moins autant que la danseuse, en ait assez, et termine, en manière de point d'orgue, par un terrible charivari des flûtes et des tambourins.

Notre danseuse, qui n'était pas jolie, avait ce genre de beauté qui convenait à la danse. Elle portait à merveille son long voile blanc et son haïk rouge sur lequel étincelait toute une profusion de bijoux ; et quand elle étendait ses bras nus ornés de bracelets jusqu'aux coudes et faisait mouvoir ses longues mains un peu maigres avec un air de voluptueux effroi, elle était décidément superbe.

Il est douteux que j'y prisse un plaisir aussi vif que nos Arabes ;

mais j'eus là du moins une vision qui restera dans mes souvenirs de voyage à côté de la *fileuse* dont je t'ai parlé tant de fois.

Je ne sais point à quelle heure a fini la fête. Au train dont elle allait, peut-être aurait-elle duré jusqu'au jour, sans un incident. J'ai su ce matin qu'un de nos gens s'étant permis une grossière inconvenance à l'égard de la danseuse, celle-ci s'était retirée, et qu'après beaucoup d'injures et de menaces échangées on s'était séparé on ne peut plus mécontent de part et d'autre.

Nous montons à cheval dans une heure pour aller coucher aux *Ouled-Moktar*. A quatre lieues d'ici, plein sud, nous trouverons les plaines et nous mettrons le pied dans le Sahara.

Comme je l'ai dit, on laisse ici les mulets, et nous prenons un convoi de vingt-cinq chameaux, qui nous attendent depuis hier, patiemment couchés près de nos tentes.

Je commence, au milieu du grand nombre de gens qui encombraient le bivouac, à distinguer ceux qui font le voyage avec nous. Les chameliers attachent leurs sandales; les cavaliers chaussent leurs doubles bottes rouges armées d'éperons. Ce sont tous gens du sud, *Ouled-Moktar, Ouled-Nayl,* l'*Aghouati,* etc. Les burnouss bruns appartiennent au *Makhzen* de El-Aghouat, sombres cavaliers, coiffés de haïks sales, maigres comme leurs chevaux, nourris comme eux de je ne sais quelle rare pitance; comme eux, couchant je ne sais où, et qui font, avec ces infatigables bêtes, des courses au delà de toute croyance.

On charge nos chameaux. Ce sont de grands animaux bien taillés, moins vastes, mais plus déliés que les chameaux du Tell, meilleurs pour la course et aussi bons pour le bât. Ils ont l'œil ardent et les jambes d'une grande finesse. Ils beuglent horriblement quand on leur met la charge sur le dos; et je viens d'apprendre de notre *bach'amar* ce qu'ils disent en se plaignant de la sorte.

Ils disent à celui qui les sangle : « Mets-moi des coussins pour que je ne me blesse pas. »

D'jelfa, 31 mai.

Nous sommes arrivés hier à D'jelfa, après cinq journées de marche presque toujours en plaine, par un beau temps, nuageux encore, mais assez chaud pour me convaincre que nous sommes depuis cinq jours dans le Sahara.

Géographiquement, le *Sahara* commence à Boghar; c'est-à-dire que là finit la région montagneuse des terres cultivables, j'aimerais à dire cultivées, qu'on appelle le *Tell*. Tu sais qu'on n'est pas d'accord sur l'étymologie des mots Tell et Sahara. M. le général Daumas, dans un livre précieux, même après huit ans de découvertes, *le Sahara algérien,* propose une étymologie qui me plaît à cause de son origine arabe, et dont je me contente. D'après les T'olba, Sahara viendrait de *Sehaur,* moment difficile à saisir qui précède le point du jour et pendant lequel on peut, en temps de jeûne, encore manger, boire et fumer; Tell viendrait de *Tali,* qui veut dire dernier. Le Sahara serait donc le pays vaste et plat où le Sehaur est plus facilement appréciable, et, par analogie, le Tell serait le pays montueux, en arrière du Sahara, où le Sebaur n'apparaît qu'en dernier.

Quoi qu'il en soit, il est certain que Sahara ne veut point dire *Désert.* C'est le nom général d'un grand pays composé de plaines, inhabité sur certains points, mais très-peuplé sur d'autres, et qui prend les noms de *Fiafi, Kifar,* ou *Falat,* suivant qu'il est habité, temporairement habitable, comme après les pluies d'hiver, ou inhabité et inhabitable. Or, il y a fort loin de Boghar au Falat, c'est-à-dire à la mer de sable, qui ne commence guère qu'au delà du *Touat,* à quarante journées de marche environ d'Alger. Ainsi, quoique j'aie à te parler dès aujourd'hui de lieux très-solitaires, tu sauras qu'il ne s'agit en aucune façon du Falat ou Grand Désert.

Encore une explication nécessaire, et j'en aurai fini avec la géographie. Le Sahara renferme deux populations distinctes, l'une autochthone, sédentaire, avec des centres fixes dans des villes ou des villages (*k'sour*), aux endroits où l'eau constante a permis de s'établir ; l'autre, c'est la race des Arabes conquérants, nomade et vivant sous la tente. Les premiers sont cultivateurs, les seconds sont bergers. Une association conçue dans l'intérêt commun unit ces deux peuples ; ce qui n'empêche pas l'Arabe de mépriser absolument son utile voisin, ce voisin de lui rendre son mépris. Ils se partagent les oasis dont ils sont ensemble propriétaires. L'habitant du k'sour cultive, à titre de fermier, le jardin du nomade ; de son côté, le nomade se charge des troupeaux communs, les mène aux pâturages d'hiver ; et, l'été, c'est lui qui va chercher, sur les marchés du Tell, les grains dont l'un et l'autre ont un besoin égal. En sorte qu'échelonnées ainsi sur deux ou trois cents lieues de pays, celles-là dans l'oasis, celles-ci dans les plaines intermédiaires que les pluies ont rendues habitables, d'immenses populations couvrent en réalité cette vaste étendue du Sahara, qu'on aurait grand tort, comme tu le vois, d'appeler désert, mais où l'on avait cependant supposé toute espèce d'êtres chimériques, excepté l'homme, le plus réel et le plus nombreux de tous.

Cela dit, je reprends ces notes de route au bivouac de Boghari, au moment où je t'ai quitté pour monter à cheval.

C'est à midi seulement qu'on se mit en marche ; car Boghari est un lieu plein d'amorces, d'où les voyageurs arabes ne s'éloignent pas volontiers ; du moins j'ai cru le comprendre à la lenteur inaccoutumée des préparatifs de départ. Pourtant, au signal donné par le *bach'amar* (chef du convoi), le troupeau mugissant des chameaux de charge se leva confusément et enfin s'ébranla ; nous prîmes au galop la tête du convoi, et, quelques minutes après, le petit village redevenu solitaire disparut derrière la première colline, silencieux comme à notre arrivée, sérieux malgré le vif éclat de ses murs crépis, et plus taciturne encore qu'au jour levant sous le blanc linceul de midi. Presque aussitôt nous entrions dans la vallée du *Chéliff*.

Cette vallée, ou plutôt cette plaine inégale et caillouteuse, coupée de monticules, et ravinée par le Chéliff, est à coup sûr un des pays les plus surprenants qu'on puisse voir. Je n'en connais pas de plus singulièrement construit, de plus fortement caractérisé, et, même après Boghari, c'est un spectacle à ne jamais oublier.

Imagine un pays tout de terre et de pierres vives, battu par des vents arides et brûlé jusqu'aux entrailles; une terre marneuse, polie comme de la terre à poterie, presque luisante à l'œil tant elle est nue, et qui semble, tant elle est sèche, avoir subi l'action du feu; sans la moindre trace de culture, sans une herbe, sans un chardon; — des collines horizontales qu'on dirait aplaties avec la main ou découpées par une fantaisie étrange en dentelures aiguës, formant crochet, comme des cornes tranchantes ou des fers de faux; au centre, d'étroites vallées, aussi propres, aussi nues qu'une aire à battre le grain; quelquefois, un morne bizarre, encore plus désolé si c'est possible, avec un bloc informe posé sans adhérence au sommet, comme un aérolithe tombé là sur un amas de silex en fusion; — et tout cela, d'un bout à l'autre, aussi loin que la vue peut s'étendre, ni rouge, ni tout à fait jaune, ni bistré, mais exactement couleur de peau de lion.

Quant au Chéliff, qui, quarante lieues plus avant dans l'ouest, devient un beau fleuve pacifique et bienfaisant, ici c'est un ruisseau tortueux, encaissé, dont l'hiver fait un torrent, et que les premières ardeurs de l'été épuisent jusqu'à la dernière goutte. Il s'est creusé dans la marne molle un lit boueux qui ressemble à une tranchée, et, même au moment des plus fortes crues, il traverse sans l'arroser cette vallée misérable et dévorée de soif. Ses bords taillés à pic sont aussi arides que le reste; à peine y voit-on, accrochés à l'intérieur du lit et marquant le niveau des grandes eaux, quelques rares pieds de lauriers-roses, poudreux, fangeux, salis, et qui expirent de chaleur au fond de cette étroite ornière, incendiée par le soleil plongeant du milieu du jour.

D'ailleurs, ni l'été ni l'hiver, ni le soleil ni les rosées, ni les pluies qui font verdir le sol sablonneux et salé du désert lui-même ne peuvent rien sur une terre pareille. Toutes les saisons lui sont inutiles; et de chacune d'elles, elle ne reçoit que des châtiments.

Nous mîmes trois heures à traverser ce pays extraordinaire, par une journée sans vent et sous une atmosphère tellement immobile que le mouvement de la marche n'y produisait pas le plus petit souffle d'air. La poussière soulevée par le convoi se roulait sans s'élever sous le ventre de nos chevaux en sueur. Le ciel était, comme le paysage, splendide et morne; de vastes nuées couleur de cuivre y flottaient pesamment dans un azur douteux, aussi fixes et presque aussi fauves que le paysage lui-même.

Rien de vivant, ni autour de nous, ni devant nous, ni nulle part; seulement, à de grandes hauteurs, on pouvait, grâce au silence, entendre par moments des bruits d'ailes et des voix d'oiseaux : c'étaient de noires volées de corbeaux qui tournaient en cercle autour des mornes les plus élevés, pareilles à des essaims de moucherons, et d'innombrables bataillons d'oiseaux blanchâtres aux ailes pointues, ayant à peu près le vol et le cri plaintif des courlis. De loin en loin, un aigle, au ventre rayé de brun, des gypaëtes tachés de noir et de gris clair, traversaient lentement cette solitude, l'interrogeant d'un œil tranquille, et, comme des chasseurs fatigués, regagnaient les montagnes boisées de Boghar.

C'est au delà de Boghari, après une succession de collines et de vallées symétriques, limite extrême du Tell, qu'on débouche enfin, par un col étroit, sur la première plaine du sud.

La perspective est immense. Devant nous, se développaient vingt-quatre ou vingt-cinq lieues de terrains plats sans accidents, sans ondulations visibles. La plaine, d'un vert douteux, déjà brûlée, était, comme le ciel, toute rayée dans sa longueur d'ombres grises et de lumières blafardes. Un orage, formé vers le milieu, la partageait en deux et nous empêchait d'en mesurer l'étendue. Seulement, à travers un brouillard inégal, où la terre et le ciel semblaient se confondre, on devinait par échappées une ligne extrême de montagnes courant parallèlement au Tell, de l'est à l'ouest, et, vers leur centre, les sept pitons saillants ou sept têtes, qui leur ont fait donner le nom de *Seba'Rous.*

Le col franchi, notre petit convoi se déploya dans la plaine unie et prit son ordre de marche, ordre que nous conservons depuis le départ, poussant droit du nord au sud, sur les Sept Têtes, que nous ne devions atteindre que le surlendemain. — En avant, les cavaliers, au nombre d'une trentaine environ; derrière, nos chameaux, stimulés par les cris perçants et les sifflets des chameliers; à l'extrême avant-garde, notre *khrebbir,* M. N..., se laissant doucement aller au pas de son grand cheval blanc, qui a toujours quelques cents mètres d'avance sur les autres; à ses côtés, et le serrant de près, deux ou trois cavaliers de ses serviteurs, beaux jeunes gens vêtus de blanc, montés sur d'agiles petites juments blanches ou grises, mais nonchalants comme à la promenade, à peine armés, et dont un seul porte un fusil double, le fusil du maître, avec sa vaste *djebira* en peau de lynx pendue à l'arçon de sa selle.

Quant à moi, tu me trouverais le plus souvent faisant route un peu à part ou à côté des plus paisibles, afin d'être plus à moi; tantôt regardant, pendant des heures entières, filer sur les longues perspectives les burnouss blancs, les croupes luisantes, les selles à dossier rouge; tantôt me détournant pour voir arriver de loin le peloton roux de nos chameaux marchant en bataille, avec leurs cous tendus, leurs jambes d'autruche, et notre pittoresque mobilier de voyage amoncelé sur leur dos.

Outre nos cavaliers d'escorte et nos gens de service, nous emmenons trois *amins* des Mzabites avec leur suite, qui vont régler, je crois, quelques difficultés politiques que nous avons avec le pays du M'zab. L'un est un grand et rude cavalier, armé en guerre, qui monte avec aplomb un beau cheval noir richement harnaché de velours pourpre et d'argent, et garni d'un large devant de poitrail en étoffe écarlate.

Le second, amin de *Beni-Isguen,* est un petit vieillard coiffé bas, à mine affable, aux yeux doux, et dont la bouche encadrée d'une barbe blanche, bouclée comme une chevelure, sourit avec plusieurs dents de moins.

Le troisième, qui se nomme *Si-Bakir,* honnête et joviale figure entre deux âges, fort petit, extrêmement replet, s'arrondit en boule au-dessus d'un petit mulet proprement couvert et douillettement sellé d'un épais matelas de *Djerbi.* C'est un bon et riche bourgeois, qui a trois bains maures à Alger et un fils à *Berryan,* et qui me parle avec un amour égal de son enfant, de ses bains et des dattes renommées de son pays. Il est mis à peu près comme il le serait dans sa chambre : le bas de ses jambes dans de bonnes chaussettes de laine, et les pieds dans des souliers de cuir noir. Je ne lui vois d'ailleurs aucune arme. Son unique défense est contre le soleil et consiste en un chapeau de paille, orné à son sommet de plumes d'autruche, le plus grand chapeau que j'aie jamais vu, vaste comme un parasol, et qu'il a soin d'ôter et de remettre chaque fois que le temps très-capricieux se couvre ou s'éclaircit.

Comme il me témoigne assez d'amitié, j'aime à voyager dans sa compagnie. Il sait juste autant de français que je sais d'arabe, ce qui rend nos communications fort amusantes, mais assez rarement instructives.

A huit heures, en pleine nuit déjà, nous arrivions au bivouac, — et nous mettions ensemble pied à terre au milieu des tentes des *Ouled-Moktar,* où nous devions passer la nuit. — Ni la longueur de l'étape (nous avions fait trois lieues de trop), ni le manque d'eau depuis le matin, n'avaient distrait Si-Bakir de sa complaisance à m'entretenir; il achevait alors l'historique un peu confus de sa fortune commerciale, et me promettait, pour l'étape suivante, l'histoire de son fils; enfin cet aimable vieillard scellait notre récente amitié en me tenant l'étrier, avec une humble courtoisie dont je voulais en vain me défendre.

Le lendemain, après une petite marche de cinq ou six heures, nous campions vers midi à Aïn-Ousera, triste bivouac, le plus triste sans contredit de toute la route, au bord d'un marais vaseux, sinistre, dans des sables blanchâtres, hérissés de joncs verts ; à l'endroit le plus bas de la plaine, avec un horizon de quinze lieues au nord, de neuf lieues au sud ; dans l'est et dans l'ouest, une étendue sans limite. Une compagnie nombreuse de vautours gris et de corbeaux monstrueux occupait la source à notre arrivée ; immobiles, le dos voûté, rangés sur deux lignes au bord de l'eau, je les pris de loin pour des gens comme nous pressés de boire ; il fallut un coup de fusil pour disperser ces fauves et noirs pèlerins.

Une source, dans ce pays avare, est toujours accueillie comme un bienfait, même quand cette source brûlante et fétide ressemble au triste marais d'*Aïn-Ousera*. On y puise avec reconnaissance, et l'on s'estime heureux d'y remplir ses outres pour la marche sans eau du lendemain.

Les oiseaux partis, nous demeurâmes seuls. Il n'y avait rien en vue dans l'immense plaine ; notre bivouac disparaissait lui-même dans un des plis du terrain. Vers le soir cependant, un petit convoi de cinq chameaux, conduits par trois chameliers, vint s'établir auprès de nous, tout à fait au bord de la source. Les chameaux déchargés se mirent à paître ; les trois voyageurs firent un seul amas des *tellis* (sacs en poils de chameaux pour les transports), et se couchèrent auprès. Ils n'allumèrent point de feu, n'ayant probablement rien à faire cuire, et je ne les vis plus remuer jusqu'à la nuit. Le lendemain au point du jour, nous les aperçûmes déjà à une lieue de nous, s'en allant dans le sud-est.

Était-ce fatigue ? était-ce un effet du lieu ? je ne sais, mais cette journée-là fut longue, sérieuse, et nous la passâmes presque tous à dormir sous la tente. Ce premier aspect d'un pays désert m'avait plongé dans un singulier abattement. Ce n'était pas l'impression d'un beau pays frappé de mort et condamné par le soleil à demeurer stérile ; ce n'était plus le squelette osseux de Boghari, effrayant, bizarre, mais bien construit ; c'était une grande chose sans forme, presque sans couleur, le rien, le vide et comme un oubli du bon Dieu ; des lignes fuyantes, des ondulations indécises; derrière, au delà, partout, la même couverture d'un vert pâle étendue sur la terre; çà et là des taches plus grises, ou plus vertes, ou plus jaunes; d'un côté, les Seba'Rous à peine éclairées par un pâle soleil couchant; de l'autre, les hautes montagnes du Tell encore plus effacées dans les brumes incolores; et là-dessus, un ciel balayé, brouillé, soucieux, plein de pâleurs fades, d'où le soleil se retirait sans pompe et comme avec de froids sourires. Seul, au milieu du silence profond, un vent doux qui venait du nord-ouest et nous amenait lentement un orage, formait de légers murmures autour des joncs du marais. Je passai une heure entière couché près de la source à regarder ce pays pâle, ce soleil pâle, à écouter ce vent si doux et si triste. La nuit qui tombait n'augmenta ni la solitude, ni l'abandon, ni l'inexprimable désolation de ce lieu.

On tua, ce jour-là, soit en marche, soit à la source : un *ganga,* jolie perdrix au bec et aux pieds rouges, curieusement peinte de gris et de jaune avec un collier marron, chair dure et détestable à manger; un grand palmipède entièrement gris perle, avec la tête, le bec et les pieds noirs, les ailes de la mouette longues et pointues; une petite bécassine toute ronde, plus grise que la bécassine sourde de France; une tourterelle; deux ramiers couleur ardoise azurée, et que j'appellerai dorénavant des pigeons bleus; enfin deux tadornes, superbes canards plus gros que les nôtres et aussi mieux ornés, avec une belle robe fond couleur abricot.

Nous étions à *Aïn-Ousera,* à plus de la moitié de la plaine; il ne nous restait que huit ou neuf lieues à faire pour atteindre le bivouac suivant de *Guelt-Esthel.* Le soleil du matin toujours plus gai, la montagne qui se rapprochait, la plaine un peu moins nue, de temps en temps égayée de quelques *betoum,* Aïn-Ousera même devenu moins lugubre au jour levant, tout cela m'avait ranimé. Aussi, quoique la grande halte faite en plein soleil, au beau milieu d'un terrain d'alfa, n'eût rien de bien aimable, quoique notre déjeuner, presque sans eau, ressemblât beaucoup trop à celui de la veille, j'arrivai, sans fatigue et l'âme à peu près satisfaite, au col des Seba'Rous, qui donne entrée dans la vallée de Guelt-Esthel.

Ici, le pays change entièrement d'aspect, au point qu'on croirait s'être trompé de route et rebrousser chemin vers le nord. Les montagnes pierreuses et de la plus vilaine forme, composées de cailloux plutôt que de rochers, sont couronnées de pins. La vallée, pareillement couverte de pins et d'assez beaux chênes, a surtout le grand tort de n'être point à sa place en plein territoire des *Ouley-Nayl*, et sur le chemin du désert.

Nous trouvons ici non-seulement des vivants, mais un petit poste de tirailleurs français occupés à bâtir un caravansérail.

Pendant trois longs jours passés, soit en marche, soit au bivouac, dans cette première plaine, avant-goût des solitudes du sud, nous avions, en fait de créatures humaines, rencontré, le premier jour, un douar nomade; le deuxième, un jeune enfant gardant dans l'alfa un troupeau de petits chameaux maigres, et nos trois voyageurs de la source; le troisième, rien. En entrant dans la gorge, j'avais trouvé un soldat du génie monté sur un arbre et coupant du bois. J'éprouvai quelque plaisir en entendant sortir du milieu des branches une voix française qui me disait bonjour. Je lui demandai de m'indiquer la source; il me répondit que je la trouverais à une demi-lieue plus avant dans la gorge, à l'endroit où je verrais deux gros figuiers, trois tentes avec des gourbis de paille, et des maçons en train de bâtir. C'était exact, et voilà tout ce que j'ai pu noter de Guelt-Esthel. Je dois ajouter que c'est, malgré sa richesse en bois de chauffage, un pays stérile, boisé d'arbres aussi tristes que des pierres, qu'il y neige abondamment l'hiver, et que l'été on y brûle. J'aurais tort d'oublier pourtant l'hospitalité bien cordiale que nous avons reçue de M. F. de P..., jeune officier du génie, emprisonné là avec son petit poste de travailleurs, et qui se console de sa dure mission en pensant qu'après cent cinquante ou deux cents veillées passées à Guelt-Esthel, la solitude n'aura plus de secrets à lui apprendre, ni d'ennuis au-dessus de sa patience.

On retrouve la plaine en quittant Guelt-Esthel, et de même qu'en sortant de Boghari, on a devant soi, pour l'horizon, une nouvelle ligne de petites montagnes, courant pareillement de l'est à l'ouest et perdues dans le bleu. Supprime, ce qui ne nuirait pas à l'intérêt du voyage, ce bourrelet montagneux de Guelt-Esthel, et tu n'auras plus, de Boghar au *Rocher de Sel,* qu'une seule et même étendue de trente-quatre ou trente-cinq lieues. Cette étendue, parfaitement plate, conserve toujours, malgré les changements du sol, une couleur générale assez douteuse; les plans les plus rapprochés de l'œil sont jaunâtres, les parties fuyantes se fondent dans des gris violets; une dernière ligne cendrée, mais si mince qu'il faudrait l'exprimer d'un seul trait, détermine la profondeur réelle du paysage et quelquefois mesure d'énormes distances. Le terrain, très-variable au contraire, est alternativement coupé de marécages, sablonneux comme aux approches du *Rocher de Sel,* ou bien couvert de graminées touffues (*alfa*), d'absinthes (*chih*), de pourpiers de mer (*k'taf*), de romarins odorants, etc...; tantôt enfin, mais plus rarement, clair-semé d'arbustes épineux et de quelques pistachiers sauvages.

Le pistachier (*betoum*), térébinthe ou lentisque de la grande espèce, est un arbre providentiel dans ces pays sans ombre. Il est branchu, touffu, ses rameaux s'étendent au lieu de s'élever et forment un véritable parasol, quelquefois de cinquante ou soixante pieds de diamètre. Il produit de petites baies réunies en grappes rouges, légèrement acides, fraîches à manger, et qui, faute de mieux, trompent la soif. Chaque fois que notre convoi passe auprès d'un de ces beaux arbres au feuillage sombre et lustré, il se rassemble autour du tronc; ceux des chameliers qui sont montés se dressent à genoux pour atteindre à hauteur des branches, arrachent des poignées de fruits et les jettent à leurs compagnons qui vont à pied; pendant ce temps, les chameaux, le cou tendu, font de leur côté provision de fruits et de feuilles. L'arbre reçoit sur sa tête ronde les rayons blancs de midi; par-dessous, tout paraît noir; des éclairs de bleu traversent en tous sens le réseau des branches ; la plaine ardente flamboie autour du groupe obscur, et l'on voit le désert grisâtre se dégrader sous le ventre roux des dromadaires. On souffle un moment, puis un coup de sifflet plus aigu du *bach'amar* (conducteur du convoi) disperse les bêtes, et le convoi reprend sa marche au grand soleil.

L'*alfa* est une plante utile : il sert de nourriture aux chevaux ; on en fait en Orient des ouvrages de sparterie, et, dans le Sahara, des nattes, des chapeaux, des gamelles, des pots à contenir le lait et l'eau, de larges plats pour servir les fruits, etc. Sur pied, il sert de retraite au gibier : lièvres, lapins, gangas. Mais l'alfa est pour un voyageur la plus ennuyeuse végétation que je connaisse ; et, malheureusement, quand il s'empare de la plaine, c'est alors pour des lieues et des lieues. Imagine-toi toujours la même touffe poussant au hasard sur un terrain tout bosselé, avec l'aspect et la couleur d'un petit jonc, s'agitant, ondoyant comme une chevelure au moindre souffle, si bien qu'il y a presque toujours du vent dans l'alfa. De loin, on dirait une immense moisson qui ne veut pas mûrir et qui se flétrit sans se dorer. De près, c'est un dédale, ce sont des méandres sans fin où l'on ne va qu'en zigzag, et où l'on butte à chaque pas. Ajoute à cette fatigue de marcher en trébuchant la fatigue aussi grande d'avoir un jour entier devant les yeux ce steppe décourageant, vert comme un marais, sans point d'orientation, et qu'on est obligé de jalonner de gros tas de pierres pour indiquer les routes. Il n'y a jamais d'eau dans l'alfa ; le sol est grisâtre, sablonneux, rebelle à toute autre végétation.

Je préfère, quant à moi, les terrains pierreux, secs, durs et mêlés de salpêtre, où croissent les romarins et les absinthes ; on y marche à l'aise ; la couleur en est belle, l'aspect franchement stérile ; et c'est là surtout qu'on voit grouiller sous ses pieds, ramper, fuir et se tortiller tout un petit peuple d'animaux amis du soleil et des longues siestes sur le sable chaud. Les lézards gris sont innombrables. Ils ressemblent à nos plus petits lézards de muraille, avec une agilité que paraît avoir doublée le contentement de vivre sous un pareil soleil. On en rencontre, mais rarement,

HALTE DANS UNE OASIS
d'après le tableau appartenant à M. Georges Petit.
E. PLON & C.ⁱᵉ ÉDIT.

qui sont fort gros. Ceux-ci ont la peau lustrée, le ventre jaune, le dos tacheté, la tête fine et longue comme celle des couleuvres. Quelquefois, une vipère étendue et semblable de loin à une baguette de bois tordu, ou bien roulée sur une souche d'absinthe, se soulève à votre approche, et, sans vous perdre de vue, rentre avec assurance dans son trou. Des rats, gros comme de petits lapins, aussi agiles que les lézards, ne font que se montrer et disparaître à l'entrée du premier trou qui se présente; comme s'ils ne se donnaient pas le temps de choisir leur asile, ou bien comme s'ils étaient à peu près partout chez eux. Je n'ai encore aperçu d'eux que ce qu'ils me laissent voir en fuyant; et cela forme une petite tache blanche sur un pelage gris.

Mais, au milieu de ce peuple muet, difforme ou venimeux, sur ce terrain pâle et parmi l'absinthe toujours grise et le *k'taf* salé, volent et chantent des alouettes, et des alouettes de France. Même taille, même plumage et même chant sonore; c'est l'espèce huppée qui ne se réunit pas en troupes, mais qui vit par couples solitaires; tristes promeneuses qu'on voit dans nos champs en friche et, plus souvent, sur le bord des grands chemins, en compagnie des casseurs de pierres et des petits bergers. Elles chantent à une époque où se taisent presque tous les oiseaux, et aux heures les plus paisibles de la journée, le soir, un peu avant le coucher du soleil. Les rouges-gorges, autres chanteurs d'automne, leur répondent du haut des amandiers sans feuilles; et ces deux voix expriment avec une étrange douceur toutes les tristesses d'octobre. L'une est plus mélodique et ressemble à une petite chanson mêlée de larmes; l'autre est une phrase en quatre notes, profondes et passionnées. Doux oiseaux qui me font revoir tout ce que j'aime de mon pays, que font-ils, je te le demande, dans le Sahara? Et pour qui donc chantent-ils dans le voisinage des autruches et dans la morne compagnie des antilopes, des bubales, des scorpions et des vipères à cornes? Qui sait? sans eux, il n'y aurait plus d'oiseaux peut-être pour saluer les soleils qui se lèvent. — *Allah! akbar!* Dieu est grand et le plus grand!

A l'heure matinale où me venaient ces souvenirs et bien d'autres, — souvenirs d'un pays que je reverrai, *s'il plaît à Dieu,* — nous étions près d'atteindre la moitié de la plaine, et nous avions en vue un petit *douar* et d'immenses troupeaux appartenant aux *Ouled-d'Hya,* fraction des Ouled-Nayl. C'était le premier *douar* que nous rencontrions depuis notre entrée dans le Sahara, et notre halte de nuit chez les Ouled-Moktar.

Dans cette saison, les nomades commencent à se rapprocher de leurs pâturages d'été, et la plaine est déserte.

On piqua droit sur les tentes; il faisait chaud, et nous avions encore à traverser une longue lisière de sables jaunes que nous voyions briller entre la montagne et nous, rude passage en plein midi, sous un soleil sans nuages.

Le caïd nous reçut. On ne fit que débrider les chevaux, et nous prîmes tout juste le temps de nous reposer à l'ombre, de manger des dattes et de boire du lait de chamelle, sans eau, l'eau étant ici plus rare encore et plus détestable qu'ailleurs.

Le douar ne comptait pas plus de quinze ou vingt tentes, ce qui représente à peine le plus petit des hameaux nomades; mais il avait bien le rude aspect des vrais campements sahariens; et, dans un très-petit exemple, c'était, pour qui ne l'eût pas connue, un tableau complet de la vie nomade à ses heures de repos.

Des tentes rouges, rayées de noir, soutenues pittoresquement par une multitude de bâtons, et retenues à terre par une confusion d'amarres et de piquets. Dedans, et entassés pêle-mêle, la batterie de cuisine, le mobilier du ménage, le harnais de guerre du maître de la tente, les meules de pierre à moudre le grain, les lourds mortiers à piler le poivre, les plats de bois (*sahfa*) où l'on pétrit le couscoussou; le crible où on le passe; les vases percés (*keskasse*) où on le fait cuire; les gamelles en alfa tressé, les sacs de voyage ou *tellis;* les bâts de chameaux, les *djerbi,* les tapis de tente; les métiers à tisser les étoffes de laine; les larges étrilles de fer qui servent à carder la laine brute du chameau, etc. Et parmi tout ce désordre d'objets salis et de choses noirâtres, un ou deux coffres carrés aux vives couleurs, aux serrures de cuivre, garnis de clous dorés aux angles; cassettes qui doivent contenir, avec les bijoux de femmes, ce qu'il y a de plus précieux dans la fortune du maître. Au dehors, un terrain battu, brouté, dépouillé même de toute racine, plein de souillures, couvert de débris et de carcasses, avec des places noircies par le feu; les fourneaux creusés dans la terre et composés de trois pierres formant foyer; des amas de broussailles sèches, et les outres noires à longs poils, pendues à trois bâtons mis en faisceau. Autour, la plaine immense avec les chameaux sans gardien, qui se dispersent le jour et qui, le soir, se rassemblent au son de la trompe et viennent se coucher dans le douar.

Voilà donc la maison mobile où le nomade saharien passe une moitié de sa vie; l'homme à ne rien faire, car *travailler, c'est une honte;* la femme à tout entretenir, à tout soigner, pendant que le chien vigilant fait sentinelle, patient, sobre et soupçonneux comme son maître. L'autre moitié de sa vie se passe en voyage. Un autre jour, je te parlerai de la tribu en marche, *nedja;* admirable spectacle qui renouvelle ici sous nos yeux, en plein âge moderne, à deux pas de l'Europe, les migrations d'Israël.

Que ce dernier mot, écrit d'enthousiasme, ne m'engage pas surtout au delà de ce que je veux dire. Il n'est qu'à moitié vrai. Et, comme il effleure une question d'art, question qui, selon moi, n'a pas le sens commun, mais n'importe, question posée, discutée et toujours pendante; comme il effleure, dis-je, une question grave après tout, celle de la *couleur locale* appliquée à un certain ordre de sujets, je désire m'expliquer sur ce qu'il y a de trop contestable dans la comparaison que j'ai faite.

Voici la seconde fois que j'introduis la Bible dans ces notes; ce qui te laisserait croire que je voyage en vrai pays de Chanaan, moins l'abondance, et que je rencontre à chaque pas le riche Laban ou le généreux Booz.

On a écrit en effet, bien plus, on a voulu prouver par des essais, tu sais lesquels, que les anciens maîtres avaient défiguré la Bible par la peinture, qu'elle avait rendu l'âme entre leurs mains, et que, s'il restait un moyen de ressusciter cette chose aujourd'hui morte, c'était d'aller la contempler toute réelle encore et dans son effigie vivante, en Orient.

Cette opinion s'appuie sur un fait vrai en lui-même, c'est que les Arabes, ayant à peu près conservé les habitudes des premiers peuples, doivent aussi, mieux que personne, en garder la ressemblance, non-seulement dans leurs mœurs, mais encore dans leur costume, costume si favorable d'ailleurs, qu'il a le double avantage d'être aussi beau que le grec et d'être plus local. Il est certain, ajoute-t-on, que Rachel et Lia, filles du pasteur Laban, n'étaient point habillées comme Antigone, fille du roi OEdipe; qu'elles se présentent à notre esprit dans un tout autre milieu, avec une forme différente, et aussi sous un tout autre soleil : il est non moins certain que les patriarches devaient vivre comme vivent les Arabes, comme eux gardant leurs moutons, ayant comme eux des maisons de laine, des chameaux pour le voyage, et le reste.

Mon opinion, quant au système, la voici :

C'est que les hommes de génie ont toujours raison et que les gens de talent ont souvent tort. Costumer la Bible, c'est la détruire; comme habiller un demi-dieu, c'est en faire un homme. La placer en un lieu reconnaissable, c'est la faire mentir à son esprit; c'est traduire en histoire un livre antéhistorique. Comme, à toute force, il faut vêtir l'idée, les maîtres ont compris que dépouiller la forme et la simplifier, c'est-à-dire supprimer toute couleur locale, c'était se tenir aussi près que possible de la vérité... *Et ego in Arcadia...* Sont-ce des Grecs? est-ce l'Arcadie? Oui et non : non, pour le drame; oui, dans le sens de l'éternelle tragédie de la vie humaine.

Donc, hors du général, pas de vérité possible, dans les tableaux tirés de nos origines; et bien décidément il faut renoncer à la Bible, ou l'exprimer comme l'ont fait Raphaël et Poussin.

Remarque que cette opinion se confirme à mesure que je

voyage, et précisément dans le pays qui semblerait devoir produire en moi un entraînement contraire. N'y a-t-il donc aucun enseignement à tirer de ce peuple qui, je le reconnais, fait involontairement et souvent penser à la Bible? N'y a-t-il pas en lui quelque chose qui met l'âme en mouvement et en quoi l'esprit s'élève et se complaît comme en des visions d'un autre âge? Oui, ce peuple possède une vraie grandeur. Il la possède seul, parce que, seul au milieu des civilisés, il est demeuré simple dans sa vie, dans ses mœurs, dans ses voyages. Il est beau de la continuelle beauté des lieux et des saisons qui l'environnent. Il est beau, surtout parce que, sans être nu, il arrive à ce dépouillement presque complet des enveloppes que les maîtres ont conçu dans la simplicité de leur grande âme. Seul, par un privilége admirable, il conserve en héritage ce quelque chose qu'on appelle biblique, comme un parfum des anciens jours. Mais tout cela n'apparaît que dans les côtés les plus humbles et les plus effacés de sa vie. Et si, plus fréquemment que d'autres, il approche de l'épopée, c'est alors par l'absence même de tout costume, c'est-à-dire en quelque sorte en cessant d'être Arabe pour devenir humain. Devant la demi-nudité d'un gardeur de troupeau, je rêve assez volontiers de Jacob. J'affirme au contraire qu'avec le *burnouss* saharien ou le *mach'la* de Syrie, on ne représentera jamais que des Bédouins.

Ces réserves admises, s'il m'arrive dorénavant de m'écrier : *O Israël!* tu sauras ce qu'il faut entendre, et tu me laisseras dire. Maintenant, je reprends ma route.

Je supprimerais sans regret le bivouac du Rocher de Sel, quoique l'eau prise au delà des salines soit bonne, qu'il y ait du bois en abondance et qu'on y campe agréablement au bord de la rivière (*l'Oued-D'jelfa*) et sous de très-beaux tamarins.

Un mot pourtant du rocher. C'est un amas de choses étranges, colorées de tous les gris possibles, depuis le gris lilas jusqu'au gris blanchâtre, entassées, superposées et formant une montagne à deux têtes. Il en descend une infinité de petits ruisseaux, d'un blanc laiteux, qui vont se réunir en deux canaux remplis jusqu'aux bords d'un sel exactement semblable à la chaux éteinte. Tout autour, la montagne semble avoir eu des convulsions, tant elle est soulevée, fendue, crevée dans tous les sens. Ce n'est pas beau, c'est formidable. Trois grands aigles volaient à moitié hauteur du rocher et ne paraissaient pas si gros que des corbeaux.

La nuit était presque venue quand, enfin, on atteignit les plateaux nus de *D'jelfa*. La maison du kalifat, vaste corps de logis élevé carrément au-dessus d'une enceinte de murs bas, se montrait confusément à l'extrémité d'une plaine montante, comme une masse grisâtre un peu plus claire que le terrain tout à fait sombre, un peu plus foncée que le ciel encore éclairé d'un vague reflet du jour. A gauche, et fort loin dans un pli de la vallée où brillaient deux petits feux rouges, et d'où venaient de faibles aboiements de chiens, on devinait un douar. Plus près, et comme d'un marais compris entre le douar et le plateau, s'élevaient d'innombrables murmures de grenouilles. Tout le reste de cet horizon plat, dominé par le grand bordj solitaire de Si-Cheriff, reposait paisiblement dans une ombre transparente et brune. De larges étoiles blanches s'allumaient à tous les coins du ciel; l'air était humide et doux, une forte rosée ramollissait la terre sous le pas des chevaux. Je m'orientai sur un chemin blanchâtre qui menait vers la maison; les cavaliers m'avaient précédé de quelques minutes, et j'avais laissé mon domestique en arrière avec le convoi.

J'arrivai donc seul à la porte du bordj et j'entrai dans la cour sans savoir où me diriger. De chaque côté de l'entrée, porte monumentale, et que je trouvai grande ouverte, j'aperçus des gens, pêle-mêle avec des chevaux, bivouaquant le long du mur; la cour était déserte; elle me parut grande; mon cheval qui flaira des écuries fit entendre un petit hennissement de satisfaction. Au fond de la cour, apparaissait un perron de quelques marches, conduisant à une haute galerie soutenue par des piliers blancs; une porte entre-bâillée dans l'angle droit de la galerie laissait filtrer un peu de lumière; une fenêtre à demi éclairée, donnant au rez-de-chaussée sur la cour, permettait d'entendre un bruit de voix.

Je descendis de cheval au pied du perron, et, tout en jetant la bride à quelqu'un que je vis s'approcher dans l'ombre, je me dirigeai du côté de la lumière et j'entrai. Je remarquai que la personne à qui j'avais tendu la bride n'avait pas mis d'empressement à la prendre, et j'aperçus vaguement la forme bizarre d'un tout petit corps surmonté d'un vaste chapeau très-pointu. Un incident de la soirée m'apprit l'erreur que j'avais failli commettre en traitant le plus saint homme du bordj comme un valet.

On soupait dans une grande chambre blanche, propre, qui n'avait pour tous meubles qu'une cheminée de marbre noir, de riches tapis du sud accrochés aux fenêtres et formant portières plutôt que rideaux; et, au milieu, une table ronde, entourée de convives. La cuisine était arabe. Mais la table, joyeusement éclairée de bougies, était servie à la française, couverte d'une belle nappe blanche et irréprochablement garnie d'argenterie, de vaisselle et de verres, avec quatre carafes remplies de lait doux et quatre autres de limonade. Le kalifat *Si-Cheriff,* grand et gras personnage, presque sans barbe, à figure placide, avec des yeux saillants, négligemment vêtu du simple haïk blanc sans burnouss, et le portant en voile, à la manière des marabouts, Si-Cheriff présidait la table et se versait des deux mains à la fois, dans le même verre, de la limonade et du lait. Son frère, *Bel-Kassem,* doux jeune homme au visage fatigué, assistait au souper debout et donnant des ordres. La chambre était pleine de serviteurs arabes allant et venant, mais laissant agir un maigre Tunisien, à turban blanc, aux yeux vifs, à la bouche fine, au nez pincé, pâle comme la mort, leste, agile, adroit, avec des mines d'écureuil et des airs de fiévreux, fantastique et précieux valet, qui, seul dans la maison de Si-Cheriff, paraît avoir le don de manier la porcelaine et de servir à la française.

Cette grande maison, perdue dans un désert à plus de cin-

quante lieues de Boghar, à trente-deux lieues environ d'El-
Aghouat, une salle à manger remplie d'odeurs de viandes et
encombrée de gens portant des plats, cette table servie comme
en Europe, autour de laquelle on parlait français, ce personnage
en déshabillé de maison occupé gravement à se composer des
sorbets doux, voilà donc ce que je vis en arrivant à D'jelfa, chef-
lieu des *Ouled-Nayl*. J'étais au cœur de cette immense tribu,
commerçante, riche et corrompue, dont le nom posé sur toutes
les routes du Sahara résumait pour moi les curiosités du désert.
D'ici, et sans sortir de leur territoire, je confinais dans le nord-
est à *Bouçaada*, dans l'ouest, presque au *Djebel-Amour*, dans le
sud aux k'sours d'El-Aghouat et à l'Oued-D'jedi. Ces valets
d'office, que je voyais essuyant des assiettes avec un coin de leur
haïk en guise de serviette, avaient porté leurs laines sur les
marchés du sud et pouvaient me parler de tout le Sahara septen-
trional, depuis *Charef* jusqu'à *Tuggurt*, depuis D'jelfa jusqu'au
M'zab, jusqu'à *Metlili*, jusqu'à *Ouargla*.

Enfin j'avais sous les yeux, dans la personne de ce grand seigneur débonnaire, un de leurs princes les plus opulents et les
plus braves; le plus considérable peut-être par sa fortune, sa
naissance, sa haute position politique, et par les antécédents
illustres de sa vie militaire. M. N... essayait d'apprendre à Si-Cheriff à se servir d'une fourchette et d'un couteau. Le kalifat s'y
prêtait avec complaisance, à peu près comme on s'amuse à des
jeux d'enfants; il y mettait beaucoup de bonhomie, une extrême
maladresse qui m'a bien l'air d'être volontaire, mais n'y compro-
mettait rien de sa dignité.

Vers le milieu du repas apparut un nouveau personnage que je
reconnus tout de suite à son chapeau et à la forme si singulière
de son individu. C'était bien en effet un tout petit corps ramassé
sur lui-même, et qu'on eût dit gonflé; malpropre, difforme,
affreux, marchant comme s'il n'eût pas de jambes, la figure étri-
quée dans son haïk comme dans un serre-tête, coiffé d'un chapeau sans bords, comme d'un énorme cornet. Il avait, autant que

j'en pus juger, une profusion de sachets de cuir qui lui pendaient sur la poitrine, et une demi-douzaine de grosses flûtes en roseau lui descendaient du menton jusqu'au ventre et s'y balançaient en faisant du bruit; il portait un bâton noueux dans la main; on ne voyait pas ses pieds, car son burnouss traînait à terre. Personne autre que moi ne semblait faire attention à lui. Il s'avança tout d'une pièce, s'approcha de la table et vint par-dessus l'épaule de Si-Cheriff allonger la main dans son assiette. Je me penchai avec inquiétude vers M. N..., qui se mit à sourire; Si-Cheriff ne se détourna pas et cessa seulement de manger. Bel-Kassem vit ma surprise et me dit d'une façon dévote et très-grave : *Derviche, marabout,* un fou, c'est-à-dire un saint. Je n'en demandai pas davantage, car je savais la vénération qui s'attache aux fous dans les pays arabes, et je me gardai bien de paraître autrement scandalisé des familiarités que celui-ci se permit jusqu'à la fin du repas. Il ne cessa point de rôder autour de nous, répétant des mots sans suite et demandant avec obstination du tabac. Quoiqu'on lui en eût donné, il en demandait encore, venait à chacun de nous tendre le creux de sa main noire et s'acharnait à répéter le mot tabac, tabac, d'une voix rauque et saccadée comme un aboiement. On l'écartait sans violence; on le calmait en lui faisant signe de se taire; Si-Cheriff, toujours impassible, avait la mine sévère et prenait garde évidemment qu'aucun valet n'offensât son protégé. Pourtant, comme il devenait importun, le Tunisien le prit par le bras et l'entraîna doucement vers la porte. Le pauvre insensé s'en alla en criant : *Pourquoi, Mohammed? pourquoi, Mohammed?* (*Ouach Mohamm... ouach Mohamm...*) Et pendant longtemps on l'entendit parler sous la galerie. Si-Cheriff était, je n'en doute point, fort contrarié que nous eussions été témoins de cette scène où nous ne pouvions, comme lui, trouver un sujet d'édification. Je dois dire cependant que pas un de nous ne s'oublia. Et tout en remarquant une fois de plus comment les Arabes savent détourner le ridicule par l'absence même de ce que nous appelons respect humain, je ne m'étonnai point, mais me sentis jaloux de les trouver si supérieurs à nous, jusqu'au milieu de leurs superstitions. Je me rappelais avoir rencontré un jour un chef de tribu du Sahara de l'est, rentrant chez lui, suivi d'une escorte assez brillante de cavaliers et menant en croupe un derviche. Ce chef était un jeune homme élégant, fort beau, et mis avec cette recherche un peu féminine particulière aux Sahariens de Constantine. Le derviche, vieillard amaigri et défiguré par l'idiotisme, était nu sous une simple gandoura couleur sang de bœuf, sans coiffure, et balançait au mouvement du cheval sa tête hideuse, surmontée d'une longue touffe de cheveux grisonnants. Il tenait le jeune homme à bras-le-corps et semblait lui-même, de ses deux talons maigres, conduire la bête embarrassée sous sa double charge. Je saluai le jeune homme en passant; il me dit le bonsoir, et me souhaita les bénédictions du ciel. Le vieillard ne me répondit point, et mit le cheval au trot.

Le derviche de D'jelfa n'a pas d'histoire. J'ignore même son nom. On m'a dit qu'il passe une partie de l'année chez Si-Cheriff, tantôt à la zmala, tantôt au bordj. Il n'est point embarrassant; il se nourrit sans qu'on y pourvoie, prenant ce qu'il trouve sous sa main. Il ne couche nulle part, et ni le jour ni la nuit, on ne sait au juste ce qu'il devient. Il passe une partie des nuits à rôder, soit dans la cour ou dans le jardin, soit dans la campagne, quand il se présente après la porte fermée. Il a dans son burnouss et dans ses petites gibernes une quantité de chiffons ou de débris recueillis partout. Quelquefois en pleine nuit, on l'entend essayer l'une après l'autre toutes ses flûtes. Le froid ni le soleil ne peuvent rien sur ce corps insouciant qui semble avoir perdu le don de souffrir. Son visage, criblé de rides, ne peut plus vieillir; l'âge le mine insensiblement comme un vieux tronc qui n'a plus de feuilles; la mort le prend par les jambes, pourtant il va toujours, s'asseyant rarement, ne se couchant presque jamais. Un jour il tombera de côté et ne pourra plus se relever; son âme sera allée rejoindre sa raison.

D'jelfa, même date, cinq heures.

Nous avons joui d'une journée sans pareille. Je l'ai passée soit à dessiner dans le bivouac, soit à écrire, étendu sous mon pavillon de toile. Ma tente est tournée au midi; car j'aime à l'ouvrir ainsi. Rarement je perds de vue, même à la halte, ce côté mystérieux que le ciel couvre de réverbérations plus vives. Tous mes compagnons sont absents ou à peine éveillés de leur sieste. La journée s'achève dans une paix profonde; et, demeuré seul, je savoure avec délice un vent tiède qui souffle faiblement du sud-est. De la place où je suis couché, j'embrasse à peu près la moitié de l'horizon, depuis la maison de Si-Cheriff, d'où je n'entends sortir aucun bruit, jusqu'à l'extrémité opposée où, sur une ligne de terrains pâles, se dessine un groupe de chameaux bruns. Devant moi, j'ai tout notre campement étendu au soleil, chevaux, bagages et tentes; à l'ombre des tentes, quelques gens qui se reposent; ils font cercle, mais ne parlent pas. S'il arrive qu'un ramier passe au-dessus de ma tête, je vois son ombre glisser sur le terrain, tant ce terrain est uni; et j'entends le bruit de ses ailes, tant le silence qui se fait autour de moi est grand. Le silence est un des charmes les plus subtils de ce pays solitaire et vide. Il communique à l'âme un équilibre que tu ne connais pas, toi qui as toujours vécu dans le tumulte; loin de l'accabler, il la dispose aux pensées légères; on croit qu'il représente l'absence de bruit, comme l'obscurité résulte de l'absence de la lumière : c'est une erreur. Si je puis comparer les sensations de l'oreille à celles de la vue, le silence répandu sur les grands espaces est plutôt une sorte de transparence aérienne, qui rend les perceptions plus claires, nous ouvre le monde ignoré des infiniment petits bruits, et nous révèle une étendue d'inexprimables jouissances. Je me pénètre ainsi, par tous mes sens satisfaits, du bonheur de vivre en nomade; rien ne me manque, et toute ma fortune de voyage tient dans deux coffres attachés sur le dos d'un dromadaire. Mon cheval est étendu près de moi sur la terre nue, prêt, si je le voulais, à me conduire au bout du monde; ma maison suffit à me procurer de l'ombre le jour, un abri la nuit : je la transporte avec moi, et déjà je la considère avec une émotion mêlée de regrets.

La température me paraît encore relativement assez douce, et, même avec dix degrés de plus, je la supporterais volontiers, si l'air continuait d'être sec, léger, éminemment respirable, comme il l'est dans ces régions élevées. Jusqu'à présent, le thermomètre n'a pas dépassé 30 et 31° à l'ombre. Aujourd'hui, sous la tente, à deux heures, il a atteint le maximum de 32°, et la lumière, d'une incroyable vivacité, mais diffuse, ne me cause ni étonnement ni fatigue. Elle vous baigne également, comme une seconde atmosphère, de flots impalpables. Elle enveloppe et n'aveugle pas. D'ailleurs l'éclat du ciel s'adoucit par des bleus si tendres, la couleur de ces vastes plateaux, couverts d'un petit foin déjà flétri, est si molle, l'ombre elle-même de tout ce qui fait ombre se noie de tant de reflets, que la vue n'éprouve aucune violence, et qu'il faut presque la réflexion pour comprendre à quel point cette lumière est intense.

Peut-être ne sais-tu pas que, depuis notre entrée dans le Sahara, nous n'avons pas cessé de monter et que nous nous retrouvons à près de huit cents mètres au-dessus du niveau de la mer. Le plateau que nous suivons s'élève en effet insensiblement et détermine ici, par exception, l'écoulement des eaux dans l'est et dans l'ouest, tandis que, partout ailleurs, le partage se fait du sud au nord et du nord au sud. Ce long mouvement du sol, qui prolonge ainsi le climat du Tell à travers le Sahara, presque indépendamment du degré, et qui fait qu'à latitude égale l'hiver, au moins, est plus doux sous le méridien de Constantine que sous celui d'Alger, se produit jusqu'à El-Aghouat et même au delà : El-Aghouat donne encore une hauteur de 600 mètres; Bisk'ra, au contraire, n'est plus qu'à 73. — Plus avant dans l'est, le Sahara s'abaisse au-dessous du niveau de la mer, et, entre El-Aghouat et Bisk'ra, s'étend le bassin descendant de l'*Oued-Djeddi,* qui vient du

Djebel-Amour, arrose les Zibans et va se perdre enfin dans le grand *Chott* de Tunis. — Je désire que cet aperçu suffise à t'expliquer des contradictions de climat dont, à première vue, tu aurais sans doute quelque peine à te rendre compte, et peut-être comprendras-tu maintenant comment, nous trouvant tout à l'heure sous le degré d'El-Kantara, si nous n'y sommes déjà, nous faisons des feux de branches de pins et de chênes, coupées dans la gorge du *Rocher de Sel,* au bord de l'*Oued-D'jelfa.*

Dès aujourd'hui pourtant, nous voilà débarrassés non-seulement de la végétation du nord, mais encore de toute végétation. Elle expire au sommet des collines pierreuses que nous avons derrière nous ; et je voudrais que ce fût pour tout à fait ; car c'est par la nudité que le Sahara reprend sa véritable physionomie. J'en suis venu à souhaiter qu'il n'y ait pas un arbre dans tout le pays que je vais voir. Aussi ce qui me plaît dans le lieu où nous sommes campés, c'est surtout son aspect stérile. Pour couvrir ces vastes terrains, tantôt frileux, tantôt brûlés, il n'y a qu'un peu d'herbe. Cette herbe, sorte de graminée renouvelée par l'hiver, est courte, rare, et devient grisâtre en se fanant. Elle forme à peine un duvet transparent mêlé de quelques brins cotonneux que l'air agite. On y voit jouer la lumière et vibrer la chaleur comme au-dessus d'un poêle. Aussi loin que la vue peut s'étendre, je n'y découvre pas une seule touffe plus fournie qui dépasse le sabot d'un cheval. La terre a la solidité d'un plancher et se gerce sans être friable. Nos chameaux s'y promènent d'un air découragé, la tête haute, le cou tendu vers un coin plus vert qui se montre assez loin au sud, entre deux mamelons arides. Cette perspective, à peu près riante, qui semble les consoler jusqu'à demain, nous annonce de nouvelles plaines d'alfa. Je distingue nettement, comme un triangle gris posé sur le vert, une de ces petites pyramides de pierre dont je t'ai parlé, et qui servent de point de repère dans le steppe, quand il n'y a ni horizon, ni traces de caravanes pour y diriger la marche.

Cette tache lointaine d'alfa s'aperçoit à peine dans l'ensemble de ce paysage que je ne sais comment peindre, mais dont il faudrait faire un tableau clair, somnolent, flétri. Chose admirable et accablante, la nature détaille et résume tout à la fois. Nous, nous ne pouvons tout au plus que résumer, heureux quand nous le savons faire! Les petits esprits préfèrent le détail. Les maîtres seuls sont d'intelligence avec la nature; ils l'ont tant observée, qu'à leur tour ils la font comprendre. Ils ont appris d'elle ce secret de simplicité, qui est la clef de tant de mystères. Elle leur a fait voir que le but est d'exprimer, et que, pour y arriver, les moyens les plus simples sont les meilleurs. Elle leur a dit que l'idée est légère et demande à être peu vêtue. Ne t'étonne point de tout cela. Depuis ce matin je suis à deux genoux devant les maîtres, et je crois être tous les jours un peu moins indigne de parler d'eux. Leur souvenir m'accompagne dans ma route. Leurs leçons se sont fait entendre aujourd'hui plus clairement que jamais; et c'est à D'jelfa, sous ma tente, au milieu des Ouled-Nayl, et pendant que je regardais passer sur ces fonds d'une candeur historique de majestueux personnages drapés de noir et de blanc. Devais-je donc venir si loin du Louvre chercher cette importante exhortation de voir les choses par le côté simple, pour en obtenir la forme vraie et grande?

Sept heures.

Tout le jour, quelques minces traînées de vapeur sont restées étendues au-dessus de l'horizon, pareilles à de longs écheveaux de soie blanche. Vers le soir, elles ont fini par se dissoudre et par former un petit nuage doré, unique au milieu de l'azur sans rides et qui s'en va lentement à la dérive, entraîné vers le soleil couchant. Il diminue à mesure qu'il s'en approche, et, comme la voile arrondie d'un navire qu'on voit de loin se rétrécir et s'abattre à l'entrée du port, il ne tardera pas à disparaître dans le rayonnement de l'astre. La chaleur s'apaise, la lumière s'adoucit; elle se retire insensiblement devant la nuit qui s'approche, sans avoir été précédée d'aucune ombre. Jusqu'à la dernière minute du jour, le Sahara demeure en pleine lumière. La nuit vient ici comme un évanouissement.

Il est sept heures. Notre bivouac est maintenant sorti de son immobilité. Il y règne un certain mouvement, toujours paisible, de gens qui allument des feux et préparent le café du soir, pendant que d'autres font leur prière, prosternés la figure au levant; on se rassemble sur des tapis pour prendre le repas; et nos chevaux, à qui l'on vient de donner l'orge, secouent joyeusement le poids du soleil qu'ils ont porté douze heures sans bouger.

La maison de Si-Cheriff seule continue de rester muette. De l'endroit où je suis, on la dirait inhabitée, si l'on ne voyait un peu de fumée bleuâtre s'élever à l'angle du toit. Cette maison, triste blockhaus, donnée pour citadelle à notre kalifat, est achevée seulement du mois de novembre dernier.

Une inscription, sculptée dans la pierre, au-dessus de la porte d'entrée, m'apprend qu'elle a été bâtie en cinquante jours, sous le gouvernement de M. le général Randon, par la colonne expéditionnaire du général Yusuf. D'autres inscriptions indiquent les divers corps qui ont pris part à cette construction, avec les noms des principaux officiers : quelques-unes pourraient déjà servir d'épitaphes. Le capitaine Bessières, tué glorieusement à l'assaut du 4 décembre, a son nom sur le pavillon qui forme l'angle droit du mur de défense.

Cette habitation est disposée de manière à servir, à la fois, de résidence au kalifat, de caravansérail et de forteresse. La cour d'entrée est vaste; un petit convoi s'y renfermerait au besoin, et elle présente une double ligne de hangars pavés, sous lesquels une centaine de chevaux pourraient s'abriter. Par delà s'étend le jardin, qui n'est encore que tracé. — Au centre de ce carré long, et séparé du jardin par un chemin de ronde, s'élève un corps de logis, composé de deux étages et percé, sur ses quatre faces, de fenêtres malheureusement françaises; il a sa cour intérieure, cour réservée, où l'on ne pénètre pas, et que je n'ai fait qu'entrevoir.

Le rez-de-chaussée est abandonné aux voyageurs. L'appartement privé du kâlifat, celui de son cousin et de son jeune frère Bel-Kassem occupent les deux étages; c'est là, je ne sais dans quelle partie du bâtiment, que sont reléguées leurs femmes, avec les servantes.

Quelques fenêtres ont des barreaux; mais il n'en est guère qui n'aient une ou plusieurs vitres cassées : ces nombreux accidents ne surprennent pas, quand on connaît l'ingénuité des Arabes à l'endroit de ces choses transparentes. Pour la plupart, ils n'en ont jamais vu; et, sans prévoir l'obstacle, ils passent leur poing au travers. — Si-Cheriff parle seulement des dégâts causés par le vent et s'en plaint, de manière à laisser croire qu'il tient à ses vitres : au fond, en homme de la tente, il s'en inquiète assez peu et laisserait volontiers tout le bordj s'écrouler, si la petite garnison de soldats ouvriers, casernée dans un des pavillons, n'avait aussi pour mission de l'entretenir.

Cette résidence, que l'on a tâché de rendre habitable, est-elle, en effet, du goût de Si-Cheriff? Réussira-t-il à s'y plaire, autant que dans sa tribu? — Il paraît, du moins, se résigner à ce séjour comme à une nécessité politique; n'y venant, du reste, qu'à ses heures, quand il y est mandé, ou qu'il doit y recevoir des hôtes.

Indépendamment de ce domicile officiel, il a un domicile réel dans les pâturages voisins du Rocher de Sel, avec d'immenses troupeaux de moutons, et quelque chose, m'a-t-on dit, comme six mille chameaux. Il se partage entre sa maison de laine et sa maison de pierre, et n'amène ici que ses chevaux, sa suite militaire et sa femme. Je dis *sa* femme, parce qu'on parle d'une madame Si-Cheriff, dont l'histoire, comme tant d'histoires de ce pays, ressemble beaucoup à un roman. Celui-ci, d'ailleurs, après un prologue assez sombre, finit heureusement. Est-ce une indiscrétion que de rapporter ce qu'on raconte? — Cette femme est Espagnole. Un homme, qui a disparu depuis et dont la mort subite n'a jamais été bien expliquée, l'avait conduite, elle et sa sœur, plus jeune qu'elle, à la Deira d'Abd-el-Kader, peu d'années avant la soumission de l'émir. — Elles étaient toutes les deux fort jolies. Abd-el-Kader fit épouser l'aînée à Si-Cheriff, alors son kalifat, bientôt après devenu le nôtre, et la plus jeune au cousin de Si-Cheriff. — Toutes deux, elles ont suivi, sous l'alliance française, la nouvelle fortune de leurs maris et n'ont jamais songé à réclamer contre le mariage qui leur fut imposé. Elles ont adopté non-seulement le costume, mais aussi la langue arabe, au point d'avoir oublié la leur. La femme de Si-Cheriff habite en ce moment le bordj.

J'ai vu ce matin leur enfant, joli petit garçon de quatre ans au plus. Il était à la classe, dans une école fondée par Si-Cheriff et tenue par un taleb, sorte d'instituteur communal que Si-Cheriff paye de ses deniers. L'enfant était pieds nus et n'avait pour tout vêtement, comme ses petits camarades les plus pauvres, qu'une petite soutane blanche on ne peut plus négligée. M. N..., qui est de ses bons amis, lui rapportait en cadeau d'Alger un foulard français, un sabre de bois et une chemise de fine laine. Quant à la sœur de madame Si-Cheriff, on ne la voit jamais à D'jelfa. Elle préfère le séjour de la tente et n'abandonne à personne le soin du ménage nomade ni l'administration des troupeaux. Tout ce que je sais des affaires domestiques de Bel-Kassem, c'est qu'il a deux femmes jeunes et qui passent pour très-belles. Il vient, ces jours derniers, d'épouser la seconde. Et j'ai cru comprendre pendant le dîner d'hier, qu'on a plaisanté le jeune marié sur ce qu'il était amaigri depuis son récent mariage, et plus pâle encore que de coutume. Pour moi, je n'ai rien aperçu du harem emprisonné là-haut, derrière ces grillages. J'ai seulement rencontré deux négresses assez laides, mais de belle tournure, qui puisaient de l'eau au puits du jardin, pendant que le pauvre fou se promenait dans les allées sans verdure, et qui le taquinaient en se tordant de rire et en faisant étinceler leurs dents.

Quoique maussade à l'œil au milieu de ce désert saharien, avec sa façade neuve, son toit de tuiles jaunes et sa fâcheuse ressemblance avec une caserne, le bordj, je lui donne ce nom pour l'embellir, éveille l'idée d'une assez grande vie, et rappelle, au moins par moments, les mœurs féodales. Les portes, revêtues de fer, restent ouvertes pendant le jour. Un assez grand nombre de chevaux remplit les écuries. On les entend piaffer, hennir; on les voit s'agiter chaque fois qu'un nouveau cavalier se présente à l'entrée de la cour. Chaque arrivant pique droit au perron, s'y arrête court, et met pied à terre. C'est là, dans l'ombre de la galerie, qu'accroupi sur un banc, un chapelet dans ses mains, distrait, le kalifat se laisse embrasser par ses nombreux clients et leur donne audience. On se précipite à l'étouffer, pour baiser sa grosse tête emmaillottée de blanc. Quoiqu'on lui parle debout, quelques familiers sont assis près de lui, et souvent un homme en haillons, le dernier des tribus, se mêle à l'entretien du prince aussi librement que s'il était son favori. Le prestige du rang, énorme chez les Arabes, n'exclut pas une familiarité singulière entre le maître et le serviteur. Quant à la distance établie par l'habit, elle n'existe pas. J'ai vu là des types surprenants, des visages de momies à qui l'on aurait mis des yeux de lion. L'audience achevée, le client s'en va, traînant ses longs éperons, reprendre sa bête qui, la bouche baveuse, essoufflée, les flancs saignants, attend, clouée sur place et comme un cheval de bois. Douce et et vaillante bête, dès que l'homme a posé la main sur son cou pour empoigner ses crins, son œil s'allume, et l'on voit courir un frisson dans ses jarrets. Une fois en selle et la bride haute, l'homme n'a pas besoin de lui faire sentir l'éperon. Elle secoue la tête un moment, fait résonner le cuivre ou l'argent de son harnais; son cou se renverse en arrière et se renfle en un pli superbe, puis la voilà qui s'enlève, emportant son cavalier avec ces grands mouvements de corps qu'on donne aux statues équestres des Césars victorieux.

D'ailleurs le bordj n'est pas constamment silencieux ou seulement rempli comme aujourd'hui de visiteurs paisibles. A l'exemple des manoirs anciens, il a ses moments d'alarme et ses bruits de fête. Quelquefois c'est le jeune Bel-Kassem, à qui son frère n'a jamais permis de faire la guerre, qui sort en équipage de chasse,

escorté de ses lévriers, avec ses fauconniers en habit de fête, ses pages étranges, et portant lui-même un faucon agrafé sur son gantelet de cuir. S'il arrive au contraire que l'ennemi soit signalé ou qu'il y ait par là quelque tribu turbulente à châtier, ce jour-là, c'est Si-Cheriff en personne qu'on voit sortir du bordj avec son appareil de guerre. Le goum est rassemblé devant la porte. Il y a là deux ou trois cents cavaliers groupés confusément autour de l'étendard aux trois couleurs, rouge, vert et jaune; tous en tenue de combat, le haïk en écharpe, le fusil au poing, droits sur la selle, attendant le kalifat qui va paraître. Lui-même est botté, éperonné, mais sans armes. On lui voit seulement à la taille une lourde ceinture pleine de cartouches et traversée de longs pistolets aux pommeaux brillants. Il a près de lui deux serviteurs nègres qui portent, l'un son sabre droit à fourreau sculpté et son long fusil écaillé de nacre, l'autre son chapeau de paille à flots de soie. Il enfourche pesamment sa grande jument blanche, dont la croupe et les pieds sont teints de rose; il rejette son burnouss en arrière, par un beau geste et pour dégager son bras droit, celui qui doit agir au besoin, et, dans tous les cas, commander. Enfin, il donne le signal, entraîne son goum, prend la tête avec son fanion, ses écuyers et ses plus fidèles, et, si le danger presse, part au galop du côté de l'endroit menacé.

Tu vois que rien ne manque à la vie du bordj, pour rappeler des mœurs depuis longtemps disparues de notre histoire. Pour moi, je préfère les mœurs de la tente à ce spectacle de chevalerie, si séduisant qu'il soit. Ici, je m'intéresse médiocrement au soldat, beaucoup, au contraire, au voyageur. Devant un pareil pays, dans un cadre de cette grandeur, je ne puis m'empêcher de trouver d'un petit effet la mise en scène un peu théâtrale de cette vie mêlée de chasse, de coups de main, de parade, quelquefois de galanterie; et tout cela, en définitive, me touche moins que la vue d'une pauvre famille errante au milieu d'humbles aventures.

Pourtant je m'estime heureux d'avoir rencontré sur ma route

le bordj de D'jelfa. Le peuple arabe est très-divers, plus divers qu'on ne le croit. Je le vois aujourd'hui par le côté le plus avancé de sa civilisation; c'est assurément le plus brillant; il a ce mérite, en outre, d'être un des moins observés.

Ham'ra, 1er juin 1853.

On a plié les tentes au petit jour. Malgré l'heure matinale, Si-Cheriff et son frère étaient debout pour recevoir nos adieux, et nous nous sommes mis en route gaiement, comme après une journée entière de repos. Moi seul peut-être je regrettais un peu D'jelfa, où j'avais eu plus de plaisir assurément que personne au milieu de mes contemplations solitaires, et je me détournais pour voir la place abandonnée d'où nos feux jetaient quelques restes de fumée blanche. Même en ce perpétuel changement, il en est ainsi pour tous les lieux que je quitte; je m'y attache vite et n'en oublie aucun, car il me semble que tous ont été passagèrement à moi, bien mieux que les maisons de louage où j'ai vécu. Après des années, le petit espace où j'ai mis ma tente un soir et d'où je suis parti le lendemain m'est présent avec tous ses détails. L'endroit occupé par mon lit, je le vois; il y avait là de l'herbe ou des cailloux, une touffe d'où j'ai vu sortir un lézard, des pierres qui m'empêchaient de dormir. Personne autre que moi peut-être n'y était venu et n'y viendra, et moi-même, aujourd'hui, je ne saurais plus le retrouver.

Nous prîmes la direction de la balise. En moins d'une demi-heure nous l'avions atteinte et nous entrions dans l'alfa. Comme je l'avais prévu, la route s'engageait dans une suite de plateaux verts, tous pareils, de peu d'étendue, se déroulant du nord au sud et se succédant avec la plus triste régularité. De loin en loin, mais de manière qu'il y en a toujours au moins une en vue, la même pyramide grise apparaît posée sur le bord de l'horizon. Pendant quatre heures de marche je n'ai pas aperçu dans aucun sens le plus petit coin qui ne fût vert comme un champ d'oseille.

Sous le ciel bleu, et quand on se sait dans le Sahara, cette couleur printanière produit le plus désagréable étonnement. Le contraste est imprévu, mais absolument laid. Je t'ai parlé ailleurs de l'alfa; si j'y reviens, c'est afin de tenir un compte minutieux de mes impressions d'aujourd'hui.

A dix heures, nous faisions halte dans le lit profond d'une rivière. L'été, on se demande où sont les rivières qui ont pu creuser de pareils lits. Il y reste en ce moment une petite source, réduite à rien, mais qui ne tarit pas. Le réservoir n'a pas deux enjambées de large. Elle sort avec un léger bouillonnement du milieu des cressons, puis à quelques pas de là se perd ou plutôt se glisse dans le sable. Je n'avais jamais vu de source ayant un cours si réduit, ni plus pressée de disparaître. C'est un avertissement que tous les voyageurs comprennent; j'ai remarqué, en effet, que les bords n'étaient aucunement piétinés, quoiqu'elle serve de rendez-vous aux caravanes dans cette saison. On prit donc exemplairement la provision nécessaire à notre convoi. J'y puisai moi-même avec le plus grand soin, et j'y remplis nos peaux de bouc d'une eau limpide, légère et à peu près fraîche. Surtout on empêcha les chevaux d'y boire. Tout autour, le lit de la rivière est encombré de rochers blancs, calcinés, désorganisés comme de la pierre à chaux qui commence à cuire; leur éclat au soleil est insupportable.

Vers onze heures, la chaleur devint subitement très-forte. Le ciel, jusque-là sans nuages, commençait à se tendre de raies blanchâtres, sortes de balayures au tissu transparent, pareilles à d'immenses toiles d'araignée. Le vent se levait et se fixait au sud. Très-faible encore tant que nous fûmes abrités, dès que nous remontâmes en plaine, il se fit décidément reconnaître pour du sirocco. Il mit néanmoins plus de deux heures à se déclarer dans toute sa violence. D'abord, ce ne furent que des souffles passagers, tantôt chauds, tantôt presque frais. Je les recevais en plein visage et pouvais avec exactitude en mesurer la température, le mouvement et la durée. Peu à peu, il y eut moins d'intervalle entre les bouffées ; je les sentis venir aussi avec plus de régularité, mais toujours intermittentes, saccadées comme la respiration d'un malade accélérée par la fièvre. A mesure que cette haleine étrange arrivait plus fréquente et plus chaude, la terre elle-même s'échauffait ; et quoiqu'il n'y eût plus de soleil et que mon ombre marquât à peine sur le sol éclairé d'une lumière morne, j'avais encore sur la tête l'impression d'un soleil ardent. Le ciel était d'une couleur rousse où ne filtrait plus aucune lueur de bleu. L'horizon cessa bientôt d'être visible et prit la noirceur du plomb. Enfin, le souffle devint continu, comme l'exhalaison directe d'un foyer. Alors, la chaleur sembla venir à la fois de partout, du vent, du ciel, et peut-être encore plus forte des entrailles du sol, qui véritablement s'embrasait sous les pieds de mon cheval. Le pauvre animal se lassait à marcher vent debout, mais souffrait surtout de cette flamme qui lui montait au ventre. Quant à moi, sans la fatigue de me maintenir en selle, j'eusse éprouvé un réel bien-être à me sentir enveloppé de cette chaleur qui après tout n'excédait pas mes forces, et, toute curiosité de voyageur à part, je n'étais pas fâché, dussé-je même en souffrir, de respirer cet ouragan de sable et de feu qui venait du désert.

J'arrivai de la sorte à Ham'ra sans m'être douté que j'en approchais. Ham'ra est un amas misérable d'une trentaine de masures bâties en pisé, ruinées, croulantes, d'aspect funeste et qu'on dirait abandonnées. On les confond presque avec les rochers jaunâtres dont la haute ceinture enferme entièrement le village du côté du couchant. Au levant s'étendent quelques petits jardins assez vivaces et que je suis étonné de trouver trop verts. Le sirocco s'acharnait après cette pauvre verdure échappée au soleil ; et la poussière qui pleuvait à flots, le jour plombé qui enveloppait tout de sa couleur de cendre, donnaient à ce tableau, déjà si triste, une physionomie violente et pour ainsi dire pleine d'angoisse.

Deux grands gaillards en guenilles, hâves et singulièrement farouches, qu'on dirait les seuls habitants du pays, sont venus nous regarder planter nos tentes, puis se sont retirés à cent pas de là sur une roche plate en forme de dolmen, et depuis lors y sont restés accroupis les yeux fixés sur nous. Presque tous les arbres des jardins sont des abricotiers; j'ai aperçu, en passant à cheval le long des murs bas, un figuier, un grenadier d'une belle venue et quelques vignes grimpantes, mais pas un palmier. J'espérais rencontrer ici celui que j'ai vu indiqué sur la carte du sud à quelques lieues d'El-Aghouat. C'est sans doute à *Sidi-Makhelouf* que je le trouverai.

Heureusement que des rigoles creusées autour des jardins amènent jusque devant nos tentes une belle eau, bonne au goût et pas encore trop échauffée. Ç'a été en arrivant un grand soulagement.

En ce moment, le vent est plus chaud et souffle plus violemment que jamais. Il a failli renverser ma tente. Bakir et ses compagnons ont été pendant quelques minutes ensevelis sous la leur, et semblaient même avoir pris le parti de ne pas la relever. Nous avons dû doubler les cordes et consolider les piquets. Grâce aux petits murs de clôture qui font abri, on a pu néanmoins allumer du feu pour le souper. Sous ma tente, et pendant que j'écris, j'ai sur les mains la chaleur exacte d'un foyer. Il fait déjà presque nuit, quoiqu'il soit tout au plus six heures. Nos chevaux demeurent immobiles, la tête pendante, la croupe au vent. Les chameaux n'ont pas mangé; à peine déchargés, ils se sont couchés en troupeau serré, le ventre aplati, le cou allongé sur le sable.

Par moments, le pied du vent semble s'éclaircir. L'horizon se dégage, et je découvre entre deux caps de montagnes coupés carrément, et dont l'un, celui de droite, tout à fait noyé, doit être à quinze ou dix-huit lieues d'ici, la ligne insaisissable d'un horizon plat. Cette ligne plate me fait rêver. Serait-ce le désert?

Ham'ra, même date, la nuit.

Le vent continue; la chaleur n'a en rien diminué. Vers sept heures, le ciel, un moment auparavant plus clair, s'est rapidement assombri. Cette fois, c'était la nuit. Il n'y a pas une étoile. L'obscurité est absolue. Je distingue à peine un ou deux chevaux blancs attachés à six pas de ma tente. Toutes les lumières et presque tous les feux sont éteints. Une troupe de chacals est venue tout à l'heure hurler si près du bivouac, que je suis sorti dans l'espoir absurde de les tirer. Personne ne dort, mais personne ne remue; et je n'entends pas d'autre bruit que celui du vent dans la toile des tentes et dans les arbres des jardins.

2 juin 1853, à la halte, dix heures.

La matinée a été plus calme; le soleil a reparu dans un ciel riant. Nous avons marché par une petite brise, toujours en plaine et de nouveau dans l'alfa. Nous rencontrons un lit de rivière, où l'on s'arrête; mais cette fois, pas une goutte d'eau. En prévision de ce qui nous arrive, on avait rempli les outres à Ham'ra. A ce moment, dix heures, le sirocco recommence à souffler avec les mêmes symptômes qu'hier, peut-être encore plus menaçants. Dès son début, il est déjà très-incommode et nous couvre de sable. Nous déjeunons, couchés à plat ventre sous des lauriers-roses qui n'ont pas encore de fleurs. Le pain que nous mangeons, avec la liberté seulement d'y joindre un oignon (c'est, en fait de vivres frais, tout ce que nous avons pu nous procurer à Ham'ra), est devenu si dur après dix jours de voyage dans les *tellis,* qu'on a besoin de le ramollir dans l'eau. Il n'y a pas moyen d'allumer du feu, et nous nous passerons de café. D'ailleurs, chacun de nous est impatient d'atteindre le caravansérail de *Sidi-Makhelouf.* Aussi, nos chevaux sont restés bridés, et nos chameaux n'ont fait que déposer deux outres pleines et ont filé en avant. L'intrépidité de nos chameliers est admirable; singulière race! par goût, la plus paresseuse de la terre; quand il le faut, la première pour supporter la fatigue, gourmande au delà de toute expression, et se passant volontiers de manger comme d'une chose inutile. Allant toujours du même pas, par longues enjambées, avec cette élasticité du genou qui est l'art des grands marcheurs, trottant si les chameaux trottent, quelquefois montant en croupe derrière la charge, mais deux ou trois minutes seulement, et berçant les longs ennuis de la marche par une chanson, toujours la même, languissante et dite à demi-voix, rarement on les voit se traîner d'un air de lassitude; plus rarement encore on les voit manger. Quelquefois, chemin faisant, il y en a qui prennent un peu de *rouina* (farine de blé grillé) dans leur *mezoued* (sac en peau de chèvre tannée) ou dans le capuchon crasseux de leur burnouss; ils la délayent dans le creux de leur main, la pétrissent en boulette; et cette unique bouchée de farine à l'eau compte ordinairement pour un repas.

Il y a dans notre caravane un petit enfant du M'zab, qui vient de Boghar et retourne dans son pays, avec son père, qui est notre *bach'amar*. Il n'a pas six ans; on le fait voyager à chameau. Une fois perché sur sa haute monture, il y reste tout le jour sans en descendre, les mains cramponnées à un bout de corde, suspendu parmi les bagages aussi insouciamment que dans un nid. Quand je passe auprès de lui, il me fait un signe amical et me crie le bonjour du matin ou le bonsoir. Cependant, l'animal va son train et semble ignorer qu'il a cet être fragile sur le dos. Le soir, on met l'enfant à terre; il court alors dans le bivouac, donne un coup d'œil aux cuisines et s'endort entre deux sacs à pains. Ne va pas croire que ce dur apprentissage de la vie du désert soit nuisible à ces santés vigoureuses. Il est tout rond, avec un ventre énorme et de petits yeux dans une grosse figure, où la couleur du sang s'épanouit sous une forte couche de poussière et de hâle. Il ressemblera à son compatriote Bakir; il aura, s'il continue, le même embonpoint et la même jovialité.

Je m'aperçois, et tout à fait à propos, car c'est lui-même qui m'interrompt, que je ne t'ai pas encore parlé de notre compagnon de route *Mohammed-el-Chambi*. Mohammed est le chambi qui a fourni à M. le général Daumas une partie des renseignements obtenus sur le Sahara central, *depuis Metlili jusqu'au Haoussa*, et dans la bouche de qui les auteurs du *Grand Désert* ont mis le récit du voyage. L'intérêt de sa personne est médiocre, et je ne l'aurais pas remarqué sans la célébrité que lui a donnée ce beau livre, la seule Odyssée que nous ayons sur le grand désert. C'est un diable d'homme assez bizarre, grand, sec, à nez crochu, sanglé, botté, coiffé haut, qui se déhanche en marchant avec des airs d'acrobate et une certaine mine de mauvais sujet. On m'apprend que j'aurais pu le voir à Paris l'année dernière, figurant à l'Hippodrome, dans je ne sais quel spectacle arabe, avec les autruches, je crois. On me dit aussi qu'il a du goût pour les bals d'été, et que, pendant une saison, il a été le lion du Château-Rouge. M. N..., qui me raconte ces détails au moment même où je les écris, vient de l'appeler et lui a dit de danser devant nous. Mohammed ne s'est point fait prier; il a jeté de côté ses bottines éperonnées, et, chaussé seulement de ses longs bas de cuir rouge, il s'est mis, nous l'accompagnant d'un air de quadrille, à nous donner une idée de son savoir-faire. C'était souverainement grotesque, et d'une fantaisie difficile à rendre. Ce danseur en tenue de guerrier, ce sauvage battant un entrechat imité de Brididi, je ne sais quoi de ressemblant et de bien saisi qui positivement rappelait la danse défendue et faisait penser aux sublimes mascarades de Gavarni; surtout, le contraste du lieu, le choix singulier du moment, le sable qui l'aveuglait sans l'interrompre, le vent qui faisait voler son haïk, nos Arabes attentifs à le regarder, mais à peine surpris et ne souriant pas, enfin le désert à deux pas de nous, voilà des antithèses que je n'inventerais point, et j'ai rarement éprouvé un plus grand renversement d'idées. D'où vient-il à présent? où va-t-il? Si, comme je le crois, il retourne à *Metlili*, il pourra parler de mademoiselle Palanquin à la belle *Meçaouda*.

Puisque je reviens incidemment aux figures, encore un mot. La galerie n'est pas complète; il y manque un personnage, le plus muet de la bande, peut-être aussi le seul de tous qui soit charmant. C'est un des serviteurs de M. N... Il s'appelle *Iah'-iah*, joli nom qu'il faut prononcer en deux syllabes bien distinctes, en ayant soin d'insister sur l'*a* final par une légère aspiration. Il est tout jeune, assez grand, mince et d'une indolence absolue dans ses mouvements. Il n'a pas de barbe, à peine une ombre au coin des lèvres; il a le sourire triste, une pâleur d'Indien et de grands yeux sans étincelles formant deux taches sombres dans son visage. Il est vêtu de blanc et très-enveloppé, comme une femme. Les bottes de cavalier lui vont mal, et le burnouss lui ôte un peu de sa grâce. Aussitôt descendu de cheval, il se déchausse, déboucle son ceinturon et s'étend. On ne peut pas dire qu'il soit mou, car il se fatigue beaucoup sans se plaindre, ni qu'il soit petit-maître, quoiqu'il aime à se couvrir de musc. Il ne fume point, et c'est lui qui fait nos cigarettes; il ne prend pas de café, et c'est lui qui prépare le meilleur que nous buvions. Il est marié, mais ne parle jamais de femmes; il fait régulièrement ses prières, se montre très-susceptible à l'endroit de sa religion, ce qui ne l'empêcherait pas de se faire hacher pour M. N... Il se produit peu, sort rarement de la tente et y passe tout le temps de la halte. En marche, il est d'avant-garde avec son maître. C'est lui qui porte la gibecière de peau de lynx et le fusil. Il manie modestement sa petite jument maigre, la tenant toujours au pas qu'il faut pour être aux ordres de M. N... On s'est essayé à la cible, et personne n'a tiré mieux que lui. On me dit que c'est un fils de grande tente des environs de Boghar. Il a quitté sa femme pour suivre M. N... dans le sud; et maintenant il mourrait, dit-il, de chagrin, s'il devait renoncer à le suivre. On va toutefois le remarier à El-Aghouat, afin de rendre son exil volontaire plus doux.

Iah'-iah voyage en compagnie de deux amis, comme lui de bonne famille, et mis avec recherche, mais qui sont loin de le valoir. Le plus jeune, quoique Saharien, a l'allure espiègle des enfants de Paris. Il se nomme *Makhelouf,* comme le marabout qui a baptisé l'endroit où nous coucherons ce soir; et, pardonne à ces plaisanteries de bivouac, nous ne l'appelons que saint Maclou, ou communément M. Maclou. Il conduit, à son grand dépit, un de nos mulets de cantines, et, malgré l'infériorité de sa bête, ce qu'il obtient d'elle est incroyable ; il l'estropierait plutôt que de rester dans le convoi. Il dit qu'il est de naissance à monter mieux qu'un mulet, et réclame le droit de marcher en ligne avec les cavaliers ; on lui a promis qu'il aurait un cheval pour faire son entrée à El-Aghouat.

Aux yeux des Arabes, un bon cheval fait la supériorité d'un homme. A défaut d'autre signe, il n'est rien qui vous procure autant d'estime ; car leur respect ne s'attache qu'à ce qui est chez eux la marque convenue du rang, de la fortune ou du commandement ; et venir après les autres, c'est faire présumer qu'on suit un maître. Ils font peu de cas de nos valets, et cependant ils consentent à se mettre à nos gages. Au reste, ils se vengent de leur propre servitude par le mépris qu'ils ont de la domesticité dans autrui. Leur plaisir, quand ils sont en service, est de se faire servir eux-mêmes par un plus pauvre ; ils n'y mettent ni oppression, ni dureté, mais c'est une sorte de sujétion mutuelle qui relève la dignité de chacun dans ce peuple d'esclaves, et leur fait tour à tour connaître les douceurs de l'autorité. Tel est le trait le plus apparent de ces caractères composés de ruse et de vanité. Leur docilité n'est que feinte ; il faut se défier de leur bonhomie, et surtout utiliser pour notre propre influence ces petits moyens de se faire valoir. Quant à moi, je sais bien que je me déconsidère en négligeant de les employer.

Je voudrais que tu visses notre fastueux *Ali*, son frère *Brahim* et le *Sidi-Embareck*, trois de nos valets, toujours en conflits de service et en perpétuelle émulation d'importance.

Sidi-Embareck balance entre ses deux épaules, et sans jamais s'en servir, un énorme chapeau recouvert d'une toison noire d'autruche mâle. Ali trouve préférable de porter immuablement le sien sur sa tête. Déjà d'une taille peu ordinaire, il aime à se grandir encore par cette coiffure colossale, qui lui donne environ huit pieds de haut, et fait qu'entre ses jambes le plus grand cheval devient un criquet. Sidi-Embareck a son équipage de guerre au complet : fusil, pistolets, yatagan passé sous la sangle, longue *djebira* en tissu de laine, à franges ornées de nœuds. Ali voyage vêtu à la légère, comme si quelqu'un portait pour lui tout son attirail, avec une simple veste amarante, chamarrée d'or et fort belle encore, quoique fanée, un haïk un peu troué, mais très-fin, les pieds nus dans des souliers arabes de cuir verni. Sa djebira, la plus vaste et la plus ornée de toutes, traîne à terre. J'ai cru lui voir un diamant au petit doigt. Ce qu'il y a de plaisant, c'est qu'ils se ressemblent, quoi qu'ils fassent pour se rendre si différents. Ils ont tous deux le nez retroussé, le menton sans barbe, les dents blanches, mais trop grandes, et de gros yeux insolents. De plus, on les dit aussi paresseux l'un que l'autre, également vantards, gourmands, peu délicats, avec un même penchant pour le vin. Et c'est une égale illusion que de compter sur Sidi-Embareck ou sur Ali pour un service, pour une aide ou pour un secours utile. Le cheval d'Ali se trouvant malade depuis hier, il s'est agi de le remplacer; mais c'était à qui ne céderait pas le sien, et, en bonne conscience, on ne pouvait y forcer personne. J'ai donc eu pendant quelques lieues le spectacle lamentable d'Ali relégué parmi les bagages et se traînant sur le plus chétif et le moins envié de nos mulets. Sidi-Embareck profita de ce moment pour exciter sa jument noire et pour faire à lui seul autant d'effet que tout le monde. Heureusement pour Ali qu'il y avait là son frère Brahim. Brahim, personnage modeste, corps amaigri, figure souffreteuse, a des airs cauteleux, vicieux et sournois. Brahim était à cheval, Ali lui persuada de faire un échange; et depuis ce matin Ali mène au galop un maigre animal qui semblait mort entre les mains de Brahim, et Brahim attend sur son mulet l'occasion bien douteuse de le céder à son tour contre un cheval.

Je m'amuse à des portraits. Ai-je tort? Je ne les choisis pas, je les copie, et je m'étonne moi-même de les trouver si loin de l'idéal qu'on rêve, et si divers; d'abord on n'aperçoit que la variété des costumes; elle séduit et fait oublier l'homme; puis, on s'arrête aux traits caractéristiques de la race, et, pour empêcher de la confondre avec une autre, on donne à tous les individus la même parenté de tournure, d'élégance et de beauté banales. Ce n'est que plus tard que l'homme enfin apparaît sous les traits de l'Arabe et montre qu'il a, comme nous, ses passions, ses difformités, ses ridicules. Me trompé-je donc en introduisant la vie commune sous ces traits demeurés vagues et jusqu'à présent mal définis? N'est-il pas temps de sortir du bas-relief, d'envisager ces gens-là de face, et de reconstruire surtout des figures pensantes? Et cependant, outre le laid, qui est toujours à éviter, n'y a-t-il pas à craindre le petit? Ce n'est pas moi qui réussirai dans ce que j'essaye; mais je ne puis laisser à la réalité qui pose devant moi la splendeur inanimée des statues.

Sidi-Makhelouf, 2 juin 1853.

Même temps qu'hier; même vent, si c'est possible, encore plus déchaîné. Il était temps d'arriver; hommes et bêtes, nous étions à bout de nos forces. On a déchargé les bagages comme on a pu, jetant, arrachant les sangles, car les chameaux étaient exaspérés et ne voulaient plus rien entendre.

Le caravansérail est bâti sur un plateau de roches et de sable, au bord du ravin où sont les sources. Il y a cinq palmiers espacés dans la longueur du ravin; leur tête apparaît de loin par-dessus la ligne de la plaine. Trois ont poussé de la même souche; ils sont échevelés, à moitié morts, tout jaunes. Le vent, qui fait un bruit d'enfer dans leurs bouquets de palmes, les rebrousse entièrement comme un parapluie retourné. Ils sont horribles et se détachent en lueurs livides sur le fond du ciel tout à fait noir. A gauche du caravansérail, au delà, près des trois palmiers, se trouve le marabout. Il est blanc, carré, avec une corne à chaque angle, et, au lieu d'être couvert en kouba, il se termine en pain de sucre. Au pied, on aperçoit une multitude de tombes serrées, accumulées, empiétant les unes sur les autres; la foule des morts s'y presse; c'est à qui dormira le plus près du saint. On vient s'y faire enterrer des environs, de fort loin, le lieu lui-même étant un désert; et je pense avec effroi que mes os pourraient être là. A l'opposé du marabout, il n'y a que des pierres, des pierres au fond du ravin; l'autre côté se relève encore par des pierres blanches, et l'horizon se termine par un mur dentelé de rochers, interrompu vers le milieu. A droite, la montagne entrevue d'Ham'ra prend des formes colossales, et d'ici représente un énorme bloc d'acier sali. Je n'ai fait qu'entrevoir tout cela à l'arrivée, le vent et le sable m'empêchant, à la lettre, d'ouvrir les yeux.

On a tout entassé, bagages et harnais, devant la porte du caravansérail. On y a laissé quelques Arabes seulement pour gardiens; les autres sont descendus au ravin, où probablement on n'essayera pas de dresser les tentes. Quant à nous, nous avons pris pour cette nuit nos logements dans le *fondouk*.

Y sommes-nous plus abrités qu'en plein air? Ce serait à essayer, si je l'osais. Le caravansérail est formé d'une cour immense entre quatre murs. Sur deux faces, une galerie couverte pour les chevaux; aux quatre angles, une chambre pour les voyageurs. Je n'ai pas choisi la mienne et ne suis pas tombé sur la moins exposée au vent. Ces chambres n'ont qu'une porte, sans fenêtres, et pas de fermeture à la porte. Le vent qui s'y engouffre y pousse incessamment des flots de poussière. J'ai essayé vainement d'y clouer une couverture; dans tous les cas, la précaution serait inutile, et je me résigne à voir le sable s'amasser sur mes cantines, sur mes cartons, et se répandre sur toute ma personne, comme si j'étais menacé d'être enseveli vivant.

Sidi-Makhelouf est, me dit-on, rempli de scorpions, et surtout de ces vipères redoutables que les Arabes appellent *lefaa*. On m'a recommandé de ne m'asseoir qu'avec prudence et de visiter ma chambre avant de m'y endormir.

Ali vient d'arriver, portant sur son dos une selle et un harnais de cheval. Il a tué la jument de Brahim et l'a laissée morte à une demi-lieue d'ici; on l'accuse de l'avoir fait crever de fatigue ou de l'avoir assommée de coups. Il s'en défend, et raconte qu'il allait au plus petit pas, la ménageant à cause du vent, quand la bête a manqué sous lui, et s'est laissée tomber de côté. Il a voulu la relever, puis la dessangler, elle ne bougeait plus; elle avait les yeux ouverts, mais la langue pendante, et le sang lui coulait de la bouche. Il ne l'a quittée qu'une heure après, quand elle était froide. Son opinion, c'est que le *cheli* (siroco) l'a étouffée. Son cheval est hors d'état de le porter. Comment fera-t-il demain? A moins qu'il ne dérange encore Brahim, et que Brahim n'aille à pied.

A la halte, 3 juin 1853, neuf heures.

Nous approchons. Dans cinq heures nous verrons El-Aghouat. Il me paraît étrange qu'à huit lieues d'ici se trouve une grande ville, sans voisinage avec aucune autre, perdue dans ce désert comme un îlot; un centre où l'on vit pourtant, aussi simplement qu'ailleurs, sans se douter de l'effet qu'on produit à distance, ni de la curiosité qu'on inspire. Nos villes de France se tiennent toutes; elles se donnent presque la main par leurs faubourgs; elles correspondent par leurs villages; on va de l'une à l'autre par des routes ouvertes, par des campagnes peuplées; il n'y a point de surprise à les découvrir. Ici, on se croirait en mer; voilà soixante-quinze lieues que nous faisons sans route tracée et sans rencontrer un point habité.

Nous sommes arrêtés sur un terrain plat, parmi des alfas desséchés et des broussailles épineuses. Nous descendons de cheval, transis de froid et les mains engourdies; le vent a sauté cette nuit du sud au nord; ce n'est plus du sirocco, c'est du mistral. Malgré la force du soleil déjà haut, on souffre comme par une matinée de mars. Les premiers arrivés ont mis le feu aux broussailles; le vent l'a propagé sur une étendue de plus de cent mètres. L'incendie s'éteindra de lui-même faute d'aliments, ou quand le vent ne soufflera plus.

Nous avons à gauche un mur fuyant de collines rougeâtres; à

droite, un mur parallèle, plus élevé, régulièrement dentelé. Il n'y a pas trace de végétation ni d'un côté, ni de l'autre. La vallée qui s'engage entre les deux murailles peut avoir une lieue de large; elle est accidentée, coupée de brusques ravines, quoique unie en apparence; d'abord clair-semée de broussailles, elle ne tarde pas à se dépouiller, et peu à peu quitte sa couleur verdâtre, pour revêtir la couleur rose et dorée des montagnes.

El-Aghouat, 3 juin au soir.

Regarde bien cette fois d'où j'écris ces notes. Commence, si tu le veux, par te réjouir de me savoir au terme; mais fais comme moi, reprends la route de Sidi-Makhelouf où nous l'avons quittée ce matin, et laisse-toi conduire à petits pas jusqu'à l'entrée du désert. C'est une émotion qui perdrait à n'être pas attendue. Il manquerait quelque chose à mon arrivée dans ce pays surprenant, si je supprimais la lenteur et la fatigue extrême des dernières lieues.

J'ignore le nom de la montagne que j'avais à ma gauche; celle de droite s'appelle le *Djebel-Milah*. Elle s'enfonce directement dans l'ouest, sans inflexion, et d'autant plus morne qu'à l'heure où je l'ai vue sous le soleil déjà haut, ses flancs entièrement nus n'avaient pas une ombre. Elle se découpe régulièrement en larges dents de scie. Chaque saillie se compose d'une superposition de couches obliques, et présente au sommet un bloc indépendant du reste, mais également posé de côté. Cette architecture bizarre se répète d'un bout à l'autre avec la plus exacte symétrie. Il est remarquable, d'ailleurs, que toutes les montagnes et tous les rochers que j'ai rencontrés depuis ce matin sont construits de cette façon, comme si le même soulèvement en eût renversé les assises et les eût toutes inclinées dans le même sens.

Jamais montagne ne m'avait paru si longue; il y avait trois heures que je marchais devant elle sans avoir l'air d'avancer; et, bien que son extrémité ne me semblât pas éloignée, je n'avais pas encore atteint le quart de son étendue. Le vent, presque tombé, laissait au soleil toute sa force; le terrain se desséchait; l'air, de froid qu'il avait été le matin, commençait à devenir brûlant. Devant moi, la vallée se prolongeait indéfiniment et se terminait sur le ciel sans qu'il y eût place pour une ville; je savais en outre qu'El-Aghouat était bâti sur des rochers, et d'ailleurs la vallée courant dans l'ouest, c'était à ma gauche et non devant moi que je devais l'apercevoir. Tous les cavaliers avaient pris le devant, et depuis plus d'une heure je les avais perdus de vue dans la brume ardente de l'horizon, et j'avais cessé d'entendre les coups de fusil qui m'annonçaient les joyeuses mousqueteries de l'arrivée. J'avais pour tout compagnon mon domestique, harassé de chaleur, et qui ne s'occupait même plus de savoir de quel côté nous devions avancer.

Pourtant, je rejoignis un petit convoi de chameaux chargés de grains. Le convoi prit à gauche et se mit à monter parmi des mamelons de sable jaune. J'abandonnai donc la vallée pour le suivre. Je sentais qu'El-Aghouat était là, et qu'il ne me restait que quelques pas à faire pour le découvrir. Je n'avais plus autour de moi que du sable; il y avait des pas nombreux et des traces toutes récentes imprimées à l'endroit où nous marchions. Le ciel était d'un bleu de cobalt pur; l'éclat de ce paysage stérile et enflammé le rendait encore plus extraordinaire. Enfin, le terrain s'abaissa, et devant moi, mais fort loin encore, je vis apparaître, au-dessus d'une plaine frappée de lumière, d'abord un monticule isolé de rochers blancs, avec une multitude de points obscurs, figurant en noir violet les contours supérieurs d'une ville armée de tours; au bas s'alignait un fourré d'un vert froid, compacte, légèrement hérissé comme la surface barbue d'un champ d'épis. Une barre violette, et qui me parut sombre, se montrait à gauche, presque au niveau de la ville, reparaissait à droite, toujours aussi roide, et fermait l'horizon. Cette barre tranchait crûment sur un fond de ciel couleur d'argent mat, et ressemblait, moins le ton, à une mer sans limites. Dans l'intervalle qui me séparait encore de la ville, il y avait une étendue sablonneuse, et quelque chose d'un gris plus bleuâtre, comme le lit abandonné d'une rivière aussi large que deux fois la Seine. On y voyait, par places, aux deux bords, des taches vertes ayant l'air de joncs. Tout à fait sur le devant, un homme de notre escorte, à cheval, penché sur sa selle, attendait au repos le convoi laissé fort loin en arrière; le cheval avait la tête basse et ne remuait pas.

Voilà trait pour trait et nettement ce que je vis. Plus tard, cela me fera rêver, et peut-être mon souvenir adoucira-t-il les couleurs trop crues de ce tableau. Aujourd'hui je reproduis, sans y rien changer, ce qui s'est imprimé de soi-même et comme un portrait dans mon esprit. Je n'éprouvai aucun éblouissement; j'eus le temps de m'affermir un peu l'âme afin d'embrasser tout ce tableau d'un coup d'œil sûr, qui demeurât fidèle, et de m'en emparer pour toujours. Lentement, j'envisageai cette ville noirâtre, cet horizon plat, cette solitude embrasée, ce cavalier blanc sur un cheval blanc, ce ciel sans nuages; puis mon œil, pourtant fatigué de lumière, tomba sur la petite ombre brune marquée entre les pieds du cheval et s'y arrêta. Je me souvins d'avoir, il y a quatre ans, pour la première fois, aperçu le désert, le soir, et sous un éclat devenu doux. Cette fois, j'arrivais, comme je l'avais souhaité, à l'heure sans ombre; il était un peu plus de midi.

Nous sortîmes des dunes pour entrer dans ce qui ressemblait au lit d'une rivière, obliquant, à tout hasard, dans le sens de la ville et nous dirigeant sur l'angle nord-est des jardins. Nous avancions avec peine dans une terre sablonneuse, écrasés sous un ciel de plomb. A mesure que nous approchions, l'oasis se développait sur la droite, les aigrettes vertes des palmiers devenaient plus distinctes, et nous découvrions un second monticule, comme le premier, couvert de maisons noires; — on n'y voyait pas de tours; — entre les deux, un monument blanc; plus à droite, un troisième amas de rochers roses surmontés d'un marabout; plus à droite encore, une sorte de pyramide escarpée, plus élevée et plus rose que tout le reste; dans les intervalles, continuait d'apparaître la ligne violette du désert. Telle est la vue complète d'El-Aghouat du côté du nord; la première était plutôt une vision; celle-ci, plus étendue et dont je crois ne rien omettre, je te la donne pour une vue. Le point d'où je l'ai prise s'appelle *Rass-el-Aïoun* (tête des sources). C'est l'endroit où prend sa source l'*Oued-Lekier*, seul ruisseau qui arrose El-Aghouat.

A petite distance des jardins, nous vîmes venir à nous un cavalier en habit français, chaussé de bottes à l'écuyère. Me voyant en retard et me jugeant embarrassé de la route à suivre, il arrivait au galop pour me souhaiter la bienvenue et m'introduire dans la ville.

Ce fut donc avec M. C..., officier au bataillon turc, mon guide obligeant, que j'achevai de tourner les jardins. La première chose dont nous parlâmes fut le siége. Je venais de reconnaître en passant les traces d'un grand bivouac; on pouvait parfaitement distinguer la place des tentes et l'endroit noirci par les cuisines; il y avait d'énormes amas de cendre et des restes de bûches à moitié brûlées; de longues lignes piétinées, portant des trous de piquets, des souillures et des débris de litières indiquaient le bivouac de la cavalerie; M. C... m'apprit que c'était le camp du général Pélissier, et me montra, sur la rive gauche de l'*Oued-Lekier*, en face du premier, le camp de la division Yusuf. Devant nous s'ouvrait une vaste étendue sablonneuse; c'était là qu'avait eu lieu la belle affaire de cavalerie du 21 novembre. Puis il me parla du combat meurtrier du 3 décembre, de l'assaut du 4 et de la lutte sanglante qui suivit la prise. Il me parla de nos pertes et de celles de l'ennemi; il me prévint que je sentirais peut-être une odeur fétide dans la ville et que je lui trouverais un air d'abandon. Il fit le calcul des morts; lui-même avait présidé à leur enfouissement dans les puits. Nos propres morts n'avaient guère été mieux enterrés, faute de pioches pour creuser plus profondément. Chaque jour, tant ils étaient peu couverts, on en trouvait à la surface du sol que les chiens avaient exhumés pendant la nuit. Il fallait s'attendre à marcher sur des débris et à voir partout pointer des ossements. Tout à l'heure, en venant, il avait trouvé le corps entier et tout habillé d'un zouave; il me mena le voir. Le pauvre soldat avait les bras étendus, la tête renversée de côté, soulevée par un peu de sable, en manière d'oreiller; le haut du corps à l'état de squelette était momifié; il conservait son pantalon rouge, et le bas de ses jambes, engagé dans le sable, montrait des lambeaux de guêtres; on eût dit qu'il allait achever de sortir de terre, comme on se représente une résurrection. Un peu plus loin, il y avait une tête réduite à la sécheresse d'un caillou; et sur toute notre route on voyait par-ci par-là des os blanchis.

Les sables nous menèrent jusqu'à la porte de l'Est, par où nous entrâmes enfin dans la ville.

II

EL-AGHOUAT.

3 juin 1853, au soir.

Presque toutes les villes arabes, surtout celles du sud, sont précédées de cimetières. Ce sont ordinairement de grands espaces vides, en dehors des portes, où l'on remarque seulement une multitude de petites pierres rangées dans un certain ordre, et où tout le monde passe aussi indifféremment que dans un chemin. La seule différence ici, c'est qu'au lieu d'un champ de repos, je trouvais un champ de bataille; et ce que je venais de voir, ce que je venais d'entendre, je ne sais quoi de menaçant dans le silence et dans l'air de cette ville noire et muette sous le soleil, quelque chose enfin que je devinais dès l'abord, m'avertissait que j'entrais dans une ville à moitié morte, et de mort violente.

Le côté de l'est n'a pas visiblement souffert. Les murs extérieurs ont à peine reçu quelques boulets, toute l'attaque ayant porté du côté opposé. Quant à la porte, qui n'a pas été canonnée, elle conserve ses lourds battants raccommodés avec du fer, son immense serrure de bois et ses arcs-boutants en troncs de palmiers. Elle est pratiquée dans l'épaisseur d'une tour massive et percée de meurtrières. De loin, on dirait un trou carré et noir, inscrit dans la façade lumineuse de la tour, et inscrivant lui-même un petit carré de lumière; c'est le commencement d'une rue qui se montre à travers la porte. Le porche a dix pas de long; des enfoncements ménagés de chaque côté dans la largeur de la tour, avec une double rangée de banquettes, en font une sorte de vestibule garni de siéges, ou pour mieux dire de lits. Ce vestibule, au besoin, se transforme en corps de garde.

Une sentinelle du bataillon turc, en veste bleue et turban blanc, s'y tenait dans l'ombre, affaissée et son fusil entre les jambes. Quatre autres soldats de garde dormaient sur les bancs de pierre, un bras passé sous la tête. Au bruit de nos chevaux la sentinelle se leva pesamment et salua. Les autres firent à peine un mouvement de corps pour prouver qu'ils étaient présents.

Au delà de la porte on voyait fuir un étroit corridor, entre des murs gris, presque noirs, sans fenêtres, percés, en guise de portes, de trous carrés, encadrés de chaux; en bas, un pavé blanc, étincelant comme de l'acier, avec un imperceptible filet d'ombre sur le côté droit de la rue; au-dessus, le ciel d'un bleu sombre; aucun passant, personne aux portes, un silence aussi pesant que la chaleur.

— Voici El-Aghouat à midi, me dit M. N..., en me montrant le corps de garde et la rue.

La plupart des portes étaient fermées; quelques-unes, où je remarquai des trous de balles et des marques de baïonnettes, semblaient l'être, comme on dit en France, après décès. Celles qui, par hasard, se trouvaient ouvertes, donnaient sur des antichambres privées de jour ou sur des cours ressemblant à des écuries. J'aperçus des hommes dormant sous le porche obscur de ces maisons pleines de souvenirs redoutables.

La rue s'enfonçait, avec de légers détours, dans la profondeur de la ville, et sur un pavé raboteux, inégal et dallé de roches. La roche, presque partout à fleur de terre, avait la sonorité et l'éclat du marbre. A droite et à gauche s'ouvraient des ruelles se faisant suite, celles de gauche remontant vers le sommet de la ville et s'arrêtant contre un mur continu de calcaires blancs, celles de droite encadrant à leur extrémité une échappée de vue plus riante sur les cimes vertes de l'oasis. En face de nous, au fond de cette étroite avenue frappée d'aplomb par le soleil perpendiculaire, je voyais monter en s'étageant toute la partie occidentale de la ville, comme un amas de bâtisses grisâtres. En avant, se détachaient deux constructions blanches. Une ou deux aigrettes de palmiers pointaient au-dessus des terrasses; et, quoique privés de mouvement, car il n'y avait plus un souffle dans l'air, quoique éclairés par le sommet et ne présentant qu'une silhouette obscure, ces minces bouquets de palmes, épanouis dans l'air bleu, rappelaient du moins quelque chose des gaietés de l'Orient.

La rue était si étroite que nos deux chevaux ne pouvaient pas toujours y marcher de front. M. N... me précédait, me montrant du bout de sa cravache les portes trouées, les murs lézardés, les maisons vides.

Un peu plus loin, nous passâmes devant des boutiques et devant des cafés; des toiles tendues au-dessus de la rue y formaient de l'ombre. Là, se trouvait une assemblée de fumeurs, accroupis sur des bancs garnis de nattes, pendant que les cafetiers arrosaient le devant de leurs portes. La compagnie, rassemblée dans ce petit espace, où semblait s'être réfugiée toute l'animation de la ville, se composait de spahis, de cavaliers du *Makhzen*, et de quelques Arabes vêtus de blanc, dont on semblait fêter le retour.

Je reconnus quelques-uns de mes compagnons de voyage, entre autres Ali, Embareck et le petit Makhelouf. Celui-ci prenait son café tout botté, éperonné, avec un air viril que je ne lui connaissais pas; quant aux deux valets, ils étaient en habits frais et installés sur leurs talons devant un jeu de dames.

M. N... me conduisit droit à la maison du commandant. Elle est située sur une place fort irrégulière, à l'angle de laquelle coule un ruisseau, servant d'un côté de fontaine et de l'autre d'abreuvoir. A l'entrée de la place, s'élève un palmier gigantesque, droit comme un mât. Au centre, sommeillait paisiblement un troupeau de chameaux jaunâtres. Autour, et dans les endroits où l'ombre commençait à se montrer, on voyait, allongée contre le pied des murs, la forme enveloppée d'Arabes endormis. Une vieille femme en haillons, chargée d'une outre, une petite fille à peine vêtue, tenant une écuelle et coiffée d'un entonnoir en tissu de palmes, filaient devant moi au grand soleil, frappant la terre de leurs talons nus et laissant dans la poussière une trace humide.

Le soleil était dévorant; le cuir de mes fontes me brûlait les mains, et de toutes parts régnait le plus grand silence. La garnison faisait la sieste, enfermée par consigne dans ses casernes, jusqu'à la diane de deux heures.

— Voici la maison du commandant, me dit M. N... en me montrant une sorte de bâtisse carrée à façade multicolore; et probablement la vôtre, ajouta-t-il, en m'indiquant une haute façade de terre grise avec deux ouvertures tendues de toile.

A droite de cette maison, une pièce de canon était adossée au mur et braquée sur le centre de la place.

4 juin 1853.

Je suis installé depuis hier deux heures dans la *Maison des hôtes;* je dirais que mes habitudes y sont prises, si je n'avais à peu près gardé celles du bivouac.

J'ai, dans mes antécédents de voyage, le souvenir de séjours assez étranges, depuis les nids à scorpions de *Bouchagroun,* jusqu'au *Dar Dief* de *T'olga,* où j'eus pour camarades de chambre une jeune autruche et une antilope; cependant, j'en suis encore à m'étonner de l'indigence et du dénûment grandiose de ce logis. Sache, au surplus, qu'il vient d'être réparé pour recevoir les étrangers de distinction, et qu'il est question d'y établir le bureau arabe.

— Je suis très-content, me dit obligeamment M. N... en m'y introduisant, parce qu'au moins vous aurez un des meilleurs logements d'El-Aghouat.

J'y trouvai une troupe de balayeurs arabes en train de préparer les chambres, c'est-à-dire de précipiter de la terrasse dans la cour, et de la cour dans la rue, une masse extraordinaire de fumier, de paille sèche et de poussière.

La maison se compose d'une cour, avec quatre compartiments au rez-de-chaussée, dont l'un sert d'écurie; à l'étage, de deux chambres et de deux réduits à peu près en ruine, où se sont logés mes deux domestiques; car j'ai pris un domestique arabe qui me servira d'interprète, de guide et de valet de chambre, l'autre n'ayant pas trop de tout son temps pour les chevaux; je ne parle pas d'une galerie à trois fenêtres, que j'abandonne en toute jouissance aux souris et aux lézards.

Quant à l'état des lieux, imagine des murs élevés, couleur de suie, troués en vingt endroits de brèches béantes; et, comme si ce n'était pas assez de tant d'issues, toutes les portes grandes ouvertes, depuis la rue jusqu'à ma chambre; en sorte que je suis un peu moins bien gardé chez moi que sur la voie publique. Dans la cour, au pied d'un palmier, un coin plus enfumé que tout le reste marque la place des cuisines; nous y avons trouvé un amas de cendres, refroidies depuis le 4 décembre, et quatre pierres calcinées formant fourneau. Le feu n'a pu encore entamer le vieil arbre; il pousse droit le long du mur et couvre à moitié ce petit préau sinistre d'un large éventail de feuilles jaunies. Un escalier de vingt-cinq marches conduit à l'étage; très-élevé, très-roide, sans rampe, il est tellement étroit, si endommagé, si singulièrement construit, que j'ai dû positivement l'apprendre par cœur afin de pouvoir, la nuit, l'escalader sans danger. Je pourrais t'indiquer de mémoire les deux marches qui manquent; te dire que la cinquième est cassée en deux du côté de la cour et n'offre plus qu'un point d'appui des plus scabreux, que la vingtième et la vingt-troisième sont deux fois plus hautes que les autres, qu'enfin on ne peut, sur toute sa longueur, y poser que le bout du pied quand on monte, et le talon quand on descend. Dans la chambre des domestiques, une moitié seulement du plafond, et de même une moitié du plancher; ces deux trous, ouverts sur la tête et sous les pieds, se correspondent. Est-ce un obus qui a traversé le tout à la fois? Que s'est-il passé il y a six mois à cette même place où j'écris? Les maisons arabes ont tant de cicatrices, qu'on ne peut reconnaître, et ici moins qu'ailleurs, si c'est le temps, la négligence ou la main d'un ennemi qui les a faites.

Enfin, une chambre, petite, à murs blancs, avec son plancher de terre battue, qui se change en boue, quand pour abattre la poussière j'y fais répandre un bidon d'eau; une fenêtre fermée par une toile d'emballage tendue sur châssis; une porte masquée par une couverture de cheval clouée au mur; puis, ma sangle sur mes deux cantines; le burnouss qui me sert à la fois de couverture et de matelas; une musette bourrée d'orge, en guise d'oreiller; tout ainsi que sous la tente : — telle est à peu près, cher ami, avec son mobilier de peintre et de voyageur, la résidence où je suis convenu, vis-à-vis de moi-même, d'attendre d'un cœur ferme les fortes chaleurs de l'été.

Avec tant soit peu d'industrie, j'aurais pu me procurer plus d'aise, et surtout m'enfermer davantage; mais à quoi bon? La sûreté de ma personne est ce qui m'occupe le moins; j'ai peine à supposer que mon maigre bagage fasse envie à qui que ce soit; et, en attendant que leur utilité me soit démontrée, mes pistolets ne sortiront pas de leur fourreau de serge. Somme toute, et malgré le regret que me cause le séjour infiniment plus gai de la tente, j'éprouve toujours le même soulagement d'esprit à me sentir à ce point dénué de tout, sans être en réalité privé de rien.

Dès le soir, je me suis hissé sur la terrasse pour assister au coucher du soleil et reconnaître en même temps le voisinage.

De ce point élevé, et me tournant de manière à regarder le nord, j'avais à mes pieds la place, avec la maison du commandant en face de moi, la fontaine et le lavoir; par-dessus se déployait l'oasis. Derrière l'oasis, mais bien au delà, j'embrassais trois rangs successifs de collines : le premier, marbré de bronze et d'or; le second, lilas; le troisième, couleur d'améthyste, courant ensemble horizontalement, presque sans échancrure, depuis le nord-ouest, où le soleil plongeait, jusqu'au nord-est. La plus rapprochée de ces collines est le prolongement des dunes de Rass-el-Aïoun, et je voyais, dans un pli de sable étincelant, le lit grisâtre de l'Oued-M'zi, par où j'avais débouché le matin ; la seconde s'appelle, je crois, le Djebel-Milah ; et je la reconnus pour la montagne interminable que j'avais longée pendant une partie de l'étape ; la dernière enfin, très-éloignée, s'appelle d'un nom que j'aime à entendre et qui la peint, *Djebel-Lazrag* (Montagnes-Bleues).

A droite, se développait toute la partie orientale de la ville, sur le plan relevé des rochers, sous la forme d'une pyramide à peu près régulière et de couleur fauve, dont le sommet est représenté par la tour de l'est. A gauche, la vue est masquée par les maisons de la place. Par le sud, enfin, je confine aux premiers jardins, et en me tournant je voyais commencer au bord de ma terrasse, pour ne plus finir, un taillis de dattiers superposé à des masses confuses de feuillages.

La maison du commandant, qui tranche au milieu des autres constructions arabes par la symétrie presque européenne de ses fenêtres et le badigeonnage de sa façade, était un bain maure que le dernier kalifat, Ben-Salem, avait fait construire, peu d'années avant sa mort, par des ouvriers italiens. A côté, je remarquai une construction basse, écrasée, autrefois peinte en blanc, percée d'ouvertures allongées et surmontée d'une mince croix de fer : c'est une ancienne mosquée transformée en église. Un peu plus à gauche, et sur la terrasse d'une informe masure en pisé, se promenait une figure en robe noire, avec quelque chose de large et de noir sur la tête ; cette demeure est le presbytère, et ce petit personnage obscur, dont la vue d'abord me surprit, c'est le curé.

Le spectacle de la place était animé, et me rappelait, avec un certain mélange de costumes et quelques nouveautés dans les bruits, le mouvement d'une garnison française, dans cet encadrement singulièrement africain. Des chevaux de cavalerie vinrent boire au ruisseau, pêle-mêle avec des ânes, des chameaux et de maigres juments arabes menées par des palefreniers en guenilles ; la fontaine au delà était peuplée de toutes sortes de figures remplissant toutes sortes de vases, bidons, gamelles, outres noires, tonneaux. Des sonneries militaires se faisaient entendre à tous les coins de la ville.

Le crépuscule dura peu; des lueurs orangées irradièrent un moment le couchant au-dessus des montagnes plus sombres. Puis tout se décolora. Un insensible brouillard s'éleva du sol, remonta le long des dattiers et se répandit sur les cimes, qui devinrent d'un vert froid; et la nuit tomba presque subitement.

Je voulus passer cette soirée-là seul et chez moi; et, quand la nuit fut tout à fait venue, je regagnai ma chambre. Il y faisait chaud; mon thermomètre se soutenait à trente et un degrés. Le ciel était magnifique; jamais je n'avais vu tant d'étoiles, ni d'aussi grandes; j'eus de la peine à retrouver la grande Ourse au milieu de cette multitude de feux presque égaux et de même éclat. J'entendis mon domestique ramener les chevaux, les entraver; puis un pas lourd et un pas plus leste montèrent ensemble l'escalier de pierre. — « Bonne nuit, monsieur, me dit M... en passant devant ma chambre. — Que ta nuit soit bonne, Sidi », me dit Ahmet. Et je n'entendis plus rien dans ma maison.

Le vent se leva; les palmiers faisaient le bruit de la mer, bruit qu'accompagnaient quelques aboiements de chiens fort éloignés et d'innombrables murmures de grillons et de grenouilles; à chaque instant la couverture étendue devant ma porte se soulevait, comme si quelqu'un voulait entrer.

Vers dix heures, un clairon de cavalerie vint sous mes fenêtres sonner le couvre-feu. C'est un air lent et doux, finissant par une note aiguë destinée à se faire entendre de loin.

— Allons, me dis-je, je ne suis pas tout à fait hors de France !

Le musicien répéta l'air une seconde fois, en y introduisant à la reprise des modulations d'un goût bizarre; et, pendant quelques minutes, il s'y complut, comme s'il eût joué pour son plaisir.

J'étais étendu sur ma sangle, la bougie allumée, regardant autour de moi mon attirail de route, les murs blancs, le plafond noir et toute l'étrange nouveauté de ce séjour; je me levai; j'aperçus, par les crevasses du mur, une étincelle rouge au fond de la chambre d'Ahmet : c'était l'Arabe qui fumait en attendant le sommeil.

Puis le clairon se tut. D'autres clairons lui répondirent aux extrémités de la ville, plus faibles ou plus distincts; peu à peu ces notes légères du cuivre se dispersèrent une à une, et je n'entendis plus que le bruit des palmes. Alors, me sentant comme une faiblesse au cœur et comme une envie épouvantable de m'attendrir, je soufflai ma bougie, me roulai sur ma sangle, et me dis :

— Eh bien! quoi? ne suis-je pas au lit? chez moi? et ne vais-je pas dormir?

Malheureusement, je ne dormis pas, car j'étais brisé de fatigue, et il y avait avec moi, dans la *Maison des hôtes,* des hôtes sur lesquels je ne comptais pas.

Juin 1853.

Aujourd'hui, dans la matinée, je me suis laissé conduire au marabout de *Sidi-el-Hadj-Aïça,* théâtre du combat du 3 décembre; et, pour en finir tout de suite avec une histoire étrangère à mes idées de voyage, je te dirai, aussi brièvement que possible, ce que j'ai vu, c'est-à-dire, les traces de la bataille et les lieux qui ont été témoins du siége.

El-Aghouat se développe, de l'est à l'ouest, sur trois collines, sorte d'arête rocheuse, isolée, entre une plaine au nord et le désert sans limite au sud. La pente nord de la ville est entièrement couverte de maisons; celle du sud, plus escarpée, quelquefois à pic, n'est bâtie que de distance en distance et présente, à l'une de ses extrémités, un revers caillouteux; à l'autre, une longue dune de sable jaune.

Les deux sommets extrêmes étaient, au moment du siége, armés chacun d'une tour et de remparts. L'éminence intermédiaire est couronnée par une vaste construction de maçonnerie solide, blanche, sans aucune fenêtre extérieure, aujourd'hui l'hôpital, autrefois la demeure du kalifat Ben-Salem, et nommée *Dar-Sfah, maison du rocher,* à cause de l'énorme piédestal de rochers bruts sur lequel ce palais-forteresse est planté avec assez d'audace.

Le Dar-Sfah partage la ville en deux parties à peu près égales, et sépare, ou plutôt commande à la fois deux quartiers jadis ennemis : à l'est, les *Halaf;* à l'ouest, les *Ouled-Serrin;* ces deux quartiers, qui ont eu chacun ses chefs, son gouvernement, ses intérêts à part, n'ont cessé de se battre que le jour où le Dar-Sfah les a réunis sous l'autorité d'un pouvoir central.

Le mur de séparation existe encore, ainsi qu'une porte, de tournure égyptienne, qui s'ouvrait ou se fermait, suivant l'état de paix ou de guerre où vivaient ces deux petites républiques jalouses et toujours prêtes à se fusiller par-dessus leur mur mitoyen.

La tradition de ces querelles, qui peut-être ont duré trois siècles, est, tu l'imagines, à demi fabuleuse, et représente en quelque sorte la mythologie d'El-Aghouat.

Ce que j'en connais à peu près, c'est que l'on continua de se mitrailler d'un quartier à l'autre, de la tour des Serrin à la tour des Halaf, jusqu'en 1828, époque où le parti d'*Achmet-Ben-Salem,* le dernier kalifat, massacra un *Lakdar,* chef des Ouled-Serrin, et resta maître de la ville. — Dix ans plus tard, en 1838, la lutte recommença. A cette époque, de grands événements se passaient dans le sud; Abd-el-Kader canonnait depuis neuf mois Aïn-Madhy, que défendait Tedjini, le marabout, le héros des K'sours de l'ouest. Les Ben-Salem ayant pris parti pour Tedjini, Abd-el-Kader se mêle alors à la querelle et fait appuyer, par ses lieutenants, les Ouled-Serrin dépossédés. — Enfin, les Nomades interviennent à leur tour, et les belliqueux voisins des L'Aghouati, les *L'Arba,* fournissent des contingents, tantôt à l'un, tantôt à l'autre des deux partis, parfois aux deux ensemble.

Alors, se succède une série de coups de main tentés par les Ben-Salem, tentés par les kalifats de l'émir, et chacun se terminant par un massacre et par des fuites à bride abattue vers le sud.

MARABOUT DE SIDI-EL-HADJ-AÏÇA, A EL-AGHOUAT

Réduction en fac-simile d'un dessin appartenant à Madame Fromentin.

D'abord, c'est Ben-Salem qui se sauve chez les Beni-M'zab, laissant El-Aghouat aux mains d'un marabout, El-Arbi ; plus tard, c'est ce même El-Arbi, un chef réintégré des Serrin, qui quitte la place à son tour et qu'on voit, à quatre lieues de là, s'enfermer dans le petit k'sar d'El-Assafia, avec trois cents fantassins, seul reste de l'armée d'invasion que lui avait confiée l'émir. Puis, des escarmouches sans nombre, et, finalement, sous les murs de la ville, trois batailles rangées, livrées coup sur coup, dont la dernière, perdue pour le compte de l'émir, achève de ruiner sa cause, déjà compromise devant Aïn-Madhy, coûte la vie à El-Arbi, et assure définitivement le pouvoir dans la famille des Ben-Salem.

Enfin, en 1844, Achmet demande au gouvernement français l'investiture d'El-Aghouat, et obtient la confirmation du titre de kalifat.

Jusque-là tout s'était passé à cent quinze lieues de nous et sans nous. Pour la première fois, nous apparaissons, aussitôt après l'appel qui nous est fait ; et ce fut à cette époque qu'on vit arriver du nord, par ce petit passage que tu connais maintenant, l'avant-garde d'une colonne française.

Vers le commencement du siècle dernier, peut-être avant, car je ne réponds d'aucune date dans cette histoire, un marabout du nom de *Si-el-Hadj-Aïça,* exaspéré contre ses concitoyens par je ne sais quelle grave offense faite à Dieu, une danse autour d'un veau d'or quelconque, leur avait dit :

« Or, écoutez : je vous condamne à vous entre-dévorer comme des lions forcés d'habiter la même cage, jusqu'au jour où les chrétiens (je crois même qu'il a dit les Français), ces dompteurs de lions, viendront vous prendre tous ensemble et vous museler. »

En 1844, le vieux prophète enterré là, à la place où je te mène et sous le marabout qui porte son nom, n'entendit que des fanfares, et d'un peu loin, car l'armée campa, regarda la ville et repartit. En 1852, il devait cette fois entendre le canon, et de près, car on prit son marabout pour batterie, et l'affût d'un canon français posa sur sa tombe.

Entre ces deux époques, il se passa des faits que j'ignore. Ben-Salem mourut, un de ses fils prit sa place; nous eûmes un agent près de lui, par le fait une sorte de régent. Un jour, on apprit que Ben-Salem, l'agent français et toute la chancellerie s'étaient sauvés presque sans chemise à D'jelfa, et que notre ennemi, le scheriff d'Ouaregla, occupait la ville. Mais précisément une colonne partie de Medeah était en train de construire à Djelfa la maison de commandement dont je t'ai parlé. On ne prit que le temps d'achever ce travail, et l'on marcha sur El-Aghouat. Vingt jours plus tard, une autre colonne arrivait d'El-Biod, celle-ci par un défilé du nord-ouest; presque aussitôt le siége commença. Dans l'intervalle de ces deux arrivées, le 21 novembre, avait eu lieu le combat de cavalerie, dont j'ai vu les traces et le magnifique emplacement.

Outre ses deux tours, plus habituées à se menacer que prêtes à la défendre contre l'extérieur, la ville avait, en cas de siége, une enceinte rectangulaire, crénelée, percée de meurtrières. De plus, elle est protégée sur chaque flanc par toute l'épaisseur des jardins; enfin la tour de l'est domine de haut la plaine et le désert, sans être commandée par rien.

La tour de l'ouest, au contraire, celle des Serrin, est commandée par le marabout de Hadj-Aïça; car ce marabout couronne un quatrième mamelon faisant suite aux trois premiers occupés par la ville, à une petite portée de fusil du rempart, au niveau des fortifications supérieures, et forme ainsi, pour me résumer, le quatrième angle saillant de la même arête, dont la tour des Serrin, le Dar-Sfah et la tour des Halaf forment successivement les trois autres.

Voilà comment, cher ami, la sépulture de ce saint homme devint, sans qu'il l'eût prévu, le théâtre d'un combat terrible, et comment, en annonçant une catastrophe, il avait oublié de dire qu'il aurait la douleur d'y contribuer.

D'abord, et pendant un long jour ensanglanté, le marabout fut pris et repris. C'était le point faible; il fut énergiquement défendu.

Le mamelon, sans être escarpé, est roide à monter, surtout hérissé de gros cailloux, de volume à cacher aisément un homme. On l'aborda par le sud; tout le sommet, toute la pente opposée étaient garnis de combattants, couchés à plat ventre, ajustant entre les pierres et tirant à coup sûr. Il fallut viser à chaque pierre, puis monter quand même; par moments se battre corps à corps. C'est un genre de guerre qui plaît aux Arabes; et depuis Zaatcha, jamais ils ne l'avaient pratiqué avec plus de fureur, ni avec un succès plus long. Ce ne fut qu'à la troisième tentative qu'on put enfin garder le marabout, le hérisser de feux, tirer en plongeant sur tout le revers du nord et faire évacuer cette formidable redoute.

Une fois maître du terrain, on creva le marabout; on y poussa une pièce d'artillerie, on fit une embrasure en perçant le mur qui regarde la ville, et la pièce, une fois mise en batterie dans le ventre de ce petit monument qui n'a pas quatre mètres carrés, ouvrit son feu contre la tour de l'est. Un petit mur relevé à la hâte servait d'épaulement.

La ville alors se garnit de fusils, couvrit à son tour de balles ce petit point blanc, au centre duquel on voyait un trou noir d'où sortait régulièrement, sans relâche, un boulet dans un flocon de fumée, et cribla tout le plateau, intrépidement gardé, malgré d'énormes pertes. Ce fut le moment le plus meurtrier pour nous.

L'assaut ne nous coûta que peu de monde; il n'y eut pas de résistance dans les jardins; et quant à la lutte qui se prolongea dans la ville et se répéta de maison en maison, elle fut désespérée de la part des Arabes, mais courte, et terrible seulement pour eux. Sur les deux mille et quelques cents cadavres qu'on releva les jours suivants, plus des deux tiers furent trouvés dans la ville. La guerre des rues est atroce, et l'homme y devient fou, soit qu'il se défende ou qu'il attaque.

Il était à peu près huit heures quand, après avoir longé le Dar-Sfah, tourné par le sud des anciens murs de Serrin, nous arrivâmes au sommet de ce petit plateau, rayonnant au soleil du matin et tout couleur de rose. Il n'y avait personne, personne aux environs, et nous en montions doucement les pentes, le lieutenant N... me parlant du siége, et moi l'écoutant.

Il n'y a pas une pierre qui ne soit labourée de plusieurs balles et marquée de bleu comme une plaque de tir. Le plus grand nombre est effleuré par le bord, car ce n'était pas à la pierre qu'on tirait, mais à quelque chose, tête ou corps, qui débordait par un côté. Le marabout a reçu trois boulets lancés de la ville : l'un a écorné un des angles; un autre a fait sauter un éclat de plâtre de la kouba; le troisième l'a frappé en plein, à six pieds à peu près du sol, et l'a traversé de part en part. J'oubliais de te dire que ce marabout est un petit cube de plâtre autrefois blanc, devenu jaune, avec une kouba conique et une saillie dentelée à chaque angle.

L'intérieur était assez curieusement peint et enjolivé de légendes arabes. Nos soldats en ont balafré les murs à coups de couteau, et l'on y voit plusieurs fois répétée la liste des officiers tués et blessés ce jour-là. Une de ces listes entre autres, datée du 3 *décembre,* m'a paru curieuse; elle est écrite de mains différentes et concue de manière à faire croire que c'était un registre où l'on inscrivait le nom de nos soldats, à mesure qu'ils tombaient; il y a une barre au-dessous, peut-être faite à la nuit, et quand la liste de la journée s'est trouvée complète. A côté, et pour ainsi dire au verso de ce livre de compte mortuaire, on lit : 4 *décembre;* puis, plus bas, et comme pour indiquer qu'il y eut quelque relâche dans les coups reçus, tout à coup, en gros caractères : Général Bouskaren.

— Tenez, me dit le lieutenant en se plaçant en face du trou qui servit d'embrasure au canon, et dans la position d'un pointeur à sa pièce, c'est ici que le pauvre Millot a reçu le coup. Qui diable aurait dit cela? A travers ce trou, juste une balle au front! C'est une chance! Pour tous les autres, ajouta-t-il, c'était prévu. Qu'en dites-vous?

Et il me montrait à la fois le rempart et la place où nous étions absolument à découvert et formant cible.

— Ici, continua-t-il, c'est le commandant Morand; ici, ce brave Frantz, un brave ami; ici, Bessières. Et je vis sur une pierre plate : *Capitaine Bessières, 1ᵉʳ zouaves, telle compagnie, tel bataillon, 3 décembre.* Là, sur la pente, à l'endroit où il n'y a plus de pierres, c'est le général Bouskaren. Il descendait en courant avec sa colonne d'assaut et se retournait pour crier : « En avant! »

Le champ de bataille est si étroit, qu'il n'y a pas un pied carré de cette terre, vraiment à nous, car elle nous a coûté cher, qui n'ait recueilli quelques gouttes d'un sang regrettable.

Nous restâmes longtemps assis au pied du marabout, appuyés contre l'embrasure, noire de poudre, dominant la ville, les jardins à droite et à gauche, au delà, l'immense perspective du désert prise à revers par le soleil montant. Il n'y a plus qu'une tour, celle de l'est. Sur le bastion démantelé, puis rasé, des Ouled-Serrin, commence à s'élever une citadelle française. On entendait piocher, tailler, scier des pierres, ou tinter contre le roc sonore la pique des mineurs, et des files de petits ânes, chargés de moellons, trottaient sur l'emplacement de la brèche.

Vers dix heures, la mine a joué. Un premier roulement du tambour ayant dispersé les travailleurs, la place demeura vide. Quelques minutes après, un second avertissement se fit entendre, et, presque aussitôt, fut suivi de cinq ou six explosions, pareilles à des décharges de grosse artillerie; en même temps, un nombre égal de décharges moins retentissantes éclata du côté de la tour de l'est, qu'on s'occupe aussi de démolir. Aucun écho ne les répéta; chaque détonation résonna sèchement dans l'air rare et pur du matin et s'indiqua seulement, avant de se faire entendre, par une légère secousse imprimée au sol. De longues gerbes de fumée, mêlées de poussière et de pierres, firent éruption dans le ciel bleu; puis, arrivée à sa limite d'impulsion, la fumée se roula sur elle-même, et la masse confuse des projectiles redescendit comme une pluie de mitraille, tandis que quelques éclats plus lourds continuaient de monter à perte de vue, pour aller, par une immense parabole, s'abattre en sifflant aux deux pentes de la ville. Le vent, qui s'empara de la fumée, la poussa vers le sud-ouest; bientôt il n'y eut plus dans le ciel parfaitement pur que d'imperceptibles rousseurs, et le silence retomba lui-même de tout son poids sur cette solitude un moment troublée.

La brèche étant fermée, il nous fallut rentrer par *Bab-el-Gharbi* (porte de l'ouest) et remonter en dedans du rempart pour visiter le petit cimetière où sont déposés côte à côte les officiers tués pendant le siége ou morts depuis de leurs blessures. En attendant le monument qu'on doit leur élever, ils sont enfermés dans un petit carré de terrain entouré d'une simple banquette. Aucune inscription n'indique encore les noms de ces morts réunis là, sans distinction de grade, et par un droit égal à d'unanimes regrets. Ils reposent sur la brèche, entre la poudrière et le rempart, à l'endroit d'où la mort est partie pour les atteindre, et si près de celui où ils sont tombés, qu'il n'y a pas entre les deux, je te l'ai dit, la portée d'une balle.

— A présent, venez dans la ville, me dit le lieutenant en m'entraînant dans la rue qui fait suite à *Bab-el-Gharbi*. Autant vaut en avoir le cœur net tout de suite.

Nous suivions à peu près le chemin tracé par les balles et les baïonnettes de nos soldats. Chaque maison témoignait d'une lutte acharnée. C'était bien pis que vers la porte de l'est. On sentait que le courant était entré ici et n'avait fait que se répandre ensuite jusque là-bas.

— Tout cela n'est rien, me dit le lieutenant; Dieu merci, vous ne connaîtrez jamais chose pareille !

Ce que le lieutenant ne me dit pas, je le savais. On marchait dans le sang; il y avait là des cadavres par centaines; les cadavres empêchaient de passer.

Vers le milieu de la rue que nous suivions, on rencontre deux voûtes, à cinquante pas l'une de l'autre; elles sont longues, obscures, juste assez hautes pour donner passage à un chameau.

« Sous la seconde voûte, me disait le lieutenant, l'encombrement était plus grand que partout ailleurs; ce fut l'endroit qu'on déblaya d'abord. Toute la couche des morts enlevée, on trouva dessous un nègre superbe, à moitié nu, décoiffé, couché sur un cheval, et qui tenait encore à la main un fusil cassé dont il s'était servi comme d'une massue. Il était tellement criblé de balles, qu'on l'aurait dit fusillé par jugement. On l'avait vu sur la brèche un des derniers ; il avait battu en retraite pied à pied et ne lâchant pas, le pauvre diable! comme s'il avait eu sa femme et ses enfants sur les talons pour lui dire de tenir bon. A la fin, n'en pouvant plus, il avait sauté sur un cheval, et il fuyait avec l'idée de sortir par *Bab-el-Chergui,* quand il donna dans une compagnie tout entière qui débouchait au pas de course, faisant jonction avec les compagnies d'assaut. La bête, aussi mutilée que l'homme, était tombée sous lui et barrait la voûte. Ce fut un commencement de barricade. Une demi-heure après, la barricade était plus haute qu'un homme debout. »

Ce ne fut que deux jours après qu'on s'occupa de l'inhumation ; tu sais comment. On se servit des cordes à fourrages, de la longe des chevaux, les hommes s'y attelèrent, il fallait à tout prix se débarrasser des morts ; on les empila comme on put, où l'on put, surtout dans les puits. Un seul, près duquel on m'a fait passer, en reçut deux cent cinquante-six, sans compter les animaux et le reste. On dit que pendant longtemps la ville sentit la mort ; et je ne suis pas bien sûr que l'odeur ait entièrement disparu. Au surplus, rassure-toi ; la Providence a fait ce pays-ci très-sain ; en cas d'orage, il y aurait, dit-on, à craindre l'infiltration des eaux de pluie ; mais, à le supposer réel, c'est un danger que l'extrême sécheresse diminue de jour en jour et rendra bientôt tout à fait imaginaire.

— Tenez, me dit le lieutenant en s'arrêtant devant une maison de la plus pauvre apparence, habitée par une famille juive, voilà une méchante masure que je voudrais bien voir par terre.

Et chemin faisant, il me raconta l'histoire suivante en quelques mots brefs, empreints d'un triste retour sur les hasards cruels de la guerre.

Dans cette maison qui, depuis la prise de la ville, a changé de maîtres, habitaient deux *Nayliettes* fort jolies. Pendant le séjour qu'une colonne expéditionnaire fit sous les murs d'El-Aghouat, quelques mois avant le siége, le lieutenant N... avait pu pénétrer dans la ville; il avait avec lui un sergent de sa compagnie; un L'Aghouati, qui leur servait de guide, le mena chez ces deux femmes, qui les reçurent alors tout autrement qu'en ennemis. L'une se nommait Fatma, l'autre M'riem. Le lieutenant et son compagnon d'aventures gardèrent de cette visite nocturne un souvenir également tendre, et sortirent d'El-Aghouat en se disant : Si jamais nous y revenons, voilà une connaissance toute faite.

Le 4, au moment de l'assaut, le lieutenant s'était rappelé les Nayliettes. Il était d'une compagnie d'attaque, et entra, par conséquent, un des premiers dans la ville. D'abord, il fit son devoir, dirigea ses hommes et ne s'occupa que de les entraîner; mais, au bout d'un instant, il comprit que ce qui lui restait de mieux à faire, c'était de les contenir. Chacun d'ailleurs donnant pour son propre compte, il se trouva bientôt presque seul avec son sergent. L'idée leur vint alors, en même temps, de courir à la maison de Fatma. Ils eurent de la peine à la reconnaître; les coups de fusil pleuvaient dans les rues; on se battait jusqu'au cœur de la ville. Ils arrivèrent pourtant, mais trop tard.

Un soldat, debout devant la porte, rechargeait précipitamment son fusil; la baïonnette était rouge jusqu'à la garde; le sang s'égouttait dans le canon. Deux autres soldats sortaient en courant et fourraient dans leurs képis un mouchoir et des bijoux de femmes. — « Le mal est fait, mon lieutenant, dit le sergent, entrons-nous tout de même? » Ils entrèrent.

Les deux pauvres filles étaient étendues sans mouvement, l'une sur le pavé de la cour, l'autre au bas de l'escalier, d'où elle avait roulé la tête en bas. Fatma était morte; M'riem expirait. L'une et l'autre n'avaient plus ni turban, ni pendants d'oreilles, ni anneaux aux pieds, ni épingles de haïk; elles étaient presque déshabillées, et leurs vêtements ne tenaient plus que par la ceinture autour de leurs hanches mises à nu.

— Les malheureuses! dit le lieutenant.

— Les s... voleurs! dit le sergent, qui remarqua, le premier, que les bijoux manquaient.

Ils trouvèrent dans la cour un fourneau allumé, un plat tout préparé de kouskoussou, un fuseau chargé de laine et un petit coffre vide dont on avait arraché les charnières. Au-dessus des deux femmes, la tête et les bras pendants en dehors de la terrasse, on voyait le corps d'un homme qui venait d'être atteint au moment de fuir, et dont la résistance avait, sans doute, provoqué ce massacre. M'riem, en expirant, laissa tomber de sa main un bouton d'uniforme arraché à son meurtrier.

— Le voici, me dit le lieutenant; et il me le fit passer sous les yeux.

Connaissant le lieutenant, je ne fus pas surpris qu'il attachât plus d'un sens à ce souvenir.

Quand on eut enfoui tous les morts, il ne resta presque plus personne dans la ville, excepté les douze cents hommes de garnison. Tous les survivants avaient pris la fuite et s'étaient répandus dans le sud. Le schériff, échappé on ne sait comment, ne s'évada que dans la nuit qui suivit la prise, et, tout blessé qu'on le disait, après l'avoir dit mort, il ne fit qu'une traite d'El-Aghouat à Ouaregla. Femmes, enfants, tout le monde s'était expatrié. Les chiens eux-mêmes, épouvantés, privés de leurs maîtres, émigrèrent en masse et ne sont pas revenus. Ce fut donc pendant quelque temps une solitude terrible, et bien plus menaçante que ne l'eût été le voisinage d'une population hostile et difficile à contenir. Dès le premier soir, des nuées de corbeaux et de vautours arrivèrent on ne sait d'où, car il n'en avait pas paru un seul avant la bataille. Pendant un mois, ils volèrent sur la ville comme au-dessus d'un charnier, en si grand nombre, qu'il fallut organiser des chasses pour écarter ces hôtes incommodes. Ils s'en allèrent enfin d'eux-mêmes. Mais toute cette mousqueterie succédant aux canonnades du siége avait si bien détruit la tranquillité des jardins, que les pigeons des palmiers, — il y en avait des milliers, — finirent aussi par s'exiler, de sorte que la même solitude s'étendit jusque dans l'oasis. Aujourd'hui, la chasse ayant été défendu, les tourterelles sont revenues presque en aussi grand nombre. Quelques vautours solitaires étaient demeurés au milieu de cette panique générale, et n'ont pas cessé d'habiter les hauteurs de l'est, comme pour attendre une curée nouvelle.

La ville se repeuple aussi, mais lentement. A mesure qu'ils rentrent, les Beni-l'Aghouat sont confinés dans les bas quartiers. Ils y font peu de bruit et y tiennent aussi peu de place que possible. Toutes les propriétés confisquées ont été provisoirement mises sous le séquestre. Quant à cet immense butin : tapis, armes, bijoux, le tout, il faut l'avouer, plus abondant que précieux, on peut dire qu'il n'en reste plus rien dans El-Aghouat, pas même entre les mains des vainqueurs. Toutes les maisons sont vides, depuis la plus pauvre jusqu'à la plus riche : on dirait une ville entièrement déménagée.

— Eh bien! en conscience, ces gens-là ne sont pas méchants, disait le lieutenant en me montrant quelques groupes d'individus qui se levaient sur notre passage et nous disaient presque affectueusement bonjour. On les a mis dans l'impossibilité de bouger, mais non de nuire. Avez-vous vu les rues hier soir? En France, on les appellerait des coupe-gorge. Après cela, chez nous on se venge tout de suite, ou l'on oublie; la différence ici, c'est qu'on ne sait jamais le temps que peut durer une forte rancune. A les voir, on les dirait incapables de se souvenir; et je ne jurerais pas que le jour venu de régler leurs comptes, ils n'auraient pas le plus grand plaisir à me remplir le ventre de cailloux, ou à m'écorcher vivant, pour faire un tambour avec ma peau. En attendant : — Dieu l'avait écrit, Si-el-Hadj-Aïça l'avait annoncé.

Juin 1853.

Comme toutes les villes du désert, El-Aghouat est bâti sur un plan simple, qui consiste à diminuer l'espace au profit de l'ombre. C'est un composé de ruelles, de corridors, d'impasses, de fondouks entourés d'arcades. Au milieu de ce réseau de passages étranglés, où l'on a eu soin de multiplier les angles et de briser les lignes afin de laisser encore moins de chances au soleil, il n'y a pour vraies voies de circulation que deux rues directes : l'une au nord, l'autre au sud.

La première, la seule dont j'aie à parler, prend à *Bab-el-Chergui* et aboutit à *Bab-el-Gharbi*, traversant ainsi la ville dans sa longueur, de l'est à l'ouest, à mi-côte à peu près de la colline, de manière à séparer la haute ville de la basse en réunissant les deux quartiers. Elle est étroite, raboteuse, glissante, pavée de blanc, et flamboyante à midi. Il faut avoir l'aplomb des cavaliers arabes pour y lancer un cheval au galop; et, quand on y rencontre par malheur un convoi de chameaux, on doit alors, ou rebrousser chemin, ou se glisser comme on peut entre les jambes des animaux, ou attendre sous les portes que le convoi ait achevé de défiler; ce qui dure quelquefois une heure, pour peu qu'il y ait une trentaine de bêtes, chargées large et venant des tribus. On reconnaît en effet à leur allure les chameaux qui n'ont jamais vu de villes. Ils regardent avec étonnement les hautes murailles de droite et de gauche, et quand ils s'accrochent, leur effroi redouble. Souvent, la bête qui marche en tête hésite à s'aventurer plus loin et s'arrête; il se produit alors comme un reflux dans toute la ligne, les bêtes épouvantées se pressent, s'empilent; non-seulement la rue est barrée, mais elle est bouchée, et l'on a devant soi une sorte d'obstacle confus, hérissé de jambes, surmonté de têtes, d'où sortent des cris, des beuglements, des plaintes, et qu'il n'est plus possible d'affronter. Imagine ce que cela doit être, à l'entrée des voûtes, ou lorsque deux convois se rencontrent.

Cette rue n'en est pas moins la rue *marchande*, et presque la seule où l'on ait ouvert des boutiques; ces boutiques sont des cafés, des échoppes de mercerie, ou de petits magasins d'étoffes et de tailleurs tenus par des M'zabites. On y voit en outre, aux endroits les plus écartés, quelques loges étroites, un peu plus enfumées que les autres, où de maigres vieillards, à barbe en pointe, soufflent sur des charbons, avec un petit soufflet tenu en main, ou façonnent, à coups de marteau, sur une enclume basse posée à terre entre leurs talons, de petits objets de métal ayant l'air de joujoux de plomb. Ces vieillards portent le turban noir, sont fort sales, et l'on remarque qu'aucun Arabe ne vient s'asseoir à leurs boutiques. Leurs femmes ont pour coiffure un voile assez richement bariolé, et quelques-unes sont belles et tristes, mais, je l'avoue, ne rappellent que de très-loin la Rachel de la Bible. Ce soufflet, en manière de forge, cette enclume large de deux doigts, un peu de limaille dans des godets de terre; enfin, ces peignes, ces anneaux de bras, d'argent grossier, ces boutons en filigrane pour colliers, ces épingles pour haïk, voilà, comme fabrication et comme produit, toute la bijouterie d'El-Aghouat.

Comme les Juifs, les M'zabites font le commerce dans un pays où le commerce est aussi méprisé que l'industrie. Ils ont, comme eux, des traits qui les font reconnaître : le teint des Maures, de beaux yeux, l'ovale arrondi, un peu d'embonpoint qui révèle une race marchande fixée dans les villes et boutiquière. On leur reproche d'aimer plus le trafic que la guerre, et de pratiquer l'usure. Ils sont en général polis, sociables avec les étrangers. Ailleurs et dans les grands centres où le commerce est honoré, on les dit très-honnêtes; et tous les gouvernements ont eu successivement les mêmes égards pour eux. Nous n'avons fait en cela que suivre la politique turque. Tu sais d'ailleurs que, à tort ou à raison, par antipathie pour les compatriotes de mon ami Bakir, les Arabes les appellent les Juifs du désert.

Toutes les maisons sont en boue. Cette boue, prise dans les jardins, délayée, puis coupée par tranches et séchée au soleil, est superposée par assises, à peu près comme de la brique, et mastiquée avec la boue liquide, en guise de mortier.

Parmi toutes ces constructions couleur de terre, il n'y a que le *Dar-Sfah* qui soit blanc et l'ancien bain de Ben-Salem qui soit peint. Le reste est gris, d'un gris qui, le matin, devient rose; à midi, violet; et, le soir, orangé. Quelques portes ont un encadrement blanchi au lait de chaux; d'autres sont surmontées d'une sorte d'image, peinte en bleu, représentant une main ouverte; d'autres, d'un damier de diverses couleurs, avec un semis de points rouges, bleus et verts, dans chaque losange.

Il y a quatre mois encore, deux grands marchés se tenaient à El-Aghouat; chaque quartier avait le sien à côté de sa porte. Ce sont de vastes terrains, où l'on remarque seulement que le sol a dû être pendant longtemps battu par une grande foule d'hommes et d'animaux, et qui, dit-on, suffisaient à peine au commerce de cette ligne frontière. Comme point central entre l'est et l'ouest, entre le Tell et le désert, El-Aghouat ne pouvait être qu'un rendez-vous d'échange et qu'un entrepôt. Non-seulement c'était sa prospérité; géographiquement, c'était sa seule raison d'être. Je suis allé visiter l'emplacement du marché des *Serrin*. D'abord, je ne vis qu'une plaine vide dévorée de soleil. Tout au fond cependant et contre un mur de jardin, j'avisai un petit groupe, où l'on semblait parler affaires. Il y avait là quelques moutons amenés pour la boucherie, deux chèvres laitières, dont un Arabe examinait les mamelles, et une paire de poulets, coq et poule : tu sauras qu'il n'y a point de volaille dans El-Aghouat, et qu'on s'occupe depuis la conquête de l'y naturaliser. A côté, deux ou trois L'Aghouati, étrangers à la vente, regardaient voler dans le ciel un vautour qui flairait l'abattoir, et qui devait, lui aussi, trouver le marché d'El-Aghouat bien changé.

Je t'ai parlé de la place, celle qu'on nomme la Grande-Place, pour la distinguer de deux fondouks, aussi déserts que les marchés. C'est, avec le quartier des cafés et une ruelle où, depuis le Rhamadan, je passe la soirée en compagnie des jeunes élégants du pays, le seul point qui soit animé, et cela grâce au ruisseau. Ce ruisseau, sans lequel l'oasis mourrait de soif, mais qui heureusement ne tarit jamais, débouche à l'un des angles de la place, coule au soleil pendant un moment, puis s'échappe à l'autre angle par un mur de jardin. C'est un petit fossé limoneux, noirâtre, peu propre à consoler la vue de la sécheresse universelle, et qui, soit dit sans ingratitude, n'est rien moins qu'encourageant pour la soif.

On y vient puiser deux fois par jour, mais surtout depuis trois heures du soir jusqu'à la nuit. Le va-et-vient commence dès que la grande chaleur est un peu tombée; et successivement j'y vois descendre presque toutes les femmes de la ville accompagnées des jeunes filles, et traînant encore après elles toute une escorte d'enfants bizarres.

Mon premier mouvement en apercevant ces formes blanchâtres, vêtues de loques, sans bijoux, et qui ont l'air d'être tout habillées de poussière, a été du désappointement. Je me souvenais des vêtements bariolés du sud de Constantine, des voiles gris ou blancs, des turbans noirs, des laines pourpre entortillées dans les cheveux, surtout les fameux haïks rouges, *haïk-ahmeur*, sur lesquels étincelait une confuse orfévrerie composée de peignes, de mains, de coffrets, de miroirs; je me rappelais ma rue aux femmes de *T'olga*, et cette double rangée de figures charmantes collées au mur comme des bas-reliefs peints; je revoyais l'effet de ces costumes ardents en plein soleil, sur le sable lilas des chemins, ou parmi le vert sombre des abricotiers; et même, je ne pensais pas sans quelque regret à cette fille si bien vêtue, si chargée d'ornements, qui vint un jour, pendant que j'étais là, planter sa tente sous les palmiers de *Sidi-Okba*, et qui n'avait qu'un tort, celui d'arriver du *Dra-el-Guemel* (montagne des poux) de Tuggurt. — Depuis, la part faite aux regrets, j'ai presque oublié que je comptais sur autre chose; au point que je ne saurais plus dire aujourd'hui si cette enveloppe sévère n'est pas ce qui convient à un pareil milieu, et si je souhaiterais d'y introduire le moindre agrément. Rien n'est plus simple, et voici, une fois pour toutes, ce costume en quelques mots.

Il se compose d'un haïk, d'un voile, d'un turban, quelquefois, en outre, d'une mante ou *mehlafa*. Le haïk est d'une étoffe de coton cassante et légère, de couleur incertaine entre le blanc, le jaune et le gris. Il se porte à peu près comme le vêtement des statues grecques, agrafé sur les pectoraux ou sur les épaules, et retenu à la taille par une ceinture. Le voile, de même étoffe et de couleur plus douteuse encore, surtout aux environs de la tête, est pris sous le turban, fait guimpe autour du visage, s'attache au moyen d'une épingle au-dessus du sein, puis découvre la poitrine, descend le long des bras, et, par derrière, enveloppe le corps de la tête aux pieds. Quelquefois, il est plus long que le haïk et fait alors l'effet d'un manteau de cour. La ligne oblique et soutenue, qui descend de la nuque à l'extrémité de l'étoffe, est superbe; et le mouvement de la marche y produit des frissonnements et des ondulations de plis de la plus grande élégance. Quant au turban, il est de cotonnade un peu plus blanche et seulement rayé sur le bord, quelquefois à franges; on le roule à la mode du turban turc avec un bout sur l'oreille, très-bas par devant, touchant au sourcil; il devient d'autant plus beau qu'il est plus vaste et plus négligé. La mante ou voile de sortie n'est pas de rigueur. Il est adopté par les moins pauvres, et j'imagine aussi par les plus jolies. Enfin, quand elles ne vont pas pieds nus, elles ont pour chaussure un brodequin ou bas de cuir lacé, piqué de soie de couleur, de maroquin rouge et tout à fait semblable au brodequin, moitié asiatique et moitié grec, que certains maîtres de la Renaissance donnent à leurs figures de femmes.

Représente-toi maintenant sous cette couverture abondante en plis, mais légère, de grandes femmes aux formes viriles, avec des yeux cerclés de noir, le regard un peu louche, des cheveux nattés, qui se perdent dans le voile en flots obscurs, en encadrant un visage mièvre, flétri, de couleur neutre et qui semble ne pouvoir ni s'animer ni pâlir davantage; des bras nus jusqu'à l'épaule avec des bracelets jusqu'au coude, cercles d'argent, de corne ou de bois noir travaillé. Parfois le haïk, qui s'entr'ouvre, laisse à nu tout un côté du corps : la poitrine, qu'elles portent en avant, et leurs reins fortement cambrés. Elles ont la marche droite, le pas souple et faisant peu de bruit; quelque chose enfin de gauche et à la fois de magnifique dans les habitudes du corps qui leur permet de prendre, accroupies, des postures de singe, et debout, des attitudes de statues.

Au demeurant, si l'on voit peu de femmes qui soient belles, on en rencontre encore moins qui n'aient ce côté grand ou pittoresque de la tournure. Ce serait ici le cas ou jamais de faire une théorie sur la beauté des haillons, car, il faut le dire, beaucoup de ces draperies, qui abusent de loin, vues de près sont des guenilles. Ce qu'il y a de vrai, c'est que les peuples à vêtements flottants n'offrent rien de comparable à la pauvreté sans ressources d'un habit troué. Ils conservent, quand même, ceci d'héroïque, que, bien ou mal, ils sont drapés; et ceci d'à peu près semblable aux divinités, qu'un peu plus ils seraient nus comme elles.

Entre la femme et l'enfant, il n'y a point d'âge intermédiaire; et la jeune fille ici, c'est la petite fille. Fiancée à dix ans, mariée à douze; à seize ans, la femme a pu être trois fois mère. Toutes les saisons de la vie sont en quelque sorte confondues. En dehors de ce plein été, qui fane aussi vite qu'il mûrit, à peine aperçoit-on deux saisons distinctes et aussi courtes l'une que l'autre : l'enfance et la vieillesse. Les petites filles sont vêtues comme leurs mères, mais un peu moins bien et un peu moins, ce qui rarement les intimide. Au lieu de turbans, elles ont des mouchoirs; souvent même, pour seule coiffure, une forêt de cheveux coupés court, teints de rouge et formant toison. J'en connais de jolies; presque toutes sont charmantes; elles ont, en petit, la dignité de la femme avec les gentillesses farouches des enfants sauvages; je n'ai jamais vu tant de jolis pieds, tant de mains parfaites, ni rencontré plus de sourires tristes, à côté de rires plus gais.

Il y en a une que je poursuis, mais qui se refuse à toute propo-

FEMME DES OULED-NAYL (ÉTUDE POUR LE TABLEAU)

Réduction en fac-similé d'un dessin du Musée du Luxembourg.

sition de demeurer tranquille à quatre pas de moi, avec la seule obligation de me regarder. Tu connais le mépris des Arabes pour la profession que j'exerce; chez les enfants, c'est de l'inquiétude, avec une foule de suppositions effrayantes pour leur sexe. — Fatma est toujours tête nue; ses cheveux, peu soignés, lui font une tête énorme avec un tout petit visage, au-dessus d'un cou grêle et d'un corps délicat. Elle a d'énormes yeux noirs qui se ferment presque tout à fait quand elle sourit; avec cela, des expressions furieuses, et tout à coup des airs de chat sauvage. Quand je la rencontre dans le trajet de sa maison à la fontaine, elle hésite d'abord entre ces trois partis : rentrer chez elle, gagner la place à toutes jambes, ou bien venir prendre dans ma main l'argent que je lui présente comme une bouchée à un oiseau qu'on veut apprivoiser. Le plus souvent, l'avidité l'emporte; mais après quels efforts! Pour comprendre à quel point cette enfant me hait dans ces moments-là, il faut la voir s'avancer à petits pas, mais droite, la tête haute, son grand œil hardiment levé sur moi, étincelant d'ardeur, effaré, méchant, plein de surveillance craintive et de menace. Elle devine que je lui tends un piége; et confusément elle sent bien que je m'amuse de sa frayeur. Aussi, dès qu'elle a saisi l'argent, l'effroi de s'être risquée de si près, le succès de m'avoir échappé, la peur que je ne la poursuive, que sais-je encore? toutes les épouvantes réunies lui font prendre une course folle. N'importe par quelle rue, au hasard, pourvu qu'elle fuie, elle s'élance, en agitant son outre vide, et jetant un éclat de rire saccadé qui est à la fois un signe de plaisir et le paroxysme de l'effroi. — Quand au contraire nous nous trouvons à la fontaine, elle me dénonce aussitôt aux femmes, aux enfants; et j'entends qu'on se répète à l'oreille le nom arabe de peintre, nom malsonnant que j'ai confondu longtemps avec un autre qui veut dire voleur. L'alarme une fois donnée, je n'ai plus qu'à quitter la place, car il est évident que ces pauvres femmes sont désespérées de me voir examiner leurs enfants. D'autres petites filles du même âge ressemblent, au contraire, tant elles ont l'air dolent, au portrait d'une jeune douleur. — J'en connais une, avec une simple bandelette autour de ses cheveux pendants, un front bombé, un œil taciturne, qui me rappelle la *Mélancolie* d'Albert Dürer.

Femmes, enfants, sont là penchés sur l'eau sombre, le dos dans le soleil, leurs haïks retroussés au-dessus du genou, leur voile attaché par derrière, emplissant et vidant les écuelles, faisant ruisseler les entonnoirs, ficelant les outres gonflées. Tout ce monde grouille, agit, s'empresse, mais avec si peu de paroles, que, pour la plupart, on les dirait muets. Cette eau remuée répand dans l'air une apparence de fraîcheur; et la poussière détrempée exhale, jusqu'au soir, une trompeuse odeur de pluie d'orage. A chaque instant, c'est une famille nouvelle qui arrive, pendant qu'une autre, sa provision faite, regagne à petits pas la haute ville : la femme pliée en deux et portant l'outre, pareille à une énorme vessie noire; la petite fille, c'est décidément l'usage, coiffée de l'entonnoir en paille de palmier, ou de l'écuelle d'écorce. Au milieu de cette foule humide, la tête rasée et nue, car tous n'ont pas le luxe de la *chechia*, et répandant l'eau de toutes parts, circulent les plus petits. Leur mise, trop courte ou trop longue, est toujours prête à descendre sur leurs talons; et un gros ventre, des jambes grêles, un teint poussiéreux; et, me permettras-tu ce détail, un peu trop local? des paquets de mouches fixés aux coins des yeux, des narines et des lèvres, font de singuliers rejetons, moins précoces que leurs sœurs, des enfants beaucoup moins aimables. On s'étonne qu'il puisse en sortir les hommes beaux et vaillants que nous voyons.

Quelquefois la corvée est faite par un petit âne à maigre échine, poilu comme une chèvre, qu'un enfant, mis en surcharge entre deux outres, stimule en lui piquant les plaies du cou. Peu à peu, cependant, le soleil qui descend derrière les palmiers n'éclaire plus que le fond de la place. Le premier plan rentre alors dans une ombre douteuse, où l'on ne voit plus distinctement aucune couleur, hormis les coiffures écarlate de quelques petits garçons, qui continuent de briller exactement comme des coquelicots.

Pendant ce temps, à l'opposé de la fontaine, se passe une scène toute différente. Si je la place ici, malgré le faux air qu'elle a d'une antithèse, c'est uniquement parce qu'elle appartient encore au ruisseau.

Avant de quitter la ville pour rentrer dans les jardins, le ruisseau se partage en deux conduits destinés à le répandre alternativement sur la droite ou sur la gauche, après un certain nombre d'heures déterminé. Chaque propriétaire a, plus loin, sa prise d'eau sur le canal principal de son quartier, et dispose ainsi, tant de temps par semaine, d'un bras de ce petit fleuve appelé l'*Ouled-Lekier*. Le barrage est gardé par un agent municipal, institué gardien des eaux. Ce répartiteur n'est pas un des personnages les moins intéressants de la ville, et je le vois à toute heure; car, le barrage étant devant ma maison, il habite ordinairement le seuil de ma porte et jouit de l'ombre de mon mur. A midi seulement, il se réfugie discrètement sous la voûte et me salue alors, quand je passe, d'un salut amical.

C'est un vieillard à barbe grisonnante, une sorte de Saturne armé d'une pioche en guise de faux, avec un sablier dans la main. Une ficelle tenant au sablier, et divisée par nœuds, lui sert à marquer le nombre de fois qu'il a retourné son horloge. Je le retrouve tous les jours, à la même place, ayant devant lui ces deux tristes fossés, dont l'un est à sec quand l'autre est plein, regardant à la fois couler l'eau et descendre grain à grain le sable qui mesure le temps, tout en égrenant sous ses doigts déjà tremblants ce singulier chapelet composé de quarts d'heure. Je n'ai jamais vu de visage plus tranquille que celui de ce vieillard condamné à additionner, nœud par nœud, tous les quarts d'heure qu'il a vécu. Quand il est au bout de sa ficelle, c'est que les jardins du canton *ont assez bu* et que le moment est venu de changer le cours de l'eau. Alors il se lève, démolit d'un coup de pioche le barrage et reconstruit l'autre avec des cailloux, de la terre et de la paille de litière; puis il revient s'asseoir au mur et reprend son calcul mélancolique.

Juin 1853.

— La famille arabe est ainsi faite qu'on voit rarement ensemble le mari, la femme et les enfants, et qu'on est obligé de les prendre, chacun à son tour, où on les trouve. Ce que je pourrais te dire de la dure condition de la femme arabe ne serait pas nouveau; tu sais la part qui lui est faite par le mariage; elle est à la fois la mère, la nourrice, l'ouvrière, l'artisan, le palefrenier, la servante, et à peu près la bête de somme de la maison.

Quant à l'homme, qui dans ce partage exorbitant s'est attribué le rôle facile d'époux et de maître, sa vie se passe, a dit je ne sais quel géographe en belle humeur : « *à fumer pipette et à ne « rien faire.* » La définition n'est qu'à moitié vraie, si je l'applique aux gens de ce pays; car je t'ai dit, je crois, que les Arabes du sud ne font point usage de tabac; à peine voit-on quelques jeunes gens sans mœurs fumer le *tekrouri* dans de petits fourneaux de terre rouge; et j'aimerais mieux dire, pour l'exactitude : « à chercher l'ombre et à ne rien faire. »

Une ville du désert est, tu le vois, un lieu aride et brûlé, où la Providence a, par exception, mis de l'eau, où l'industrie de l'homme a créé de l'ombre : la fontaine où sont les femmes, l'ombre d'une rue où dorment les hommes, voilà des traits bien vulgaires et qui, pourtant, résument tout l'Orient.

Tu trouveras donc ici les hommes établis dans tous les endroits sombres, sous les voûtes, sur les places, dans les rues, partout excepté chez eux. Le ménage se réunit seulement pour le repas et pour la nuit.

La rue Bab-el-Gharbi est un de mes boulevards. En attendant que la chaleur me force à abandonner la ville pour les jardins, il est rare qu'on ne m'y voie pas à quelque moment que ce soit de la journée. Vers une heure, l'ombre commence à se dessiner faiblement sur le pavé; assis, on n'en a pas encore sur les pieds; debout, le soleil vous effleure encore la tête; il faut se coller contre la muraille et se faire étroit. La réverbération du sol et des murs est épouvantable ; les chiens poussent de petits cris quand il leur arrive de passer sur ce pavé métallique ; toutes les boutiques exposées au soleil sont fermées : l'extrémité de la rue, vers le couchant, ondoie dans des flammes blanches; on sent vibrer dans l'air de faibles bruits qu'on prendrait pour la respiration de la terre haletante. Peu à peu cependant, tu vois sortir des porches entre-bâillés de grandes figures pâles, mornes, vêtues de blanc, avec l'air plutôt exténué que pensif; elles arrivent les yeux clignotants, la tête basse, et se faisant de l'ombre de leur voile un abri pour tout le corps, sous ce soleil perpendiculaire. L'une après l'autre, elles se rangent au mur, assises ou couchées quand elles en trouvent la place. Ce sont les maris, les frères, les jeunes gens, qui viennent achever leur journée. Ils l'ont commencée du côté gauche du pavé, ils la continuent du côté droit ; c'est la seule différence qu'il y ait dans leurs habitudes entre le matin et le soir. — A deux heures, tous les habitants d'El-Aghouat sont dans la rue.

Une remarque de peintre, que je note en passant, c'est qu'à l'inverse de ce qu'on voit en Europe, ici les tableaux se composent dans l'ombre avec un centre obscur et des coins de lumière. C'est, en quelque sorte, du Rembrandt transposé ; rien n'est plus mystérieux.

Cette ombre des pays de lumière, tu la connais. Elle est inexprimable; c'est quelque chose d'obscur et de transparent, de limpide et de coloré; on dirait une eau profonde. Elle paraît noire, et, quand l'œil y plonge, on est tout surpris d'y voir clair. Supprimez le soleil, et cette ombre elle-même deviendra du jour. Les figures y flottent dans je ne sais quelle blonde atmosphère qui fait évanouir les contours. Regardez-les maintenant qu'elles y sont assises; les vêtements blanchâtres se confondent presque avec les murailles; les pieds nus marquent à peine sur le terrain, et, sauf le visage qui fait tache en brun au milieu de ce vague ensemble, c'est à croire à des statues pétries de boue et, comme les maisons, cuites au soleil. Par moments seulement, un pli qui se déplace, un geste rappelant la vie, un filet de fumée qui s'échappe des lèvres d'un fumeur de *tekrouri* et l'enveloppe de nébulosités mouvantes, révèlent une assemblée de gens qui se reposent.

Les enfants ne figurent point dans ces troupes; ils sortent rarement ou se hasardent seulement jusqu'au seuil, tout prêts à se cacher dès qu'un étranger paraît. Les vieillards sont en petit nombre, et, quoi qu'on dise de la durée des jours dans le Sahara, les Nestors n'y sont respectés que parce qu'on y compte peu de barbes blanches. Ici enfin, même observation que pour les femmes; entre l'homme et l'enfant, on remarque à peine le jeune homme; entre le petit garçon à tête nue et son grand frère encore imberbe, mais déjà coiffé du *ghaët* viril et chaussé des *tmags*, à peine observe-t-on le type indécis de l'adolescent.

Tous mes habitués de la rue Bab-el-Gharbi sont donc d'âge à faire la guerre. Et cependant, à considérer dans leurs moments d'apathie la rareté de leurs gestes, la lassitude de leur air et de leurs mouvements, à les voir s'interroger de la main, et se répondre, sans ouvrir la bouche, par la syllabe sourde du *oui* arabe, par une inclination de tête, ou par un faible abaissement des paupières; à les écouter parler, quand ils parlent, on les prendrait pour des ancêtres. Tout en eux est pesant ou nonchalant; et cette fatigue ajoute à la dignité des personnes, et cette dignité devient épique. Je trouve qu'à part une ou deux exceptions illustres, le côté grandiose de ce peuple n'est pas représenté dans la peinture anecdotique de notre temps. L'Arabe, comme beaucoup de types entrevus par la silhouette, est tombé dans la mascarade. On en est las parce qu'il est devenu commun, avant d'être bien connu. Te souviens-tu d'avoir vu passer, un jour que nous étions ensemble, ces étranges figures, épaisses, incultes, vêtements bruts, visages camards, — des médaillons de la colonne Trajane, — tout brûlés, et ressemblant doublement à du vieux marbre ou à du bronze? Ils avaient planté leur tente rouge sur une esplanade hérissée de tiges sèches de maïs; des chevaux maigres, des dromadaires aux jambes nouées se promenant au soleil parmi les échalas; bêtes et gens avaient l'air de venir de loin et témoignaient d'un climat indigent, rude et enflammé. Ces voyageurs du sud, qui t'ont frappé comme des nouveautés, même en pays arabe, voilà l'Arabe. Tu l'as aperçu ce jour-là vaguement, petit dans un grand paysage; je voudrais te le montrer aujourd'hui tel que je le vois, de près et de grandeur naturelle, isolé comme un portrait dans son cadre.

Le cadre est si petit, que leur taille y paraît colossale. Quelquefois un passant s'arrête, barrant la rue de son ample manteau rejeté en arrière. Il échange une accolade, un salut de la main. S'il passe, on entend un moment le bruit mou de ses sandales; s'il s'arrête, on le voit s'asseoir, un bras roulé dans son burnouss, le bras droit libre pour chasser les mouches, égrener son chapelet, se peigner la barbe. Pendant quelques minutes, on entend revenir les formules de politesse :

— Comment es-tu?
— Bien.
— Et comment, toi?
— Très-bien.

Puis, c'est fini; éveillés ou non, ils se taisent. C'est le même repos, dans toutes les attitudes possibles. Les uns dorment rassemblés sur eux-mêmes et le menton sur leurs genoux; d'autres, la nuque appuyée contre le mur, le cou faussé, les bras étendus, les mains ouvertes, le corps tout d'une pièce et les pieds droits, dans un sommeil violent qui ressemble à de l'apoplexie; d'autres, la tête entièrement voilée comme César mourant, qui se sont retournés sur le ventre, et dont on voit s'allonger sur le pavé blanc les jambes brunes et les talons gris; d'autres, penchés sur le coude, le menton dans la main, les doigts passés dans la barbe. Ailleurs, des jeunes gens sommeillent, appuyés l'un sur l'épaule de l'autre avec une certaine grâce, et sans cesser de se tenir par le petit doigt.

Tous ces visages somnolents ont de grands traits : même hébétés, ils conservent la beauté d'une sculpture; même incorrects, ils offrent l'intérêt d'une forte ébauche. La barbe amincie vers l'oreille dessine les os maxillaires; il est impossible de voir une barbe mieux plantée : la nôtre, quand elle est noire sur un teint blanc, a l'air d'être postiche; la leur adhère au visage et s'insinue dans la peau par d'insensibles transitions brunes. Le nez, droit quand le sang est pur, s'élargit vers la base quand il n'y a qu'un faible mélange de sang nègre; la bouche est charnue et saillante; enfin, les pommettes, le cadre de l'œil, tout en eux est robuste, construit largement, et semble sortir d'un moule au-dessus de nature. — Quant aux yeux, c'est là que la vie se retrouve : ils sont grands, obscurs; on y voit passer des lueurs fauves; à mesure que les cils s'écartent, la prunelle noire se dilate et les remplit; à peine reste-t-il un point plus clair à l'angle externe des paupières, un point couleur de sang à l'angle intérieur; on dirait deux trous noirs ouverts dans un masque discret, et par où l'âme, à certains moments qu'on prévoit, peut se manifester par des jets de flammes.

Le costume, on le connaît, et il serait presque inutile de le décrire. Peu importe les noms de *gandoura, haïk, burnouss, ghaët,* etc.; rien n'est plus simple, il se réduit à trois pièces d'étoffes superposées : une chemise de dessous qu'on ne voit pas; un voile qui encadre le visage et fait deux ou trois fois le tour du corps en écharpe; un manteau qui recouvre le tout, dont le capuchon peut en outre abriter la tête. Tout cela est blanc, d'une étoffe lourde, épaisse, et forme de gros plis. Le voile est retenu autour de la tête par une corde en laine grise; la coiffure est basse, collante, et ne fait qu'élargir le crâne sans l'élever. Le tout ensemble représente une seule draperie. C'est le pendant du costume des femmes, et, comme celui-ci, c'est le plus simple et le plus grandiose que j'aie vu nulle part.

A côté de ce vêtement digne d'être porté par un patriarche, les costumes de guerre ou d'apparat des Sahariens ont un certain air de *fantasia,* comme disent les Arabes, c'est-à-dire de faux luxe qui sent un peu le théâtre. Par bonheur, on ne leur voit pas de pipe dans la main, mais un chapelet de noyaux de dattes, enfilés dans de la laine, avec quelques grains de verroterie ou des morceaux bruts de lapis-lazuli; au bout, un petit peigne en os ou une amulette. Ce chapelet pend sur leur poitrine, et leur main droite est sans cesse occupée à en compter les grains. Ils n'ont pas d'armes; ils portent seulement à la ceinture et dans un étui de cuir un petit couteau de fer battu qui leur sert à se raser; à cheval, ils prennent la double botte, le grand chapeau de paille attaché par une mentonnière de cuir, le grand fusil, et un sabre turc, kabyle, espagnol ou *targui,* passé sous la selle ou pendant le long d'une épaule.

Malgré ce peu de différence dans l'habit, rien ne se ressemble moins que ces deux hommes, suivant qu'ils sont à pied ou à cheval. En quoi ils diffèrent n'est pas aisé à définir, mais peut-être me comprendras-tu quand je te dirai que l'un est plus historique que l'autre. L'Arabe à pied, drapé, chaussé de sandales, est l'homme de tous les temps et de tous les pays; de la Bible, si tu veux, de Rome, des Gaules, avec un trait de la race orientale et la physionomie propre aux gens du désert. Il peut figurer dans quelque scène que ce soit, grande ou petite; et c'est une figure que Poussin ne désavouerait pas. — Le cavalier, au contraire, debout sur son cheval efflanqué, lui serrant les côtes, lui rendant la bride, poussant un cri du gosier et partant au galop, penché sur le cou de sa bête, une main à l'arçon de la selle, l'autre au fusil, voilà l'homme du Sahara; tout au plus, pourrait-on le confondre avec le cavalier de Syrie. Il a moins de style que le premier et plus de physionomie. Au surplus, il ne s'agit point de préférer l'un à l'autre : l'un est l'histoire, l'autre le genre; et la *Noce juive* a bien son prix, même après les *Sept Sacrements.* Que suis-je venu chercher ici, d'ailleurs? qu'espérais-je y trouver? Est-ce l'Arabe? est-ce l'homme?

L'autre jour, j'ai vu passer ici même, venant de la place et filant vers Bab-el-Gharbi, une cinquantaine de cavaliers du goum. C'était le matin ; on les avait convoqués à la hâte, sur la nouvelle qu'un convoi de marchands du sud, allant dans le Tell, prenait par l'ouest pour éviter El-Aghouat. Chacun montant à cheval à sa porte, ils arrivaient au rendez-vous un par un. Je les voyais accourir du fond de la rue, coupée à vingt pas de moi par une voûte ; se courber une seconde, pour passer dessous, puis reparaître tout droits, non plus en selle, mais debout sur l'étrier, lancés au galop de charge, et venant sur moi comme une tempête. La rue est si étroite, qu'à chaque fois je sentais le vent du cheval ; et, comme elle est à peu près en escalier, c'étaient des écarts et des efforts de jarrets effrayants. Le pavé retentissait ; on entendait cliqueter, contre le flanc des bêtes, les étriers de fer et les longs éperons ; le torse humain du centaure ne bronchait pas. Chaque cavalier passait, riant à des amis qui étaient sur leurs portes, les yeux en flammes et agitant son long fusil, comme s'il allait avoir à s'en servir. Cette chose si simple, et qu'on voit si communément, un cavalier au galop dans une rue, je ne saurais dire pourquoi, à cet endroit-là particulièrement, elle m'a frappé. Mais je l'ai notée comme une des belles scènes équestres que j'ai vues, et j'ai compris ce que peuvent devenir ces fainéants, à l'air endormi, quand on les met à cheval.

Juin 1853.

— Grâce au lieutenant N..., devenu désormais mon compagnon de promenade, et, je crois pouvoir le dire, mon ami, je commence à me faire des connaissances. On me salue quand je passe ; on m'appelle, ainsi que lui, lieutenant, de préférence à *sidi ;* il n'est pas jusqu'aux factionnaires indigènes qui, habitués à nous voir ensemble, et trompés sur ma vraie qualité, ne me rendent les honneurs militaires.

Le lieutenant N... a beaucoup d'amis dans la ville ; il connaît ces gens-là par cœur ; il sait leur histoire, leurs antécédents, leurs

LA PRIÈRE DU MATIN AU DÉSERT
d'après le tableau appartenant à Mme Maracci, à Cologny, près Genève.
LON & Cie ÉDIT.

affaires de ménage, leur parenté; il est un peu le médecin des infirmes, le protecteur des plus pauvres; à ce titre, et quoique très-redouté pour sa vigueur à sévir quand il le faut, il a ses entrées dans un grand nombre de maisons qui seraient fermées pour tout autre; privilége précieux pour moi, car il m'en fait obligeamment profiter.

Parmi ses « faux amis », comme il les appelle, avec la connaissance exacte des amitiés arabes, se trouve un vieux chasseur d'autruches et de gazelles. C'est le premier qui m'ait admis familièrement chez lui, sa femme n'étant ni d'âge ni de visage à le rendre jaloux. D'ailleurs, c'est un caractère enjoué, qui me paraît plein de bonne humeur, de philosophie, et au-dessus de certains préjugés; comme un homme qui se moquerait enfin des choses humaines, après y avoir longtemps réfléchi.

On lui donnerait cinquante ans passés, à voir les poils gris de sa barbe. Il a le visage en museau de loup; de petits yeux bridés, sans cils, dont les ophthalmies ont enflammé les paupières; mais avec un regard perçant et qui semble aiguisé comme une flèche, dans le but de porter plus loin. Il est borgne et boite un peu d'une jambe, par suite d'une blessure à la cuisse, un coup de feu, dit-on; lui l'explique autrement; mais, comme un vieux sanglier dur à mourir, il n'en est pas moins alerte. Son histoire serait longue, s'il la voulait raconter, et sûrement on y trouverait autre chose que des aventures de chasse. Ce que je sais de lui, c'est qu'il n'est pas d'El-Aghouat; qu'il a passé de longues années chez les Chamba, creusant, dit-il, des puits artésiens, et chassant; il parle en outre de l'*Oued-Ghir* et du *Djebel-Amour*, comme s'il avait successivement habité tout le désert, depuis la frontière de Tunis jusqu'au Maroc; mais, surtout, il parle de la poudre avec la passion d'un homme qui n'aurait pas renoncé à s'en servir.

Il demeure dans la basse ville, à l'extrémité d'une rue silencieuse, dans le voisinage des jardins. C'est un intérieur misérable, et que j'ai cru des plus pauvres, avant de m'être assuré qu'il ressemblait à tous les autres; car, à ce point général d'incurie et de malpropreté, le degré de misère est peu sensible. Le spectacle, au reste, est trop curieux pour que je le néglige; il achève énergiquement la physionomie de ce peuple plein de contrastes; peut-être est-il encore plus terrible que repoussant.

Les maisons de ce quartier, communes en général, à deux ou trois ménages, se composent d'une cour carrée avec un logement sur chaque face. Ce logement, formé d'une ou de deux chambres au plus, est une galerie sombre ne tirant le jour que d'une porte toujours ouverte. La porte est basse, et ne laisse entrer le soleil que lorsqu'il devient tout à fait oblique, le matin ou le soir. Jamais la lumière n'y pénètre autrement que par reflet; les murs sont noirs et enduits d'une sorte de bitume épais qui ressemble à de longs dépôts de fumée, bien qu'en général on ne fasse de feu que dans la cour. Quant au plafond, perdu dans une obscurité perpétuelle, il sert de retraite effrayante à des animaux de toute sorte.

Quand on entre dans ces cours vides, souillées d'ordures comme des cours d'étables, d'abord on ne voit personne; tout au plus une femme qui disparaît dans le trou noir d'une porte, le bout du vêtement traînant derrière au soleil. Seulement on entend un petit bruit sec et régulier qui vient des chambres et qui ressemble à des coups de marteau de tapissier; puis, on aperçoit vaguement, dressé dans chaque chambre et dans le carré de lumière mesuré par la porte, un vaste métier debout, à charpente bizarre, tout rayé de fils tendus, où l'on voit courir des doigts bruns, et passer les dents aiguës d'un outil de fer semblable à un peigne; enfin, peu à peu, l'œil s'accoutumant aux ténèbres du lieu, on finit par découvrir, derrière ce rideau de fils blancs, la forme un peu fantastique d'ouvrières, assises et tissant, et de grands yeux stupéfiés fixés sur vous.

La fabrication des étoffes n'est ici, surtout depuis la prise, qu'une industrie de ménage; encore se réduit-elle à des tissus grossiers et aux objets de première nécessité; des haïks de laine, des burnouss à bas prix, et quelques djerbi, ou couvertures, tout unis.

Quelquefois, plusieurs femmes rangées côte à côte sont occupées à la même pièce d'étoffe ; l'étoffe est tendue dans la longueur de la chambre, le centre vis-à-vis la porte, les deux bouts dans l'obscurité ; les femmes sont accroupies derrière, le dos au mur, les mains glissant à travers la trame, ou frappant le tissu pour le serrer, les pieds parmi les écheveaux de laine, leurs nourrissons sur leurs genoux. La plus âgée, assise à l'écart, carde la laine brute, en la déchirant sur une large étrille de fer. De maigres petites filles, plus pâles encore que leurs mères, juchées sur de hautes encoignures, filent avec une petite quenouille enjolivée de plumes d'autruche et laissent, du bout de leurs doigts jaunes, pendre jusqu'à terre le long fil qui se tord et se pelotonne autour du fuseau ; d'autres le dévident. Il y a de tout petits enfants couchés dans les coins, nus, avec un lambeau de laine sur la figure, afin de les préserver des mouches. Mais, excepté ceux-ci que leur âge excuse de dormir, tout le monde travaille ; seulement on parle peu ; on voit la sueur qui perle sur ces fronts arides, et plus la chaleur est forte, plus les visages deviennent pâles.

Chaque ménage a dans la cour un coin particulier, où l'on fait le repas contre le mur noir de fumée ; puis, à côté, la place où l'on mange. On y voit l'outre vide, l'outre gonflée, l'outre à moitié pleine contenant du lait qu'on laisse aigrir et que de temps en temps on vient battre ; par terre, des plats de bois, des gamelles, quelques poteries grossières, des lambeaux de tellis, des restes de djerbi, des tessons, des os rongés, des pelures de légumes, tous les débris accumulés des repas. Là-dessus, répands des millions de mouches, mais en si grand nombre que le sol en est noir, et pour ainsi dire mouvant à l'œil ; fais-y descendre un large carré de soleil blanc qui excite et met en rumeur cet innombrable essaim ; place en sentinelle au-dessus de la porte un chien jaune à queue de renard, à museau pointu, à oreilles droites, qui aboie contre les passants, prêt à sauter sur la tête de ceux qui s'arrêtent ; imagine enfin l'indescriptible résultat de ce soleil échauffant tant d'immondices, une chaleur atmosphérique à peu près constante en ce moment de 40 ou 42°, et peut-être connaîtras-tu, moins les odeurs dont je te fais grâce, les étranges domiciles où le lieutenant N... et moi nous allons visiter nos amis.

La journée s'écoule ainsi dans le plus grand silence; le mari absent, les femmes au travail, les plus petits sommeillant, le chien veillant. Pas de chants, pas de bruit; on entend distinctement le bourdonnement des mouches qui continue, quand cesse le cliquetis des métiers.

Quelquefois, un épervier apparaît dans le carré de ciel bleu compris entre les murs gris de la cour. Tout à coup, son ombre, qui flotte un moment sur le pavé, fait lever la tête au chien de garde, et lui arrache un rauque aboiement. L'oiseau se laisse tomber, comme s'il était mort, prend un débris, donne un coup d'aile et remonte; il s'élève en formant de grands cercles; arrivé très-haut, il se fixe. On le distingue encore, comme un point jaune taché de points obscurs, immobile, les ailes étendues, cloué pour ainsi dire comme un oiseau d'or sur du bleu.

Le soir venu, les fourneaux s'allument; les outres sont pleines, on prépare le repas; le mari rentre pour manger, et la famille se trouve un moment réunie sous ce beau ciel de nuit, presque aussi lumineux que certains jours d'Europe.

— Hier, après le dîner, précisément à l'heure du sien, nous sommes entrés chez le chasseur d'autruches. Le soleil venait de se coucher; de petites fumées roussâtres, d'odeur fétide, commençaient à se répandre au-dessus des terrasses. C'était la seule odeur de repas qui s'exhalât de toutes ces maisons où l'on soupait. Les rues devenaient désertes; on n'y rencontrait plus que ce petit nombre d'individus de condition plus pauvre encore, qui ne soupent jamais, même en temps de Rhamadan.

Le vieux borgne était en gaieté, et nous restâmes avec lui plus de deux heures à causer chasse. Le lieutenant N..., dont c'est aussi la passion, a quelque faiblesse pour ce vieux coureur de routes. Il va sans dire qu'il ne s'agit point de la chasse à courre avec les *slougui;* notre homme n'a jamais pratiqué que la chasse à pied, autrement dit l'affût. Il appartient à cette classe, nombreuse ici, des piétons du désert. En fait de monture, il est douteux qu'il en connaisse d'autre que le dromadaire; il ne porte point aux jambes la marque des cavaliers; d'ailleurs, quand il parle de son équipage de chasse, et dans la pantomime intraduisible dont il accompagne ses récits, il n'est jamais question que de ceci et de cela, comme il dit, en montrant sa jambe valide et son bon œil.

En homme qui vient du pays des autruches, il affecte pour celui-ci un mépris légitime. Les autruches, en effet, y sont rares, et ne font qu'y apparaître au moment des fortes chaleurs, quand, l'eau venant à manquer dans tout le sud, la soif les oblige à se disperser pour trouver des sources. Il en vient alors jusqu'à Rass-el-Aïoun, non pas se fixer, mais y faire des pointes la nuit. Vers la même époque, on en rencontre un peu partout dans les environs; à l'est, aux fontaines d'*El-Assafia;* à l'ouest, et sur la route du Djebel-Amour, vers les taillis sablonneux de *Recheg;* mais c'est par hasard, irrégulièrement; il faut les guetter et revenir souvent pour une occasion toujours douteuse. En revanche, la gazelle abonde sur toute la ligne des K'sours, partout où il y a un peu d'herbe, surtout des romarins. Tu connais le goût des gazelles pour certaines plantes odorantes de ce climat, et le genre de produit qu'on recueille sur les terrains qu'elles fréquentent. Ces petites boulettes brunes et parfumées plus ou moins, suivant la qualité des plantes dont elles se nourrissent, sont fort appréciées des Arabes; on les mêle au tabac, on les brûle en guise de pastilles : l'odeur en est âcre, mais rappelle le musc. Il suffit de passer le soir devant le café de notre ami *Djeridi,* pour apprendre qu'El-Aghouat est au centre d'un pays de gazelles. C'est sur ce gibier, assez mesquin en comparaison de l'autre, que notre chasseur est obligé de se rabattre depuis son séjour ici, séjour qu'il a l'air de considérer comme un exil ou comme un emprisonnement.

Mais, comme un vieux soldat qui, dans un temps d'escarmouches, se consolerait en racontant les grandes guerres qu'il a faites jadis, notre ami se rajeunissait en nous parlant des autruches, et quand il disait *delim* (l'autruche mâle), on comprenait, à son accent, qu'il estimait, alors seulement, citer une aventure digne de lui.

Pour peu que l'imagination s'en mêle, il est aisé, je te le jure, de faire un admirable voyage en compagnie d'un pareil conteur. Quant à moi, j'entrevoyais, en l'écoutant, des mœurs, des tableaux, tout un pays encore nouveau, tout ce monde merveilleux et lointain que jamais je ne connaîtrai. Des régions plus mornes encore que celles-ci; de longues marches sans eau, sans routes, sans bois, sans abri; puis les dunes chaudes, les *areg,* où l'oiseau dépose ses œufs; çà et là des traces aussi larges que celles du lion et bizarres; puis l'embuscade pendant le jour avec le soleil, pendant la nuit avec ses longues veilles; et toujours le même silence; quelquefois, plusieurs journées de suite passées dans le sable enflammé à attendre une nuit propice; ce point imperceptible d'un petit homme blotti dans ce grand espace et guettant; par-dessus tout enfin, cette lutte héroïque entre une passion de sauvage et le désert tout entier qui conspire à la décourager.

Le vieux borgne mettait lui-même ces grandes scènes en action, à sa manière, et, quoique ce fût d'une façon grotesque, en vérité l'on voyait tout. Le long djerid qui lui sert de canne lui tenait lieu de fusil. Il partait, de sa bonne jambe, tombant sur la mauvaise, et se relevant de l'une sur l'autre à chaque pas, comme par un élan. On oublie qu'il boite, tant il y a d'énergie dans son allure et d'élasticité dans ce pied invalide; on dirait d'un ressort fait pour accélérer sa marche et dont chaque impulsion le porte irrésistiblement en avant. Surtout, on admet qu'il puisse aller loin, car cette singulière infirmité a l'air de le rendre infatigable. Il avait son haïk tordu derrière l'oreille, et, de son œil unique qui le force à se retourner plus fréquemment d'un côté que de l'autre, de ses narines ouvertes, de ses oreilles tendues au vent, il semblait interroger les bruits, les odeurs, les traces. Tout à coup il se laissa tomber à plat ventre, son arme collée au corps, et pendant un moment il ne bougea plus.

N'oublie pas le lieu de la scène : c'était à deux pas du cercle des femmes et dans le coin de la cour où la famille avait pris son repas. Le feu, alimenté avec des fientes de chameaux, faute de bois, ne jetait plus que de maigres lueurs. Les femmes rangées autour, et par je ne sais quelle habitude, car malgré la nuit on étouffait, le regardaient tristement s'éteindre avec des yeux fixes qu'on devinait sans trop les voir. A peine apercevait-on, un peu au delà, les enfants couchés près du mur et dormant. Le plus profond silence régnait dans la cour, et ni le lieutenant, ni moi, n'avions envie de l'interrompre.

Après un moment d'immobilité complète, le vieux chasseur se souleva sur un coude, et se mit à ramper, le menton à fleur de terre, allongé comme un reptile; insensiblement, le bâton passa dans sa main gauche; on le vit ajuster longtemps, prudemment, avec la certitude d'un homme qui entend ne pas manquer un coup si rare; enfin, il fit feu, en imitant l'explosion par un : boum! poussé d'une voix de tonnerre. En un éclair il fut debout et se mit à bondir. Là, je le crus fou, tant il mettait d'action dans son rôle. Il imitait à la fois la bête blessée qui fuit et le chasseur qui court après elle; de son burnouss, qu'il agitait à deux mains, il représentait l'immense envergure de l'oiseau et le mouvement des ailes battant pesamment la terre; enfin, jetant un petit cri d'angoisse, de joie, de possession, il prit un dernier élan et sembla donner tête baissée contre la bête; puis, se retournant vers nous, il partit d'un grand éclat de rire.

On voyait luire ses petits yeux devenus couleur de braise, et, dans ses mâchoires ouvertes tout à coup par ce large accès de gaieté, je vis briller des dents pareilles à des crocs de carnassiers.

— Que dites-vous de cet animal-là? me demanda le lieutenant.

— Je dis que tout borgne et tout boiteux qu'il est, ce doit être un rude chasseur.

— Ah bah! on ne sait pas, me dit le lieutenant; le plus clair de son affaire, c'est qu'il a du plomb dans le corps.

Il y avait là, dans la cour, un peu à l'écart, un homme à

burnouss qui venait d'entrer pendant la scène et se tenait assis sans souffler mot. Ce ne fut qu'au moment de sortir que nous le reconnûmes.

— Ah! c'est toi, *Tahar;* bonsoir, lui dit le lieutenant. Qui est-ce qui garde les eaux?

Le vieillard se leva, répondit que c'était un tel, nous dit bonsoir, et se rassit.

Quant au chasseur, il nous accompagna jusque dans la rue, en appelant sur nous toutes les bénédictions du ciel.

— Est-ce que le gardien des eaux est de la famille? demandai-je quand nous fûmes seuls.

— C'est le frère du borgne, me répondit le lieutenant. On ne s'en douterait guère, n'est-ce pas? Encore un émigré rentré; mais celui-là, c'est un brave homme.

— Vous le connaissez?

— La première fois que nous nous sommes rencontrés, c'était le 4 décembre, à la nuit, là-bas, dans ce petit enclos, près de *Bab-el-Chettet,* où je vous ai dit qu'on avait fait un accroc à ma capote. La bataille était finie dans la ville; on ne tirait plus que dans les palmiers. Ils étaient là embusqués derrière un mur, lui Tahar, son fils, et un autre vieux. Ils firent feu ensemble et se sauvèrent. Je dis à mon sergent : Tire au jeune. Le jeune homme roula comme un lièvre, puis se releva et se mit à courir. La nuit venait; on sonnait le ralliement; il était inutile de le poursuivre. Le troisième étant blessé à mort, nous n'eûmes que Tahar. Il ne voulait pas se rendre; à la fin, je lui fis entendre raison, et il se laissa emmener. Mais le lendemain, il avait filé, et je me dis qu'il avait bien fait.

Deux mois après, on le trouva rôdant dans les environs; il était en loques et n'avait plus de chaussures; le pauvre vieux cherchait son fils. On lui fit grâce, et son frère étant déjà rentré, il alla demeurer chez lui.

Depuis, je lui ai fait avoir son emploi. On lui a dit de se tenir tranquille; que son fils était enterré avec les autres, et qu'il n'y avait pas moyen de le lui rendre; — à moins qu'il ne se soit traîné, ajouta le lieutenant; car on en a trouvé plus d'un sur la colline, là-bas; et je sais qu'il y a quatorze corps dans le rocher aux chiens, que personne n'a ramassés.

Au moment où nous nous séparions, quelqu'un passa près de nous et nous dit bonsoir d'une voix charmante. C'était Aouïmer, le joueur de flûte, qui descendait nonchalamment la place, se dirigeant vers les cafés. Il était tout en blanc, sans burnouss, et portait son haïk relevé à l'égyptienne; à son air comme à sa voix, on eût dit une femme. Il allait achever sa nuit chez *Djeridi*.

— *Ya Aouïmer,* as-tu ta flûte? lui cria le lieutenant.

— Oui, sidi, répondit de loin Aouïmer.

— Alors, suivons-le, dis-je, et si nous ne tenons pas plus l'un que l'autre à rentrer chez nous, restons chez Djeridi le plus tard possible.

Aouïmer est un type peu commun. De tous les jeunes beaux de la ville, c'est le plus à la mode et le plus avenant. Il a de la grâce et du feu; chose plus rare, il a de la nonchalance et de la gaieté; une grande bouche, un beau teint, peu de barbe, des yeux faits pour sourire; avec cela, l'air d'être toujours en bonne fortune. On le dit fidèle, ardent, brave, excellent soldat et très-brillant cavalier. Mais sa vraie place est au café maure, où nous le voyons chaque soir, négligé de tenue, pâli par son jeûne, jouant avec des langueurs étranges de sa flûte de roseau, ou dansant, en se faisant accompagner de la voix, la danse molle des almées du sud. A cheval, il perd son charme de musicien et de danseur, et ressemble trop à tout le monde. Je ne sais à quel point la poudre peut l'enivrer, mais il est positif que le son de sa flûte a sur lui des effets puissants. Sa propre musique est celle qu'il préfère; il aime à s'en griser.

On prenait beaucoup de café dans la rue voisine; et, malgré l'heure avancée, il y avait foule à la porte de Djeridi; c'est-à-dire qu'on y voyait sur deux bancs de pierre et moitié du côté du café, moitié du côté de l'échoppe à tabac — Djeridi fait ce double commerce — une douzaine de figures toutes en blanc, toutes une tasse à côté d'elles, quelques-unes fumant la cigarette, toutes exhalant une odeur de *sbed*, de musc ou de benjoin, et leurs pieds nus se touchant d'un bord à l'autre de la rue, tant la rue est étroite. Je t'ai dit que le café de Djeridi est le cercle le mieux fréquenté d'El-Aghouat, ou, si tu veux, celui des jeunes, des parfumés et des fringants. On y fume un peu plus qu'ailleurs ; on s'y amuse un peu plus tard.

L'échoppe à tabac était fermée ; le café lui-même n'était guère éclairé que par le reflet rouge du fourneau : il était près de minuit. Un vent très-doux faisait bruire, au bout de la rue, deux ou trois palmiers dont on voyait vaguement les éventails noirs se mouvoir sur le ciel violet constellé de diamants. La voie lactée passait au-dessus de nos têtes dans la longueur de la rue ; il en descendait comme une sorte de demi-clair de lune.

Aouïmer joua de sa flûte, d'abord assez froidement, puis avec plus d'âme, et bientôt avec une passion sans égale. Je voyais seulement le balancement de son corps et de ses bras, et les mouvements étrangement amoureux de sa tête ; pendant une heure qu'il joua sans s'interrompre, tantôt plus fort, tantôt avec des sons si faibles qu'on eût cru que son souffle expirait, on n'entendit pas un bruit, pas une parole ; à peine s'apercevait-on que Djeridi allait et venait prenant les tasses ou les rapportant pleines ; il avait ôté ses sandales et marchait comme marchent les Arabes quand ils craignent de faire du bruit ; de temps en temps seulement, la voix languissante d'un chanteur, inspiré par de si doux airs, se mêlait en sourdine aux tendres roucoulements du roseau.

L'heure était en effet si belle, la nuit si tranquille, un si calmant éclat descendait des étoiles, il y avait tant de bien-être à se sentir vivre et penser dans un tel accord de sensations et de rêves, que je ne me rappelle pas avoir été plus satisfait de ma vie, et que je trouvais, moi aussi, la musique d'Aouïmer admirable.

Le lieutenant fumait gravement sa cigarette, la tête appuyée au mur; je voyais son grand front nu et poli, sa rude figure et ses yeux fermés comme s'il réfléchissait.

Je me penchai vers lui et je lui dis :

— A quoi pensez-vous?

— A rien, me répondit-il.

— Et que dites-vous de cette nuit?

— Je dis qu'on s'y habitue. Mon cher ami, reprit-il, si toutes les nuits où il a fait chaud, où j'ai veillé dehors, où je me suis trouvé à peu près bien, j'avais pensé à quelque chose, je serais devenu un trop grand philosophe pour un soldat.

Puis il interrompit Aouïmer, pour lui dire :

— Mon petit Aouïmer, si tu dansais un peu?

Aouïmer passa sa flûte à son voisin, se voila la moitié du visage, depuis le menton jusqu'au nez, dénoua son écharpe de mousseline et la fit descendre sur ses pieds comme une robe; puis, prenant de chaque main un des bouts de son foulard, il se mit à danser.

La danse d'Aouïmer est exactement celle des femmes, avec certaines parodies dont les indulgents spectateurs parurent se divertir beaucoup.

Peu à peu cependant la pantomime se ralentit et les chants s'épuisèrent; quelques-uns de nos amis s'en allèrent, d'autres s'étendirent sur les bancs; Djeridi ronflait depuis longtemps en travers de la rue, touchant à la fois de la tête et des pieds le seuil de ses deux boutiques. La nuit devenait plus fraîche; on sentait courir dans l'air quelque chose de pareil à des frissons. Je regardai l'heure à ma montre, il était trois heures et demie.

— Allons dormir, me dit le lieutenant.

— Où ça? demandai-je.

— Sur la place, si vous voulez.

Et prenant dans la boutique de Djeridi une natte pour chacun de nous, nous allâmes achever notre nuit sur la place d'armes.

Juin 1853.

Le temps est magnifique. La chaleur s'accroît rapidement, mais elle ne fait encore que m'exciter au lieu de m'abattre. Depuis huit jours, aucun nuage n'a paru sur tout l'horizon. Le ciel est de ce bleu ardent et stérile qui fait penser aux longues sécheresses. Le vent, fixé à l'est et presque aussi chaud que l'air, souffle par intermittences le matin et le soir, mais toujours très-faible, et comme pour entretenir seulement dans les palmes un doux balancement pareil à celui du *panka* indien. Depuis longtemps, tout le monde a pris les vestes légères, les coiffures à larges bords; on ne vit plus qu'à l'ombre. Je ne puis cependant me résoudre à faire la sieste; ce serait perdre un des plus beaux moments de la journée, et pour un médiocre plaisir, car ma chambre est décidément, de tous les lieux que je fréquente ici, le moins agréable à occuper, et cela, pour toutes sortes de raisons que je t'expliquerai un soir où je n'aurai rien de mieux à faire que de me plaindre. Bref, et quoi qu'on fasse autour de moi pour me conseiller les douceurs du repos à l'ombre, je m'y refuse, et n'en continue pas moins de vivre, avec les lézards, dans les sables, sur les hauteurs, ou de courir la ville en plein midi.

Les Sahariens adorent leur pays, et, pour ma part, je serais bien près de justifier un sentiment si passionné, surtout quand s'y mêle l'attachement au sol natal. Les étrangers, ceux du Nord, en font au contraire un pays redoutable, où l'on meurt de nostalgie, quand ce n'est pas de chaleur ou de soif. Quelques-uns s'étonnent de m'y voir, et, presque unanimement, on me détournait de m'y arrêter plus de quelques jours, sous peine d'y perdre mon temps, ma peine, ma santé et, ce qui est pis, tout mon bon sens. Au demeurant ce pays, très-simple et très-beau, est peu propre à charmer, je l'avoue, mais, si je ne me trompe, il est aussi capable d'émouvoir fortement que n'importe quelle contrée du monde. C'est une terre sans grâce, sans douceurs, mais sévère, ce qui n'est pas un tort, et dont la première influence est de rendre sérieux, effet que beaucoup de gens confondent avec l'ennui. Un grand pays de collines expirant dans un pays plus grand encore et plat, baigné d'une éternelle lumière; assez vide, assez désolé pour donner l'idée de cette chose surprenante qu'on appelle le désert; avec un ciel toujours à peu près semblable, du silence, et, de tous côtés, des horizons tranquilles. Au centre, une sorte de ville perdue, environnée de solitude; puis un peu de verdure, des îlots sablonneux, enfin quelques récifs de calcaires blanchâtres ou de schistes noirs, au bord d'une étendue qui ressemble à la mer; — dans tout cela, peu de variété, peu d'accidents, peu de nouveautés, sinon le soleil qui se lève sur le désert et va se coucher derrière les collines, toujours calme, dévorant sans rayons; ou bien des bancs de sable qui ont changé de place et de forme aux derniers vents du sud. De courtes aurores, des midis plus longs, plus pesants qu'ailleurs, presque pas de crépuscule; quelquefois, une expansion soudaine de lumière et de chaleur, des vents brûlants qui donnent momentanément au paysage une physionomie menaçante et qui peuvent produire alors des sensations accablantes; mais, plus ordinairement, une immobilité radieuse, la fixité un peu morne du beau temps, enfin une sorte d'impassibilité qui, du ciel, semble être descendue dans les choses, et des choses, avoir passé dans les visages.

La première impression qui résulte de ce tableau ardent et inanimé, composé de soleil, d'étendue et de solitude, est poignante et ne saurait être comparée à aucune autre. Peu à peu cependant, l'œil s'accoutume à la grandeur des lignes, au vide de l'espace, au dénûment de la terre, et si l'on s'étonne encore de quelque chose, c'est de demeurer sensible à des effets aussi peu changeants, et d'être aussi vivement remué par les spectacles en réalité les plus simples.

Jusqu'à présent, je n'ai rien vu d'exagéré ni de violent qui réponde à l'idée extraordinaire qu'on se fait communément de ce pays. Il n'y a qu'un degré de plus dans la lumière; et le ciel, pour être plus limpide et plus profond qu'à Alger, ne m'a pas causé le moindre étonnement. C'est un ciel de pays sec et chaud, tout différent — j'insiste avec intention sur cette remarque — de celui de l'Égypte, sol arrosé, inondé et chauffé tout à la fois, qui possède un grand fleuve, de vastes lagunes, où les nuits sont toujours humides, où la terre est en continuelle transpiration. Celui-ci est clair, aride, invariable; le contact des terrains fauves ou blancs, des montagnes roses, le maintient d'un bleu franc dans sa plus grande étendue; et quand il se dore à l'opposé du soleil couchant, la base est violette et à peine plombée. Je n'ai pas vu non plus de beaux mirages. Excepté pendant le sirocco, l'horizon se montre toujours distinct et se détache du ciel; il y a seulement une dernière rayure d'un bleu cendré qui, le matin, s'accuse vigoureusement, mais qui, dans le milieu du jour, se confond un peu avec le ciel et qui semble trembler dans la fluidité de l'air. Vers le plein sud, dans la direction du M'zab et à une grande distance, on aperçoit une ligne inégale formée par des bois de tamarins. Un faible mirage, qui tous les jours se produit dans cette partie du désert, fait paraître ces bois plus près et plus grands; encore l'illusion est-elle peu frappante, et faut-il être averti pour s'en rendre compte.

C'est sur les hauteurs, le plus souvent au pied de la tour de l'Est, en face de cet énorme horizon libre de toutes parts, sans obstacles pour la vue, dominant tout, de l'est à l'ouest, du sud au nord, montagnes, ville, oasis et désert, que je passe mes meilleures heures, celles qui seront un jour pour moi les plus regrettables. J'y suis le matin, j'y suis à midi, j'y retourne le soir; j'y suis seul et n'y vois personne, hormis de rares visiteurs qui s'approchent, attirés par le signal blanc de mon ombrelle, et sans doute étonnés du goût que j'ai pour ces lieux élevés. C'est une sorte de plate-forme entourée de murs à hauteur d'appui, où l'on parvient, du côté de la ville, par une pente assez roide, encombrée de rochers, mais sans issue du côté sud, et d'où l'on tomberait presque à pic dans les jardins. A l'heure où j'arrive, un peu après le lever du soleil, j'y trouve une sentinelle indigène encore endormie et couchée contre le pied de la tour. Presque aussitôt, on vient la relever, car ce poste n'est gardé que la nuit. A cette heure-là, le pays tout entier est rose, d'un rose vif, avec des fonds fleur de pêcher; la ville est criblée de points d'ombre, et quelques petits marabouts blancs, répandus sur la lisière des palmiers, brillent assez gaiement dans cette morne campagne qui semble, pendant un court moment de fraîcheur, sourire au soleil levant. Il y a dans l'air de vagues bruits et je ne sais quoi de presque chantant qui fait comprendre que tous les pays du monde ont le réveil joyeux.

Alors, et presque à la même minute, tous les jours, on entend arriver du sud d'innombrables chuchotements d'oiseaux. Ce sont les *gangas* qui viennent du désert et vont boire aux sources. Ils passent au-dessus de la ville, divisés par bandes, et, pour ainsi dire, par petits bataillons. Ils ont le vol rapide; on distingue le battement précipité de leurs ailes aiguës, et leur cri bizarre et tumultueux se ralentit ou s'accélère avec leur vol. J'éprouve une émotion véritable à reconnaître de loin leur avant-garde; je compte les légions qui se succèdent; il y en a presque toujours le même nombre; ils filent toujours dans le même sens, du sud au nord, et m'arrivent par la diagonale de la ville. Leur plume, colorée par le soleil, couvre un moment le ciel bleu de paillettes lumineuses; je les suis de l'œil du côté de Rass-el-Aïoun; je les perds de vue quand ils ont atteint la moitié de l'oasis, mais je continue souvent de les entendre, jusqu'au moment où la dernière bande est descendue à l'abreuvoir. Il est alors six heures et demie. Une heure après, les mêmes cris se réveillent tout à coup dans le nord; les mêmes bandes repassent une à une sur ma tête, dans le même ordre, en nombre égal, et, l'une après l'autre, regagnent leurs plaines désertes; cette fois seulement, au lieu de cesser brusquement, le bruit s'affaiblit, diminue, et par degrés s'évanouit dans le silence. — On peut dire que la matinée est finie; et la seule heure à peu près riante de la journée s'est écoulée entre l'aller et le retour des *gangas*. Le paysage, de rose qu'il était, est déjà devenu fauve; la ville a déjà beaucoup moins de petites ombres; elle devient grise à mesure que le soleil s'élève; à mesure qu'il s'éclaire davantage, le désert paraît s'assombrir; les collines seules restent rougeâtres. S'il y avait du vent, il tombe; des exhalaisons chaudes commencent à se répandre dans l'air, comme si elles montaient des sables. Deux heures après, on entend sonner la retraite; tout mouvement cesse à la fois, et au dernier son du clairon, c'est le midi qui commence.

A cette heure-là, je n'ai plus à craindre aucune visite, car personne autre que moi n'aurait l'idée de s'aventurer là-haut. Le soleil monte, abrégeant l'ombre de la tour, et finit par être directement sur ma tête. Je n'ai plus que l'abri étroit de mon parasol, et je m'y rassemble; mes pieds posent dans le sable ou sur des grès étincelants; mon carton se tord à côté de moi sous le soleil; ma boîte à couleurs craque; comme du bois qui brûle. On n'entend plus rien. Il y a là quatre heures d'un calme et d'une stupeur incroyables. La ville dort au-dessous de moi, muette et comme une masse alors toute violette, avec ses terrasses vides, où le soleil éclaire une multitude de claies pleines de petits abricots roses, exposés là pour sécher; — çà et là quelques trous noirs marquent des fenêtres, des portes intérieures, et de minces lignes d'un violet foncé indiquent qu'il n'y a plus qu'une ou deux raies d'ombre dans toutes les rues de la ville. Un filet de lumière plus vive, qui borde le contour des terrasses, aide à distinguer les unes des autres toutes ces constructions de boue, amoncelées plutôt que bâties sur leurs trois collines.

De chaque côté de la ville s'étend l'oasis, aussi muette et comme endormie de même sous la pesanteur du jour. Elle paraît toute petite, et se presse contre les deux flancs de la ville, avec l'air de vouloir la défendre au besoin, plutôt que l'égayer. Je l'embrasse en entier : elle ressemble à deux carrés de feuilles enveloppés d'un long mur, comme un parc, et dessinés crûment sur la plaine stérile. Bien que divisée par compartiments en une multitude de petits vergers, tous également clos de murs, vue de cette hauteur, elle apparaît comme une nappe verte ; on ne distingue aucun arbre, on remarque seulement comme un double étage de forêts : le premier, de massifs à têtes rondes ; le second, de bouquets de palmes. De loin en loin, quelques maigres carrés d'orge, dont il ne reste plus aujourd'hui que le chaume, forment, parmi les feuillages, des parties rasées d'un jaune ardent ; ailleurs, et dans de rares clairières, on voit poindre une terre sèche, poudreuse et couleur de cendre. Enfin, du côté sud, quelques bourrelets de sable, amassés par le vent, ont passé par-dessus le mur d'enceinte ; c'est le désert qui essaye d'envahir les jardins. Les arbres ne remuent pas ; on devine, dans l'épaisseur de la forêt, certaines trouées sombres, où l'on peut supposer qu'il y a des oiseaux cachés, et qui dorment en attendant leur second réveil du soir.

C'est aussi l'heure, je l'avais remarqué dès le jour de mon arrivée, où le désert se transforme en une plaine obscure. Le soleil, suspendu à son centre, l'inscrit dans un cercle de lumière dont les rayons égaux le frappent en plein, dans tous les sens et partout à la fois. Ce n'est plus ni de la clarté, ni de l'ombre ; la perspective indiquée par les couleurs fuyantes cesse à peu près de mesurer les distances ; tout se couvre d'un ton brun, prolongé sans rayure, sans mélange ; ce sont quinze ou vingt lieues d'un pays uniforme et plat comme un plancher. Il semble que le plus petit objet saillant y devrait apparaître, pourtant on n'y découvre rien ; même, on ne saurait plus dire où il y a du sable, de la terre ou des parties pierreuses, et l'immobilité de cette mer solide devient alors plus frappante que jamais. On se demande, en le voyant commencer à ses pieds, puis s'étendre, s'enfoncer vers le sud, vers l'est, vers l'ouest, sans route tracée, sans inflexion, quel peut être ce pays silencieux, revêtu d'un ton douteux qui semble la couleur du vide ; d'où personne ne vient, où personne ne s'en va, et qui se termine par une raie si droite et si nette sur le ciel ; — l'ignorât-on, on sent qu'il ne finit pas là et que ce n'est, pour ainsi dire, que l'entrée de la haute mer.

Alors, ajoute à toutes ces rêveries le prestige des noms qu'on a vus sur la carte, des lieux qu'on sait être là-bas, dans telle ou telle direction, à cinq, à dix, à vingt, à cinquante journées de marche, les uns connus, les autres seulement indiqués, puis d'autres de plus en plus obscurs : — d'abord, droit au plein sud, les *Beni-Mzab*, avec leur confédération de sept villes, dont trois sont, dit-on, aussi grandes qu'Alger, qui comptent leurs palmiers par cent mille et nous apportent leurs dattes, les meilleures du monde; puis les *Chamba*, colporteurs et marchands, voisins du *Touat;* — puis le *Touat*, immense archipel saharien, fertile, arrosé, populeux, qui confine aux *Touareks;* puis les *Touareks*, qui remplissent vaguement ce grand pays de dimension inconnue dont on a fixé seulement les extrémités, *Tembektou* et *Ghadmes*, *Timimoun* et le *Haoussa;* puis, le pays nègre dont on n'entrevoit que le bord; deux ou trois noms de villes, avec une capitale comme pour un royaume; des lacs, des forêts, une grande mer à gauche, peut-être de grands fleuves, des intempéries extraordinaires sous l'équateur, des produits bizarres, des animaux monstrueux, des moutons à poils, des éléphants; et puis quoi? plus rien de distinct, des distances qu'on ignore, une incertitude, une énigme. J'ai devant moi le commencement de cette énigme, et le spectacle est étrange sous ce clair soleil de midi. C'est ici que je voudrais voir le sphinx égyptien.

On a beau regarder tout autour de soi, près ou loin, on ne distingue rien qui bouge. Quelquefois, par hasard, un petit convoi de chameaux chargés apparaît, comme une file de points noirâtres, montant avec lenteur les pentes sablonneuses; on l'aperçoit seulement quand il aborde aux pieds des collines. Ce sont des voyageurs; qui sont-ils? d'où viennent-ils! Ils ont traversé, sans qu'on les ait vus, tout l'horizon que j'ai sous les yeux.

— Ou bien, c'est une trombe de sable qui tout à coup se détache du sol comme une mince fumée, s'élève en spirale, parcourt un certain espace inclinée sous le vent, puis s'évapore au bout de quelques secondes.

La journée est lente à s'écouler; elle finit, comme elle a commencé, par des demi-rougeurs, un ciel ambré, des fonds qui se colorent, de longues flammes obliques qui vont empourprer à leur tour les montagnes, les sables, les rochers de l'est; l'ombre s'empare du côté du pays que la chaleur a fatigué pendant l'autre moitié du jour; tout semble un peu soulagé. Les moineaux et les tourterelles se mettent à chanter dans les palmiers; il se fait comme un mouvement de résurrection dans la ville; on voit des gens qui se montrent sur les terrasses et viennent secouer les claies; on entend des voix d'animaux sur les places, des chevaux qu'on mène boire et qui hennissent, des chameaux qui beuglent; le désert ressemble à une plaque d'or; le soleil descend sur des montagnes violettes, et la nuit s'apprête à venir.

Quand je rentre, après une journée passée ainsi, j'éprouve comme une certaine ivresse causée, je crois, par la quantité de lumière que j'ai absorbée pendant cette immersion solaire de plus de douze heures, et je suis dans un état d'esprit que je voudrais te bien expliquer.

C'est une sorte de clarté intérieure qui demeure, après le soir venu, et se réfracte encore à travers mon sommeil. Je ne cesse pas de rêver lumière; je ferme les yeux et je vois des flammes, des orbes rayonnants, ou bien de vagues réverbérations qui grandissent, pareilles aux approches de l'aube; je n'ai, pour ainsi dire, pas de nuit. Cette perception du jour, même en l'absence du soleil, ce repos transparent traversé de lueurs comme les nuits d'été le sont de météores, ce cauchemar singulier qui ne m'accorde aucun moment d'obscurité, tout cela ressemble beaucoup à la fièvre. Pourtant je ne ressens aucune fatigue; je devais m'y attendre, et je ne m'en plains pas.

La nuit, fin de juin 1853.

Cher ami, j'ai eu peur aujourd'hui, car, pendant une heure, je me suis cru aveugle. Est-ce la suite des derniers jours du soleil? Faut-il m'en prendre au vent du désert qui souffle depuis trois fois vingt quatre heures sans relâche et qui met du feu dans le sang? Est-ce fatigue de l'œil, fatigue de tête? De tout un peu, je crois.

J'étais sur une terrasse au-dessus de l'oasis, en vue du désert, au plein sud, peignant malgré le vent, malgré le sable, malgré les dalles qui me brûlaient les pieds, les murs qui me brûlaient le dos, ma boîte à couleurs qui ne tenait pas sur mes genoux, peignant, comme tu te l'imagines, avec des couleurs à l'état de mortier, tant elles étaient mêlées de sable.

J'ai commencé par voir tout bleu, puis j'ai vu trouble; au bout de cinq minutes, je ne voyais plus du tout. — Le désert était extraordinaire; à chaque instant une nouvelle trombe de poussière passait sur l'oasis et venait s'abattre sur la ville; toute la forêt de palmiers s'aplatissait alors comme un champ de blé.

J'attendis un quart d'heure, toujours assis, les yeux fermés pour essayer l'effet d'un peu de repos, et ne faisant plus qu'entendre le bruit sinistre du vent dans cette masse de feuilles et de palmes. Ce temps passé, j'ouvris les yeux; j'étais décidément presque aveugle; à peine me reste-t-il assez de vue pour fermer ma boîte, descendre, en me cramponnant, l'escalier en ruine et rentrer chez moi, pour ainsi dire, à tâtons.

En reconnaissant mon pas dans la cour, mon cheval se mit à hennir. Mon domestique français, couché dans l'écurie, malade depuis trois jours et accablé par ce temps funeste, me cria : Est-ce vous, monsieur? — Oui, c'est moi, lui dis-je, ne bougez pas. — Quant à Ahmet, il est absent par congé jusqu'à demain.

En cet état d'abandon, ma maison me parut lugubre. J'entendis, en entrant dans ma chambre, l'insupportable bourdonnement des mouches et le bruit de souris qui s'enfuyaient autour de moi. Il y faisait une chaleur asphyxiante; je pris mon couteau, et je fendis mes vitres de toile; puis, je n'eus que la force de me jeter sur ma sangle, en pensant que c'était tant pis pour moi. J'entendis vaguement les sonneries de six heures; ce fut à peine si je m'aperçus que le jour baissait, et je finis par m'endormir.

Je viens de m'éveiller, et après de longs efforts, j'ai allumé ma bougie. J'y vois. Il me reste encore un poids énorme au cerveau, comme si ma tête avait doublé de volume; mais la peur est passée, je puis en rire et te l'avouer.

Il est onze heures. J'ai bouché, tant bien que mal, mon châssis crevé, pour arrêter le vent qui continue; j'écris sur mes genoux, à la lueur de ma bougie qui se tourmente et fait courir des ombres folles sur les murs blancs de ma chambre. Jamais, depuis un mois que je l'habite, je ne l'ai trouvée si bizarre; le mur est tapissé de mouches du haut en bas; mes pantalons de couleur claire, mes vestes de toile, mon chapeau de paille, pendus à des piquets, en sont couverts; on les dirait soutachés de broderies noires. Le mouvement de l'air et ma bougie allumée les inquiètent, et je les vois se mouvoir sur place, mais heureusement sans voler. Je m'amuse à compter les souris qui passent, allant et venant de ma caisse à papier à mes cantines, de mes cantines à mon oreiller plein de paille d'*alfa*.

J'entends dans ma toiture des bruits plus inquiétants que de coutume, car il semble que toutes les bêtes nocturnes dont elle est peuplée soient mises en émoi par l'ouragan. Ce sont de faibles cris pareils à ceux des souris, mais plus doux, que je reconnais pour appartenir à de petits animaux de la famille des *sauriens*, qu'on appelle ici des *tarentes;* d'autres soupirs encore plus plaintifs et d'une douceur particulièrement sinistre me font craindre, pour cette nuit, des visiteurs moins inoffensifs. Depuis les grandes chaleurs, les serpents ont envahi les maisons. J'ai tué l'autre jour, devant ma porte, un reptile jaune à rayures noires, d'une espèce très-douteuse; on l'appelle ici *guern-ghzel* (cornes de gazelle) à cause de la ressemblance des taches avec de petites cornes recourbées; et Ahmet m'a prévenu qu'il en avait vu un de la même espèce et plus grand s'introduire dans la terrasse.

Quant aux *tarentes,* je les redoute un peu moins, quoiqu'elles me causent encore, même après un mois de connaissance, un insurmontable dégoût. Ce sont de petits lézards plats, larges, jaunâtres, visqueux, qu'on dirait transparents, avec une tête triangulaire, des yeux clairs, beaucoup plus laids que les salamandres que tu connais. Toute la nuit, elles courent la tête en bas, collées aux poutrelles de palmier du plafond, faisant pleuvoir le sable, se poursuivant d'un soliveau sur l'autre; j'assiste à leurs jeux, et je suis témoin de luttes qui, soit dit en passant, ressemblent beaucoup à des amours.

Je viens de m'interrompre, ne pouvant résister à l'envie de leur donner la chasse. Il y en avait deux, peut-être un couple, qui s'étaient aventurées jusqu'à moitié hauteur du mur, et qui là, la tête inclinée vers moi, semblaient se demander ce que j'allais faire si elles descendaient un peu plus bas. D'un coup de pique appliqué à plat, je les ai fait tomber toutes les deux, mortes ou à peu près. Une minute après, elles n'étaient plus là; j'aperçus seulement une souris qui fuyait, traînant quelque chose de lourd, qu'elle avait de la peine à tirer.

Je ne te parle pas des chauves-souris qui profitent, pour entrer chez moi, du moindre petit moment où la tenture demeure ouverte; celles-là, j'en suis quitte pour les mettre à la porte à grands coups de palmes.

Je me console en pensant que plus tard tout cela me paraîtra peut-être assez drôle.

Quand, par hasard, je fais la revue de mon carton, et qu'au milieu d'un fouillis de croquis informes, je vois ce petit nombre de figures à peu près *rendues*, les seules qui me soient d'un renseignement utile, je me désespère. Tu me demandes si je trouve ici plus de bonne volonté qu'à Alger, et si je puis enfin mettre la main sur des modèles. Hélas! mon ami, voici la liste des dessins que j'ai faits chez moi ou ailleurs à peu près posément, tu les reconnaîtras : le chasseur borgne; Iah'-iah, rentré dans ses habitudes de ville, marié et toujours soigné, parfumé, taciturne et soumis; un petit Juif, exempt des préjugés arabes; un désœuvré raccolé dans la rue, emmené presque de force, et qui m'a fait entendre qu'on ne l'y reprendrait plus, n'importe à quel prix ; enfin, le fils bouffi du bach-amar, qui n'est pas encore parti pour le M'zab, et qui abuse de ma générosité. Toutes complaisances d'amis, comme tu le vois. Le reste, je l'ai fait, pour ainsi dire volé dans les rues où ces gens-là posent alors sans le vouloir.

Quant aux femmes, démarches, pourparlers, raisonnements, rien ne réussit ; et quand on voit que l'argent n'a pas prise sur elles, on peut être sûr que toute autre tentative échouera.

En désespoir de cause, je fais agir les plus vilains drôles du pays auprès des femmes présumées les plus complaisantes. Elles acceptent tout, jusqu'au moment où comprenant mieux ce dont il s'agit, leur pudeur se révolte, un peu tard, si tu veux, et mal à propos ; mais c'est ainsi qu'elles l'entendent.

L'autre jour j'ai été éconduit, de manière à ne pas insister, d'une maison de la basse ville où pour mon coup d'essai, je m'étais aventuré en personne. Par hasard la femme était jolie, ou belle si tu veux ; car le beau est plus contestable, et peut, aux yeux de certaines gens, paraître laid, ce qui est précisément le cas de la femme dont je parle.

Elle appartient à un M'zabite, mercier dans la rue des Marchands. Il entra tout à coup, essoufflé comme s'il avait couru.

— Ce n'était pas la peine de courir, lui dit le lieutenant. Il ne répondit pas, se donna l'air de sourire ; mais il nous fit un salut trop court et s'assit en face de nous, nous regardant avec des yeux veinés de rouge et promenant ses doigts carrés dans sa large barbe en éventail.

Au bout d'un instant le lieutenant me dit :

— Ce gueux-là m'agace, allons-nous-en, et qu'il nous laisse tranquilles.

Depuis je l'ai surpris en conversation très-animée avec Ahmet. Ils se turent en m'apercevant. Le soir, je demandai à Ahmet :

— Est-ce que tu connais Karra, le marchand ?

Ahmet alors m'expliqua qu'il avait son père à El-Biod, avec des tentes et beaucoup de troupeaux ; que son père était riche et lui envoyait de l'argent; qu'il tenait peu à celui que je lui donnais, et que s'il était entré à mon service, c'est qu'il aimait à vivre avec les Français; qu'ayant reçu une certaine somme, il était en affaire avec Karra, et qu'il allait prendre un intérêt dans son commerce; mais qu'ils n'étaient pas d'accord sur les conditions; et que je les avais trouvés occupés d'en discuter.

Puis, quand je lui parlai de la femme, il rapprocha ses cinq doigts, les mit au niveau de sa bouche, comme s'il soufflait dessus, et par ce geste indescriptible qui veut dire à peu près : C'est beaucoup, ou : que me dites-vous là ! il me fit comprendre que je ne devais plus y penser.

Au fond, je soupçonne Ahmet d'être contre moi et de trahir directement mes intérêts. Quant à ce qu'il m'a dit de sa fortune paternelle, je n'en crois pas le premier mot, et je lui ai dit :

— Si tu as des rentes, tu devrais bien t'acheter un burnouss et ne pas coucher toutes les nuits dans le mien.

Ce qu'il y a de plus clair dans tout cela, c'est que je suis signalé à la surveillance des maris, et qu'on épie tous les pas que je fais dans la ville.

1ᵉʳ juillet 1853.

Nous voilà en pleine canicule. Le thermomètre donne à l'ombre sur ma terrasse, au nord, un maximum soutenu de 44°, de neuf heures du matin à quatre heures du soir. Les nuits ne sont guère plus fraîches. Après les grands vents des jours derniers, nous sommes entrés dans des calmes plats, et les nuages se sont dissipés d'eux-mêmes comme un rideau de gaze blanche qui se serait peu à peu replié du sud au nord. Pendant un jour encore, on les aperçut roulés sur le *Djebel-Lazrag*. Le lendemain, nous nagions de nouveau dans le bleu.

La canicule, compliquée du rhamadan, semble avoir ôté le peu de forces et le peu de sang qui restaient aux pâles habitants d'El-Aghouat. On ne rencontre plus, le jour, que des visages maigres, des teints sans vie; on se traîne entre deux coups de soleil, de l'ombre à l'ombre. Aouïmer est malade. Djeridi ne quitte plus le pavé de sa boutique; à peine laisse-t-il sa porte entre-bâillée, comme pour prouver qu'il n'est pas mort. Mais on a beau le secouer, il ne bouge pas, et quand on lui dit : Eh bien! Djeridi, et le café? il montre son fourneau éteint depuis le matin, ses bidons vides, ses tasses rangées sur l'étagère, et répond : *Makan*, il n'y en a plus.

En temps ordinaire, on dort quatre heures; aujourd'hui, tout homme qui jeûne s'autorise de son abstinence pour dormir douze heures.

Je me réveille avant l'aube, au *fedjer*. Un peu après, je sens comme une secousse dans mon lit, et j'entends le coup de canon qui annonce le point du jour; à cette minute-là commence le jeûne, jeûne absolu, comme tu sais, car on ne peut ni manger, ni fumer, ni boire; les voyageurs seuls ont une dispense, à la condition de faire à certains marabouts autant d'aumônes qu'ils ont bu de fois.

A ce moment-là même, je suis sûr de voir entrer Ahmet, mâchant encore sa dernière bouchée, et tenant une gamelle pleine d'eau; il a l'air satisfait, quoique éreinté par ses excès de la nuit.

Le soir, la ville est suspendue dans l'attente du canon de sept heures; et nous croyons remarquer que tous les jours il avance de quelques minutes, bien que nous soyons à huit jours à peine du solstice.

On ne sait plus à qui parler, ni que faire de ces gens-là, soit qu'ils festoient ou qu'ils jeûnent, la nuit comme le jour on les dirait en dévotion.

Il me prend des envies d'échapper à cette universelle torpeur. Peut-être, avant huit jours, me mettrai-je en course, pour l'est d'abord, ensuite pour l'ouest. Je t'ai promis de ne pas quitter le pays sans voir Aïn-Mahdy, et je tiendrai ma parole. La route est sûre, et je ne me consolerais pas de laisser à vingt lieues de moi la ville sainte de *Tedjini*, sans y faire, moi aussi, mon pèlerinage.

Juillet 1853.

Il y a deux jours, à nuit close, le lieutenant me dit :

— Que faisons-nous, ce soir?

— Ce que vous voudrez.

— Où allons-nous?

— Où vous voudrez.

Tous les soirs, c'est la même demande et la même réponse, faites toutes les deux dans les mêmes termes. Puis, sans rien résoudre, il se trouve que l'ennui de chercher du nouveau, la pente de l'habitude, souvent la soif, nous mènent soit chez Djeridi, soit dans un petit café peu connu où nous avons découvert la meilleure eau qu'on boive ici, c'est-à-dire une eau claire, sans mauvais goût, sans magnésie, et renouvelée deux fois par jour dans des bidons d'une propreté satisfaisante.

Ce soir-là, je ne sais comment il arriva qu'au lieu de nous arrêter chez Djeridi, nous passâmes, et que de détours en détours, allant toujours devant nous, nous nous trouvâmes à la porte des Dunes.

— Tiens, me dit le lieutenant, en aspirant une faible bouffée de brise qui venait de l'est, il y a de l'air de ce côté.

Cinq minutes après, nous étions, sans nous en douter, dans les dunes. Quelqu'un nous croisa; c'était le chasseur d'autruches qui regagnait la ville, une pioche à la main.

— D'où viens-tu? lui demanda le lieutenant.

— De mon jardin, répondit le borgne, qui passa sans plus attendre.

— Remarquez qu'il n'a pas plus de jardin que moi, me dit le lieutenant.

Quoiqu'en dehors de la ville, il faisait cruellement chaud, et nous étions sans veste et nu-tête, n'ayant rien à craindre d'un air aussi sec que la terre. Nous avions de la peine à nous tirer du sable, et nous cheminions bras dessus, bras dessous, habitude apportée des trottoirs de Paris, et que le lieutenant a adoptée par complaisance. Il n'y avait pas un mouvement de feuilles sur toute la ligne des jardins que nous suivions à droite; pas un bruit sur toute la corniche de collines qui dominaient à gauche la longue dune de sable uni où nous marchions sans entendre le bruit de nos pas, comme dans la neige.

Cependant, le terrain devint solide; nous dépassâmes les jardins; nous traversâmes, sans y prendre garde, le lit de l'Oued-M'zi, et ce ne fut qu'en remontant les premiers mouvements de sable de l'autre rive, que je reconnus à cinquante pas devant nous la forme étrange, surtout à pareille heure, du rocher aux chiens.

Je t'ai dit que les chiens avaient émigré le jour même du siége. Depuis lors, on n'a pu ni les faire rentrer, ni les expulser tout à fait du pays. Tant qu'ils ont eu de quoi manger autour du champ de bataille ou dans les cimetières, on était tranquille; aujourd'hui, pour un rien, ces bêtes, redevenues sauvages, attaqueraient les passants, comme les loups l'hiver.

Ils sont logés dans des rochers au nord et à l'est, surtout un peu au delà des dunes, dans un fragment de collines hérissées de schistes difformes et noirs comme de la houille.

On les voit de loin allant et venant sur le couronnement des rochers, galopant sur la pente de sable jaune, pour descendre vers l'angle le plus rapproché des jardins, ou remontant comme des gens qui rentrent chez eux. Presque toujours, ils ont plusieurs sentinelles établies en avant de la colline dans le lit à sec de l'Oued. Du point où souvent je vais m'asseoir, je les distingue accroupis, l'oreille droite et surveillant d'un air farouche les approches désertes de leur citadelle. Par moments, on entend là dedans des luttes effroyables; on voit le sable qui vole; puis c'est un tumulte de points fauves agglomérés tout à coup sur une roche noire; il en sort de partout; et les sentinelles elles-mêmes accourent pour se mêler au combat.

La nuit, ils battent la campagne, faisant la ronde autour des jardins, chassant dans les enclos, déterrant ce qu'ils trouvent, et depuis la tombée du jour jusqu'au matin, poussant des aboiements de meute qu'on est tout étonné d'entendre de la ville.

— Ils sont en chasse, dit le lieutenant; écoutez : les voilà qui font le tour par *Bab-el-Chettet.*

En effet, des cris lointains nous arrivaient par-dessus l'oasis; la meute était déjà à une demi-lieue de son chenil. A peine en vîmes-nous deux ou trois en retard filer à notre approche à toutes jambes, et sans plus de bruit que des chacals.

— Dans tous les cas, reprit le lieutenant, avec cela je réponds de vous. Il me montrait une canne énorme, d'un bois noueux, poli, verdâtre, cueillie je ne sais où, qui doit dater de fort loin et qu'il ne quitte jamais, sinon pour se mettre en tenue.

Nous continuâmes de monter. Arrivés à mi-côte et après avoir hésité entre le sable et le rocher, nous nous décidâmes pour un siége de pierres, trouvant le sable trop chaud, et nous nous assîmes, avec regret de ne pouvoir nous étendre.

A cette hauteur, nous aurions pu nous croire entourés de sable. L'oasis se marquait en noir à quelques cents mètres de nous, au delà régnait une ligne grisâtre représentant l'épaisseur des collines et de la ville, de même couleur que le ciel, mais au-dessus de laquelle seulement commençaient les étoiles. La nuit était si tranquille qu'on entendait distinctement les grenouilles chanter dans le marais de Rass-el-Aïoun. La voix des chiens continuait, en s'éloignant de minute en minute.

— A la bonne heure, dit le lieutenant; voilà qui, de temps en temps, nous vaudra mieux que le cabaret.

C'est une brave et bonne nature que le lieutenant N...; un esprit bien fait, clair, exact, rigide, peu sentimental, et au fond très-sensible, quoi qu'il en dise; assujetti volontairement, plus encore que discipliné, et près duquel il est aussi agréable de parler quand il vous écoute, que de se taire quand il veut bien parler.

Ce soir-là, il avait repris une longue histoire interrompue dix fois, dix fois recommencée depuis un mois, et qui, tôt ou tard, finira, je l'espère, par une confidence.

Tout à coup, il me toucha le bras et me dit :

— Ne bougez pas, je vois là quelque chose de louche.

Il se leva, me laissa sa veste, prit son bâton, et fit rapidement quelques pas en avant.

A ce moment, je vis apparaître la forme d'un homme habillé de blanc, portant sur la tête un objet semblable à un gros pavé.

Le lieutenant s'était arrêté, et presque aussitôt je l'entendis crier d'une voix tranquille :

— *Ache-koun?* — Qui est là?

— C'est moi, lieutenant, répondit de même en arabe une voix que je reconnus.

Après quelques minutes de conférence, le lieutenant revint près de moi.

— C'est Tahar, me dit-il; le pauvre diable s'imagine avoir trouvé son fils, parce qu'avec des débris humains méconnaissables, il a ramassé des loques et un ceinturon qu'il prétend avoir reconnu. Il a enterré le tout ensemble dans le sable, et de temps en temps il revient ici, à ce qu'il paraît, pour voir si les chiens n'ont pas dérangé le trou. Laissons-le faire et allons plus loin, car nous le gênerions.

— Tiens, reprit-il tout à coup, le borgne aura aidé à cacher son neveu : il est encore plus sournois que je ne croyais.

Le lendemain matin, je retrouvai le *gardien des eaux* à sa place accoutumée, son sablier sur les genoux, sa corde à nœuds passée dans les doigts.

Juillet 1853.

On s'étonne peut-être de ne plus me voir ni dans les rues, ni à la fontaine, car j'ai tout à fait changé mes habitudes. Aussitôt le jour venu, je me glisse dans les jardins, soit au nord, soit au sud, suivant la direction du vent, quand il en fait, ce qui est de plus en plus rare. J'y suis à l'ombre, à l'abri des mouches; et de midi à trois heures, j'y puis dormir sous les figuiers, étendu sur une terre poudreuse et molle, à défaut d'herbes.

Malheureusement, l'oasis ressemble à la ville; elle est resserrée, compacte, sans clairières, et subdivisée à l'infini. Chaque enclos est entouré de murs, et de murs trop élevés pour que la vue s'étende de l'un dans l'autre. Il en résulte qu'une fois enfermé dans un de ces jardins, on est enfoui dans de la verdure, avec quatre murs gris pour horizon. Tous ces petits vergers contigus, au-dessus desquels on voit se déployer, comme une multitude de bouquets verts, quinze ou dix-huit mille dattiers, sont traversés par un système bizarre de ruelles, formant comme un jeu de patience, avec une ou deux issues pour ce vaste labyrinthe, et dont il faut posséder la clef sous peine de ne pouvoir en sortir autrement qu'en retrouvant l'entrée. Souvent, dans la partie arrosée par l'Oued, le ruisseau coule au fond des rues; on doit alors suivre le lit de la rivière dans l'eau jusqu'à mi-jambes ou se promener à dos d'homme, comme je l'ai fait sur le dos d'Ahmet un jour qu'il m'y avait égaré. Ces ruelles inondées servent à certains endroits de lavoir; ailleurs, on rencontre des touffes de lauriers-roses presque aussi hautes que les murs et qui ont poussé dans le joint des pierres, pareilles à d'énormes gerbes de fleurs qu'on aurait mises tremper dans l'eau. Chaque enclos s'ouvre, soit sur la rue, soit sur le jardin voisin, par une porte de deux ou trois pieds de haut, barricadée de *djérid* ou seulement barrée au moyen de deux traverses, et sous laquelle on passe à genoux.

On n'y voit ni oliviers, ni cyprès, ni citronniers, ni orangers; mais on est surpris d'y trouver beaucoup des essences d'Europe, pêchers, poiriers, pommiers, abricotiers, figuiers, grenadiers, puis des vignes, et dans de petits carrés cultivés, la plus grande partie des légumes de France, surtout des oignons.

Si tu te souviens des jardins de l'est, dont je t'ai parlé, si tu revois encore, comme moi, les vastes perspectives de Bisk'ra, la lisière du bois allant expirer dans les sables, sans murs d'enceinte, et faute de terre et d'eau; les derniers palmiers engloutis jusqu'à moitié du tronc; puis les clairières avec les moissons, les pelouses vertes; les étangs de T'olga dormants et profonds avec la silhouette renversée des arbres dans une eau bleue; puis au loin, presque partout, et pour enfermer cette Normandie saharienne, le désert se montrant entre les dattiers; peut-être trouveras-tu, comme moi, qu'il manque quelque chose à ce pays pour résumer toutes les poésies de l'Orient.

Aussi, faute de mieux, je prends ces petits jardins comme autant de retraites, et tous ces arbres comme des parasols mouvants.

Juillet 1853.

Ce soir, en rentrant pour préparer mon bagage (car c'est décidément demain que je me mets en course), je n'entendis rien résonner au fond de la cantine où j'avais déposé mon argent; et l'ayant vidée, je reconnus qu'on m'avait volé; mais, si bien volé, qu'il n'y restait que cinq francs cachés entre deux tablettes de chocolat. Nous nous regardâmes, le lieutenant et moi; il me dit :

— C'est bien, ne perdons pas de temps et venez sur la place, où vous m'attendrez.

Au même instant, mon domestique Ahmet arrivait, montant l'escalier quatre à quatre; il put voir la cantine vide et mon linge étalé par terre. Nous sortîmes tous trois.

Dans la rue, le lieutenant me dit :

— Maintenez-le près de vous pendant trois minutes, et s'il veut fuir, saisissez-le ou appelez.

Ahmet mâchonnait une cigarette, tout en fredonnant un petit air; il avait le bras passé dans l'ouverture de son burnouss; il me regardait du coin de l'œil, et je faisais de même. Il n'y avait que peu de monde sur la place, car la nuit tombait. J'hésitais à m'emparer de lui sur un simple soupçon.

Trois minutes après, le lieutenant revint et me cria :

— Qu'en avez-vous fait?

Je me retournai : Ahmet n'était plus là.

— J'étais bien sûr que c'était lui, me dit le lieutenant.

Nous reprîmes la ruelle en courant. A deux pas de ma porte, il y a un détour, puis un second, puis un troisième; arrivés au bout du zigzag, nous avions, — à droite, la rue qui conduit au Dar-Sfah, et, devant nous, un couloir profond, plein d'eau, menant directement vers le sud entre les jardins; un Arabe tout nu y lavait son linge.

— As-tu vu quelqu'un passer en courant, avec une veste rouge et son burnouss autour du bras?

— Oui, dit l'Arabe en montrant le fond du canal, il s'en va par là; il est entré dans l'eau et il court.

— Laissez-le faire, me dit le lieutenant; il va se cacher pour la nuit dans les jardins; demain, au jour, on le trouvera.

— Mais s'il n'attend pas le jour pour aller plus loin?

— Où diable voulez-vous qu'il aille? A moins qu'il ne prenne par El-Assafia, et il ne s'y risquera pas; il a à choisir entre deux, ou quatre, ou six jours de marche, pour trouver une datte à manger. Vous savez bien qu'on ne sort pas d'ici comme on veut, et que, quand on voyage, il faut emporter de quoi vivre.

Cependant, on prit quelques mesures; on lança deux cavaliers sur le contour de l'oasis; on commanda une patrouille de nuit. Pendant ce temps nous allâmes, à tout hasard, faire une perquisition dans quelques maisons de la basse ville, où nous pensions qu'Ahmet avait des intelligences.

— J'ai interrogé le cafetier, me dit le lieutenant; Ahmet a passé la nuit dernière au café; il avait sa djebira pleine d'argent; il a régalé tous ses amis, en disant que cette fortune venait des moutons de son père.

— Très-bien, dis-je, je connais l'histoire, et j'aurais dû en prévoir la fin.

Nos démarches dans la basse ville causèrent beaucoup d'effroi, mais n'aboutirent à rien. Les hommes étaient absents; les jeunes femmes effrayées s'enfuyaient, sans vouloir répondre; les vieilles demandaient grâce, comme si nous les eussions menacées du supplice.

— L'enquête est nulle, dis-je au lieutenant; attendons à demain.

Deux heures après, vers dix heures, nous passions devant ma porte, lorsque nous vîmes une forme blanche se détacher du mur et, précipitamment, se retirer sous la voûte.

— Qui est là? criâmes-nous ensemble, et nous fîmes deux pas en avant, les bras étendus. Personne ne répondit. Il faisait si noir sous le porche, qu'on ne voyait pas même l'issue donnant sur la cour. Tout à coup le lieutenant me dit :

— Je le tiens. Il venait, en tâtonnant dans l'ombre, de saisir un burnouss. Il y eut une seconde de silence, pendant laquelle mon ami poussa une sorte de cri très-aigu qui fit résonner la voûte et alla retentir jusque sur la place. L'inconnu ne soufflait mot et s'était collé contre la muraille.

— Veux-tu bien parler? Qui es-tu? reprit le lieutenant, dont la main remontant le long du corps avait pris l'homme à la gorge.

— Je suis Ahmet, répondit enfin une voix étranglée; et presque aussitôt :

— Lâche-moi, mon lieutenant, ou je te tue.

A peine eut-il achevé, que je vis quelque chose passer devant moi; et Ahmet alla rouler dans la rue, lancé par un coup de poing prodigieux. Le lieutenant ne fit qu'un bond, et, lui appuyant son bâton sur la poitrine, lui dit tranquillement :

— Tu as eu tort de menacer, tu gâtes ton affaire.

Presque au même instant, quelqu'un arrivait, courant à perdre haleine; c'était le robuste Moloud qui avait entendu l'appel de son maître.

— Pauvre Ahmet, soupira Moloud en considérant la funeste folie de son ami, allons, viens. Et il l'entraîna. Sur la place, cependant, il y eut une petite scène de résistance, dans laquelle Moloud, à son grand regret, fut obligé de se montrer sévère. Il n'en continua pas moins de répéter : « Pauvre Ahmet! » de sa voix de mulâtre, une singulière voix qui s'adoucit jusqu'à devenir des plus tendres quand ce mauvais musulman cède à sa passion pour la liqueur. En un moment, la nouvelle avait fait le tour des cafés, et quand notre prisonnier arriva chez Djeridi, une certaine foule arrivait sur nos pas. L'interrogatoire eut lieu séance tenante et dans la rue. Ahmet nia d'abord qu'il eût volé, puis il avoua seulement une partie de la somme.

— Où as-tu mis l'argent? lui demandai-je.

— Viens, me dit-il, on va te le remettre.

Et il nous conduisit chez Karra, ce qui me surprit médiocrement d'après les soupçons que j'avais sur lui.

L'œil du M'zabite s'anima d'une singulière expression quand il nous vit paraître devant sa petite échoppe, et qu'Ahmet lui-même lui dit :

— Donne l'argent.

Il regarda d'abord la force assez imposante qui entourait son futur associé; puis, après quelques minutes d'hésitation, pendant lesquelles je reconnus son vilain sourire et j'entrevis des rancunes d'amant sous la cupidité du recéleur, il allongea la main vers le fond de sa boutique, y prit une vieille *darbouka* pleine de chiffons, en tira comme avec effort une chaussette en laine, et enfin vida la bourse sur la banquette. C'était à peu près la moitié de l'argent volé; le reste avait payé magnifiquement deux ou trois joyeuses nuits de Rhamadan.

Quant à Ahmet, il était fort pâle, et son regard assez doux d'habitude se fixa sur moi d'une façon haineuse. Moloud, qui ne l'avait pas lâché, lui dit amicalement :

— Qu'avais-tu besoin de voler?

— L'argent était devant moi, je l'ai pris, répondit Ahmet; c'était écrit.

Et il se laissa emmener.

— Combien croyez-vous qu'on lui fasse donner de coups de bâton? demandai-je au lieutenant.

— Oh! pas beaucoup, mais il faut qu'ils soient bons; je dirai qu'on en charge Moloud.

Ce petit incident, qui me sépare d'un domestique que j'aimais, m'a fait réfléchir. Avec des valets fatalistes, les négligences sont dangereuses; et je me suis promis, à l'avenir, de ne plus tenter personne.

III

TADJEMOUT. — AÏN-MAHDY.

Aïn-Mahdy. — Vendredi, juillet 1853.

Mercredi, dans la matinée, le commandant nous donnait nos passe-ports, sous forme de deux petits carrés de papier écrits de droite à gauche, pliés et cachetés à l'arabe; l'un adressé au Kaïd de *Tadjemout*, l'autre au Kaïd d'*Aïn-Mahdy*. Il nous autorisait en outre à prendre deux cavaliers d'escorte, à notre choix.

— Prenons Aouïmer, me dit le lieutenant, il nous amusera, et son ami, le grand *Ben-Ameur*, qui dort toujours, il ne nous ennuiera pas. Et maintenant allons boire, en attendant que la chaleur soit tombée.

La chaleur ne tomba point de tout le jour. A quatre heures, il y avait encore 46 degrés à l'ombre et 66 au soleil. Nous achevions une orangeade, étendus dans une cour sombre couverte d'un velarium en poil de chèvre noir. Nos chevaux attendaient tout sellés depuis midi, et nous n'avions encore ni guide pour nous conduire, ni mulet pour porter nos bagages.

De quatre heures à six, on trouva le mulet. C'était un petit animal de couleur isabelle, menu, fringant, dont il fallut bander les yeux pour parvenir à le bâter. Il portait, outre nos cantines, une tente avec ses montants, le sac aux piquets, les bidons, deux outres, une gamelle. L'énorme *Moloud* s'offrit pour le conduire, mais à la condition de le monter; proposition inacceptable, car il l'aurait écrasé. Il y avait du monde sur la place où se faisaient nos préparatifs; on nous regardait partir.

— Dis donc, petit, es-tu allé à Aïn-Mahdy? demanda le lieutenant à un gamin de douze ans qui se trouvait là.

— Oui, Sidi, répondit l'enfant.

— Tu connais le chemin?

— Oui.

— Alors, en route, dit le lieutenant.

Et, prenant l'enfant par le milieu du corps, il le souleva de terre, le posa sur le sommet de la charge, un pied sur chaque cantine, et lui remit en main la longe du mulet; puis il enfourcha lestement sa grande jument jaune, à selle turque; j'en fis autant de mon cheval; nos deux spahis, en selle depuis une heure, avaient déjà pris la tête.

— Maintenant, va devant, dit-il au petit, qui ne s'attendait guère à être du voyage; tu auras des pommes, plus un franc par chaque journée de marche. Comment t'appelles-tu?

— Ali.

— Fils de qui?

— Ben-Abdallah-bel-Hadj.

— Où demeures-tu?

— Bab-el-Chettet.

— Ya, Moloud! cria le lieutenant à son robuste serviteur, va chez Abdallah-bel-Hadj, Bab-el-Chettet, préviens-le que le lieutenant N... emmène son fils à Aïn-Mahdy.

— Lui dirai-je pour combien de temps? demanda Moloud.

— C'est inutile; dis qu'on aura soin de lui.

Et notre petit convoi se mit en marche par la rue des Marchands. Elle était déjà déserte; toutes les ruelles l'étaient de même. A travers les portes, on devinait des préparatifs extraordinaires et des odeurs inaccoutumées de viandes rôties qui prouvaient que le jeûne allait finir et qu'on n'attendait plus que le dernier signal du canon pour entrer à pleine bouche dans les réjouissances du *Baïram, aïd-el-seghir, petite fête,* qui suit le Rhamadan.

— Et nous qui les emmenons à un pareil moment! pensais-je

en voyant l'air contrarié de nos spahis et la mine encore plus désespérée du petit Ali, dont le cœur semblait faiblir.

— Nous partons une heure trop tard, dit le lieutenant; arrachons-les à ce spectacle. — Et il donna un coup de canne au mulet, qui prit le trot jusqu'à Bab-el-Gharbi. La voûte franchie, nous débouchâmes sur la vallée dans l'ordre suivant : Aouïmer et Ben-Ameur formant l'avant-garde et chevauchant botte à botte; au centre, les bagages avec Ali, puis le lieutenant et moi; mon domestique M... à l'arrière-garde, mais à une bonne distance de la jument jaune du lieutenant, son terrible cheval étant déjà dans la plus grande agitation.

Il était alors sept heures, la journée allait finir; une brise lente et faible commençait à se lever sur la plaine, comme le vol appesanti du *houbahrah*, qui bat des ailes longtemps avant de s'envoler; pourtant on respirait. Nous faisions route au couchant, obliquant pour joindre les collines, et directement contre le soleil. Une petite ouverture en forme de coin se dessinait à une lieue devant nous, dans l'écartement de deux mamelons violets.

— *Chouf el trek,* vois le chemin! dit Ali en nous montrant l'étroite coupure où précisément l'astre allait plonger. C'était en effet le défilé du nord-ouest et la route d'Aïn-Mahdy.

— Le soleil y va, ajouta poétiquement Aouïmer.

Pendant quelques minutes il continua de nous enflammer le visage, et je marchai les yeux fermés pour en adoucir l'insupportable éclat. Peu à peu je me sentis moins d'ardeur aux joues, moins de feu sous les paupières, et quand je les ouvris, je ne vis plus qu'un disque écarlate, échancré par le bas, qui descendait rapidement dans le défilé; puis le disque devint pourpre, et, pour parler comme Aouïmer, le céleste voyageur disparut. Moins d'une minute après, nous entendîmes le canon de la ville, et le mulet d'Ali et les deux chevaux des spahis en reçurent à la fois comme une secousse.

— Mon lieutenant, j'ai oublié ma flûte, dit Aouïmer en faisant tout à coup volte-face.

Et sans attendre la réponse, il poussa son cri de *rr...* et piqua ventre à terre vers Bab-el-Gharbi. Nous nous retournâmes pour le suivre de l'œil; un flocon de fumée blanche se balançait au-dessus de l'ancien bastion des Serrin, la nuit tombait sur la ville.

— Ce qui m'inquiète, dit le lieutenant en regardant attentivement le couchant, c'est qu'on ne voit pas la moindre apparence de lune.

Tu sais que le Rhamadan, qui est le carême des Arabes, dure l'espace compris entre deux lunes, c'est-à-dire un peu moins d'un mois solaire. Le jeûne quotidien commence et finit à cette minute très-fictive où l'on est présumé : « *ne pouvoir plus distinguer un fil noir d'un fil blanc.* » Quant au mois d'abstinence, il expire au moment non moins contestable où trois *Adouls* déclarent avoir vu la lune nouvelle. Or, la lune, à son premier jour, se lève et se couche avec le soleil; à peine est-elle visible pendant un très-court moment de crépuscule. Eût-elle paru, il suffirait d'un léger nuage, du moindre brouillard pour la cacher et pour allonger le Rhamadan de vingt-quatre heures. Il y a donc de quoi douter; mais c'est une question trop grave et qui touche à trop d'impatiences pour qu'à la fin du vingt-huitième jour tout le monde, y compris les *T'olba*, ne soit pas du même avis.

Il faisait presque nuit quand nous atteignîmes le col, marchant à la file et lentement sur un terrain rocailleux, dur au pas des chevaux comme un pavé de granit, et tellement sonore qu'on l'aurait cru creusé par-dessous. Presque aussitôt nous entendîmes un galop retentissant, et Aouïmer passa près de nous, escaladant, sans aucun souci, les dalles glissantes du sentier; il avait sa flûte et fumait une cigarette.

— Donne-moi du feu, lui dit le lieutenant.

Aouïmer se pencha sur sa selle, et, le feu donné, reprit la tête à côté de Ben-Ameur.

Le lieutenant se tourna vers moi et me dit :

— Il sent le mouton! j'étais sûr que c'était pour aller manger.

— Eh bien! cria-t-il, et le Rhamadan?

— Fini, mon lieutenant, répondit Aouïmer d'une voix joyeuse.
— Et la lune?
— On l'a vue.
— Qui ça?
— Tout le monde.
— Allons, tant mieux, dis-je au lieutenant, les gens d'Aïn-Mahdy n'auront plus faim quand nous arriverons, et nous sommes sûrs d'être bien reçus.

Pendant un moment nous suivîmes la silhouette brune des deux cavaliers, dont la tête encapuchonnée se dessinait à trente pas de nous, sur un ciel encore éclairé de rouge; puis la silhouette elle-même devint plus vague, le ciel en s'assombrissant la fit évanouir, la croupe argenté du cheval blanc de Ben-Ameur nous servit encore quelques instants de point de mire; enfin, le cheval à son tour acheva de disparaître avec son cavalier, et nous n'eûmes plus pour nous diriger que le pas sec et trottinant du mulet, et de temps en temps, pareil à un signal de route, le tintement métallique d'un étrier.

Nous traversions un pays inégal, mamelonné, laissant à nos chevaux le soin de nous conduire; même aux endroits les plus difficiles, ils y marchaient la bride sur le cou avec autant de sûreté qu'en plein jour, sans glissade et sans étincelles, car aucun d'eux n'était ferré. Tantôt, on devinait un pavé de roches au bruit résonnant de leur sabot, à la résistance du sol, à leur allure courte et saccadée; tantôt, au contraire, un mouvement plus souple, infiniment agréable à sentir, et comme un bercement d'avant en arrière, nous avertissait que le terrain changeait de nature et que nous entrions dans le sable. Alors on voyait vaguement s'étendre à droite de longues dunes blafardes, clair-semées de bouquets sombres.

La nuit était admirable, calme, chaude, ardemment étoilée comme une nuit de canicule; c'était, depuis l'horizon jusqu'au zénith, le même scintillement partout, et comme une sorte de phosphorescence confuse au milieu de laquelle étincelaient de grands astres blancs et couraient d'innombrables météores ; quelques-uns avec tant d'éclat, que mon cheval secouait la tête, inquiété par ces traînées de feu. Il n'y avait dans l'air immobile ni mouvement ni bruit, mais je ne sais quel murmure indéfinissable qui venait du ciel et qu'on eût dit produit par la palpitation des étoiles.

Nous nous acheminions dans le plus profond silence. Le lieutenant, dont la jument paisible se maintenait au pas de mon cheval, avait croisé les étriers sur le cou de sa bête et s'était accroupi dans sa large selle, les jambes autour du pommeau. On n'apercevait rien du petit Ali, qui, probablement, s'inquiétait peu de la route ; M..., toujours à l'arrière, s'occupait de calmer son cheval, toujours agité ; Aouïmer avait essayé de sa flûte, puis avait fredonné, puis s'était tu ; quant à Ben-Ameur, il était impossible, depuis le commencement de la nuit, d'imaginer s'il veillait encore ou si, fidèle à son habitude, il dormait. On eût pu le croire absent, excepté quand de loin en loin la voix claire d'Aouïmer disait : « — Ya, Ben-Ameur, donne le tabac », et quand la voix plus sourde de l'indolent cavalier répondait, comme à travers un rêve : « — Prends garde aux abricots », la djebira de Ben-Ameur étant en effet bourrée de fruits. Pour moi, je pensais à tout ce que la vie a de plus agréable, et je m'entretenais mentalement avec ceux de mes souvenirs qui me paraissaient les plus propres à me tenir éveillé.

Vers dix heures, la nuit était si claire que je pus voir l'heure à ma montre ; nous tournâmes un rocher grisâtre, en forme de pyramide, au sommet duquel on voyait une tache sombre.

— Regarde le B'étoum, dit Ali ; nous voici à moitié route.

— Si nous nous couchions ? dit le lieutenant, qui rêvait.

— Où ça ? demandai-je.

— Ici.

— Mon lieutenant, dit le guide, allons plus loin, l'Oued-M'zi est tout près.

Et nous continuâmes.

— Décidément le cheval m'engourdit, reprit le lieutenant après une nouvelle heure de silence.

Et il me fit une théorie sur les inconvénients du cheval, pendant les étapes de nuit; théorie qui tendait à prouver que la marche forcée est le plus efficace des divertissements quand on s'endort.

Vers minuit et demi, le terrain, qui montait sensiblement depuis une heure, parut s'aplanir. De larges bouffées d'air, venant d'un horizon plus éloigné, nous apportaient comme une saveur humide. Nous dominions un vaste pays où l'on pouvait distinguer des bois; on entendait à une assez grande distance encore, mais devant nous, de faibles et rares coassements.

— Allons, il reste de l'eau dans l'Oued, dit le lieutenant, que cet avertissement des grenouilles parut consoler d'être venu si loin.

Une demi-heure après, nous mettions pied à terre sur un large lit de sable encore tiède, où nous sentions, sans trop le voir, le voisinage d'un petit filet d'eau. De chaque côté s'alignait une haie épaisse de roseaux; au delà, régnait un taillis d'arbres bas et sombres dont on aurait pu, malgré la nuit, distinguer la couleur et la forme; c'étaient les bois de tamarins de *Recheg;* et, pour la première fois, je rencontrais de l'eau dans cette rivière avare appelée l'*Oued-M'zi.*

— Prenons-nous la tente? demanda le lieutenant.
— Ce n'est pas la peine.
— Ni le tapis non plus, n'est-ce pas?
— A quoi bon?

Seulement on entrava mon cheval et celui de M...; quant aux deux chevaux des spahis, ils furent lâchés dans le bois, en compagnie de la jument jaune et du mulet. Après quoi, nous fîmes cercle autour d'une bougie allumée et piquée dans le sable. Ben-Ameur ouvrit sa djebira et se mit, sans rien dire, à manger des abricots. Aouïmer s'abstint, comme s'il avait déjà dîné. La nuit était si calme que la bougie brûlait sans que sa flamme vacillât.

— Le dernier couché la soufflera, dit le lieutenant.

Et chacun de nous se roula dans son burnouss et s'étendit.

— Et qui nous gardera? demandai-je.

— Le bon Dieu, dit en français Aouïmer, avec un sourire délicieux.

Je ne puis dire lequel de nous s'éveilla le premier; car, en ouvrant les yeux, je vis que mes quatre compagnons avaient, eux aussi, les yeux ouverts et considéraient le soleil qui se levait paisiblement au-dessus d'un pays tout rose, et, déjà, bordait d'aigrettes d'or le feuillage aigu des tamarins. La rivière, presque à sec, s'étendait comme un chemin de sable, couleur de lavande, entre deux rangées verdoyantes de roseaux et un double taillis de bois touffus. A peine y restait-il assez d'eau pour justifier la présence des grenouilles que nous avions entendues la veille. A un quart de lieue plus au nord, la rivière faisait un coude, et, par-dessus les berges tapissées de joncs, on découvrait une mince ligne de montagnes très-éloignées, roses et lilas tendre. Des gangas, par petites bandes, des couples de pigeons bleus volaient sur la rivière avec inquiétude, et semblaient plutôt surpris qu'effrayés de nous voir. On entendait dans le taillis la voix du petit Ali qui ralliait les bêtes. C'était très-joli, très-riant, quoiqu'on se sentît fort abandonné.

— Il n'y a rien de tel que la campagne, me dit le lieutenant, à qui l'Oued-M'zi rappelait évidemment les petits ruisseaux sablonneux de son pays. C'est dommage que l'eau soit si salée.

— On eût dit en effet de l'eau de mer, ou plutôt quelque chose d'astringent comme une forte solution d'alun.

Moins d'un quart d'heure après, nous sortions du lit de la rivière et nous apercevions Tadjemout, à trois heures de marche encore, dans l'ouest. Toute la plaine intermédiaire était unie, plate et vide; l'Oued-M'zi s'y déroulait comme un long ruban vert. A deux lieues à peu près dans l'est, on remarquait quelques palmiers mêlés à des végétations chétives, derniers restes d'une oasis morte de soif ou ruinée par la guerre; le petit Ali ne put

TRIBU EN MARCHE TRAVERSANT UN GUÉ

rien m'en apprendre, sinon qu'il y avait eu là des jardins. Nous laissions en arrière les derniers mamelons du Djebel-Milah ; à droite la chaîne élevée, plus robuste et parfaitement bleue, du Djebel-Lazrag ; devant nous enfin, à l'extrémité de cette immense campagne stérile, l'arête vaporeuse du Djebel-Amour se découpait sur un ciel d'une extraordinaire transparence.

Nous marchions depuis une heure assez silencieusement, et déjà appesantis par le soleil qui nous embrasait les épaules, quand une bouffée de vent, venant du large, nous apporta le son lointain d'une musique arabe. A ce bruit fort inattendu dans ce pays solitaire, les deux spahis firent demi-tour, pour indiquer qu'ils entendaient ; et le petit Ali, presque tout debout sur son mulet, se mit à regarder dans la direction du vent. Une ligne de poussière commençait à se former au-dessus de la plaine, entre Tadjemout et nous.

— C'est une tribu qui voyage, dit Ali : *rahil*, un déplacement.

En effet, le bruit ne tarda pas à se rapprocher, et l'on put bientôt reconnaître l'aigre fanfare des cornemuses jouant un de ces airs bizarres qui servent aussi bien pour la danse que pour la marche ; la mesure était marquée par des coups réguliers frappés sur des tambourins ; on entendait aussi, par moments, des aboiements de chiens. Puis, la poussière sembla prendre une forme, et l'on vit se dessiner une longue file de cavaliers et de chameaux chargés, qui venaient à nous, et se disposaient à traverser l'Oued, à peu près vers l'endroit où nous nous dirigions nous-mêmes.

Enfin, il nous fut possible de distinguer l'ordre de marche et la composition de la caravane.

Elle était nombreuse et se développait sur une ligne étroite et longue au moins d'un grand quart de lieue. Les cavaliers venaient en tête, en peloton serré, escortant un étendard aux trois couleurs : rouge, vert et jaune, avec trois boules de cuivre et le croissant à l'extrémité de la hampe. Au delà et sur le dos de dromadaires blancs ou d'un fauve très-clair, on voyait se balancer quatre ou cinq *ataliches* de couleur éclatante; puis, arrivait un bataillon tout brun de chameaux de charge, stimulés par la caravane à pied; enfin, tout à fait derrière, accourait, pour suivre le pas allongé des dromadaires, un énorme troupeau de moutons et de chèvres noires divisé par petites bandes, dont chacune était conduite par des femmes ou par des nègres, surveillée par un homme à cheval et flanquée de chiens.

— Ce sont des *Arba*, dit Ali.

— Ça m'est égal, dit le lieutenant, du moment que ce n'est pas le Scheriff.

La grande tribu des Arba, qui campe aux environs d'El-Aghouat, est une des plus importantes du sud de nos possessions; c'est, avec la fameuse tribu noble des *Ouled-Sidi-Scheik*, la plus forte, la plus brave, la plus aguerrie, la plus opulente, enfin la mieux montée peut-être des tribus sahariennes : « Les Arba, dit M. le « général Daumas dans son livre itinéraire du *Sahara algérien*, « sont très-braves et peu soucieux d'éviter les rencontres à main « armée. Ils mettent un grand luxe dans leurs armes. Leur vie « est aventureuse, et d'ailleurs leur instinct violent et pillard les « met trop souvent en contact avec d'autres tribus pour ne pas « leur avoir fait des ennemis nombreux... » J'ajoute qu'on les cite avec les *Saïd* pour leur inhospitalité. Ils ont pris part à toutes les luttes qui ont agité le désert; depuis quinze ans surtout, on les trouve mêlés à toutes les affaires de guerre; nous les avions contre nous derrière les murs d'El-Aghouat; un grand nombre d'entre eux a suivi jusqu'à Ouaregla la fortune errante du Scheriff; et c'est encore chez les Arba que ce chef de partisans continue de recruter ses meilleurs cavaliers.

Au moment où nous atteignions le bord de la rivière, l'avant-garde à cheval y était déjà tout entière engagée, et le premier chameau blanc porteur d'*atouche* commençait à descendre majestueusement la rive opposée.

Les cavaliers étaient armés en guerre et costumés, parés, équipés comme pour un carrousel; tous, avec leurs longs fusils à capucines d'argent, ou pendus par la bretelle en travers des épaules, ou posés horizontalement sur la selle, ou tenus de la main droite, la crosse appuyée sur le genou. Quelques-uns portaient le chapeau de paille conique empanaché de plumes noires; d'autres avaient leur burnouss rabattu jusqu'aux yeux, le haïk relevé jusqu'au nez; et ceux dont on ne voyait pas la barbe ressemblaient ainsi à des femmes maigres et basanées; d'autres, plus étrangement coiffés de hauts kolbaks sans bord en toison d'autruche mâle, nus jusqu'à la ceinture, avec le haïk roulé en écharpe, le ceinturon garni de pistolets et de couteaux, et le vaste pantalon de forme turque en drap rouge, orange, vert ou bleu, soutaché d'or ou d'argent, paradaient superbement sur de grands chevaux habillés de soie comme on les voyait au moyen âge, et dont les longs *chélils*, ou caparaçons rayés et tout garnis de grelots de cuivre, bruissaient au mouvement de leur croupe et de leur queue flottante. Il y avait là de fort beaux chevaux; mais ce qui me frappa plus que leur beauté, ce fut la franchise inattendue de tant de couleurs étranges. Je retrouvais ces nuances bizarres si bien observées par les Arabes, si hardiment exprimées par les comparaisons de leurs poëtes. — Je reconnus ces chevaux noirs à reflets bleus, qu'ils comparent au pigeon dans l'ombre; ces chevaux couleur de roseau, ces chevaux écarlate comme le premier sang d'une blessure. Les blancs étaient couleur de neige et les alezans couleur d'or fin. D'autres, d'un gris foncé, sous le lustre de la sueur, devenaient exactement violets; d'autres encore, d'un gris très-clair, et dont la peau se laissait voir à travers leur poil humide et rasé, se veinaient de tons humains et auraient pu audacieusement s'appeler des chevaux roses. Tandis que cette cavalcade si magnifiquement colorée s'approchait de nous, je pensais à certains tableaux équestres devenus célèbres à cause du scandale qu'ils ont causé, et je compris la différence qu'il y a entre le langage des peintres et le vocabulaire des maquignons.

Au centre de ce brillant état-major, à quelques pas en avant de l'étendard, chevauchaient, l'un près de l'autre et dans la tenue la plus simple, un vieillard à barbe grisonnante, un tout jeune homme sans barbe. Le vieillard était vêtu de grosse laine et n'avait rien qui le distinguât que la modestie même et l'irréprochable propreté de ses vêtements, sa grande taille, l'épaisseur de sa tournure, l'ampleur extraordinaire de ses burnouss, surtout le volume de sa tête coiffée de trois ou quatre capuchons superposés. Enfoui plutôt qu'assis dans sa vaste selle en velours cramoisi brodé d'or, ses larges pieds chaussés de babouches, enfoncés dans des étriers damasquinés d'or, et les deux mains posées sur le pommeau étincelant de la selle, il menait à petits pas une jument grise à queue sombre, avec les naseaux ardents et un bel œil doux encadré de poils noirs, comme un œil de musulmane agrandi par le *koheul*. Un cavalier nègre, en livrée verte, conduisait en main son cheval de bataille, superbe animal à la robe de satin blanc, vêtu de brocart et tout harnaché d'or, qui dansait au son de la musique et faisait résonner fièrement les grelots de son *chélil*, les amulettes de son poitrail et l'orfévrerie splendide de sa bride. Un autre écuyer portait son sabre et son fusil de luxe.

Le jeune homme était habillé de blanc et montait un cheval tout noir, énorme d'encolure, à queue traînante, la tête à moitié cachée dans sa crinière. Il était fluet, assez blanc, très-pâle, et c'était étrange de voir une si robuste bête entre les mains d'un adolescent si délicat. Il avait l'air efféminé, rusé, impérieux et insolent. Il clignotait en nous regardant de loin; et ses yeux, bordés d'antimoine, avec son teint sans couleur, lui donnaient encore plus de ressemblance avec une jolie fille. Il ne portait aucun insigne, pas la moindre broderie sur ses vêtements; et de toute sa personne, soigneusement enveloppée dans un burnouss de fine laine, on ne voyait que l'extrémité de ses bottes sans éperons et la main qui tenait la bride, une petite main maigre ornée d'un gros diamant. Il arrivait renversé sur le dossier de sa selle en velours violet brodé d'argent, escorté de deux lévriers magnifiques, aux jarrets marqués de feu, qui bondissaient gaiement entre les jambes de son cheval.

Aussitôt qu'il aperçut ce vieux grand seigneur et son fils, le petit Ali fit un mouvement pour se jeter à terre et courir se prosterner devant eux; mais le lieutenant lui posa la main sur l'épaule; l'enfant étonné comprit le geste et ne bougea pas.

Pendant ce temps, je regardai ce jeune cavalier à mine impériale, au milieu de son cortége barbare, avec des guerriers pour valets et des vieillards à barbe grise pour pages; je jetai les yeux sur le charmant Aouïmer, qui me fit l'effet d'un histrion; puis je considérai assez tristement la tenue du lieutenant; j'imaginai ce que devait être la mienne pour un œil difficile en fait d'élégance, et je ne pus m'empêcher de dire au lieutenant :

— Comment trouvez-vous que nous représentions la France?

Le vieillard passa et nous salua froidement de la main; nous y répondîmes avec autant de supériorité que nous le pûmes. Quant au jeune homme, arrivé à deux pas de nous, il fit cabrer sa bête; l'animal, enlevé des quatre pieds par ce saut prodigieux où excellent les cavaliers arabes, nous frôla presque de sa crinière et alla retomber deux pas plus loin; le petit prince s'était habilement dispensé du salut, et son escorte acheva de défiler sans même jeter les yeux sur nous.

Les musiciens venaient ensuite, marchant sur deux rangs, la bride passée dans le bras, les uns frappant d'un geste martial sur de petits châssis carrés tendus de peau, d'autres tambourinant avec des crochets de bois sur des timbales du diamètre d'un petit tambour, les autres soufflant dans de longues musettes en forme de hautbois. Puis arrivaient, sur deux de front, et les deux plus richement équipés tenant la tête, les chameaux porteurs d'atatiches, c'étaient de grands animaux efflanqués, nerveux, lustrés, presque aussi blancs que de vrais *mahara* et marchant, comme disent les Arabes, « du pas noble de l'autruche ». Ils avaient des mouchoirs de satin noir passés au cou et des anneaux d'argent aux pieds de devant. Les *atatiches,* sorte de corbeilles enveloppées d'étoffes avec un fond plat garni de coussins et de tapis, dont les extrémités retombent en manière de rideaux sur les deux flancs du dromadaire, faisaient plutôt l'effet de dais promenés dans une procession que de litières de voyage. Imagine un assortiment de toute espèce d'étoffes précieuses, un assemblage de toutes les couleurs : du damas citron, rayé de satin noir, avec des arabesques d'or sur le fond noir, et des fleurs d'argent sur le fond citron ; tout un atouche en soie écarlate traversé de deux bandes de couleur olive ; l'orange à côté du violet, des roses croisés avec des bleus, des bleus tendres avec des verts froids ; puis des coussins mi-partis cerise et émeraude, des tapis de haute laine et de couleur plus grave, cramoisis, pourpres et grenats, tout cela marié avec cette fantaisie naturelle aux Orientaux, les seuls coloristes du monde. C'était le point le plus brillant et le centre éclatant de la caravane. Vu de face et d'un peu loin, ce haut appareil s'élevait comme une sorte de mitre étincelante au-dessus de la tête vénérable des dromadaires blancs, et complétait cette physionomie sacerdotale que tu leur connais. On n'entrevoyait rien des voyageuses de distinction suspendues dans ces somptueux berceaux ; mais un nègre à pied, qui se tenait au-dessous de chaque litière, de temps en temps levait la tête et s'entretenait avec une voix qui lui parlait à travers les tapisseries.

Là s'arrêtaient le luxe des étoffes et l'éclat des couleurs ; car, immédiatement après, venaient les chameaux de charge, portant les tentes, le mobilier, la batterie de cuisine de chaque famille, accompagnés par les femmes, les enfants, quelques serviteurs à pied, et les plus pauvres de la tribu. Des coffres, des tellis au ventre arrondi, rayés de jaune et de brun, des plats de kouskoussou, des bassins de cuivre, des armes en faisceaux, des ustensiles de toute nature cliquetant au mouvement de la marche ; de chaque côté, des outres noires pendues pêle-mêle avec des douzaines de poulets liés ensemble par les pattes, et qui battaient des ailes en jetant des cris de détresse ; par-dessus tout cela la tente roulée autour de ses montants comme une voile autour de sa vergue, puis un bâton qui se trouvait mis en l'air et retenu par des amarres à peu près comme un mât avec ses agrès ; tel était l'espect uniforme offert par le dos monstrueux des chameaux. Il y en avait cent cinquante ou deux cents pour transporter les bagages et les « maisons de poil » de cette petite cité nomade en déménagement. On voyait, en outre, de jeunes garçons, assis tout à fait à l'arrière des bêtes, juste au-dessus de la queue, qui poussaient de grands cris, quand les animaux trop pressés s'embarrassaient l'un dans l'autre; ou bien de petits enfants tout nus, suspendus à l'extrémité de la charge, quelquefois couchés dans un grand plat de cuisine et s'y laissant balancer comme dans un berceau. A l'exception du harem, qui voyageait en litière fermée, toutes les femmes venaient à pied sur les deux flancs de la caravane, sans voiles, leur quenouille à la ceinture et filant. De petites filles suivaient, entraînant ou portant, attachés dans leur voile, les plus jeunes et les moins alertes de la bande. De vieilles femmes, exténuées par l'âge, cheminaient appuyées sur de longs bâtons; tandis que de grands vieillards se faisaient porter par de tout petits ânes, leurs jambes traînant à terre. Il y avait des nègres qui, dans leurs bras d'ébène, tenaient de jolis nourrissons coiffés de la *chechia* rouge; d'autres menaient par la longe des juments couvertes, depuis le poitrail jusqu'à la queue, de *djellale* à grands ramages, et suivies de leurs poulains; j'en remarquai qui conduisaient par les cornes des béliers farouches, comme s'ils les traînaient aux sacrifices : c'était aussi beau qu'un bas-relief antique. Des cavaliers galopaient au milieu de la foule, et de loin donnaient des ordres à ceux qui, tout à fait à l'arrière, amenaient le troupeau des chameaux libres et les moutons. C'était là que se tenait la meute hurlant, aboyant, harcelant sans cesse la queue du troupeau; notre approche augmentant encore la rage des chiens et ajoutant à l'épouvante des moutons, nous prîmes le trot, et bientôt nous eûmes dépassé l'extrême arrière-garde de la caravane.

Pendant une heure encore, on entendit le bruit des cornemuses, et nous continuâmes de voir la poussière qui s'éloignait dans la direction des montagnes de l'est.

— Avouez, dis-je au lieutenant, que voilà une manière de déménager qui vaut mieux que la nôtre.

Et je lui rappelai, car il l'avait oublié, comment s'effectue un changement de domicile chez le peuple le plus spirituel et le plus policé du monde.

Je ne connais pas de village arabe qui se présente avec plus de correction ni dans des conditions de panorama plus heureuses que Tadjemout, quand on l'approche en venant d'El-Aghouat. Il couvre un petit plateau pierreux qui n'est qu'un renflement de la plaine et s'y développe en forme de triangle allongé. La base est occupée par un rideau vert d'arbres fruitiers et de palmiers; les saillies anguleuses d'un monument ruiné en marquent le sommet. Un mur d'enceinte collé contre la ville suit la pente du coteau et vient, par une descente rapide, se relier, au moyen d'une tour carrée, aux murs extérieurs des jardins. Ces murs sont armés, de distance en distance, de tours semblables; ce sont de petits forts crénelés, légèrement coupés en pyramides et percés de meurtrières. La ligne générale est élégante et se compose par des intersections pleines de style avec la ligne accentuée des montagnes du fond. Le ton local est gris, d'un gris sourd que la vive lumière du matin parvenait à peine à dorer. Une multitude de points d'ombre et de points de lumière mettait en relief le détail intérieur de la ville et, de loin, lui donnait l'aspect d'un damier irrégulier de deux couleurs : gris et bleu. Deux marabouts posés à droite, sur la croupe même du mamelon, l'un rouge et l'autre blanc, faisaient mieux apparaître encore, par deux touches brillantes, la monochromie sérieuse du tableau.

A une demi-lieue de la ville, nous dépêchâmes Aouïmer avec la lettre adressée au Kaïd, et nous lui recommandâmes de veiller à ce que la *diffa* fût très-simple, car nous avions affaire à des gens pauvres. Puis le lieutenant s'approcha d'Ali et lui fit la leçon suivante :

— En quelque endroit que nous soyons, souviens-toi que c'est monsieur et moi qui sommes les maîtres; ainsi n'embrasse les genoux de personne; — tu me comprends?

Le petit Ali porta la main droite à sa poitrine et répondit : Oui, *Sidna,* — formule presque inusitée de respect, qui ne s'adresse qu'aux puissants de la terre.

A mesure que nous approchions, tournant les jardins pour entrer par l'est, l'aspect de Tadjemout changeait, les montagnes s'abaissaient derrière la ville; et tout ce tableau oriental se décomposant de lui-même, il ne resta plus, quand nous en fûmes tout près, qu'une pauvre ville, mise en ruine par un siége, brûlée, aride, abandonnée, et que la solitude du désert semblait avoir envahie. Il était neuf heures; le soleil, déjà haut, la frappait d'aplomb. Nous arrivions par un cimetière, au delà duquel on voyait une porte carrée, pareille à toutes les portes arabes, ménagée dans la tour qui relie les remparts aux murs des jardins. Un Arabe à mine farouche, chaussé de brodequins poudreux et portant un long fusil pendu dans le dos, suivait en même temps que nous ce chemin hérissé de pierres tumulaires, poussant devant lui un âne boiteux chargé de deux outres vides. A droite, et vers le sommet du mamelon traversé par de longues assises de rochers rougeâtres, on voyait deux chevaux étiques, la tête pendante et plantés sur leurs quatre pieds comme sur des piquets. Rien de plus, personne au-dessus des murailles; pas un bruit. A gauche et dans des massifs d'abricotiers, on entendait roucouler des tourterelles.

Après un assez long circuit dans des rues sans soleil, plus étroites encore que celles d'El-Aghouat et pavées de dalles encore plus glissantes, nous prîmes une petite ruelle au bout de laquelle on voyait des gens occupés à desseller le cheval d'Aouïmer. Arrivés là, nous mîmes pied à terre, et l'on nous fit entrer sous un vestibule fort obscur, et dans lequel s'enfonçait, suivant l'usage, un divan en maçonnerie élevé de quatre pieds au-dessus du sol. Le vestibule était encombré de gens qui se démenaient beaucoup sans le moindre cri. Il y avait déjà quelqu'un étendu sur le dos au beau milieu du divan, et autour duquel tout le monde s'empressait. Au moment où nous apparûmes, un Arabe,

assez proprement vêtu d'un burnouss couleur amadou, lui présentait d'une main une gamelle de lait, tandis que de l'autre il l'invitait à choisir au milieu d'un boisseau au moins de petites pommes vertes amoncelées sur le tapis. C'était Aouïmer qui se faisait servir par le Kaïd de Tadjemout. Il se mit à sourire en nous voyant et nous dit en français, de sa voix la plus claire :
— Bonjour, mon lieutenant, comme s'il ne nous avait pas vus depuis un mois.

Notre arrivée avait attiré une certaine foule devant la maison du Kaïd. Aussi, le vestibule ne tarda pas à se trouver rempli ; et bientôt, la porte obstruée ne pouvant suffire à la curiosité de tous ceux qui, privés d'entrer, auraient voulu voir, le plus grand nombre des visiteurs demeura dehors, et fit bien inutilement galerie dans la rue. Au bout d'un instant, il n'y eut plus moyen de respirer, et j'avais perdu tout espoir de prendre un seul moment de repos. D'ailleurs, ce n'est jamais un séjour bien délicieux que celui du divan chez les pauvres habitants des k'sours du sud. On n'y échappe aux coups de soleil, — danger réel, il faut l'avouer, pendant la canicule, — qu'avec la chance d'y rencontrer toutes les incommodités imaginables. Et quant à celui-ci, j'avais jugé, dès l'abord, qu'il renfermait une combinaison de petits supplices dont le moindre était, sans contredit, la chaleur épouvantable d'une étuve sèche ; et je m'étais tout de suite aperçu, à de cruelles démangeaisons qui m'envahirent tout le corps, que les mouches avaient ici, dans les tapis, toute une armée d'odieux auxiliaires.

Une hirondelle avait son nid dans le plafond, juste au-dessus du divan. Les petits étaient nés, et, toutes les cinq minutes, l'hirondelle arrivait avec un brin de quelque chose dans le bec. La porte était basse ; entre le cintre et la tête des gens attroupés sur le seuil, il ne restait que juste assez d'espace pour elle ; elle s'y glissait en poussant un léger cri. Aussitôt, je regardais en l'air et je voyais six petites têtes rondes coiffées d'un duvet noir avancer au bord du nid six becs ouverts et pépiants ; de petits becs d'oiseaux naissants avec un bourrelet jaune qui les fait ressembler à des lèvres. L'oiseau partageait de son mieux entre tous ses nourrissons; puis, l'une après l'autre, les têtes se retiraient dans le nid. La mère, un peu surprise de voir son asile occupé par tant de monde, hésitait, pour s'en aller, entre la porte de la cour et celle de la rue; sans doute elle avait des raisons pour préférer la seconde, car c'était celle qu'elle choisissait, bien que l'autre fût à peu près libre. Chaque fois c'était la même incertitude, et chaque fois j'entendais du milieu des Arabes une voix grave qui disait : *Balek!* (Prends garde!) Alors il y en avait qui se courbaient en deux pour lui faire place, d'autres encore plus complaisants qui s'écartaient tout à fait; l'oiseau prenait son élan et filait en jetant un nouveau cri.

Grâce à ce trait de caractère assurément touchant, j'aurais volontiers pardonné à ces braves gens de nous faire étouffer par leur politesse mal entendue; mais, quoique endurci déjà contre beaucoup de misères, je trouvai cette manière de se reposer si pénible, que j'aimai mieux marcher. La *diffa* ne pouvait manquer de se faire attendre, car c'est une cérémonie qui, dans tous les cas, demande certains préparatifs et dont la solennité dépend en grande partie de la lenteur qu'on y apporte. Tous les visages étaient ruisselants; les burnouss transpiraient comme des langes de bain. Je ressentais, en outre, d'intolérables piqûres, et je dis au lieutenant, qui me paraissait ne rien éprouver de semblable : Sentez-vous? — Non, mon ami, me dit le lieutenant, mais je les vois. Si j'ai un conseil à vous donner, c'est d'aller vous promener. — Au moment où je sortais, je me trouvai face à face avec le Kaïd, qui portait dans ses bras un petit mouton noir tout frémissant de se trouver pris et qui bêlait. Un autre grand gaillard, vêtu comme le Kaïd d'un burnouss de fantaisie jaunâtre, et lui ressemblant un peu, le suivait d'un air enjoué, un couteau à la main. Le Kaïd, croyant m'être agréable, me présenta le pauvre animal, écarta sa laine à l'endroit des côtes et me montra qu'il était gras et blanc. De mon côté, je fus obligé, par convenance, de palper cette chair vivante qu'on allait mettre à la broche et que j'allais manger dans une heure. Mais je me fis un peu l'effet d'un sauvage, et la *diffa* de Tadjemout ne m'inspira plus le moindre appétit.

Les rues étaient silencieuses, presque désertes; l'ombre y décroissait rapidement, et je n'y rencontrai que de rares habitants étendus déjà sous le porche obscur des maisons. J'entrevis un ou deux enfants qui se cachaient, et je pus entendre, en passant, le tic tac des métiers, comme dans certaines cours d'El-Aghouat. Je fis le tour de la ville par l'est et m'acheminai, malgré la chaleur, vers le marabout blanc qu'on voit de loin briller dans ce tableau décoloré. C'est la sépulture de *Sidi-Atallah,* un des patrons de Tadjemout et l'ancêtre des *Ouled-Sidi-Atallah,* petite tribu d'une centaine de tentes qui campe aux environs de Tadjemout, et y dépose ses grains. Le marabout commande la ville à l'est, à peu près comme celui de Si-Hadj-Aïça commande un quartier d'El-Aghouat. Il est entouré d'un petit mur en pierres sèches et barricadé de manière qu'on n'y puisse entrer. Il y avait une multitude de loques accrochées au mur par dévotion. — Puis, suivant l'arête du mamelon, je rentrai dans la ville par le nord.

Tadjemout ne s'est point relevé du siége qu'il a subi en même temps que sa voisine *Aïn-Mahdy.* Ce débris noirâtre, qu'on voit de loin denteler le sommet de la ville, c'est, avec une enceinte assez vaste, mais rasée à fleur de terre, et quelques pans de murs encore tachés par le feu, tout ce qui reste de l'ancienne kasbah démantelée pendant la guerre. Toutes ces maisons si bien groupées à distance sont dans le plus triste état de misère et s'en vont en ruine. On a seulement relevé les tours et réparé l'enceinte des jardins, car la grande affaire était de protéger les plantations.

Ces jardins entourent la ville de trois côtés. L'Oued-M'zi la contourne en décrivant comme eux trois quarts de cercle; son lit est large; il est contenu, du côté des jardins, par une berge élevée, de terre rougeâtre, sans cailloux; de l'autre, il paraît s'étendre assez loin dans la plaine, au moment de la crue des eaux; mais, dans cette saison de sécheresse, il devient inutile, et n'arrose ni ne protége plus rien. On n'y voit pas la moindre place humide. De même qu'à El-Aghouat, il disparaît sous le sable pour ne se montrer qu'à l'époque des pluies.

Le soleil était déjà presque perpendiculaire quand je m'arrêtai sur les débris de l'ancienne kasbah, devant le panorama de la plaine. Je retrouvais El-Aghouat à la même heure, avec le désert de moins, mais avec une stupeur encore plus grande, dans l'intérieur de cette ville accablée de chaleur. On n'entendait rien, on ne voyait rien remuer. Au delà de l'îlot vert des jardins, l'œil découvrait un horizon de terrains nus, cailloureux, brûlés, fuyant dans toutes les directions vers un cercle de montagnes fauves ou cendrées, d'un ton charmant, mais où l'on devinait l'aridité de la pierre sous la tendresse inexprimable des couleurs. Un petit nuage unique flottait au-dessus d'un piton bleuâtre du Djebel-Amour. La ville, environnée de pentes grisâtres, sans aucune ombre, enflammée de soleil, ne donnait plus signe de vie. Les deux chevaux que j'avais aperçus en arrivant n'avaient pas changé de place; seulement, ils s'étaient couchés, la tête du côté du nord. Il y avait une tente en poil noir plantée parmi les ruines, et sous laquelle une femme en haillons battait du lait dans une outre. La nuit la plus profonde est pleine de gaieté à côté de ce tableau désolé. On ne connaît point en France l'effet de cette solitude et de ce silence sous le plus beau soleil qui puisse éclairer le monde. Dans nos pays tempérés, le soleil de midi fait sortir de la terre tout ce qu'elle a de vie et de bruits, et semble exaspérer toutes les passions joyeuses de la campagne. Ici, le soleil de midi consterne, écrase, mortifie, et c'est l'ombre de minuit qui répare et à son tour redonne la vie.

Une seule chose, grâce à des ressources de séve inconcevables, résiste à la consomption de ces terribles étés, qui dessèchent les rivières, corrompent les eaux qu'ils ne peuvent tarir, et ne donnent qu'à peu de gens le temps de vieillir, — c'est la couleur verte des feuillages; couleur extraordinaire dont nous n'avons pas d'expression dans les harmonies ordinaires de la palette. Je me suis rappelé les taillis de chêne les plus verts, les potagers normands les mieux arrosés, à l'époque la plus épanouie de l'année, aussitôt après la frondaison, sans trouver quelque chose de comparable à ce badigeonnage de vert émeraude, entier, agaçant, et qui fait ressembler tous ces arbres à des joujoux de papier vert qu'on planterait sur du bois jaune. Ce qui rend le désaccord plus bizarre et aussi la comparaison plus juste, c'est que le pied des arbres repose en effet sur un terrain presque tout à fait nu, couleur de chaume, où l'on ne voit que quelques petits carrés de légumes mal arrosés et plus mal venus, des haricots et des fèves à feuilles flétries.

Ces jardins, si desséchés par le pied, si verdoyants par le sommet, sont toute la fortune et toute la gaieté de Tadjemout. On les dit fertiles. Pour moi, je n'y ai vu que des pommes et des abricots. Les pommes sont petites, de couleur fade, et pareilles à des pommes à cidre, pour la grosseur et pour le goût. Quant à l'abricotier du sud, c'est un bel arbre, de haute taille, d'un port sérieux, d'un feuillage élégant, régulier, et qui conviendrait aux paysagistes de style; voilà pourquoi je le signale en passant. C'est un feuillage arrondi par masses compactes ou développé en longues grappes traînantes, et dont l'exécution, naturellement indiquée, s'exprime par un travail serré de touches rondes posées symétriquement, comme des points de broderie. Cela rappelle exactement l'exécution calme et savante du *Diogène* et du *Raisin de Chanaan*. A l'automne, quand l'arbre est devenu brun, la ressemblance doit être parfaite. L'abricotier, comme les pommiers normands et les orangers, se couvre de fruits en si grand nombre, que chaque feuille verte est accompagnée d'un fruit d'or. Cet arbre, d'aspect mythologique, est, après les dattiers, ce qu'il y a de plus précieux dans les vergers du sud. Les abricots secs forment, tu le sais, le fond de la cuisine arabe; on les fait sécher sur des claies, et, pendant tout le reste de l'année, on en compose, avec fort peu de viande et beaucoup de sauce au *fel-fel*, toute sorte de ragoûts, entre autres le *hamiss*.

Des grenadiers, dont les fleurs commençaient à faire place au fruit; des poiriers; des figuiers bas, à feuilles plus petites et plus foncées que les figuiers d'Europe; quelques pêchers, au feuillage grêle un peu plus doré que le reste; des vignes poussant en tout sens avec les plus grands caprices et portant déjà des verjus monstrueux; par-dessus tout cela les aigrettes des palmiers d'un vert froid, légèrement jaunes ou rougissantes au point de jonction des palmes, voilà les jardins de Tadjemout, c'est-à-dire de tous les k'sours du sud.

Somme toute, ici les oiseaux sont plus heureux que les hommes; car ils se nourrissent aussi bien et vivent plus commodément. Ils ont le peu de fraîcheur que la végétation parvient à exprimer du sol, et le moindre vent qui remue cette atmosphère inerte et brûlante de midi, ils le recueillent en paix dans leurs maisons mouvantes de feuillage. On ne les aperçoit pas, et c'est à peine si on les entend se déranger dans les feuilles quand on passe à côté d'eux. Quelquefois, une petite tourterelle fauve, à collier lilas, s'envole et se réfugie sur un palmier; elle agite, en s'y posant, le djerid flexible; on la voit un moment se balancer sur le ciel bleu, puis elle se retire au cœur de l'arbre, elle y pousse un ou deux roucoulements, fait mouvoir encore les dards aigus des palmes, et tout se tait, en même temps que tout redevient immobile.

Quand j'entrai dans le vestibule, où l'odeur du repas semblait avoir rassemblé toutes les mouches et tous les affamés du quartier, le Kaïd, qui n'attendait plus que mon retour, fit un signal du côté des cuisines, et je vis apparaître, au bout d'un bâton, le cadavre rissolé et tout fumant du petit agneau noir.

Aouïmer fut d'une gaieté folle pendant tout le repas, et Ben-Ameur essaya de nous persuader que les habitants de Tadjemout seraient heureux de nous retenir jusqu'au lendemain; mais nos pauvres chevaux expiraient de chaleur dans la cour, et c'était nous soulager tous que de nous mettre en route. Avant trois heures, nous prenions congé du Kaïd et nous sortions par *Bab-Sfaïn,* porte qui s'ouvre du côté d'Aïn-Mahdy.

Aïn-Mahdy, juillet 1853.

— J'accomplissais en ce moment un de mes plus vieux rêves de voyage ; rêve est le mot, car à l'époque où je le faisais, en examinant la carte du Sahara, il était plus que douteux qu'il pût jamais se réaliser. Ce n'étaient ni son éloignement ni la nouveauté du pays qui m'attiraient vers ce lieu-là, de préférence à tant d'autres, tout aussi propres à m'émouvoir ; c'était je ne sais quoi de séduisant dans le nom, quelques lambeaux appris de son histoire, le bruit d'un grand personnage religieux luttant derrière ces remparts contre le premier homme de guerre de l'Afrique moderne, beaucoup d'imagination colorant une vague perspective de faits et de paysage ; enfin, je ne sais quelle singulière intuition du vrai qui m'avait fait imaginer une sorte de ville abbatiale, dévote, sérieuse, hautaine et dominée, comme Avignon, par un palais de pape. Chemin faisant, je me rappelais le temps où El-Aghouat était encore pour Alger un pays fort mystérieux, et je pensais au nombre d'événements, petits ou grands, que le hasard avait dû combiner pour faciliter ma promenade ; et ce qui m'étonnait le plus dans tout cela, c'était d'en être aussi peu supris et de trouver tout simple que j'eusse déjeuné le matin à Tadjemout et que j'allasse à présent dîner à Aïn-Mahdy.

Nous avions devant nous une plaine unie, pierreuse, sans aucun accident de terrain et sans variété d'aspect. A droite et à gauche, fuyaient parallèlement deux bourrelets d'une couleur exquise et seulement tachés d'ombres pareilles à des gouttes d'eau bleue. A l'extrémité de la plaine, on distinguait un renflement dans la ligne droite de l'horizon ; c'était derrière ce mouvement du sol que nous allions voir apparaître Aïn-Mahdy. La montagne au delà devenait plus bleuâtre à mesure que le soleil inclinait de son côté. De petits sentiers grisâtres se dirigeaient en droite ligne dans la longueur de la plaine et menaient sans détours de Tadjemout à Aïn-Mahdy. Il n'en fallait pas davantage pour indiquer le voisinage d'une ville fréquentée. — Ces deux ou trois sentiers, séparés par des intervalles presque égaux, où la terre est battue, où il y a moins de cailloux qu'ailleurs, c'est une grande route de caravane. Le gros de la troupe marche à la file dans le sillon du milieu, le plus poudreux, le seul qui ne soit jamais interrompu; les cavaliers d'escorte, les conducteurs de chameaux vont parallèlement dans les petits sentiers latéraux, à la file aussi, car il n'y en a guère où l'on remarque le passage ordinaire de plus de deux cavaliers de front. La route se trouve ainsi tracée dans la direction la plus courte. Quand on rencontre une touffe d'*alfa*, de *chih* ou de *k'tâf*, on la tourne; l'herbe continue de pousser, et c'est le chemin qui fait un circuit, grâce à l'imperturbable régularité des voyageurs. Je m'amusais à reconnaître la large empreinte des chameaux, le pied des chevaux, celui des hommes. De loin en loin, nous retrouvions des marques de roues, presque effacées par les pluies d'hiver. N'était-ce pas la voie des canons qui sont venus d'*El-Biod* mitrailler les murs d'El-Aghouat? De rares gangas, qu'on ne voyait pas, faisaient entendre au-dessus de nos têtes de faibles cris perdus dans le silence. A gauche, et sur des plans inclinés qui remontaient vers les collines, on distinguait de temps en temps des points fauves tachés en dessous de blanc. Ces points fauves étaient mobiles, et malgré l'énorme distance, on voyait le lustre du poil. C'étaient des gazelles qui paissaient parmi des *alfa* jaunissants. Le chemin que nous suivions était couvert de leurs traces; on eût pu dire que *la terre exhalait le musc*.

A moitié chemin à peu près, nous vîmes venir à nous deux voyageurs à pied, conduisant trois petits ânes. Deux de ces ânes étaient chargés; le troisième, velu comme un ours et de la taille d'un gros mouton, trottait gaiement en avant des autres et s'arrêtait fréquemment pour accrocher au passage un rameau pâle de *k'tâf.* Les hommes étaient nègres, mais de vrais nègres pur sang, d'un noir de jais, avec des rugosités sur les jambes et des plissures sur le visage, que le hâle du désert avait rendues grisâtres : on eût dit une écorce. Ils étaient en turban, en jaquette et en culotte flottante, tout habillés de blanc, de rose et de jonquille, avec d'étranges bottines ressemblant à de vieux brodequins d'acrobates. C'étaient presque des vieillards, et la gaieté de leur costume, l'effet de ces couleurs tendres accompagnant ces corps de momies me surprirent tout de suite infiniment. L'un avait au cou un chapelet de flûtes en roseau, comme le fou de D'jelfa ; il tenait à la main une musette en bois travaillé, incrustée de nacre et fort enjolivée de coquillages. L'autre portait en sautoir une guitare formée d'une carapace de tortue, emmanchée dans un bâton brut.

Quant aux ânes, je fus longtemps à deviner ce qu'ils avaient sur le dos. Outre plusieurs tambourins ornés de grelots, d'autres instruments de musique, reconnaissables à leur long manche, et un amas de loques fanées, je voyais, à distance, quelque chose comme une quantité de paquets de plumes ondoyer au-dessus de la charge et flotter confusément jusque sur leurs oreilles. En approchant, je m'aperçus que ces paquets étaient de toutes les couleurs et de la plus singulière apparence ; c'étaient à peu près des oiseaux par le plumage ; par la forme, c'étaient des bêtes impossibles ; et ce qui m'étonna le plus, ce fut de voir que chacun de ces monstres avait positivement un bec et deux pattes. Il y en avait un grand nombre, de tailles diverses, et tous d'une composition plus ou moins propre à frapper l'esprit ; les uns petits, armés d'un bec énorme et montés sur des échasses de flamands ; les autres, pesants comme une outarde, avec une tête imperceptible et des pieds filiformes ; d'autres d'un air tout à fait farouche, auxquels il ne manquait que le cri pour être l'idéal de ce qui fait peur. — Imagine, mon cher ami, ce qui peut sortir de la fantaisie d'un nègre, quand il s'amuse à refaire des oiseaux avec des peaux cousues, des pattes et des têtes rapportées.

C'étaient donc des bateleurs avec leurs marionnettes. Ils sortaient d'Aïn-Mahdy, où je doutai qu'ils eussent fait leurs frais, et s'en allaient par Tadjemout, chez les Ouled-Nayl d'abord, puis dans les douars du Tell, essayer l'effet de leur innocente industrie. Je dis à Aouïmer de les questionner; mais ils parlaient fort peu l'arabe, et, faute de nous comprendre, je ne pus savoir d'où ils venaient. Le seul nom que je reconnus dans le récit fait en langue nègre de leur longue odyssée fut *Ouaregla*. — « C'est une ville où l'on aime beaucoup à rire, » dit Aouïmer. — A tout hasard, je leur criai : *Kouka, Kano,* et tout ce que je connaissais de noms appartenant au *Bernou*. Ils se mirent à rire avec cette aimable gaieté des nègres, les plus francs rieurs de tous les hommes, et ils répétèrent : *Kouka, Kano,* d'un air de connaissance : j'en conclus, peut-être à tort, qu'ils pouvaient bien avoir des relations avec le lac *Tchad* ou le *Haoussa*. Ils nous demandèrent de l'eau. Heureusement que l'outre était pleine. Après quoi, nous nous souhaitâmes mutuellement bon voyage, et je me retournai pour les voir s'éloigner dans la direction de Tadjemout, qui n'apparaissait plus au fond de la plaine, à présent dorée, que comme une tache grise au-dessus d'une ligne verte.

La première fois que je traversai la Metidja, pour aller d'Alger à Blidah, je fus d'abord étonné (j'étais débarqué de la veille) de faire ce trajet en diligence, à peu près comme sur une route de France, mais je le fus bien davantage de rencontrer, au milieu de la plaine, un Auvergnat en veste de velours olive et coiffé d'une casquette de loutre, qui portait devant lui un orgue de Barbarie et en jouait tout en marchant. C'était à peu près à l'endroit qu'on appelle les Quatre-Chemins : la plaine était verte, hérissée de palmiers nains; on voyait çà et là, entre la route et la montagne, pointer une tête isolée de palmier en éventail; le magnifique encadrement de l'Atlas enfermait l'horizon dans un cercle veiné de bleu, couronné de neiges, et d'une imposante tournure; c'était une admirable entrée. Je venais d'apercevoir un chacal qui traversait la route, comme aurait fait chez nous un renard; et je voyais de loin, posées parmi les joncs, deux cigognes dont l'une, comme l'ibis antique, tenait dans son bec quelque chose qu'on pouvait prendre pour un serpent. L'Auvergnat jouait l'air de la *Grâce de Dieu.* Ce jour-là je fus indigné. — Hier, en me séparant des musiciens nègres, ce souvenir m'est revenu, et je l'ai pris avec moins d'amertume. Il m'a semblé que cette nouvelle rencontre donnait un sens philosophique à la première. Je comparais ces pauvres émigrants venus, l'un de *Bernou,* l'autre du Cantal ou de la Savoie, et je n'ai pu m'empêcher d'admirer encore davantage les combinaisons du hasard, en pensant qu'un jour ils se rencontreraient peut-être, l'un avec sa guitare d'écaille, l'autre avec son coffre à musique, et qu'ils joueraient ensemble des airs nègres et des airs parisiens, au milieu d'une ville arabe devenue française.

Vers six heures, nous perdîmes Tadjemout de vue; et presque aussitôt, nous découvrions devant nous la silhouette massive, écrasée, légèrement renflée vers le milieu, d'une ville solitaire, de couleur brune, marquée de deux points plus clairs vers le centre : c'était Aïn-Mahdy. A ce moment, le soleil, qui déclinait vers les montagnes, prenait déjà la ville à revers, en dessinait seulement les contours dentelés, et noyait dans un rayonnement mêlé de violet et de bleu verdâtre les premiers échelons du Djebel-Amour. A mesure que nous approchions, le jour baissait; l'heure ne pouvait être mieux choisie pour entrer dans cette ville longtemps mystérieuse et demeurée sainte. Cette demi-clarté du soir qui n'allait nous la montrer que confusément, l'ombre qui commençait à l'envelopper avant que nous en fussions trop près, tout cela convenait à merveille au sentiment particulier mêlé de curiosité et de respect que m'inspirait Aïn-Mahdy.

Il était sept heures quand nous atteignîmes le pied du rempart. C'est une muraille en maçonnerie solide, avec des créneaux très-rapprochés, et coiffés de petits chapiteaux en pyramides. Aouïmer nous avait précédés pour prévenir le Kaïd de notre arrivée, et nous entrâmes dans la ville très-modestement escortés.

d'un seul cavalier. En deçà du rempart règne un mur moins élevé, qui forme l'enceinte intérieure des jardins, de sorte que les jardins ont, comme la ville, une ceinture continue. Entre ce mur et le rempart passe un chemin de ronde étroit et sinueux. C'est par là que le guide nous fit tourner pour aller gagner la grande porte : *Bab-el-Kebir*. Cette porte a l'air d'une entrée de forteresse ; elle est pratiquée dans une haute muraille et flanquée de deux grosses tours carrées. Elle est beaucoup plus élevée que ne le sont d'habitude les portes des villes arabes ; elle a de solides battants armés de ferrures ; un encadrement de chaux en dessine le contour, presque aussi large que haut ; une banquette dallée de pierres grises, polies comme du fer usé, garnit extérieurement le pied du mur. Le porche est profond, avec des enfoncements ménagés dans l'épaisseur des tours latérales, et forme à l'intérieur une véritable place d'armes.

La rue sur laquelle on débouche après avoir franchi la voûte complète cette entrée monumentale. Elle est très-large pour une rue arabe, comprise entre deux grands murs sévères, bâtis de pierres, sans ouvertures, et si propre qu'on la dirait balayée. Au bout de cent pas, elle tourne à angle droit au pied d'une maison blanche, d'architecture mauresque, et dont la forme singulière rappelle à la fois le palais et la mosquée. Cette maison blanche, élevée, percée à l'étage supérieur de fenêtres en ogives précieusement sculptées, est l'une des maisons du marabout Tedjini ; c'est aussi le lieu de sa sépulture et la mosquée d'Aïn-Mahdy. Ce nom de Tedjini, qui n'éveillera chez toi, quand tu me liras, qu'un intérêt bien vague, ce seul nom, quand je l'entendis sortir avec componction des lèvres du petit Ali, me fit éprouver, mon cher ami, une émotion très-sincère. Il imprimait à ce qui m'entourait un caractère précis de grandeur, d'héroïsme et de sainteté. Je sentis que l'âme de cet homme vaillant animait encore cette ville à l'air si hautain et si recueilli. Mes imaginations d'autrefois ne m'avaient pas trompé, Aïn-Mahdy ne ressemblait à rien de ce que j'avais vu et répondait à tout ce que j'avais rêvé.

Une troupe de chameaux sans gardien encombrait la rue dans toute sa largeur. En deçà et au delà de ce groupe d'animaux silencieux, il n'y avait personne. La rue déserte se remplissait paisiblement de cette ombre poudreuse et de couleur rousse, ombre palpable, chargée de chaleur, d'odeurs confuses, qu'on ne trouve que dans les villages arabes du sud, à la tombée de la nuit. La terrasse de la maison de Tedjini était occupée par un petit nombre de gens qui tous regardaient du même côté, du côté des montagnes. Ils nous virent entrer, tourner l'angle de la rue, sans distraire leur attention de l'objet qui paraissait l'attirer dans la direction du couchant.

Le Kaïd, prévenu, nous attendait à quelques pas de là, devant une maison de belle apparence, sorte de *Dar-dyaf,* où l'on nous fit entrer, et que nous occupons seuls. La cour est grande, et nos chevaux sont logés dans des écuries spacieuses; un escalier bien construit mène à l'étage, où nous avons une chambre en galerie pour le jour, et une belle terrasse garnie de tapis pour la nuit.

Le Kaïd actuel d'Aïn-Mahdy n'a rien de frappant, ni dans les traits ni dans les manières; mais il représente convenablement l'autorité civile, dans cette municipalité, aujourd'hui bourgeoise et dévote. C'est un homme simple et digne, dont la physionomie fine, quoique très-placide, le vêtement de grosse laine blanche, le chapelet de bois noir et la coiffure basse font penser au magistrat et au prêtre, beaucoup plus qu'au chef militaire. Son accueil fut grave et froid comme sa personne; et j'y remarquai tout de suite une sorte de distraction mêlée d'égards, qui n'était pas de l'impolitesse, mais qui, bien évidemment, ne marquait aucun empressement. A peine avions-nous eu le temps de lui répéter l'objet de notre visite, il l'avait appris déjà par la lettre d'introduction, qu'il nous quitta. C'était contre tous les usages, et je m'en étonnai. Quelques minutes après, vint la diffa. — Les deux spahis soulevèrent les langes bleus qui, suivant la coutume, couvraient les plats, et je vis, à leur visage, qu'il se passait quelque chose de grave. C'étaient du kouskoussou d'orge et des mets de la dernière qualité. Aouïmer se leva, d'un air important, prit un des plats et dit à l'un des serviteurs : Emporte, et dis au Kaïd qu'on s'est trompé. Y avait-il erreur? C'est ce qu'on ne put savoir; mais, au bout d'un instant, le Kaïd lui-même reparut, accompagnant un souper qui équivalait à des excuses, et suivi cette fois d'un cortége assez nombreux de serviteurs et d'amis.

Ils demeurèrent tous debout à l'angle de la terrasse; et bientôt j'entendis qu'ils discutaient entre eux en considérant le soleil couchant.

— Savez-vous ce qui se passe? me dit tout à coup le lieutenant : ils attendent encore la lune, et le Rhamadan n'est pas fini.
— Aouïmer jeta fort irréligieusement un éclat de rire de *giaour* et continua d'affirmer que tout le monde à l'Aghouat l'avait vue la veille au soir, à sept heures trente-cinq minutes.

— Ce qu'il y a de sûr, c'est que nous les ennuyons beaucoup, dis-je au lieutenant; cela se voit, et je crois convenable de nous expliquer.

Nous exposâmes donc que nous avions calculé notre départ de manière à ne les point gêner; que nous étions partis d'El-Aghouat à sept heures trente-cinq minutes du soir et au coup de canon qui avait annoncé la fin du jeûne, pour être plus certains de n'arriver à Aïn-Mahdy que le premier jour du *Baïram*. Je racontai les préparatifs qu'on faisait à ce moment chez leurs voisins; que toutes les cuisines fumaient; que la ville était pleine de l'odeur des viandes; et je pris à témoin les deux spahis et le petit Ali. Mais à tout cela on nous répondit que si les Beni-l'Aghouat avaient vu la lune nouvelle, c'est qu'ils y regardaient de moins près qu'ailleurs; que dans Aïn-Mahdy on était plus formaliste, et que le jeûne durait encore.

A ce moment, le Kaïd étendit le bras vers l'horizon; et nous vîmes, tous ensemble, apparaître dans la pâleur du couchant le demi-cercle mince et long de la lune naissante. Il se découpait, avec la précision d'un fil d'argent, sur un ciel parfaitement pur, couleur d'or vert. Au-dessous d'elle, scintillait une petite étoile brillante, comme un œil qui se dilate en souriant. On regarda quelques minutes ce signal charmant de la fin d'un long jeûne. L'astre était si près des montagnes qu'un moment plus tard il y cacha un des bouts effilés de son disque, puis disparut tout à fait.

Le Kaïd, plus occupé de ce qu'il venait de voir que de notre présence, descendit alors, suivi de ses serviteurs, et s'en alla proclamer que le Rhamadan était accompli pour l'an de l'hégire 1269. Son fils, un grand enfant, doux de visage et déjà grave dans son maintien, se coucha, sans rien dire, sur le tapis, afin de passer la nuit près de nous. Quant à moi, le sommeil ne tarda pas à me prendre; j'entendis vaguement des chants qui ressemblaient à des cantiques et des psalmodies qui n'avaient rien de joyeux sortir de la maison mortuaire de Tedjini; je regardai, pendant un moment, luire les étoiles au-dessus de ma tête; et, sans attendre la fin du repas, pêle-mêle avec les plats de bois et les *mardjel* de lait, je m'endormis au milieu de la table à manger qui était en même temps notre lit.

Aïn-Mahdy, juillet 1853.

— La première impression demeure; Aïn-Mahdy me rappelle Avignon; je ne saurais expliquer pourquoi, car une ville arabe est ce qu'il y a de moins comparable à une ville française; et la seule analogie d'aspect qu'il y ait entre ces deux villes consiste dans une ligne de remparts dentelés, une couleur à peu près semblable, d'un brun chaud, un monument qui se voit de loin et couronne avec majesté l'une et l'autre; mais c'est une sorte d'analogie morale, une physionomie également taciturne; un air de commandement avec des dispositions de défense, quelque chose de religieux, d'austère; je ne sais quel même aspect féodal qui participe à la fois de la forteresse et de l'abbaye. Elles se ressemblent par l'effet produit, et peut-être cette comparaison tout imaginaire te donnera-t-elle une idée juste de ce qui est.

La ville est posée sur un renflement de la plaine et décrit une ellipse. On trouve qu'elle a la forme « d'un œuf d'autruche coupé en deux dans le sens de sa longueur ». Toute la partie des fortifications est admirablement construite et dans un superbe état d'entretien. Le tableau général, au lieu de chanceler en tout sens et d'incliner sous tous les angles, suivant l'habitude des villages sahariens, garde un aplomb de lignes et se dessine par des angles droits très-satisfaisants pour l'œil.

Les jardins qui ont été rasés dépassent à peine le sommet des murs de clôture, sous forme d'un bourrelet vert. Un seul arbre a survécu ; il s'élève assez tristement dans un enclos désert. Le pauvre k'sour d'*El-Outaya*, abandonné sans verdure et sans abri dans sa plaine ingrate, entre El-Kantara et Bisk'ra, témoigne de cette manière générale d'entendre la guerre. J'y ai vu l'unique palmier qui fût laissé debout, pour apprendre à l'étranger qu'il y avait eu là une oasis. Aïn-Mahdy en a conservé deux, l'un au nord, l'autre au sud des jardins.

Aïn-Mahdy n'a point de rivière, mais on voit de loin entre la ville et la montagne un point blanc de maçonnerie qui indique la tête de la source *Aïn-Mahdy*. Arrivé à la porte Bal-el-Sakia, le ruisseau se déverse dans un bassin d'où il va, par deux écluses, arroser les jardins. Ici, comme à El-Aghouat, il y a le répartiteur des eaux, avec son sablier qui sert d'horloge à toute la ville.

C'est à un kilomètre à peu près des jardins qu'était campée l'armée d'Abd-el-Kader. On montre encore, près de l'*Aïn*, la place occupée par la tente de l'émir. Elle est marquée par une assise de pierres rangées circulairement, comme autour des tentes dans les *douars* sédentaires ; c'était annoncer d'avance l'intention de ne pas lâcher pied. Comme tu le sais, le siége dura neuf mois. Mais la ville avait des puits ; elle était armée, approvisionnée de tout, débarrassée des bouches inutiles ; Tedjini n'y avait gardé avec lui que trois cent cinquante hommes, les meilleurs tireurs du désert ; l'assaut fut impossible. Il y eut un moment où, fatigué de la canonnade et voyant sous ses yeux couper ses eaux, dévaster ses jardins, Tedjini fit offrir à son ennemi de vider la querelle dans un combat singulier. Mais « il était couvert d'amulettes », prétendirent les t'olba du camp d'Abd-el-Kader, et, la partie étant jugée inégale, le combat n'eut pas lieu. Ce fut toute une Iliade; et cela finit par un traité qui fut aussi perfide que le cheval de Troie. — L'émir avait juré, écrivait-il, d'aller faire sa prière à la mosquée d'Aïn-Mahdy. Cette considération pieuse alla droit à l'âme du marabout. Les conventions arrêtées, leur exécution jurée sur le Coran, Tedjini se retira à El-Aghouat, avec ses femmes et sa suite. Abd-el-Kader entra dans la ville, fit abattre les murs et saccager les maisons; il respecta pourtant celle du marabout. Puis, pressé par les événements, il se retira et, presque aussitôt, retourna contre nous son épée déshonorée par cette guerre impie. Tous ces faits, historiquement très-petits, ne te semblent-ils pas préparés pour la légende? Et vois-tu ce « Μηνιν αειδε, θεα » entonné par leur poëte arabe... « O muse! chante la colère de Si-Hadj-Abd-el-Kader, fils de Mahieddin. »

Tedjini est mort, il y a quatre mois, laissant un jeune fils et douze filles; il avait eu quinze ans de paix pour rebâtir sa ville et relever ses remparts. Après ce court et glorieux moment d'exaltation guerrière, il reprit paisiblement sa vie de reclus et ne voulut plus la consacrer qu'aux bonnes œuvres, ne s'occupant des affaires de personne, mais ne voulant point qu'on se mêlât des siennes et demandant qu'on le laissât libre dans l'administration intérieure de son petit État, j'allais dire de son diocèse. « Je ne suis plus de ce monde », écrivait-il bien des années avant de le quitter. Un jour qu'il était seul en prière dans son oratoire, on entendit un grand cri. Son domestique de confiance, qui se tenait dehors, entra et le trouva étendu et sans parole, et expirant.

Cependant on eut quelques doutes sur la réalité de cet événement; et, pour prévenir toute supercherie, un officier d'El-Aghouat fut envoyé à Aïn-Mahdy, avec mission de se faire ouvrir le cercueil et de constater que ce grand personnage était bien réellement mort. L'identité reconnue, on la fit publiquement proclamer; ce qui n'empêcherait pas, dit-on, qu'on ne le ressuscitât si les événements y donnaient lieu.

Tedjini laisse dans tout le désert une immense renommée; et l'autorité religieuse de son nom lui survivra jusqu'au jour où le peuple arabe perdra la mémoire de ses marabouts. C'est maintenant un privilége à perpétuité. Tedjini n'est plus un saint homme, c'est un saint, et sa maison devient une chapelle. Selon la coutume des marabouts, il a achevé sa vie à côté de son tombeau, et il n'a pas eu à changer de place pour passer d'un asile à l'autre. Le mausolée qui servait de sépulture à ses ancêtres est très-richement entouré de balustrades sculptées, peintes et dorées; il a été fait à Tunis, puis apporté à Aïn-Madhy et monté pièce à pièce.

C'était hier le jour des dévotions arabes; et, toute la matinée, de longues files de femmes et d'hommes se sont rendues processionnellement à la mosquée. Nous allons à nos églises en France à peu près comme les écoliers vont à la classe : un par un pour entrer; la messe dite, on sort en foule. A la porte des mosquées arabes, c'est un va-et-vient continuel de croyants qui vont prier et de croyants qui en reviennent; toujours le même silence et pas plus d'empressement après qu'avant. Tous ces gens-là sont fort beaux, pleins de la même gravité, trop propres pour des pauvres, trop peu luxueux pour des riches. A leur voir à tous le même vêtement de grosse laine, le même haïk épais sur la tête, maintenu par une simple corde grise, un chapelet pareil au cou, le même air d'austérité calme, la même indifférence pour l'étranger, on dirait un séminaire de vieillards qui se rend aux plus graves cérémonies.

Rien ne rappelle ici ni la vie de la tente, pastorale et guerrière, ni la vie seigneuriale et armée du Bordj. J'ai pu étudier dans différents lieux ces côtés bien distincts de l'existence arabe, et j'ai toujours trouvé la poudre, le cheval, les armes de combat ou de chasse mêlés plus ou moins aux scènes les plus familières. Ici, nulle *fantasia,* surtout quand il s'agit d'acte de piété. Depuis mon arrivée, je n'ai pas entendu le pas d'un cheval; on dirait un pavé de sanctuaire, où ne marchent que des gens d'église. Je n'ai vu ni ceinturon armé, ni bottes à éperons; tous portent la sandale du bourgeois, et ceux du dehors le brodequin lacé des voyageurs. Un trait de caractère que je trouve gravé sur ces physionomies placides, c'est une grande confiance en eux-mêmes. Ils parlent avec un sourire plein de comparaisons orgueilleuses des pauvres murailles d'El-Aghouat qui sont tombées devant nos canons, et c'est alors pour considérer les leurs avec la sécurité de gens qui sont en possession de deux sentiments : la volonté d'être inoffensifs, la certitude de résister.

Les femmes vont aux mosquées, ce que je n'avais vu nulle part. Elles se rendaient en foule au marabout avec autant de solennité et d'une marche encore plus dévote que les hommes. C'est le même costume qu'à El-Aghouat, avec ce détail de plus que toutes portent la *melhafa* (mante), et sont hermétiquement voilées.

Je m'étais assis au fond de la rue de manière à les voir descendre de l'intérieur de la ville; elles passaient devant moi pour entrer dans la ruelle qui conduit au lieu des prières. Une grande ombre, projetée par la maison de Tedjini, descendait sur la voie, très-large en cet endroit, remontait sur les piliers d'un fondouk construit en face, et ne laissait dans la lumière dorée du soleil que la partie supérieure du fondouk et des maisons qui le suivent. L'ombre tournait avec la rue, montait avec elle, s'allongeant ou se rétrécissant selon le mouvement du terrain. Une plaque d'un bleu violent servait de plafond à ce tableau, éclairé de manière à donner plus de mystère à la rue et à mettre tout l'éclat dans le ciel. Du côté de l'ombre, et contre le pied du mur, s'alignait une rangée d'Arabes assis, couchés, rassemblés sur eux-mêmes ou posés de côté dans ces attitudes de repos grandioses qui sont maniérées à l'Académie, et qui sont tout simplement vraies, chez les maîtres comme dans la nature.

Les femmes arrivaient du côté du soleil, longeant les murs, hâtant le pas, surtout en passant devant nous, pour échapper le plus vite possible aux regards des infidèles; tantôt deux ensemble, côte à côte, traînant après elles une toute petite fille en haillons pendue aux bouts flottants de leur haïk; tantôt par groupes nombreux, avec une ampleur de vêtements et une abondance de plis qui remplissaient la rue d'un tumulte léger, très-mystérieux à entendre. Quelquefois, un groupe de trois venait isolément : celle du milieu, peut-être la plus jeune, semblait soutenue par les deux autres, chacune d'elles ayant un bras passé autour de sa taille et l'abritant sous un pan de son voile. Ce groupe, magnifiquement composé, s'avançait tout d'une pièce, sans qu'on vît ni geste, ni pas qui le fît mouvoir, par un mouvement simultané qui semblait unique; les trois voiles n'en formaient plus qu'un, et l'on devinait confusément la forme des corps sous ce même vêtement d'une ampleur démesurée.

Peut-être m'eût-il été possible d'entrer dans la mosquée; mais je ne l'essayai point. Pénétrer plus avant qu'il n'est permis dans la vie arabe me semble d'une curiosité mal entendue. Il faut regarder ce peuple à la distance où il lui convient de se montrer : les hommes de près, les femmes de loin; la chambre à coucher et la mosquée, jamais. Décrire un appartement de femmes ou peindre les cérémonies du culte arabe est à mon avis plus grave qu'une fraude : c'est commettre, sous le rapport de l'art, une erreur de point de vue.

Bab-el-Kebir, l'entrée de la principale rue, les abords de la maison de Tedjini, voilà, au surplus, tout ce qu'il y a d'intéressant et d'inusité dans la physionomie intérieure d'Aïn-Mahdy. Le reste se ressent de la négligence et de l'incurie du peuple arabe, et le haut quartier n'est guère mieux bâti qu'El-Aghouat. Là, comme partout, ce sont des portes à claire-voie, des ruelles malpropres et des maisons en pisé, consumées par le soleil; des enfants postés en embuscade et qui fuient devant nous; des femmes un peu plus sauvages qu'ailleurs, qui se lèvent à notre approche et rentrent précipitamment sous le porche obscur des maisons; des hommes indifférents, qui se soulèvent pesamment de leurs lits de repos et nous saluent d'un air un peu superbe pour de simples petits bourgeois.

Notre maison confine aux jardins du côté du sud-ouest. De ma terrasse, en m'accoudant sur un mur crénelé qui fait partie du rempart, j'embrasse une grande moitié de l'oasis et toute la plaine, depuis le sud, où le ciel enflammé vibre sous la réverbération lointaine du désert, jusqu'au nord-ouest, où la plaine aride, brûlée, couleur de cendre chaude, se relève insensiblement vers les montagnes. Ces vues de haut me plaisent toujours, et toujours j'ai rêvé de grandes figures dans une action simple, exposées sur le ciel et dominant un vaste pays. Hélène et Priam, au sommet de la tour, nommant les chefs de l'armée grecque; Antigone amenée par son gouverneur sur la terrasse du palais d'OEdipe et cherchant à reconnaître son frère au milieu du camp des sept chefs, voilà des tableaux qui me passionnent et qui me semblent contenir toutes les solennités possibles de la nature et du drame humain. « Quel est ce guerrier au panache blanc qui « marche en tête de l'armée?... — Princesse, c'est un chef. — « Mais où est donc ce frère chéri? — Il est debout à côté d'A- « draste, près du tombeau des sept filles de Niobé. Le vois-tu? « — Je le vois, mais pas trop distinctement. »

Je pense en ce moment qu'il y eut des scènes pareilles, avec les mêmes sentiments peut-être, sur cette terrasse où je t'écris. Je regarde la place vide où était le camp, et je vois le bloc carré et blanc de l'*Aïn,* pareil au tombeau de *Zethus.*

J'oubliais de te dire que dans ma promenade de ce matin, j'ai trouvé un éclat d'obus tombé près des murs des jardins, pendant le siége de 1838; et dans la ville, un gant français apporté je ne sais par qui et jeté sur un fumier, où barbotaient trois oies grises, oiseaux plus rares ici que les autruches.

Tadjemout, juillet, au soir.

— Revenus ce soir à Tadjemout. Pour éviter l'hospitalité du Kaïd, nous avons pris le parti de camper en dehors de la ville près du ruisseau, au pied d'un mur de jardin. Au moment où nous arrivions, un Arabe était assis par terre, au centre d'un cercle formé par cinq dromadaires. Il avait dans son burnouss une brassée d'herbe et la leur distribuait brin à brin. Les cinq bêtes, couchées le cou en avant, promenaient autour de ses genoux leur tête bizarre, et se disputaient avec de sourds grognements cette maigre pâture, souvenir de la saison fertile. Le chamelier nous a cédé sa place; c'est une pente en terre battue, sans cailloux, bien choisie pour recevoir un tapis.

Cette fois, ce fut à mon tour de dire au lieutenant : Prenons-nous la tente? Le lieutenant s'empressa de répondre : Ce n'est pas la peine. Et je dis en riant au petit Ali : C'est bien, ne défais rien, le paquet sera tout ficelé pour le prochain voyage.

En réalité, nous aurions pu simplifier encore nos bagages, et supprimer du même coup le guide et le mulet.

Mais le lieutenant prétend qu'ils font bien ensemble, et que, sans eux, nous aurions eu l'air de pauvres.

La nuit descend tiède et tranquille sur ce triste pays toujours paisible, quoiqu'un peu moins inanimé qu'en plein jour. Au lieu de n'avoir pas d'ombre, il n'a presque plus de lumière, et le brouillard gris qui s'amasse au-dessus de la ville ressemble à de la fraîcheur. Des silhouettes silencieuses passent au sommet d'un mamelon aride, découpées sur un ciel orangé, et disparaissent dans le chemin déjà sombre qui mène à *Cab-Sfaïn*. Par moments, les palmiers se balancent comme pour secouer la poussière du jour; et l'on entend dans la ruelle voisine un bruit d'écuelles remuant de l'eau, et le ruissellement des outres qu'on remplit.

Il nous sera difficile d'éviter la diffa; car nous remarquons qu'un certain mouvement de gens affairés s'établit de la ville à notre bivouac. Le Kaïd, qui s'est rendu près de nous, a l'air de donner des ordres. Il porte encore ce disgracieux burnouss de couleur jaune; il est riant, et sa figure presque rose, sans barbe, avec des yeux bleu clair, manifeste par une expression joviale le plaisir qu'il a de nous revoir. A notre gauche, et sur le mamelon qui nous domine, on voit s'assembler des curieux qui pourraient bien être attirés par les préparatifs d'un repas.

En attendant, et pour n'être pas en retard de politesse avec lui, nous offrons au Kaïd une bougie, un pain qui date d'El-Aghouat, deux citrons et une pleine gamelle de café. On forme le cercle. Il est devenu nombreux. Je me demande comment tout ce monde va s'en tirer avec deux citrons et trois gobelets.

Le Kaïd prend un des citrons, un seul, l'autre est mis de côté, y fait un petit trou, y appuie ses lèvres, et, discrètement, en exprime un peu de jus, puis il le passe à son voisin. De bouche en bouche, le citron fait le tour du cercle et revient, n'ayant plus que l'écorce, entre les mains du Kaïd, qui, précieusement, le dépose dans le capuchon de son burnouss, comme pour le faire servir à plus d'un régal. Quant aux trois gobelets, remplis jusqu'aux bords, chacun y boit de même, à son tour et avec économie. Après qu'on les eut déposés, bien vidés, tu peux le croire, au milieu du cercle, un des mieux mis de nos convives, et qui semblait des mieux nourris, s'est assuré, en les essuyant de la langue et du doigt, qu'il n'y restait plus rien que l'odeur du café bu.

La fête se complique; voici maintenant des musiciens et des chanteurs. Nous allumons une bougie de plus. J'apprends que c'est Aouïmer et Ben-Ameur qui se font donner de la musique et payent cette partie du divertissement. Un grand feu s'allume à dix pas de nous. Je distingue de ma place la forme obscure d'un gros mouton qu'on fait tourner au milieu de la flamme; autour, sont penchées des figures attentives de cuisiniers, avec des airs si avides, que je me demande s'ils sont là pour faire cuire le mouton ou pour le manger.

Il est onze heures. Je donnerais toutes les diffa du monde pour un peu de sommeil. Cette fois j'abandonne ma part du dîner, et je dois dire que personne n'a l'air offensé de ce défaut d'usage.

Si quelque chose égale la sobriété des Arabes, c'est leur gloutonnerie. Admirables estomacs, qui tantôt ne mangent pas de quoi satisfaire un enfant, et tantôt se satisfont tout juste avec ce qui étoufferait un ogre. Rien ne peut rendre la précipitation des mâchoires, le jeu rapide des doigts dépeçant la viande, ou roulant la farine en grain du kouskoussou, et l'effrayante gourmandise des visages. Notre amateur de café fait des prodiges ; il ne se sert plus de ses dents ; des deux mains, comme un jongleur se sert de ses billes, il jette bouchée sur bouchée dans sa bouche grande ouverte ; ce n'est plus manger, on dirait qu'il boit. Le Kaïd ne le cède à personne.

Il y a trois tables : la première, composée des personnages, a le privilége de prélever le meilleur du plat et d'arracher toute la peau rissolée du rôti ; la seconde, à son tour, a droit à tant de minutes de coups de dents ; je m'inquiète de ce qui va rester à la troisième, composée des serviteurs, des tout jeunes gens et des musiciens, quand le dîner sortira des mains des notables. — Tout le monde a l'air profondément repu, et des bruits de satisfaction se font entendre. L'auteur de ces inconvenances dit avec sang-froid l'*hamdoullah*, « Je remercie Dieu » ; on lui répond de même *Allah iaatiksaha,* « Que Dieu te donne la santé » ; les chants interrompus recommencent avec plus d'entrain ; et l'on nous laisse une garde bien superflue de huit hommes, qui veilleront près de nous, c'est-à-dire, je le crains, qui nous obligeront de veiller avec eux.

El-Aghouat, juillet 1853.

— J'ai vu disparaître derrière moi Tadjemout, comme j'avais vu disparaître Aïn-Mahdy, avec le cœur serré par cette certitude de ne jamais les revoir. Grande halte pendant le jour au milieu de l'Oued-M'zi, sous un soleil de plomb, dans une solitude accablante, n'ayant que de l'eau détestable et ne pouvant dormir, à cause de l'extrême chaleur. C'est le seul endroit peut-être d'où je me suis éloigné sans regrets. Aucun incident dans le reste de la route. Nos cavaliers se sont amusés à courir des gazelles, et ce grand enfant d'Aouïmer, joyeux comme un cheval qui sent l'écurie, debout sur ses étriers, le sabre nu, avec de grands cris, poussait des charges à fond de train contre de pauvres lièvres qui, vers le soir, prenaient le frais dans l'alfa.

Les dunes de sable, aperçues la nuit, sont mouvantes; on y voit de petits plis réguliers, comme sur une mer calme, ridée par le vent; leur surface était d'une admirable pureté, et personne ne les avait foulées depuis le dernier simoun.

Au moment où nous repassions le col, et où se montrait tendue devant nous la ligne mystérieuse du désert, la température devint tout à coup plus chaude, l'air moins respirable. Le soleil venait de disparaître. Un orage qui nous avait menacés tout le jour, et s'était lentement avancé du Djebel-Amour jusque sur les bois de Recheg, avait fini par s'évaporer sans pluie, sans tonnerre ni éclairs, et le ciel avait repris sa sérénité ardente. El-Aghouat se déployait à une lieue de nous, au-dessus de l'oasis et sur le dos de ses rochers blanchâtres.

Cette grande ville triste, et qui bien véritablement sent la mort, s'enveloppait d'ombres violettes pareilles à des voiles de deuil. En approchant des jardins, nous aperçûmes, près de trous fraîchement remués, trois objets informes étendus à terre. C'étaient trois cadavres de femmes que les chiens avaient arrachés de leurs fosses. Blessées pendant la prise ou atteintes dans leur fuite, sans doute elles étaient venues tomber là, et la piété des passants les avait recouvertes d'un peu de terre. Je descendis de cheval pour examiner de plus près ces corps momifiés, consumés jusqu'aux os, mais tout vêtus encore de leurs haïks de cotonnade grise. La terre n'avait rien laissé à ronger sur ces carcasses desséchées, et une fois exhumées, les chiens n'avaient pas même essayé de les déshabiller. Une main se détachait de l'un des cadavres et ne tenait plus au bras que par un lambeau déchiré, sec, dur et

noir comme de la peau de chagrin. Elle était à demi fermée, crispée comme dans une dernière lutte avec la mort. Je la pris et l'accrochai à l'arçon de ma selle; c'était une relique funèbre à rapporter du triste ossuaire d'El-Aghouat. Je me rappelai le corps du zouave découvert du côté de l'est le jour de mon entrée, et je trouvai la symétrie de ces rencontres assez fatale. Décidément, pensai-je, ce n'est pas ici qu'on écrira les bucoliques de la vie arabe. La main se balançait à côté de la mienne; c'était une petite main allongée, étroite, aux ongles blancs, qui peut-être n'avait pas été sans grâce, qui peut-être était jeune; il y avait quelque chose de vivant encore dans le geste effrayant de ces doigts contractés; je finis par en avoir peur, et je la déposai en passant dans le cimetière arabe qui s'étend au-dessous du marabout historique de Si-Hadj-Aïça.

La chaleur s'est accrue de six degrés pendant notre absence. Voici le thermomètre à 49°$\frac{1}{2}$ à l'ombre. C'est à peu près la température du Sénégal. Toujours même beauté dans l'air, une netteté plus grande encore dans le contour des montagnes du nord, des colorations plus mornes que jamais sur la surface incendiée du désert. Quand on traverse la place, à midi, le soleil direct vous transperce le crâne, comme avec des vrilles ardentes. La ville semble, pendant six heures du jour, recevoir une douche de feu. Un M'zabite de mes amis vient de partir pour son pays; je l'ai vu faire avec épouvante sa provision d'eau, sa provision d'alcool pour remplacer le bois; ce qu'il y avait pour ainsi dire de moins précieux dans son bagage, c'étaient les vivres. Il s'est mis en route le matin, car, sous un pareil soleil, il est encore moins pénible de voyager le jour que de s'arrêter, même à l'abri d'une tente. Il me racontait qu'à pareille époque, il y a trois ans, un convoi de vingt hommes avait été surpris par le vent du désert à moitié chemin d'El-Aghouat à Gardaïa. Les outres avaient éclaté par l'effet de l'évaporation; huit des voyageurs étaient morts, avec les trois quarts des animaux. Je l'accompagnai jusqu'à une lieue des jardins. Il montait un grand dromadaire presque blanc, tout entouré d'outres, gonflées comme des appareils de sauvetage. Une large peau d'autruche lui servait de selle. Je le vis prendre la route du sud avec un sentiment mêlé de regret pour moi-même et de quelque appréhension pour lui. Puis je revins vers la ville au galop, et quand je remontai les dunes, la petite caravane avait disparu sous le niveau de la plaine.

Les visages qu'on rencontre sont encore plus pâles que de coutume; on se traîne avec épuisement dans l'air étouffant des rues. Les cafés, même le soir, sont abandonnés. Chacun se renferme comme il peut, tant que dure le soleil; la nuit, c'est une inquiétude de savoir où l'on ira dormir; il y en a qui s'établissent dans les jardins, d'autres sur leurs terrasses, d'autres sur la banquette extérieure des maisons. Moloud nous installe une natte d'alfa dans un coin de la place, et le lieutenant et moi nous y restons étendus, de huit heures du soir à minuit. Moloud asperge la poussière autour de nous; le plus souvent le sommeil nous y prend, et c'est là que nous passons le reste de la nuit.

L'aube a des lueurs exquises; on entend des chants d'oiseaux, le ciel est couleur d'améthyste; et quand j'ouvre les yeux, sous l'impression plus douce du matin, je vois des frémissements de bien-être courir à l'extrémité des palmiers.

Mais je sens que la paresse m'envahit et que peu à peu toute ma cervelle se résout en vapeur. La soif qu'on éprouve ne ressemble à rien de ce que tu connais; elle est incessante, toujours égale; tout ce qu'on boit ici l'irrite au lieu de l'apaiser; et l'idée d'un verre d'eau pure et froide devient une épouvantable tentation qui tient du cauchemar. Je calcule déjà comment je me satisferai en descendant de cheval à Médéah. Je me représente avec des spasmes inouïs une immense coupe remplie jusqu'aux bords de cette eau limpide et glacée de la montagne. C'est une idée fixe que je ne puis chasser. Tout en moi se transforme en appétit sensuel; tout cède à cette unique préoccupation de se désaltérer.

N'importe, il y a dans ce pays je ne sais quoi d'incomparable qui me le fait chérir.

Je pense avec effroi qu'il faudra bientôt regagner le nord; et le jour où je sortirai de la porte de l'est pour n'y plus entrer jamais, je me retournerai amèrement du côté de cette étrange ville, et je saluerai d'un regret profond cet horizon si menaçant, si désolé et qu'on a si justement nommé — *Pays de la soif.*

DEUXIÈME PARTIE

UNE ANNÉE
DANS LE SAHEL

I

MUSTAPHA D'ALGER.

Mustapha d'Alger, 27 octobre 1852.

J'ai quitté la France il y a deux jours, comme je te l'écrivais de Marseille en fermant ma lettre par un adieu, et déjà je t'écris d'Afrique. J'arrive aujourd'hui 27 octobre, amené par un grand vent du nord-ouest, le seul, je crois, qu'Ulysse n'eût pas enfermé dans ses outres, le même auquel Énée sacrifia une brebis blanche, celui qu'on appelait Zéphire, joli nom pour un très-vilain vent. On l'appelle aujourd'hui mistral; il en est ainsi, hélas! de tous les souvenirs laissés dans ces parages héroïques par les odyssées grecque et latine. Les choses restent, mais la mythologie des voyages a disparu. La géographie politique a fait trois îles espagnoles des trois corps du monstrueux Géryon. La vitesse a supprimé jusqu'aux aventures; tout est plus simple, plus direct, pas du tout fabuleux et beaucoup moins charmant. La science a détrôné la poésie; l'homme a substitué sa propre force aux dieux jaloux, et nous voyageons orgueilleusement, mais assez tristement, dans la prose. La mer est ce qu'elle était; on peut dire d'elle tout le bien et tout le mal possible, car elle est encore la plus belle, la plus bleue et peut-être la plus perfide des mers du monde. *Mare sævum,* disait Salluste, qui ne faisait plus de métaphores et déjà parlait en historien des flots orageux qui le conduisaient à son gouvernement d'Afrique.

Ainsi quarante-six heures à peu près de fort roulis, un trajet trop long pour le plaisir qu'on y trouve, trop court pour donner le temps de s'habituer à la mer, de s'y attacher et de voir changer les spectacles; l'ennui du séjour à bord, l'incommodité d'être bercé dans un lit mouvant comme par une nourrice en colère; autour de soi, des scènes d'hôpital; au dehors, des ondes grisâtres, un ciel grisâtre; de longues nuits obscures malgré les étoiles, deux journées blafardes malgré un vif soleil, un horizon confus, des dimensions douteuses à cause du point de vue placé trop bas; ni grandeur, ni beauté; des îles qui fuyaient dans le brouillard; des oiseaux qui venaient nous visiter au passage, comme des sentinelles insulaires chargées d'apprendre qui nous étions; d'autres, comme nous frileux émigrants, qui fuyaient l'hiver et nous devançaient de toute la légèreté de leurs ailes; d'autres encore, mais en petit nombre, qui croisaient notre route, remontaient au nord et naviguaient presque à fleur d'eau avec des peines inouïes; une ou deux voiles à l'horizon qui se balançaient sur des collines écumeuses; un grand bruit de vent dans les voiles, de roues déchirant la mer, de balancier frappant à coups redoublés dans les entrailles du navire : — voilà, pour ne rien omettre, le bulletin de ce court voyage, un des moins héroïques à coup sûr qui aient été accomplis sur cette mer fameuse.

Ce matin même, à neuf heures, quarante-deux heures après avoir salué les côtes à demi africaines de Provence, et trois heures avant d'être au port, on voyait la terre. Le premier sommet qu'on aperçoit, c'est le vieux Atlas; puis se présente la tête un peu plus voisine de la Bouzareah, puis Alger, un triangle blanchâtre sur des plateaux verts. A midi précis, l'ancre tomba sous les canons de la marine et dans des eaux paisibles. Il faisait chaud. Le vent ne soufflait plus; la mer était d'un bleu sombre, le ciel net et très-coloré, je ne sais quelle odeur de benjoin remplissait l'air. Nous entrions dans un climat nouveau, et je reconnaissais cette ville charmante à son odeur. Une heure après, je roulais sur la route de Mustapha, et mon ancien ami le voiturier Slimen, que le hasard m'avait fait rencontrer à la porte de la Marine, m'arrêtait devant une petite maison carrée, blanche et sans toiture; j'étais chez moi.

Ma première étape est donc achevée. Je viens à Alger comme au plus près, car c'est ainsi que j'entends les migrations. J'ai passé l'été dernier en Provence, dans un pays qui prépare à celui-ci et le fait désirer : des eaux sereines, un ciel exquis, et presque la vive lumière de l'Orient; je ne suis pas fâché de m'arrêter, les pieds sur la vraie terre arabe, mais à l'autre bord seulement de la mer qui me sépare de la France, et face à face avec le pays que je quitte. En attendant que je me déplace, je cherche un titre à ce journal. Peut-être l'appellerons-nous plus tard *Journal de voyage*. Aujourd'hui soyons modeste, et nommons-le tout simplement *Journal d'un absent*.

Cette lettre, mon ami, ne partira pas seule. Je viens à de moment même de t'envoyer un messager, c'est un oiseau que j'ai recueilli en route, et que j'ai ramené jusqu'ici comme un compagnon, le seul à bord dont l'intimité me fût agréable et qui fût discret. Peut-être oubliera-t-il que je l'ai sauvé du naufrage pour se souvenir seulement d'avoir été mon prisonnier. Il est entré dans ma cabine hier au soir, à la tombée de la nuit, par le hublot, que j'avais ouvert pendant une courte embellie. Il était à demi mort de fatigue; de lui-même il vint se réfugier dans ma main, tant il avait peur de cette vaste mer sans limites et sans point d'appui. Je l'ai nourri comme j'ai pu, de pain qu'il n'aimait guère et de mouches auxquelles toute la nuit j'ai donné la chasse. C'est un rouge-gorge, de tous les oiseaux peut-être le plus familier, le plus humble, le plus intéressant par sa faiblesse, son vol court et ses goûts sédentaires. Où donc allait-il dans cette saison? Il retournait en France; il en revenait peut-être? Sans doute il avait son but, comme j'ai le mien. — Connais-tu, lui ai-je dit, avant de le rendre à sa destinée, avant de le remettre au vent qui l'emporte, à la mer à qui je le confie, connais-tu, sur une côte où j'aurais pu te voir, un village blanc dans un pays pâle, où l'absinthe amère croît jusqu'au bord des champs d'avoine? Connais-tu une maison silencieuse et souvent fermée, une allée de tilleuls, où l'on marche peu, des sentiers sous un bois grêle, où les feuilles mortes s'amassent de bonne heure, et dont les oiseaux de ton espèce font leur séjour d'automne et d'hiver? Si tu connais ce pays, cette maison champêtre qui est la mienne, retournes-y, ne fût-ce que pour un jour, et porte de mes nouvelles à ceux qui sont restés. — Je le posai sur ma fenêtre, il hésita; je l'aidai de la main; alors il ouvrit brusquement ses ailes; le vent du soir, qui soufflait de la terre, le décida sans doute à partir, et je le vis s'élancer en droite ligne vers le nord.

Adieu, mon ami, adieu pour ce soir du moins. Je commence une absence dont je ne veux pas encore déterminer la durée; mais sois tranquille : je ne viens pas au pays des Lotophages pour manger le fruit qui fait oublier la patrie.

Mustapha, 5 novembre.

A tous ceux qui me croient un voyageur, tu laisseras, en effet, supposer que je voyage, et tu diras que je pars. Si l'on demande où je vais, tu répondras que je suis en Afrique : c'est un mot magique qui prête aux conjectures, et qui fait rêver les amateurs de découvertes. A toi, je puis avec humilité dire le fait comme il est : ce pays me plaît, il me suffit, et pour le moment je n'irai pas plus loin que Mustapha d'Alger, c'est-à-dire à deux pas de la plage où le bateau m'a débarqué.

Je veux essayer du *chez moi* sur cette terre étrangère, où jusqu'à présent je n'ai fait que passer, dans les auberges, dans les caravansérails ou sous la tente, changeant tantôt de demeure et tantôt de bivouac, campant toujours, arrivant et partant, dans la mobilité du provisoire et en pèlerin. Cette fois je viens y vivre et l'habiter. C'est à mon avis le meilleur moyen de beaucoup connaître en voyant peu, de bien voir en observant souvent, de voyager cependant, mais comme on assiste à un spectacle, en laissant les tableaux changeants se renouveler d'eux-mêmes autour d'un point de vue fixe et d'une existence immobile. J'y verrai s'écouler toute une année peut-être, et je saurai comment les saisons se succèdent dans ce bienheureux climat, qu'on dit inaltérable. J'y prendrai des habitudes qui seront autant de liens plus étroits pour m'attacher à l'intimité des lieux. Je veux y planter mes souvenirs, comme on plante un arbre, afin de demeurer de près ou de loin enraciné dans cette terre d'adoption.

A quoi bon multiplier les souvenirs, accumuler les faits, courir après les curiosités inédites, s'embarrasser de nomenclatures, d'itinéraires et de listes? Le monde extérieur est comme un dictionnaire; c'est un livre rempli de répétitions et de synonymes : beaucoup de mots équivalents pour la même idée. Les idées sont simples, les formes multiples, c'est à nous de choisir et de résumer. Quant aux endroits célèbres, je les compare à des locutions rares, luxe inutile dont le langage humain peut se priver sans y perdre rien. J'ai fait autrefois deux cents lieues pour aller vivre un mois, qui durera toujours, dans un bois de dattiers sans nom, presque inconnu, et je suis passé à deux heures de galop du tombeau numide de Syphax sans me détourner de mon chemin. Tout est dans tout. Pourquoi le résumé des pays algériens ne tiendrait-il pas dans le petit espace encadré par ma fenêtre, et ne puis-je espérer voir le peuple arabe défiler sous mes yeux par la grande route ou dans les prairies qui bordent mon jardin? Ici, comme à l'ordinaire, je trace un cercle autour de ma maison, je l'étends jusqu'où il faut pour que le monde entier soit à peu près contenu dans ses limites, et alors je me retire au fond de mon univers; tout converge au centre que j'habite, et l'imprévu vient m'y chercher. Ai-je tort? Je ne le crois pas, car cette méthode, raisonnable ou non, donne aussitôt le plus grand calme en promettant des loisirs sans bornes, et fait considérer les choses d'un regard paisible, plus attentif, pour ainsi dire accoutumé dès le premier jour. Il faut donc que tu saches que je réside à trente-cinq minutes d'Alger, assez loin de la ville, mais pas tout à fait en pleins champs, et que je puis voir d'ici, plantée sur la colline, entre deux cyprès, la tour municipale de ma mairie.

La maison que j'habite est charmante. Elle est posée comme un observatoire entre les coteaux et le rivage, et domine un horizon merveilleux : à gauche Alger, à droite tout le bassin du golfe jusqu'au cap Matifou, qui s'indique par un point grisâtre entre le ciel et l'eau; en face de moi, la mer. Je découvre ainsi tout un côté du Sahel et tout le Hamma, c'est-à-dire une longue terrasse boisée, semée de maisons turques et doucement inclinée vers le golfe. Une petite plaine, étroite et longue comme un ruban, la rattache au rivage. C'est un pays de bocage, fertile, humide, presque partout marécageux. On y voit des prairies, des vergers, des cultures, des fermes, des maisons de plaisance aux toits plats, aux murs blanchis, des casernes transformées en métairies, d'anciens forts devenus des villages, le tout sillonné de routes, clair-semé de bouquets d'arbres et découpé par d'innombrables haies de cactus et de nopals toutes pareilles à des broderies d'argent. A l'endroit où le Sahel expire, vers l'embouchure de l'Arrach, on peut apercevoir, quand le soleil le fait briller, le massif un peu blanchâtre de la *Maison carrée*. Plus près du cap encore, on voit briller des étincelles à fleur d'eau : c'est un petit village maltais nommé le village du *Fort de l'eau;* malgré la fièvre, il prospère à quelques pas de l'endroit où la flotte de Charles-Quint prit terre et où son armée périt. Derrière la Maison carrée, on devine une étendue vide et sans mouvement, un grand espace où l'azur commence, où l'air vibre continuellement : c'est l'entrée de la Mitidja. Enfin, tout à fait au fond, dans l'est, la chaîne dentelée et toujours bleue des montagnes kabyles ferme, par un dessin sévère, ce magnifique horizon de quarante lieues.

Alger se montre à l'autre extrémité du demi-cercle, au couchant, déployé de profil et descendant par échelons les degrés escarpés de sa haute colline. Quelle ville, mon cher ami! Les Arabes l'appelaient *El-Bahadja*, la blanche, et comme elle est encore la bien nommée! A vrai dire, elle est déshonorée, puisqu'elle est française. L'enceinte hautaine de ses remparts turcs, cette vieille ceinture ardente et brunie, est brisée partout, et déjà ne la contient plus tout entière; la haute ville a perdu ses minarets, et peut-être y pourrait-on compter quelques toitures. Toutes les nations de l'Europe et du monde viennent aujourd'hui, par tous les vents, amarrer leurs navires de guerre et de commerce au pied de la grande mosquée; Bordj-el-Fannar n'effraye plus personne, et se pavoise du drapeau tricolore en signe de ralliement. N'importe, Alger demeure toujours la capitale et la vraie reine des Moghrebins. Elle a toujours sa Kasbah pour couronne, avec un cyprès, dernier vestige apparent des jardins intérieurs du dey Hussein; un maigre cyprès, pointant dans le ciel comme un fil sombre, mais qui, de loin, ressemble à une aigrette sur un turban. Quoi qu'on fasse, elle est encore, et pour longtemps, j'espère, El-Bahadja, c'est-à-dire la plus blanche ville peut-être de tout l'Orient. Et quand le soleil se lève pour l'éclairer, quand elle s'illumine et se colore à ce rayon vermeil qui, tous les matins, lui vient de la Mecque, on la croirait sortie de la veille d'un immense bloc de marbre blanc, veiné de rose.

La ville est flanquée de ses deux forts, le fort Bab-Azoun, qui ne l'a pas défendue, et le fort de l'Empereur, Bordj-Moulaye-Hassan, qui l'a fait prendre. En avant s'étendent les faubourgs, qu'heureusement je ne vois pas d'ici. Les bâtiments de la marine, jolie ligne architecturale animée de couleurs vives, se reflètent avec des miroitements infinis dans des eaux du bleu le plus tendre, et je puis dire que je ne perds pas un seul trait regrettable de cette silhouette exquise. Comme tu le vois, ce n'est pas l'étendue, ni l'air vif, ni la lumière qui manquent à ce panorama. Le soleil se promène tout autour de ma cellule sans y pénétrer jamais. Il y règne une ombre inviolable. Pour vis à-vis direct, j'ai le ciel fixe du nord-est et le rideau bleu de la haute mer. Le demi-jour azuré qui descend du ciel se répand avec égalité sur les murs blancs, sur les lambris et sur le sol parqueté de faïences à fleurs. Rien n'est plus abrité ni plus ouvert, plus sonore ni plus paisible ; il y a dans ce réduit, aussi favorable au repos qu'au travail, une sorte de tranquillité froide et blême, et comme une habitude de douceur qui me ravit profondément.

J'ai presque deux jardins. L'un est petit, enclos de murs, planté de rosiers, d'orangers, de caoutchoucs et d'arbres à haut feuillage qui vont me prêter de l'ombre pendant tout l'hiver, ce qui fait que, par reconnaissance au moins, j'en apprendrai les noms. Au fond, j'ai une écurie avec des chevaux, et toute une compagnie de pigeons blancs et bleus est baraquée au-dessus de la niche du chien de garde. On ne saurait être plus propriétaire. Mon second jardin n'est, à proprement parler, qu'un parterre enclavé dans un pré pâturé que des pluies récentes ont fait un peu reverdir, et qui commence à se garnir de mauves sauvages. Un troupeau de vaches plus décharnées que les animaux de Karel et de Berghem s'y promène tout le jour, tondant l'herbe à mesure qu'elle pousse, et léchant la terre aux endroits stériles. Ces petites bêtes aux os saillants me rappellent les cantons pauvres de la France, et dans les dispositions d'esprit où je suis, ce souvenir est loin de me déplaire. Quelquefois deux ou trois chameaux noirâtres et galeux, escortés d'un petit ânon tout à fait étrange à cause de la longueur de ses poils, s'y rencontrent avec le troupeau des bêtes à cornes. L'âne se couche et s'endort. Les grands animaux bossus y passent de longues heures dans des méditations de derviche. Le berger est un jeune Arabe habillé de blanc, beau de visage, et dont la *chachia* brille de loin parmi les cactus, comme une fleur singulière de couleur écarlate.

Ma chambre à coucher est au midi. De là, j'ai vue sur les collines dont le premier renflement commence à cinquante mètres au delà de mon enclos. Toute la pente est tapissée d'arbres et colorée d'un vert plus âpre, à mesure que l'année décline. A peine y voit-on quelques arbres blancs, de vieux trembles dorés par l'automne et qu'on dirait couverts de sequins. Les amandiers seuls ont déjà perdu leurs feuilles.

Les petites maisons construites dans ce paradis, par des voluptueux qui sont morts, sont du plus pur style arabe et d'une blancheur de lys. Peu de fenêtres, des compartiments singuliers, des chambres qu'on devine, des divans circulaires indiqués par de petits dômes, et des ouvertures treillagées qui font rêver. Le ciel matinal couvre ces mystères de lueurs fraîches et vives. Les pigeons de ma basse-cour roucoulent comme pour donner la note musicale de ce tableau aimable, et, de temps en temps, un couple blanc passe avec bruit devant ma fenêtre et fait voler son ombre jusque sur mon lit.

Presque tous les jours, il y a des manœuvres de cavalerie dans l'hippodrome. L'hippodrome est un grand terrain vide et battu, sans verdure, enclos d'aloès et d'oliviers, qui commence au bout de mon parterre et se termine au rivage. On n'y voit jamais que de rares chameliers arabes, qui coupent au plus court pour éviter le circuit de la route d'Alger, des enterrements maures, qui se rendent au cimetière de Sid-Abd-el-Kader, et des exercices de cavalerie, le matin depuis l'aube jusqu'à neuf heures. Souvent la mousqueterie me réveille. J'entends le galop des chevaux, des bruits de sabre frappant contre les étriers, et la voix des commandements, claire et timbrée comme des notes de clairon. Les cavaliers manœuvrent par petits pelotons, soit au pas, soit au trot, quelquefois au galop de charge. Des lignes de tirailleurs se déploient sur la lisière du champ. Le soleil fait briller les canons fourbis et les capucines de cuivre; à chaque arme qui se rabat, on voit jaillir un filet de fumée blanche, et l'odeur âcre de la poudre arrive jusque chez moi. Pendant ce temps, des officiers inoccupés se promènent à l'écart, dressant à des exercices de souplesse de jolis chevaux, plus élégants sous leur selle étroite et délicatement bridés comme avec des fils.

C'est un spectacle quotidien en dehors de mes prévisions de voyage, et dont je me suis déjà fait une agréable habitude. Je n'aime pas la guerre; cependant je me sens frémir au moindre bruit qui m'en donne l'idée. La voix ferme et mâle d'un clairon me donne un battement de cœur un peu plus vif, et dans ce très-petit simulacre d'escarmouche, dans l'éclair des armes, dans le mouvement des chevaux, il y a je ne sais quoi de martial et d'entraînant qui s'encadre à merveille dans les allègres tableaux des matinées d'Afrique.

Au surplus, tout me charme dans ce pays, je n'ai pas à te l'apprendre. La saison est magnifique; l'étonnante beauté du ciel embellirait même un pays sans grâce. L'été continue, quoique nous soyons en novembre. L'humidité de la nuit rafraîchit la terre en attendant la pluie, que rien ne fait prévoir. L'année s'achèvera sans tristesse; l'hiver viendra sans qu'on s'en aperçoive et qu'on le redoute. Pourquoi la vie humaine ne finit-elle pas comme les automnes d'Afrique, par un ciel clair, avec des vents tièdes, sans décrépitude ni pressentiments?

8 novembre.

Mon voisinage est des plus singuliers, et peut faire imaginer de quoi se compose une colonie qui naît. De toutes les maisons qui m'entourent, il n'y en a pas deux qui se ressemblent, ni dont les habitants soient de même race. On y parle à peu près toutes les langues, et je crois qu'on y pourrait trouver tous les degrés à peu près de l'aisance et de la misère. Les industries y sont incompréhensibles, les habitudes équivoques; les existences y prennent la forme d'un mystère.

Mais de toutes ces demeures bizarres, la plus étrange est sans contredit une petite maison d'aspect funeste, dévastée, horriblement malpropre et située à quelques pas de la mienne. Elle est occupée par une légion d'oiseaux de basse-cour, poulets, pigeons, pintades, jusqu'à des oies. Le matin, toute cette famille emplumée s'échappe à la fois par toutes les issues, portes et fenêtres. Les plus agiles se précipitent de l'étage en volant. La journée finie, chacun revient au gîte, et le soleil n'est pas couché que la dernière poule a regagné son perchoir. Quelquefois, cependant, un homme paraît au seuil de la maison; il siffle pour appeler les oiseaux dispersés, et jette, en faisant un cercle avec les bras, des poignées de grains dans la prairie. Avec des yeux bleus, des cheveux blonds, il conserve, malgré le hâle, le teint rosé d'un homme à peau blanche. Il est vêtu de toile et coiffé d'une casquette sans bords; il fume à grosses bouffées dans une pipe allemande. Mon domestique, qui ne connaît de lui que son prénom, m'apprend qu'il est Polonais, et que, depuis plusieurs années, il habite cette volière. Tous les jours, à la même heure, je l'aperçois qui rentre en compagnie de gens inconnus dans le voisinage, mis pauvrement et parlant très-bas. Une douce odeur de tabac maure se mêle alors aux fortes exhalaisons de ce taudis. On n'y allume jamais ni feu ni lumière, mais on y fume et l'on y cause; puis, quand la soirée s'est écoulée dans des conversations en sourdine, la triste maison ne fait plus aucun bruit. La nuit seulement, depuis minuit jusqu'à l'aurore, on entend des coqs qui chantent au-dessus de ce rendez-vous d'exilés. Si les hôtes de ce lieu misérable n'ont pas d'autre hôtellerie sur la terre étrangère, ils sont à plaindre; mais je me demande par quelle rencontre cruelle tous ces oiseaux sont placés sous la garde de gens qui, probablement, n'ont pas toujours dîné.

Mustapha, 10 novembre.

Il y a deux villes dans Alger : la ville française, ou, pour mieux dire, européenne, qui occupe les bas quartiers et se prolonge aujourd'hui sans interruption jusqu'au faubourg de l'Agha; la ville arabe, qui n'a pas dépassé la limite des murailles turques, et se presse, comme autrefois, autour de la Kasbah où les zouaves ont remplacé les janissaires.

La France a pris de la vieille enceinte tout ce qui lui convenait, tout ce qui touchait à la marine ou commandait les portes, tout ce qui était à peu près horizontal, facile à dégager, d'un accès commode; elle a pris la Djenina, qu'elle a rasée, et l'ancien palais des pachas, dont elle a fait la maison de ses gouverneurs; elle a détruit les bagnes, réparé les forts, transformé le môle, agrandi le port; elle a créé une petite rue de Rivoli avec les rues Bab-Azoun et Bab-el-Oued, et l'a peuplée, comme elle a pu, de contrefaçons parisiennes; elle a fait un choix dans les mosquées, laissant les unes au Coran, donnant les autres à l'Évangile. Tout ce qui était administration civile et religieuse, la magistrature et le haut clergé, elle l'a maintenu sous ses yeux et dans sa main; garantissant à chacun la liberté de sa foi religieuse et morale, elle a voulu que les tribunaux et les cultes fussent mitoyens, et, pour mieux exprimer par un petit fait l'idée qui préside à sa politique, elle a permis à ses prêtres catholiques de porter la longue barbe virile des ulémas et des rabbins. Elle a coupé en deux, mais par nécessité seulement, les escaliers qui font communiquer la basse ville avec la haute; elle a conservé les bazars au milieu des nouvelles rues marchandes, afin de mêler les industries par le contact, et pour que l'exemple du travail en commun servît à tous. Des places ont été créées, comme autant de centres de fusion pour les deux races : la porte Bab-Azoun, où l'on suspendait à côté de leurs têtes les corps décapités, a été détruite; les remparts sont tombés; le marché au savon, où se donnaient rendez-vous tous les mendiants de la ville, est devenu la place du théâtre; ce théâtre existe, et, pour le construire, nos ingénieurs ont transformé en terrasse l'énorme rampe qui formait le glacis escarpé du rempart turc. Les anciennes limites une fois franchies, l'œuvre s'est continuée du côté de l'est, la mer lui faisant obstacle à l'ouest et au nord. De vastes faubourgs relient Alger au *Jardin d'essai*. Enfin la porte Neuve (Bab-el-Djeddid), celle-là même par laquelle l'armée de 1830 est entrée, reportée quelques cents mètres plus loin, se nomme aujourd'hui *porte d'Isly*, et la statue du maréchal agronome est placée là comme un emblème définitif de victoire et de possession.

Voilà pour la ville française. L'autre, on l'oublie; ne pouvant supprimer le peuple qui l'habite, nous lui laissons tout juste de quoi se loger, c'est-à-dire le belvédère élevé des anciens pirates.

Il y diminue de lui-même, se serrant encore instinctivement contre son palladium inutile, et regardant avec un regret inconsolable la mer qui n'est plus à lui.

Entre ces deux villes si distinctes, il n'y a d'autres barrières, après tant d'années, que ce qui subsiste, entre les races, de défiance et d'antipathie; cela suffit pour les séparer. Elles se touchent, elles se tiennent dans le plus étroit voisinage, sans pour cela se confondre ni correspondre autrement que par ce qu'elles ont de pire, la boue de leurs ruisseaux et leurs vices. En bas, le peuple algérien est chez nous; en haut, nous pouvons croire encore, à l'heure qu'il est, que nous sommes chez les Algériens. Ici, on parle toutes les langues de l'Europe; là, on ne parle que la langue insociable de l'Orient. De l'une à l'autre, et comme à moitié chemin des deux villes, circule un idiome international et barbare, appelé de ce nom de *sabir,* qui, lui-même, est figuratif et veut dire « comprendre ». Se comprend-on? se comprendra-t-on jamais? Je ne le crois pas. Il y a des attractions impossibles en morale comme en chimie, et toute la politique des siècles ne changera pas en loi d'amour la loi des inimitiés humaines. La paix est faite en apparence, mais à quel prix? Durera-t-elle? et que produira-t-elle? Grande question qui se débat en Algérie comme ailleurs, partout où l'Occident partage une pouce de territoire avec l'Orient, où le Nord se trouve, par des compétitions fortuites, face à face avec son éternel ennemi le Midi. Nous n'empêcherons pas les fils ennemis de Jocaste de se haïr, de se combattre et de s'entre-tuer. Ils se sont battus dans le ventre de leur mère, et la flamme de leur bûcher se partagera par une antipathie qui survivra jusque dans leur cendre.

Au fond, les Arabes, — nos voisins du moins, ceux que nous appelons les nôtres, demandent peu de chose; par malheur, ce peu de chose, nous ne saurions le leur accorder. Ils demandent l'intégrité et la tranquillité de leur dernier asile, où qu'il soit, et si petit qu'il soit, dans les villes comme dans les campagnes, même à la condition d'en payer le loyer, comme ils ont fait depuis trois siècles, et tant bien que mal, entre les mains des Turcs, qui ne nous valaient pas comme propriétaires. Ils voudraient n'être pas gênés, coudoyés, surveillés, vivre à leur guise, se conduire à leur fantaisie, faire en tout ce que faisaient leurs pères, posséder sans qu'on cadastre leurs terres, bâtir sans qu'on aligne leurs rues, voyager sans qu'on observe leurs démarches, naître sans qu'on les enregistre, grandir sans qu'on les vaccine, et mourir sans formalités. Comme indemnité de ce que la civilisation leur a pris, ils revendiquent le droit d'être nus, d'être indigents, de mendier aux portes, de coucher à la belle étoile, de déserter les marchés, de laisser les champs en friche, de mépriser le sol dont on les a dépossédés, et de fuir une terre qui ne les a pas protégés. Ceux qui possèdent cachent et thésaurisent; ceux qui n'ont plus rien se réfugient dans leur misère, et de tous les droits qu'ils ont perdus, celui qui leur tient le plus au cœur peut-être, c'est le droit de se résigner et l'indépendance de leur pauvreté.

Je me souviens, un soir, pendant un séjour que je fis à Blidah, d'avoir rencontré, près de la porte d'Alger, un Arabe qui faisait ses dispositions pour passer la nuit. Il était vieux, fort misérable, mal couvert de haillons qui le cachaient à peine, harassé comme s'il eût fait une longue étape ; il rôdait autour du rempart, évitant d'être vu par les sentinelles, et cherchant parmi les cailloux de la route un petit coin pour s'y coucher. Dès qu'il m'aperçut, il se leva et me demanda, comme une aumône, la permission de rester là. — Tu ferais mieux d'entrer dans la ville, lui dis-je, et d'aller loger au Fondouk. — Il me regarda sans me répondre, prit son bâton, qu'il avait déjà posé par terre, renoua sa sacoche autour de ses reins, et s'éloigna dans un silence farouche. Je le rappelai, mais en vain ; il refusait une hospitalité offerte dans nos murs, et ma pitié le faisait fuir.

Ce que ces proscrits volontaires détestent en nous, car ils nous détestent, ce n'est donc pas notre administration, plus équitable que celle des Turcs, notre justice moins vénale, notre religion tolérante envers la leur; ce n'est pas notre industrie, dont ils pourraient profiter, notre commerce, qui leur offre des moyens d'échange; ce n'est pas non plus l'autorité, car ils ont la longue habitude de la soumission, la force ne leur a jamais déplu, et, comme les enfants, ils accepteraient l'obéissance, sauf à désobéir souvent. Ce qu'ils détestent, c'est notre voisinage, c'est-à-dire nous-mêmes; ce sont nos allures, nos coutumes, notre caractère, notre génie. Ils redoutent jusqu'à nos bienfaits. Ne pouvant nous exterminer, ils nous subissent; ne pouvant nous fuir, ils nous évitent. Leur principe, leur maxime, leur méthode est de se taire, de disparaître le plus possible et de se faire oublier.

On a donc oublié la haute ville, et j'y reviens après ce long détour. En devenant inutile, elle échappe aux projets qu'on aurait eus de la rendre française, et la voilà sauvée des démolisseurs et des architectes. Le vieux Alger n'est pas détruit; à considérer les choses au point de vue pittoresque, ce qu'on avait de mieux à faire, c'était de respecter ce dernier monument de l'architecture et de l'existence arabes, le seul peut-être, avec Constantine, qui subsiste en Algérie, non pas intact, mais reconnaissable.

C'est l'ancienne porte de Bab-el-Djeddid qui marque, à peu près d'une façon visible, le point de séparation des deux villes. Il y a précisément à cet endroit une petite place solitaire, sorte de terrain neutre où les gamins français fraternisent avec les enfants maures, où des Juifs, les plus conciliants de tous les hommes en matière de nationalité, vendent de la ferraille et de vieux clous. Ici aboutissent les rues de la Kasbah et celles qui descendent vers le port; ici expirent les coutumes, les industries, les bruits, jusqu'aux odeurs des deux mondes.

A droite, les rues plongeantes mènent en Europe. — Tu te rappelles ces quartiers pauvres, bruyants et mesquins, mal habités, mal famés, avec des volets verts, des enseignes ridicules et des modes inconnues; ces rues suspectes, peuplées de maisons suspectes, de matelots qui rôdent, d'industriels sans industries, d'agents de police en observation; ces bruits cosmopolites, et quels bruits! émigrants qui pérorent dans des patois violents, Juifs qui se querellent, femmes qui jurent, fruitiers espagnols qui chantent des chansons obscènes en s'accompagnant sur la guitare de Blanca. En résumé, on retrouve ici les habitudes triviales, les mœurs bâtardes, la parodie de nos petites bourgades de province avec la dépravation des grandes villes, la misère mal portée, l'indigence à l'état de vice, le vice à l'état de laideur.

A l'opposite de cette colonie sans nom, on voit s'ouvrir discrètement les quartiers recueillis du vieux Alger, et monter des rues bizarres comme autant d'escaliers mystérieux qui conduiraient au silence. La transition est si rapide, le changement de lieu est si complet, que tout d'abord on aperçoit du peuple arabe les meilleurs côtés, les plus beaux, ceux qui font précisément contraste avec le triste échantillon de notre état social. Ce peuple a pour lui un privilége unique, et qui malgré tout le grandit; c'est qu'il échappe au ridicule. Il est pauvre sans être indigent, il est sordide sans trivialité. Sa malpropreté touche au grandiose; ses mendiants sont devenus épiques : il y a toujours en lui du Lazare et du Job. Il est grave, il est violent; jamais il n'est ni bête, ni grossier. Toujours pittoresque dans le bon sens du mot, artiste sans en donner la preuve autrement que par sa tenue, naturellement, et par je ne sais quel instinct supérieur, il relève jusqu'à ses défauts et prête à ses petitesses l'énergie des difformités. Ses passions, qui sont à peu près les nôtres, ont un tour plus grand qui les rend presque intéressantes, même quand elles sont coupables. Il est effréné dans ses mœurs, mais il n'a pas de cabaret, ce qui purge au moins ses débauches de l'odeur du vin. Il sait se taire, autre qualité rare que nous n'avons pas; il peut par là se passer d'esprit. « *La parole est d'argent, le silence est d'or* », c'est une de ses maximes. Il a la dignité naturelle du corps, le sérieux du langage, la solennité du salut, le courage absolu dans sa dévotion : il est sauvage, inculte, ignorant; mais en revanche il touche aux deux extrêmes de l'esprit humain, l'enfance et le génie, par une faculté sans pareille, l'amour du merveilleux. Enfin, ses dons extérieurs font de lui un type accompli de la beauté humaine, et, pour des yeux exigeants, c'est bien quelque chose.

Tous ces attributs, il les garde; toutes ces qualités, il les conserve sans en rien perdre, avec une force de résistance ou d'inertie qui de toutes les forces est la plus invincible. On en peut juger ici, où son obstination n'a pas faibli plus qu'ailleurs, quoiqu'il eût toutes les raisons possibles d'être policé malgré lui-même, d'être usé par les contacts et de s'effacer. Il a tout retenu comme au premier jour, ses usages, ses superstitions, son costume, et la mise en scène à peu près complète de cette existence opiniâtre dans la religion du passé. On pourra le déposséder entièrement, l'expulser de son dernier refuge, sans obtenir de lui quoi que ce soit qui ressemble à l'abandon de lui-même. On l'anéantira plutôt que de le faire abdiquer; je le répète, il disparaîtra avant de se mêler à nous.

En attendant, cerné de toutes parts, serré de près, j'allais dire étranglé, par une colonie envahissante, par des casernes et des corps de garde dont il n'a d'ailleurs qu'un vague souci, mais éloigné volontairement du cours réel des choses, et rebelle à tout progrès, indifférent même aux destinées qu'on lui prépare, aussi libre néanmoins que peut l'être un peuple exproprié, sans commerce, presque sans industrie, il subsiste en vertu de son immobilité même et dans un état voisin de la ruine, sans qu'on puisse imaginer s'il désespère ou s'il attend. Quel que soit le sentiment vrai qui se cache sous la profonde impassibilité de ces quelques milliers d'hommes isolés, désormais parmi nous, désarmés, et qui n'existent plus que par tolérance, il leur reste encore un moyen de défense insaisissable : ils sont patients, et la patience arabe est une arme de trempe extraordinaire dont le secret leur appartient, comme celui de leur acier. Ils sont donc là, tels qu'on les a vus de tout temps, dans leurs rues sombres, fuyant le soleil, tenant plus que jamais leurs maisons closes, négligeant le trafic, économisant leurs besoins, s'environnant de solitude par précaution contre la foule, se prémunissant par le silence contre les envahissements d'un fléau aussi grand pour eux que tous les autres, les importuns.

Leur ville, dont la construction même est le plus significatif des emblèmes, leur *ville blanche* les abrite, à peu près comme le burnouss national les habille, d'une enveloppe uniforme et grossière. Des rues en forme de défilés, obscures et fréquemment voûtées; des maisons sans fenêtres, des portes basses; des échoppes de la plus pauvre apparence; des marchandises empilées pêle-mêle, comme si le marchand avait peur de les montrer; des industries presque sans outils, certains petits commerces risibles, quelquefois des richesses au fond d'un chausson; pas de jardins, pas de verdure, à peine un pied mourant de vigne ou de figuier qui croupit dans les décombres des carrefours; des mosquées qu'on ne voit pas, des bains où l'on va mystérieusement, une seule masse compacte et confuse de maçonnerie, bâtie comme un sépulcre, où la vie se dérobe, où la gaieté craindrait de se faire entendre : telle est l'étrange cité où vit, où s'éteint plutôt, un peuple qui ne fut jamais aussi grand qu'on l'a cru, mais qui fut riche, actif, entreprenant. J'ai parlé de sépulcre, et j'ai dit vrai. L'Arabe croit vivre dans sa ville blanche, il s'y enterre, enseveli dans une inaction qui l'épuise, accablé de ce silence même qui le charme, enveloppé de réticences et mourant de langueur.

Tu sais à quoi se réduit ce qu'on aperçoit de sa vie publique, ce que j'appelle par analogie son industrie ou son commerce; la statistique est ici des plus simples : des brodeurs sur étoffes, des cordonniers, des marchands de chaux, des bijoutiers du dernier ordre, des grainetiers vendant à la fois des épices et du tabac; des fruitiers approvisionnés, suivant la saison, d'oranges ou de pastèques, de bananes ou d'artichauts; quelques laiteries, des barbiers surtout, des boulangeries banales et des cafés. Cette énumération, qui n'est pas complète, donne au moins la mesure assez exacte des besoins ; elle définit mieux que toutes les redites les causes matérielles de cette tranquillité sans exemple où ce peuple se complaît, et c'est la seule chose qui m'importe en ce récit.

Quant à la vie privée, elle est, comme dans tout l'Orient, protégée par des murs impénétrables. Il en est des maisons particulières comme des boutiques; même apparence discrète et même incurie à l'extérieur. Les portes ne s'ouvrent jamais qu'à demi, et retombent d'elles-mêmes par leur propre poids. Tout est ombrageux dans ces constructions singulières admirablement complices des cachoteries du maître; les fenêtres ont des barreaux, et toute sorte de précautions sont prises aussi bien contre les indiscrétions du dehors que contre les curiosités du dedans. Derrière ces clôtures taciturnes, ces portes massives comme des portes de citadelles, ces guichets barricadés avec du fer, il y a des choses qu'on ignore, il y a les deux grands mystères de ce pays-ci, la fortune mobilière et les femmes. De l'une et des autres, on ne connaît presque rien. L'argent circule à peine, les femmes sortent peu. L'argent ne se montre guère que pour passer d'une main arabe dans une main arabe, pour se convertir en petite consommation ou en bijoux. Les femmes ne sortent que voilées, et leur rendez-vous le plus habituel est un lieu d'asile inviolable : ce sont les bains. Des rideaux de mousseline légère qui se soulèvent au vent de la rue, des fleurs soignées dans un pot de faïence de forme bizarre, voilà à peu près tout ce qu'on aperçoit de ces gynécées, qui nous font rêver. On entend sortir de ces retraites des bruits qui ne sont plus des bruits, ou des chuchotements qu'on prendrait pour des soupirs. Tantôt c'est une voix qui parle à travers une ouverture cachée, ou qui descend de la terrasse et qui semble voltiger au-dessus de la rue comme la voix d'un oiseau invisible; tantôt la plainte d'un enfant qui se lamente dans une langue déjà singulière, et dont le balbutiement mêlé de pleurs n'a plus de signification pour une oreille étrangère. Ou bien c'est un son d'instrument, le bruit mat des *darboukas,* qui marque avec lenteur la mesure d'un chant qu'on n'entend pas, et dont la note unique et scandée comme une rime sourde semble accompagner la mélodie d'un rêve. La captivité se console ainsi, en rêvant d'une liberté qu'elle n'a jamais eue et qu'elle ne peut comprendre.

Il y a un proverbe arabe qui dit : *Quand la femme a vu l'hôte, elle ne veut plus de son mari.* Les Arabes ont un livre de la sagesse à leur usage, et toute la politique conjugale est réglée sur ce précepte. Il est donc bien convenu que, délicieuse ou non pour ceux qui l'habitent, luxueuse ou pauvre, une maison d'Arabe est une prison à forte serrure, et fermée comme un coffre-fort. Le maître avare en a la clef; il y renferme ensemble tous ses secrets, et nul ne sait, nul ne peut dire ce qu'il possède, ni combien, ni quel en est le prix.

Beaucoup plus tolérants que les Arabes, les Juifs et les nègres permettent à leurs femmes de sortir sans voiles. Les Juives sont belles; à l'inverse des Mauresques, on les voit partout, aux fontaines, sur le seuil des portes, devant les boutiques, ou réunies autour des boulangeries banales à l'heure où les galettes sont tirées du four. Elles s'en vont alors, soit avec leur cruche remplie, soit avec leur planche au pain, traînant leurs pieds nus dans des sandales sans quartiers, leur long corps serré dans des fourreaux de soie de couleur sombre, et portant toutes, comme des veuves, un bandeau noir sur leurs cheveux nattés. Elles marchent le visage au vent, et ces femmes en robe collante, aux joues découvertes, aux beaux yeux fixes, accoutumées aux hardiesses du regard, semblent toutes singulières dans ce monde universellement voilé. Grandes et bien faites, elles ont le port languissant, les traits réguliers, peut-être un peu fades, les bras gros et rouges, assez propres d'ailleurs, mais avec des talons sales; il faut bien que leurs admirateurs, qui sont nombreux, pardonnent quelque chose à cette infirmité des Juifs du bas peuple : heureux encore quand leur malpropreté n'apparaît qu'au talon, comme l'humanité d'Achille. De petites filles mal tenues, dans des accoutrements plus somptueux que choisis, accompagnent ces matrones aux corps minces, qu'on prendrait pour leurs sœurs aînées. La peau rose de ces enfants ne blêmit pas à l'action de la chaleur, comme celle des petits Maures; leurs joues s'empourprent aisément, et, comme une forêt de cheveux roux accompagne ordinairement le teint de ces visages où le sang fleurit, ces têtes enluminées et coiffées d'une sorte de broussaille ardente sont d'un effet qu'on imagine malaisément, surtout quand le soleil les enflamme.

Quant aux négresses, ce sont, comme les nègres, des êtres à part. Elles arpentent les rues lestement, d'un pas viril, ne bronchant jamais sous leur charge et marchant avec l'aplomb propre aux gens dont l'allure est aisée, le geste libre et le cœur à l'abri des tristesses. Elles ont beaucoup de gorge, le buste long, les reins énormes : la nature les a destinées à leurs doubles fonctions de nourrices et de bêtes de somme. — *Anesse le jour, femme la nuit*, — dit un proverbe local, qui s'applique aux négresses aussi justement qu'à la femme arabe. Leur maintien, composé d'un dandinement difficile à décrire, met encore en relief la robuste opulence de leurs formes, et leurs haïks quadrillés de blanc flottent, comme un voile nuptial, autour de ces grands corps immodestes.

La ville arabe nous offre donc à peu près les mœurs, les habitudes extérieures ou domestiques d'autrefois; c'est à peu près l'Alger des Turcs, réduit seulement, appauvri et n'ayant plus que le simulacre d'un état social. Quand on entre d'emblée dans cette ville, quand on y pénètre, comme je le fais habituellement par une brèche ouverte à mi-côte et sans passer par les quartiers francs, quand on oublie l'histoire au milieu de la bizarrerie du présent et les ruines pour ne considérer que ce qui survit, on peut encore se procurer des illusions de quelques heures, et ces illusions me suffisent. N'existât-il plus qu'un Arabe, on pourrait, d'après l'individu, retrouver le caractère physique et moral du peuple; ne restât-il qu'une rue de cette ville, originale même en Orient, on pourrait, à la rigueur, reconstituer l'Alger d'Omar et du dey Hussein. L'Alger politique est plus difficile à recomposer, c'est un fantôme turc qui s'est évanoui avec les Turcs, et dont l'existence, trop réelle pourtant, semblait improbable même de leur vivant.

J'ai fait aujourd'hui ma visite ordinaire et presque quotidienne au vieux Alger. En pareil cas, je ne m'occupe ni d'histoire ni d'archéologie. J'y vais très-naïvement, comme au spectacle ; peu m'importe que la pièce soit vieillie, pourvu qu'elle m'intéresse encore et me paraisse nouvelle. D'ailleurs je ne suis pas difficile en fait de nouveautés. Ce que je n'ai pas vu par moi-même est pour moi l'inconnu, et si j'en parle innocemment, comme on parlerait d'une découverte, c'est que, à tort ou à raison, j'estime qu'en fait d'art il n'y a pas de redites à craindre. Tout est vieux et tout est nouveau ; les choses changent avec le point de vue : il n'y a de définitif et d'absolu que les lois du beau. Heureusement pour nous, l'art n'épuise rien : il transforme tout ce qu'il touche, il ajoute aux choses plus encore qu'il ne leur enlève ; il renouvellerait, plutôt que de l'épuiser, la source intarissable des idées. Le jour où paraît une œuvre d'art, fût-elle accomplie, chacun peut dire, avec l'ambition de poursuivre la sienne et la certitude de ne répéter personne, que cette œuvre est à refaire, ce qui est très-encourageant pour l'esprit humain. Il en est de nos problèmes d'art comme de toutes choses : combien de vérités aussi âgées que le monde, et qui, si Dieu ne nous aide, seront encore à définir dans mille ans !

Voici donc la promenade que j'ai faite aujourd'hui : d'abord je suis parti de ma maison, que tu connais à peine, et j'ai suivi une route, que tu connais mal, en voiturin, selon les usages du pays, car on aurait tort de se refuser un moyen de transport, moins commode, il est vrai, que la promenade à pied, mais de beaucoup plus expéditif et plus gai, surtout quand on voyage en compagnie. Le voiturin d'Alger est une voiture à claire-voie, faite exprès pour le Midi, qui vous abrite à peu près comme un parasol et vous évente avec des rideaux toujours agités. Ces carrioles, aujourd'hui très-nombreuses, surtout dans la banlieue que j'habite, sont aussi peu suspendues que possible, vont horriblement vite, et, chose incroyable, ne versent jamais. Ce sont de petits omnibus au coffre large assis sur des roues grêles, menés par de petites rosses barbes à tous crins, efflanquées, haletantes, ayant la maigreur, la coupe aiguë et la vive allure des hirondelles. On les appelle des *corricolos*. Jamais nom ne fut plus exact, car elles vont toujours au galop, courant sur un lit de poussière, volant comme un char mythologique au milieu d'un nuage, avec un bruit aérien tout particulier de grelots, de claquements de vitre et de coups de fouet. On dirait que chaque voiture porte un message. Que le cocher soit Provençal, Espagnol ou Maure, la vitesse est la même; la seule chose qui varie, ce sont les procédés pour l'obtenir. Le Provençal aiguillonne son attelage avec des blasphèmes, l'Espagnol le harcèle à coups de lanières, le Maure l'épouvante avec un cri du gosier effrayant. Lucrative ou non, cette industrie pleine de verve a pour effet le plus certain de mettre également tous les voituriers de bonne humeur.

C'était Slimen en personne qui me conduisait dans son voiturin peint en jaune clair, et appelé la *Gazelle*. Slimen est un jeune Maure qui se civilise. Il parle français, regarde effrontément les étrangères et s'arrête aux cabarets pour y boire du vin. Il était frais rasé, dispos, joyeux, tout habillé des couleurs de l'aurore, culotte blanche, veste gris-perle, écharpe rose, et portait, comme une femme au bal, une fleur de grenadier piquée près de l'oreille. Menant son équipage d'une main, de l'autre il fumait une cigarette, et chaque fois qu'il ouvrait la bouche pour exciter ses bêtes, des bouffées odorantes lui sortaient des lèvres. J'avais pour voisin de droite un vieux Maure à figure courtoise, qui rentrait honnêtement de son jardin avec une récolte d'oignons et d'oranges mêlés confusément dans un cabas de paille. En face de moi, un nègre maçon, éclaboussé de chaux vive, se dandinait au cahot des roues, souriant à des idées joyeuses qui lui remontaient à tout propos dans l'esprit. Au fond, trois Mauresques de mine évaporée babillaient sous leurs masques blancs; elles sentaient le musc et la pâtisserie; et leurs haïks s'échappaient par les fenêtres comme de légers pavillons.

Ainsi attelé, ainsi conduit, ainsi accompagné, par un beau temps, par un beau soleil, l'air matinal entrant à pleines portières, égayé moi-même et comme enivré par la sensation de la vitesse, emporté dans un tourbillon mêlé de lumière, de poudre ardente et de bruit, j'aurais pu me croire entraîné vers la ville la plus vivante et la plus joyeuse de la terre. La route est sans ombre, et tout ce qui l'avoisine est poudré à blanc. Les deux berges sont garnies d'aloès qui n'ont plus ni forme animée ni couleur, et d'oliviers plus pâles que des saules; l'extrémité se perd dans une perspective noyée de blancheurs et de brume. Partout où quelque chose remue sur cette longue traînée de poussière, rendue plus subtile encore après six mois de sécheresse, on voit s'élever des nuages, et quand le moindre vent passe sur la campagne, la tête alourdie des vieux arbres semble se dissoudre en fumée. Quelquefois on côtoie la mer; plus loin, c'est le faubourg de l'Agha, bordé de restaurants, de buvettes et d'auberges, qui forment depuis le champ de manœuvre jusqu'à Alger, et comme pour scandaliser la ville sombre où l'on buvait de l'eau, une sorte d'avenue sacrilége consacrée surtout à la vendange; puis des terrains vagues où bivouaquent tout le jour des bataillons d'âniers avec leurs ânes, venus les uns et les autres des tribus, et non pas des plus riches; enfin un endroit désolé, consumé de soleil, calciné même en plein hiver, pareil, pour la couleur et pour le désordre, à un vaste foyer dont il ne resterait plus que les cendres. Au fond se cache une petite fontaine en maçonnerie blanche, tandis que près de la route, accroupies, quelque temps qu'il fasse, sur un tertre nu, des négresses marchandes de galettes attendent, rangées en ligne et dans une tenue sinistre, la chance impossible d'un ânier qui voudrait manger. A droite, le vieux fort turc, qui sert aujourd'hui de pénitencier militaire, s'élève au milieu d'un fourré d'aloès pareil à des faisceaux de sabres brisés, et tourne du côté de la mer ses embrasures armées. La mer, qui de distance en distance continue d'apparaître, est splendide, d'un azur doux, moiré de larges raies couleur de nacre. Des chevaux s'y baignent, la queue au vent, la tête haute, les crins abondants et peignés comme des cheveux de femme. Ils entrent dans l'eau jusqu'au ventre, et se cabrent sous leurs palefreniers. A l'horizon, des voiles maltaises découpent leur triangle blanc, pareil aux ailes relevées en ciseaux d'un goëland qui pêche.

Un peu plus loin commence un second faubourg, ou, pour mieux dire, l'Alger moderne, grande rue droite, avec des maisons à six étages, quelque chose comme un tronçon de rue des Batignolles. Un palmier subsiste en cet endroit, tu le connais ; il est toujours là, le pied muré dans un bloc de plâtre qui le déshonore et ne l'empêchera pas de mourir. Son large éventail ne reverdit plus, les noires fumées tourbillonnent autour de sa tête stérile, la pluie froide des durs hivers crispe son feuillage hérissé ; il ressemble au peuple qui l'a planté ; comme lui, il est morne, mais il dure ; peut-être lui survivra-t-il. Le mouvement augmente et fait pressentir une ville. Voici le bureau arabe, ancienne maison turque, toute blanche, très-pittoresque, autour de laquelle il y a toujours un va-et-vient de cavaliers, de messagers avec leur gibecière en sautoir, de chaouchs armés de cannes, de spahis en livrée rouge. En face, c'est une boucherie, avec de maigres animaux parqués le long du mur et liés par les cornes à des anneaux. La porte est ouverte et permet d'entendre des cris d'agonie. Des égorgeurs à mine farouche, le couteau dans les dents, saisissent des moutons pantelants, et les emportent avec des gestes de Médée. Ce sont des Mzabites, car le désert fournit à la fois les meilleurs moutons et les meilleurs bouchers. Ils sont très-noirs sans être nègres, et leur peau foncée se teignant en violet dans ces rouges ablutions de l'abattoir, on les dirait barbouillés de lie plutôt que de sang.

La route ici, presque impossible à décrire, s'encombre à ce

point qu'on aurait de la peine même à noter les choses qui passent. Ce sont des promeneurs à pied, des gens à cheval, des chariots militaires chargés de fourrage, des fourgons chargés de munitions marchant sous escorte, des mendiants couvrant les trottoirs : une foule paisible, ce sont les Arabes; une foule turbulente, ce sont les Européens; par-ci par-là, des chameaux que ce tumulte effraye et qui regimbent, des processions de femmes allant à la mer, et des légions d'enfants de toute race dont le plaisir, ici comme ailleurs, est de circuler dans les cohues. Au beau milieu de ce carrefour, et sans se désunir, défilent à chaque minute des troupeaux de petits ânes qu'on emploie à charrier du sable, les uns rentrant en ville avec leurs paniers pleins, les autres revenant les paniers vides et courant à la sablière. Les conducteurs, Biskris pour la plupart, portent la calotte de feutre, la jaquette flottante et le tablier de cuir ou le sarrau des portefaix. C'est une race bonne à connaître, car on la retrouve partout avec des habitudes qui lui sont propres. Ces âniers ont aussi leur cri, un cri du gosier, bizarre, aigu, imité des bêtes fauves, et combiné pour accélérer par la frayeur le pas docile et régulier de leur convoi. Quand les ânes sont chargés, ils suivent à pied, prenant le trot quand ceux-ci trottent, mais au retour ils enfourchent leurs bêtes, et se font impitoyablement porter par ces petites montures de la grosseur d'un grand mouton. Assis tout à fait sur la croupe, leur bâton piqué dans une écorchure de la peau, plaie qu'ils enveniment sans cesse pour la rendre plus sensible, très-fiers et très-droits, comme s'ils maniaient des chevaux de prix, et serrant entre leurs jambes trop longues l'échine endolorie du baudet, ils n'ont qu'à poser leur talon, qui touche à terre, ou à le relever, pour se trouver alternativement à pied ou montés. Ils se délassent ainsi en écrasant sous leur taille le petit animal courageux, et au moindre cri, au moindre signal, toute la bande s'élance à la fois en droite ligne, les oreilles en arrière, avec ce bruit sec et précipité d'un troupeau de moutons qui fuit.

L'entrée d'Alger, ce qui s'appelle encore Bab-Azoun en sou-

ÂNIERS ET MULETIERS

venir de la porte rasée depuis longtemps, se montre enfin très-confusément à travers un nuage de poussière enflammé par le soleil direct du matin. Arrivé là, on n'a plus qu'à mettre pied à terre, qu'à régler le prix de sa place, qui est de cinq sous, monnaie de France, et qu'à monter jusqu'à l'ancienne Bab-el-Djeddid. On a fait, en quelques minutes, un long voyage, car aussitôt après on se trouve à deux cents lieues d'Europe.

Il était dix heures à peu près, quand, ce matin, j'atteignis le but de mes promenades habituelles. Le soleil montait, l'ombre insensiblement se retirait au fond des rues, et l'obscurité qui s'amassait sous les voûtes, la profondeur assombrie des boutiques, le pavé noir qui reposait encore, en attendant midi, dans des douceurs nocturnes, faisaient éclater la lumière à tous les endroits que le soleil frappait, tandis qu'au-dessus des couloirs et collé, pour ainsi dire, à l'angle éblouissant des terrasses, le ciel s'étendait comme un rideau d'un violet foncé, sans tache et presque sans transparence. L'heure était délicieuse. Les ouvriers travaillaient comme les Maures travaillent, paisiblement assis devant leurs établis. Les Mzabites en *gandoura* rayée sommeillaient à l'abri de leurs voiles; ceux qui n'avaient rien à faire, et le nombre en est toujours très-grand, fumaient au seuil des cafés. On entendait des bruits charmants, des voix d'enfants qui psalmodiaient dans les écoles publiques, des rossignols captifs qui chantaient comme par une matinée de mai, des fontaines qui ruisselaient dans des vases aux parois sonores. Je cheminais lentement dans ce dédale, allant d'une impasse à l'autre et m'arrêtant de préférence à certains lieux où règne un silence encore plus inquiétant qu'ailleurs. — Pardonne-moi une fois pour toutes ce mot de silence, qui revient dans ces lettres beaucoup plus souvent que je ne voudrais. Il n'y a malheureusement qu'un seul mot dans notre langue pour exprimer à tous les degrés imaginables le fait très-complexe et tout à fait local de la douceur, de la faiblesse et de l'absence totale des bruits.

Entre onze heures et midi, c'est-à-dire à l'heure où je suis à peu près certain d'y trouver mes amis réunis, je parle ici de mes amis algériens, j'arrivais au carrefour de Si-Mohammed-el-Schériff. C'est un lieu que je t'ai fait connaître à ton dernier voyage, et c'est là, mon ami, que je veux encore te conduire.

11 novembre.

Te souviens-tu du carrefour de Si-Mohammed-el-Schériff? Nous y avons passé ce que j'appelle une matinée arabe. Te souviens-tu aussi du marchand d'habits, sorte de fripier-commissaire-priseur, qui vendait aux enchères tout un assortiment de choses d'occasion, et remplissait la rue de son étalage? Il portait à lui seul la dépouille de vingt femmes, des burnouss, des vestes de brocart et des tapis. Ses épaules et ses bras étaient chargés de *sarouels*, de damas à ramages, de corsets plaqués de métal, de ceintures passementées d'or et de mouchoirs de satin. Une profusion de pendants d'oreilles, d'anneaux de jambes, de bracelets, étincelaient à ses doigts maigres, recourbés comme des crochets. Ses mains, pleines de bijoux, ressemblaient à des écrins. Perdu sous cette montagne de hardes, n'ayant de libre que le visage, il arriva, la bouche grande ouverte, criant avec véhémence le prix du premier objet mis à l'encan. Il allait et venait, montant et descendant la rue entre deux haies d'acheteurs, ne s'arrêtant guère et n'adjugeant que de loin en loin.

Le carrefour occupe à peu près le centre de l'ancienne ville, à peu de distance de la Kasbah. C'est ici le dernier refuge de la vie arabe, le cœur même du vieux Alger, et je ne connais pas de lieu de conversation plus retiré, ni plus frais, ni mieux disposé. Un côté du carrefour est abattu, celui qui regarde le midi, de sorte qu'on a tout près de soi, pour égayer l'ombre, une assez vaste clairière remplie de soleil, et pour horizon la vue de la mer. Le charme de la vie arabe se compose invariablement de ces deux contrastes : un nid sombre entouré de lumière, un endroit clos d'où la vue peut s'étendre, un séjour étroit avec le plaisir de respirer l'air du large et de regarder loin. Pour rendre ce séjour plus habitable, et pour qu'on puisse au besoin s'y passer du reste du monde, il y a là une mosquée, des barbiers et des cafés, les trois choses les plus nécessaires à un peuple amateur de nouvelles, ayant du temps à perdre, et dévot. On y passe, on y vient, on s'y arrête. Beaucoup de gens n'en sortent jamais ni le jour ni la nuit, ceux qui n'ont pas d'autre chambre à coucher que ce dortoir public et pas d'autre lit que la banquette des échoppes ou le dur pavé de la rue. Enfin j'y rencontre une bonne partie des désœuvrés de la ville, c'est peut-être à leur exemple que je m'y complais.

Tu sais où nous prenions notre café; c'était près de l'extrémité de la rue, à côté d'une boutique tenue par un Syrien : — au sommet de la rue, car elle est en pente, une école; à l'angle du carrefour un grainetier; à droite, à gauche, un peu partout, des bancs garnis de nattes où des gens fumaient, buvaient et jouaient aux dames; précisément en face de nous, la porte basse de la mosquée de Mohammed-el-Schériff et la fontaine aux ablutions; au milieu de tout cela, un certain murmure de foule en mouvement qui n'était ni du bruit ni du silence. Le seul bruit véritable et continu qu'on entendit de seconde en seconde, c'était la voix du marchand crieur public qui répétait son éternelle arithmétique : *Tleta douro, arba douro, khamsa douro,* trois douros, quatre douros, cinq douros. Les choses n'ont pas changé, et tu pourras d'autant plus aisément te reconnaître au milieu du petit monde où je te ramène.

La maison d'école est encore là; elle y demeurera tant que vivra le maître, elle y sera sans doute après lui, et pourquoi non? Si l'on raisonne à l'arabe, il n'y a pas de motif, en effet, pour que ce qui a été cesse d'être, puisque la stabilité des habitudes n'a pour limite que la fin même des choses, la ruine et la destruction par le temps. Pour nous, vivre, c'est nous modifier; pour les Arabes, exister, c'est durer. N'y eût-il entre les deux peuples que cette différence, c'en serait assez pour les empêcher de se comprendre. Depuis que tu l'as vu, le maître d'école a vieilli de deux ans; quant aux enfants, les plus âgés sont partis, d'autres plus jeunes les ont remplacés; voilà tout le changement : la naturelle évolution de l'âge et des années, rien de plus. Les écoliers continuent d'être placés sur trois rangs, le premier assis par terre, les deux autres étagés contre le mur, sur des banquettes légères, superposées sans plus de façon que les rayons d'un magasin. Par la disposition du lieu, c'est une boutique; pour le bruit et pour la gaieté de ses habitants, on dirait une volière. Le magister, toujours au centre de la classe, administre, instruit, surveille; il met de trois à cinq années scolaires à enseigner trois choses : le Coran, un peu d'écriture et la discipline; des yeux, il suit les versets du livre, la main posée sur une longue gaule, flexible comme un fouet, qui lui permet, sans quitter sa place, de maintenir l'ordre aux quatre coins de la classe.

Le café, je parle de celui qui fut le nôtre et qui est resté le mien, a, comme autrefois, pour *kaouaji* ce bel homme pâle et sérieux comme un juge sous ses voiles blancs et dans ses habits de drap noir. Tout le jour il est assis près de l'entrée, fumant lui-même autant que pas un de ses clients, le coude appuyé sur le coffre vert, percé en forme de tirelire, qui reçoit, sou par sou, la recette du jour. Le service est fait par deux jeunes enfants. L'un est un petit garçon de sept ou huit ans, fort maigre, chétif et grimaçant, car il n'y voit que d'un œil. Quand il n'est pas en fonction, c'est-à-dire occupé à porter les tasses et à présenter la pince à feu, on le trouve paisiblement assis aux pieds de son patron sur un escabeau trop haut pour sa taille, et qui l'oblige à ramener ses jambes à la manière des singes. Il s'appelle Abd-el-Kader, nom grandiose et difficile à porter comme celui de César, qui semble une ironie infligée à cette nature souffreteuse d'où ne sortira jamais un homme. L'autre est le type élégant et mou des enfants maures. Le long sarrau bleu qui est sa livrée de travail l'habille avec des plis tombants comme une robe, et dans notre monde, où les sexes sont mieux définis, il pourrait passer pour une jolie fille.

Tel est le centre de mes habitudes, et je dirai volontiers mon cercle. J'y suis connu et j'y connais à peu près tous les visages. On me réserve à titre d'habitué ma place sur la banquette où l'on sait que je viendrai m'asseoir, et dans cette compagnie fort mêlée de gens de toute classe et de tout état je prends à la fois des leçons de langue et de savoir-vivre. Quant aux amis algériens dont j'ai parlé, et qui pour la plupart sont des connaissances de carrefour, je désire que tu saches ce que la destinée a fait de quelques-uns d'entre eux pendant mon absence. Il en est qui n'existent plus, je le crains, et, jusqu'à plus amples informations, mon vieil ami le brodeur est du nombre des individus disparus.

Celui-ci, le plus vieux par l'âge et le plus ancien par la date, s'appelait, en raison de son origine tunisienne, Si-Brahim-el-Tounsi. C'était un Maure de bonne souche, brodeur de son état, qui vivait en patriarche, moins les enfants, dans une petite échoppe isolée. Notre rencontre, qui date, hélas! d'une époque éloignée de plusieurs années, a pris déjà pour moi le charme des souvenirs d'un autre âge; voilà pourquoi je t'en parle avec un double regret, aujourd'hui probablement que ce brave homme est mort. C'était le soir même de mon débarquement, en pleine nuit. Je m'étais égaré dans ce haut quartier, encore bien moins éclairé qu'il ne l'est aujourd'hui, c'est-à-dire absolument obscur, excepté pendant les nuits de lune. Tout était clos, muet et éteint. Il n'y avait, pour me guider dans la rue déserte, qu'une petite lueur venant d'une échoppe encore ouverte, et où veillait seul, brodant avec des fils d'or un fond de bourse arabe, un vieillard blême aux mains blanches, la tête enveloppée de mousseline, et rendu plus vénérable encore par la longueur et la blancheur de sa barbe. Une lampe éclairait son travail de nuit; une très-petite fleur d'un blanc pur, ayant la forme d'un lys, trempait dans un vase à long goulot posé devant lui pour égayer la veillée de ce solitaire.

Il entendit mon pas, me salua en m'indiquant par un geste poli que je pouvais m'asseoir, m'offrit sa pipe, et se remit au travail avec la sérénité d'un esprit en paix avec les hommes comme avec sa conscience. Il était onze heures. La ville dormait, et j'entendais dans le fond du port la mer se soulever par un mouvement calme et régulier comparable à la respiration d'une poitrine humaine. Je trouvai ce tableau si simple et si complet, d'une mélancolie si mâle et d'une harmonie si parfaite, que ce souvenir me parut être de ceux qu'on n'oublie pas.

Quand je me levai pour le saluer, le brodeur prit sa fleur, en essuya la tige, et me l'offrit. Cette fleur, que je ne connaissais pas, que je n'ai jamais revue nulle part depuis, s'appelle d'un nom que j'hésite à transcrire, tant je suis peu certain de l'exactitude et de l'orthographe. J'ai pu comprendre qu'il l'avait nommée *miskrômi*. Tel qu'il est, imaginaire ou réel, ce nom me plut, et je n'ai même pas songé à vérifier depuis s'il figure dans la nomenclature arabe. Aujourd'hui la boutique de Si-Brahim est occupée par un tourneur, qui fabrique des bouquins de pipe en ivoire à la place où j'avais vu le *miskrômi*.

En revanche, Si-Hadj-Abdallah est vivant, bien vivant, toujours dans son pittoresque carrefour, au fond de sa même boutique approvisionnée comme un bazar; un peu maigri peut-être, ce qui fait que la peau de ses joues devient trop large, mais aimable, courtois, mis avec le soin d'un homme bien né, plein de bonhomie comme un homme heureux, et toujours pilant son poivre dans son éclat de bombe anglaise. Ce morceau de bombe historique, conservé depuis le bombardement de lord Exmouth, rappelle une date mémorable dans la vie de ce vieillard malicieux, type accompli de la petite bourgeoisie algérienne.

Quant à Nâman, il fume encore un peu plus de *haschisch* que jamais. Grâce à ce régime meurtrier, il devient d'autant plus contemplatif qu'il existe moins. Sa pâleur est effrayante, et sa maigreur ne saurait surprendre quand on sait qu'il ne se nourrit plus que de fumée. Je pourrais bien le voir s'éteindre, ou, s'il traîne jusqu'à mon départ, je lui dirai alors avec certitude adieu pour l'éternité. Il passera doucement de ce monde dans l'autre au milieu d'un rêve qu'aucune agonie, j'espère, ne viendra briser. Il n'a plus de la vie que le sommeil, quand il dort et s'il dort, ce qui n'est pas probable. Déjà il appartient à la mort par l'immuable repos de l'esprit et par la légèreté d'une âme dont les liens terrestres sont aux trois quarts détachés. Ce sage aura donc résolu le problème de mourir sans cesser de vivre, ou plutôt de continuer de vivre sans mourir.

Il m'a reconnu; peut-être m'a-t-il pris pour un habitué de ses rêves, car il m'a souri sans surprise d'un sourire familier et comme s'il m'avait vu la veille. Il m'a cependant demandé d'où je venais. Je lui ai répondu : — De France.

— Tu aimes donc les voyages?
— Beaucoup.
— Et moi aussi. Vivre, c'est quelque chose pour apprendre, ajouta-t-il; mais voyager, c'est mieux.

Toujours étendu sur la même banquette, au fond du même café où je l'avais laissé, il fumait encore la même petite pipe à tuyau mince enjolivé d'un fourreau d'argent. Toute sa barbe est tombée; son visage est celui d'un enfant mourant. Certains fumeurs évaluent la distance qu'ils ont à parcourir d'après la durée d'un cigare. On peut calculer dès aujourd'hui à combien de pipes Nâman est du cimetière Sid-Abd-el-Kader, où je l'attends.

15 novembre.

Voici ce qui m'est arrivé hier pendant ma visite à Sid-Abdallah. Je note entre parenthèses cet incident, de peu de valeur du reste, et qui sort du cadre habituel de mes idées et de mes récits. Il s'agit d'une rencontre de femme arabe, et l'aventure est d'autant plus simple qu'elle se compose uniquement d'une impression musicale.

Sid-Abdallah me montrait ses papiers de famille. Il les avait tirés d'un petit coffre colorié, à serrure de cuivre, qui contenait une montre ancienne et quelques bijoux de prix. C'étaient des feuilles de parchemin couvertes de la plus belle écriture, rehaussées de larges sceaux de cire et d'arabesques bleu et or. Notre ami m'apprenait ses origines, qui le font descendre d'une famille de marabouts. Il m'avait entretenu déjà de ces titres de noblesse; mais il m'en donnait pour la première fois la preuve officielle. Voulait-il par là relever son importance et mieux mériter mon estime? prétendait-il s'assurer une déférence qui lui était si bien garantie d'ailleurs par son âge, par ce que je savais de sa personne et par la dignité parfaite de ses manières, témoignages, à mon avis, de beaucoup supérieurs au certificat de ses parchemins? Il m'en coûtait de croire à un calcul de vanité bourgeoise dans un esprit qui jusque-là m'avait paru exempt de petitesses. Toutefois rien n'est indifférent dans la conduite des Arabes, et une confidence, quelle qu'elle soit, devient, quand on connaît leurs habitudes, un fait inusité sur lequel il y a toujours sujet de réfléchir.

On venait d'annoncer la prière d'une heure après midi sur la galerie de la mosquée voisine. Les femmes descendaient des hauts quartiers pour se rendre au bain. Il en passait un grand nombre, accompagnées de négresses portant sur leur tête le paquet volumineux des vêtements de rechange. Une femme seule, sans domestique et sans enfant, s'arrêta brusquement devant la boutique et vint s'y accouder. Son salut fut dit dans la formule du *selam,* d'une voix très-douce, un peu voilée à cause du masque de mousseline qui couvrait son visage. Abdallah la vit sans la regarder, entendit son salut, y répondit par un *selam* bourru, continua de feuilleter ses parchemins et ne leva pas la tête.

— *Ouach enta?* — comment te portes-tu? — reprit la voix sur un ton plus ferme, mais toujours un peu roucoulant.

— Bien, répondit Abdallah d'un ton brusque, comme il aurait dit : Passe ton chemin.

Cependant une ou deux interrogations rapides lui firent enfin suspendre sa lecture; il étendit la main vers le coffre, y rangea lentement les précieux feuillets, puis il leva vers la femme un regard direct. Une imperceptible rougeur parut sur son visage éteint, et pour la première fois je vis s'animer ses yeux toujours remplis d'ombre.

La conversation s'engagea d'une façon très-vive, quoique le plus souvent à demi-voix. Il m'était impossible d'en suivre le sens, les mots se croisaient ; je distinguais seulement le nom souvent répété d'Amar, et tous les gestes d'Abdallah semblaient indiquer un refus. Tantôt il prenait sa barbe à deux mains et secouait la tête avec défiance, tantôt il allongeait sous son menton le revers de sa main droite et la relevait, par ce geste emphatique dont les Arabes accompagnent leur *la-la* (non). La femme, au contraire, attaquait sans se décourager, accumulant les prières, adjurant, pressant, menaçant, le tout avec une volubilité de phrases, une souplesse d'accent qui eussent rendu cette harangue si passionnée irrésistible pour tout autre que le vieil Abdallah.

Ce que j'admirais le plus dans cette escrime très-curieuse de la grâce avec le sang-froid, du pathétique avec la ruse, c'était le charme de la voix si nette, si acérée et si constamment musicale de cette femme suppliante. Quoi qu'elle dît, elle adoucissait les gutturales les plus rudes, et, qu'elle le voulût ou non, ses emportements les plus vifs s'enveloppaient de mélodie. Même en éclatant, même en s'élevant aux intonations de la colère, son gosier parfait ne rencontrait pas une note fausse. J'écoutais comme on écoute un virtuose, d'abord étonné, puis ravi, et ne me lassant pas d'entendre ce rare instrument. Quelle était donc cette voix d'oiseau ? Quels étaient l'âge et la condition de cette femme ? A moins d'un miracle de la nature, il y avait déjà de l'art, et beaucoup d'art, dans son langage ; j'estimais donc qu'elle avait passé vingt ans. De sa personne, entièrement masquée de la tête aux pieds, je n'entrevis rien. Elle était tout enveloppée de blanc, et ne laissait paraître que l'extrémité d'un poignet délicat tatoué de marques bleues et orné d'un double bracelet d'or. La main, fine et blême, indiquait une femme oisive et soigneuse d'elle-même.

L'entretien finit sans résultat. La Mauresque choisit à l'étalage un sachet de *sbed* et une paire de pantoufles brodées dont elle prit la mesure en les approchant de son pied, mit le tout dans son haïk sans en demander le prix, puis, rajustant ses voiles, elle salua Sid-Abdallah d'un signe de tête. Sans trop y penser, je m'inclinai et dis bonjour en arabe. — Au revoir! me dit-elle avec le plus pur accent français. A ce moment, je pus apercevoir ses yeux, qu'elle dirigea de mon côté. Ce qu'ils exprimaient, je l'ignore; mais je sentis que le regard en était des plus vifs, car je le vis partir et m'arriver comme un trait.

— Tu connais cette femme? demandai-je à Sid-Abdallah, quand elle nous eut quittés.

Il avait repris son calme. Posément il me répondit :
— Non.
— Sais-tu si elle habite Alger?
— Je ne sais pas.
— Et que te demandait-elle?

La question était trop directe. Le vieillard hésita, puis, comme il arrive fréquemment en pareil cas, il me répondit par un proverbe : « Une tête sans ruse, une citrouille vaut mieux. » En même temps il se leva, mit ses chaussures, et me quitta pour aller, suivant sa coutume, faire sa prière à la mosquée.

Je connais assez Abdallah, ou du moins je crois le connaître assez pour savoir que toute allusion à cet incident aurait à l'avenir le double inconvénient de le désobliger et de rester sans réponse. Je jugeai donc que le mieux était de me taire absolument, et je me le promis. Il me reste à consigner dans mon journal que, pour la première fois peut-être de ma vie, j'ai entendu une admirable voix de femme, chose assez rare en tout pays.

16 novembre.

Je suis retourné chez Abdallah aujourd'hui. Je m'y trouvais un peu avant une heure, toujours avec le plus ferme propos de demeurer discret, quoi qu'il arrivât. Et cependant n'était-ce pas déjà comme un aveu de curiosité que de mettre dans cette visite du lendemain l'exactitude apparente d'un rendez-vous?

Nous causions depuis cinq minutes à peine, quand une femme, suivie d'une négresse en haïk rouge, ce qui n'est pas de mode à Alger, apparut au sommet de la rue. Je la vis entrer dans l'ombre de la voûte et s'y arrêter un moment pour rajuster son voile, de sorte qu'au lieu de la suivre, sa servante la précéda. Son costume était irréprochable de blancheur, mais je fus surpris de ne lui voir ni pantalons de ville, ni bas. Deux lourds anneaux d'or emprisonnaient ses chevilles un peu maigres, et son pied nu se dessinait dans des souliers de maroquin noir à hauts quartiers. Elle passa, frappant à chaque pas ses deux anneaux de jambes l'un contre l'autre, comme pour relever sa démarche en la rendant sonore, sans faire un geste, la tête haute et roidie par les plis de sa guimpe, les mains cachées sous ses habits blancs; seulement je m'aperçus que ses yeux égyptiens s'allongeaient pour me regarder de côté, et le mouvement de la mousseline appliquée sur ses joues comme un moule me fit comprendre qu'elle riait.

C'était bien ma Mauresque d'hier; j'en fus prévenu par je ne sais quel vague avertissement, plus significatif encore que son regard oblique et son sourire. Dois-je avouer que mon premier élan fut de la suivre? Mais il n'y parut pas, car pour rien au monde je n'aurais voulu me trahir devant mon vieil ami par une imprudence capable de me déconsidérer à tout jamais. Elle tourna l'angle de la rue; j'entendis pendant un moment le bruit de ses anneaux de métal, et l'entretien commencé reprit son cours avec le plus grand naturel. Cependant je fis la remarque que Sid-Abdallah ne me quitta pas pour aller à la prière, et que par extraordinaire il parut s'oublier dans des bavardages.

J'éprouve pour cet homme simple, excellent, mais évidemment très-perspicace, une estime aujourd'hui mêlée de quelque embarras. Aussi, pour éviter une troisième rencontre, qui pourrait nous compromettre tous les deux, mon hôte et moi, dès demain je changerai mes heures de visite.

Abdallah ne m'a jamais parlé ni de sa maison, ni de son ménage, ni de ce petit monde ordinairement nombreux et compliqué (car les alliances s'y font de bonne heure et sont fécondes), qui constitue la famille arabe. Par lui, je ne sais que ce qui concerne exactement sa vie publique, je veux dire sa naissance, la qualité de ses ancêtres, un ou deux voyages hors de la régence, puis sa carrière de marchand, et tout cela peut se raconter en quelques mots.

A son retour de la Mecque, car il est *hadji* (pèlerin), il s'établit dans cette même boutique qu'il habite, et que tu connais. C'était vers 1814; il avait alors vingt ans. Il ne dit point s'il était marié, mais on doit le croire, car vingt ans, c'est déjà bien tard pour un jeune homme de race, surtout quand ce jeune homme a vu la Mecque. Il était d'abord grainetier, et pas autre chose. Depuis, son commerce s'est agrandi, et s'il consacre encore un petit coin de son magasin au trafic des graines, c'est probablement en souvenir de ses années de jeunesse. Tu sais ce qu'un Maure aisé, de bonne souche et de principes honnêtes, entend par faire le commerce : c'est tout simplement avoir sur la voie publique, le seul rendez-vous des hommes pendant le jour, un endroit dont il soit propriétaire et qu'il puisse habiter sans désœuvrement. Il y reçoit des visites; sans descendre de son divan, il participe au mouvement de la rue, apprend les nouvelles qu'on lui apporte, se tient au courant des choses du quartier, et, si l'on pouvait employer un mot dénué de sens quand on l'applique à la société arabe, je dirais qu'il continue de vivre dans le monde sans sortir de chez lui. Quant au négoce, c'est une occupation accessoire. Les clients sont des gens qu'il oblige en leur fournissant les objets dont ils ont besoin. Il n'y a jamais avec lui de prix à débattre. — Combien? — Tant. — Prenez ou laissez. La seule chose qui puisse être désagréable au marchand, c'est d'être occupé quelques minutes de trop d'une affaire dont il n'a souci. Il n'y comptait pas : pourquoi regretterait-il un argent qui, venant par hasard, s'en va par hasard?

Le véritable sens d'un commerce ainsi compris, c'est d'occuper des loisirs dont on ne saurait que faire. « Écoute, me disait Abdallah un jour qu'il m'expliquait toute la moralité de la vie marchande en Orient, l'oisiveté engendre le besoin du *kief* et les mauvaises mœurs. N'est-ce pas comme cela dans ton pays? Aller au café ne convient point à des hommes de race, encore moins aux vieillards; à peine est-ce une habitude excusable chez un jeune homme. Les cafés sont, comme les hôtelleries, des lieux faits pour les voyageurs. Hormis ceux-là, qu'il est aisé de reconnaître, chaque homme qu'on y voit peut être pris pour un vagabond ou pour un mendiant. Toute coutume est mauvaise qui peut ainsi compromettre un honnête homme et donner à penser de lui des choses qui ne sont pas. Le travail des mains est encore le préférable, car il rend à la fois l'esprit calme et diligent; mais j'appartiens à une famille où l'on a toujours mieux manié un chapelet qu'une aiguille. » Il y a du bon dans ces doctrines, surtout quand soi-même on les met strictement en pratique. Enfin Sid-Abdallah ne fume pas, ne prend pas de café, et ne porte jamais que des vêtements de drap ou de soie de la simplicité la plus sévère.

A tous ces renseignements sur lui-même, que j'ai recueillis dans nos entretiens et que j'ai dû beaucoup abréger, j'ajouterai ce que je sais par d'autres. Sid-Abdallah a de l'aisance, mais pas de fortune; dans sa jeunesse, il eut trois femmes, mais avec l'âge il réduisit son luxe. Sa dernière femme, aujourd'hui unique, est jeune; elle demeure à peu de distance, dans une maison que je connais, mais qu'il ne m'a jamais montrée, bien entendu, et où probablement je n'entrerai jamais. J'oubliais de te dire que l'autre jour j'ai vu dans sa boutique un charmant enfant de douze ans qu'il m'a présenté comme son fils. L'enfant m'a pris la main avec une bonne grâce exquise, puis a porté la sienne à ses lèvres et m'a souri. Je crus qu'il allait me parler français, mais à ma grande surprise je sus qu'on ne lui avait pas fait apprendre le premier mot de notre langue.

J'étais resté plus de deux heures avec Abdallah après le passage de la Mauresque. Lorsque je pris congé de lui, mon vieil ami me regarda d'une façon particulière et me retint la main avec une familiarité qui ne lui était pas habituelle, puis il me dit en appuyant sur chaque mot : « Sidi, je te parle en homme qui sait bien des choses, prends garde à la Kabyle! »

Voici, mon ami, qui m'embarrasse plus que tout le reste. Je ne parle pas du danger que j'aurais pu courir en me conduisant en étourdi, danger qui existe, puisque Abdallah croit devoir m'en avertir; je parle du sens vrai de cette phrase qui se prête à plusieurs interprétations. Cette femme est-elle Kabyle? ou bien est-ce un terme injurieux choisi pour la qualifier? Abdallah, en méthodiste fervent et pétri d'intolérance, déteste et méprise tout ce qui est Kabyles et Juifs. Il emploie ces noms comme autant de blasphèmes. *Kbaïl* et *Youdi* — *Kbaïl-ben-Kbaïl*, c'est-à-dire Kabyle fils de Kabyle, voilà les seuls termes violents qu'il se soit permis devant moi; mais il y met un accent d'incroyable aversion, et cela équivaut tout à fait à la formule de *chien fils de chien*. Donc, si c'est là ce qu'il entend par Kabyle, je sais à quoi m'en tenir sur la qualité de la femme. Dans le cas contraire, je ne saurais lui faire un crime d'être née dans la montagne, et cela m'explique, en l'excusant, comment elle oublie de mettre des bas quand elle va au bain.

Décembre.

Toujours du beau temps. On ne croirait jamais que l'année s'achève. Moi qui vis en plein air, me levant avec le jour, ne rentrant qu'à la nuit; moi qui assiste, minute par minute, au déclin de cette saison riante, c'est à peine si je m'aperçois qu'un jour succède à l'autre. Aussi j'ignore les dates, et je ne cherche point à recouvrer encore le sentiment de la durée que j'ai perdu, grâce à des illusions trop rares. L'impression du moment répète avec une telle exactitude les souvenirs de la veille, que je ne les distingue plus. C'est un long bien-être, inconnu de ceux qui vivent livrés aux oscillations de nos climats variables. La nuit le suspend sans l'interrompre, et j'oublie que mes sensations se renouvellent en les voyant chaque matin renaître toujours pareilles et précisément aussi vives. Ici comme ailleurs, l'état du ciel règle d'une manière infaillible celui de mon esprit. L'un et l'autre, depuis un mois, sont, si je puis le dire, au beau fixe.

Voici ma vie en deux mots; je produis peu, je ne suis pas certain d'apprendre quelque chose, je regarde et j'écoute. Je me livre corps et âme à la merci de cette nature extérieure que j'aime, qui toujours a disposé de moi, et qui me récompense aujourd'hui par un grand calme des troubles, connus de moi seul, qu'elle m'a fait subir. J'essaye les cordes les plus sensibles et les plus fatiguées de mon cerveau pour savoir si rien n'y est brisé et si le clavier en est toujours d'accord. Je suis heureux de l'entendre résonner juste; j'en conclus que ma jeunesse n'est pas finie, et que je puis encore donner quelques semaines de grâce au plaisir indéterminé de me sentir vivre. Peu de gens s'accommoderaient d'un semblable régime, et je ne proposerai jamais mes promenades champêtres pour exemple aux voyageurs de profession. A mon sens, la vie que je mène n'en a pas moins des côtés assez sérieux; peut-être seras-tu de mon avis. Quelle autre choisir au surplus sans être inconséquent? Pourquoi donc s'agiter autant lorsque tout repose? Pourquoi se précipiter à plaisir dans les nouveautés du lendemain, tandis que la vie universelle coule à pleins bords, si paisiblement et d'un cours presque insensible, dans le lit régulier des habitudes?

Il est d'usage, mon ami, de mal parler des habitudes, sans doute parce qu'on part d'une idée fausse pour les juger. Pour moi, je n'ai jamais compris qu'on mît son amour-propre à s'en garantir ou bien ses efforts à s'en débarrasser, ni qu'on se crût moins libre pour avoir une méthode, ni qu'on donnât le nom d'esclavage à ce qui est une loi divine, ni enfin qu'on s'imaginât être beaucoup plus maître de son chemin parce qu'on n'a pas laissé derrière soi de point de repère. On s'abuse d'abord, et l'on se calomnie. On s'abuse, parce que, sans habitudes, un jour ne tiendrait plus à l'autre, et les souvenirs n'auraient plus d'attache, pas plus qu'un chapelet qui n'a pas de fil. On se calomnie, car heureusement un homme est impossible à supposer sans habitudes. Celui qui dit n'en pas avoir est tout simplement un esprit à mémoire courte, qui oublie ce qu'il a fait, pensé, senti la veille, pour n'en avoir pas tenu registre, ou un ingrat qui fait fi des jours qu'il a vécu et les abandonne à l'oubli, n'estimant pas que ce soit un trésor à conserver.

Si tu m'en crois, adorons les habitudes; ce n'est pas autre chose que la conscience de notre être déployée derrière nous dans le sens de l'espace et de la durée. Faisons comme le petit Poucet, qui sema des cailloux depuis la porte de sa maison jusqu'à la forêt; marquons nos traces par des habitudes, servons-nous-en pour allonger notre existence de toute la portée de nos souvenirs, qu'il faudrait tâcher de rendre excellents. Transportons cette existence de droite et de gauche, si la destinée le commande; mais qu'elle ne soit au fond qu'une longue identité de nous-mêmes! C'est le moyen de nous retrouver partout et de ne pas perdre en chemin le plus utile et le plus précieux du bagage : je veux parler du sentiment de ce que nous sommes.

Quel doux pays que celui qui permet avec régularité des loisirs pareils! Pas un nuage et pas un souffle, c'est-à-dire que la paix est dans le ciel. Le corps se baigne dans une atmosphère que rien n'agite, et dont la température devient insensible à force d'être égale. De six heures du matin à six heures du soir, le soleil traverse imperturbablement une étendue sans tache, dont la vraie couleur est l'azur. Il descend dans un ciel clair et disparaît, ne laissant après lui, pour indiquer la porte du couchant, qu'un point vermeil pareil à une feuille de rose. Puis une faible humidité se forme au pied des coteaux, et répand une brume légère sur les plans éloignés de l'horizon, comme afin de ménager un passage harmonieux entre la lumière et l'ombre, et d'accoutumer les yeux à la nuit par la douceur des couleurs grises. Alors les étoiles s'allument au-dessus de la campagne blémissante et de ce grand pays devenu vague. D'abord on les compte ; bientôt le ciel en est illuminé. La nuit s'éclaire à mesure que toute trace du soleil disparaît, et le jour tout à fait clos est remplacé seulement par des demi-ténèbres. Cependant la mer dort, comme jamais je ne l'avais vue dormir, d'un sommeil que depuis un mois rien n'a troublé, toujours limpide et plate, assoupie, à peine rayée par le rare passage des navires, avec la transparence, l'éclat et l'immobilité d'un miroir.

Pourtant ce n'est plus l'été ; c'est encore moins l'hiver. On voit peu d'insectes, on n'entend pas les bourdonnements du printemps. Les mauves sauvages sont courtes, et le gazon reverdit sans s'élever. D'ailleurs ce grand calme n'appartient qu'aux saisons qui se reposent. Dans nos campagnes de France, à l'automne, quand vient le moment des calmes plats, nos paysans disent que *le temps s'écoule*, métaphore ingénue qui rend l'idée de je ne sais quelle méditation vague, et fait comprendre ce qu'il y a de recueilli dans un pareil silence. Nous ne sommes plus dans la jeunesse de l'année, on le sent. Quelque chose a souffert qui se rétablit, et ce repos succède à des accès violents. On dirait une convalescence sereine après l'accablement maladif d'un long été.

Il est neuf heures du matin ; je suis dans un endroit charmant, à mi-pente des collines et en vue de la mer, cadre grandiose dont ce paysage maritime ne peut se passer sans perdre beaucoup de son effet, de son caractère et de son étendue. Le lieu est désert, quoique entouré de maisons de plaisance et de vergers ; la solitude y règne comme dans toutes les campagnes de ce pays. Pour seul bruit, j'entends des norias dont le moulin tourne et fait ruisseler l'eau dans les auges, et le roulement presque continu des corricolos courant sur la route de Mustapha. Devant moi, j'ai deux maisons turques se groupant à des plans différents pour composer un joli tableau sans aucun style, mais d'une agréable tournure orientale. J'y vois l'accompagnement obligé de toute construction turque : chacune est flanquée de cyprès. Les maisons sont d'un blanc à éblouir et coupées d'ombres fines, rayées comme au burin ; les cyprès ne sont ni verts ni roux ; on ne se tromperait guère en les voyant absolument noirs. Cette tache extraordinaire de vigueur s'enlève à l'emporte-pièce sur un ciel vif, et découpe avec une précision dure à l'œil la fine nervure de leurs rameaux, leur feuillage compacte et leur branchage singulier en forme de candélabres. Des pentes boisées descendent en moutonnant vers le bas de la vallée, et l'extrémité des coteaux enferme dans des lignes souples et un peu resserrées cet élégant morceau de paysage intime. Tout ceci est peu connu, du moins je ne me rappelle rien dans la peinture moderne qui en reproduise l'aspect clair et séduisant, et qui surtout rentre avec naïveté dans la simplicité de ces trois couleurs dominantes dont je t'ai parlé déjà, le blanc, le vert et le bleu. Tout le paysage du Sahel se réduit presque à ces trois notes. Ajoutes-y la couleur violente et brune des terrains oxydés de fer, fais monter comme un arbre chimérique au milieu des massifs verts la haute tige d'un peuplier blanc tout pailleté comme un travail d'orfévrerie ; rétablis par la ligne horizontale et bleue de la mer l'équilibre de ce tableau un peu cahoté, et tu auras une fois pour toutes la formule du paysage algérien de ce qu'on appelait le *fhas*, avant que nous l'eussions nommé la banlieue.

Je suis à l'ombre d'un caroubier magnifique, renommé dans le voisinage et âgé, dit-on, de trois siècles. Son ombre circulaire mesure à peu près quarante pieds de diamètre. L'arbre a fini de grandir, mais il s'étend, se ramifie, se noue, et, par un effort continu de la séve, il se compose d'une couronne inextricable de branchages si serrés, si bien liés et tressés de si près, qu'un jour il portera plus de rameaux que de feuilles. Aucun oiseau n'habite ce dôme austère, de couleur sombre, hérissé de bois aride, que sa solidité rend immobile et qu'on prendrait pour un arbre de bronze. Rien qu'à le voir, on le sent indestructible. De temps en temps, une feuille verte encore, mais dont le point d'attache est flétri, tombe au pied de l'arbre ; une autre la remplace, et le feuillage dure. Tu sais que le caroubier vit aussi longtemps au moins que l'olivier. J'en ai vu de plus vastes, mais je n'en ai pas vu de mieux construits, ni dont la longévité soit plus probable. Je te l'ai dit déjà, rien ne mesure ici la durée; pas de soleil qui pâlit, ni de campagnes qui s'attristent, ni de feuilles qui tombent, ni d'arbres couverts de moisissures funèbres, et qui tristement font semblant de mourir. Il est permis d'oublier que la vie décroît dans cette Hespéride enchantée qui jamais ne parle de déclin. Heureux, mon ami, si cette permanence de tout ce que je vois nous faisait croire à la perpétuité possible des choses et des êtres qui nous sont chers!

A deux pas de moi est un cimetière. Il est consacré par la dépouille d'un marabout célèbre, Sid-Abd-el-Kader, qui y repose depuis deux siècles dans un petit monument qui porte son nom. Le pavé de la cour recouvre en outre plusieurs sépultures dont la place est marquée par des dalles de marbre fort usées, grâce au piétinement des dévots. L'intérieur du marabout, fermé de portes étroites et hautes, peintes en vert, ne s'aperçoit pas du dehors; les pèlerins s'y glissent si furtivement, que les portes retombent sur leurs talons. J'ai cru y voir de petites lampes allumées, mais rien de plus. Ces marabouts sont des monuments en miniature; tout est petit, la cour, les constructions, les coupoles, qui ressemblent à des calottes blanches. Un vieux Maure, avec sa famille, garde ce lieu, doublement consacré par la mort et par la piété de ses hôtes. Il y a des enfants et des femmes, épouses ou servantes, qui vont et viennent dans l'enclos, foulant avec indifférence les inscriptions mortuaires. Des pelures d'orange, mêlées aux balayures des repas, sont semées çà et là sur les tombes, et des pigeons roucoulent au soleil sur l'étroit escalier des chapelles. Si je n'avais un respect infini pour ces lieux-là, je pourrais d'une enjambée m'introduire aisément sur la terrasse. Le plus souvent, elle n'a pour gardiens que deux chats engraissés dans la fainéantise, qui dorment pelotonnés à l'ombre des *koubas*. De temps en temps, le gardien lui-même vient examiner l'état des murailles. Avec un petit balai, un pinceau et un pot rempli de chaux liquide, il en fait disparaître les moindres salissures, peignant plutôt qu'il ne badigeonne, et se complaisant à faire revivre sous sa main cette blancheur immaculée qui, pour les Maures, est le seul luxe extérieur de leur logis. Il y met un soin extrême, comme s'il s'agissait du travail le plus délicat. C'est un gros homme un peu ventru, toujours propre, au visage plein d'aménité, et dont la verte vieillesse est due sans doute aux loisirs heureux de sa charge. Quand il m'aperçoit, ce qui n'arrive que rarement, tant il est occupé par ces soins de propreté, nous nous saluons poliment d'une formule courte, et jusqu'à présent je ne connais pas autrement ce vieil homme, moitié fossoyeur et moitié sacristain, que pour lui avoir dit : « Bonjour, sidi, que le salut de Dieu soit sur toi! que ta maison soit prospère, et que la mort de tes semblables t'exhorte à bien vivre! »

Ce monument bizarre, moitié maison de campagne et moitié tombeau, cette existence de famille au milieu des sépultures, ces enfants qui naissent et grandissent sur cette couche de cendres humaines; ce voisinage inusité de la vie et de la mort, enfin ces jolis oiseaux, voués aux plus gracieux emblèmes, dont le doux chant ressemble à l'entretien posthume de tant de cœurs inanimés, de tant de sentiments pour toujours éteints, tout cela, mon ami, sans aucune espèce de poésie, crois-moi, m'intéresse beaucoup, et m'entraîne à des rêveries que tu peux comprendre.

A côté du mausolée, et communiquant par une porte avec l'enclos réservé, s'étend le cimetière public. Il porte le nom du marabout; on l'appelle aussi le cimetière de Bab-Azoun, pour le distinguer du cimetière de l'ouest, situé près de Bab-el-Oued. Il est petit, même pour la moitié d'une aussi grande ville. Aussi l'étroit terrain est-il constamment remué, fouillé dans sa profondeur, et partout où des tombes de pierre ne font pas respecter la propriété du mort, je présume qu'on s'occupe assez peu de l'être inconnu qui fut déposé là, et que, n'importe comment, on fait faire place au nouvel arrivant. La terre, pétrie de matière humaine, fait pousser des plantes énormes. Les mauves, les cactus, des aloès monstrueux, y prospèrent en toute liberté. Un âne se promène en paix dans ce pâturage riche en engrais.

Les tombes arabes sont très-simples, même les plus opulentes, et se ressemblent toutes, ce qui, philosophiquement, est d'un grand goût. C'est un bloc en maçonnerie, d'un carré long, peu élevé au-dessus du sol, portant à ses deux extrémités soit un turban grossièrement sculpté sur un petit fût de colonne, et rappelant assez exactement la forme d'un champignon de couche sur sa tige, soit un morceau d'ardoise triangulaire posé debout comme le style d'un méridien. La dalle de pierre ou de marbre est couverte de quelques inscriptions arabes : noms du mort et préceptes du Coran. Quelquefois cette dalle est taillée en forme d'auge et remplie de terre végétale. On y voit alors un peu de gazon et quelques fleurs, soit qu'on les y ait plantées, soit que le vent lui-même en ait apporté les semences. Quelquefois encore on prend soin de creuser aux deux extrémités de la pierre deux petits trous, en forme de coupe ou de godet, où la pluie se dépose et fait un réservoir d'eau. « D'après une coutume des Maures, on a creusé au milieu de cette pierre un léger enfoncement avec le ciseau. L'eau de la pluie se rassemble au fond de cette coupe funèbre, et sert, dans un climat brûlant, à désaltérer l'oiseau du ciel. » Je n'ai pas vu d'oiseau voler vers ces tombes arides, ni boire aux coupes taries ; mais je pense au *Dernier Abencerrage* chaque fois à peu près que j'entre dans le cimetière de Sid-Abd-el-Kader.

Cependant on se tromperait beaucoup si l'on croyait que tout y est édifiant. Il y a dans le génie du peuple arabe un mélange de fictions charmantes et de réalités absurdes, de réserve et d'inconvenances, de délicatesse et de brutalités, qui le rendent très-difficile à définir d'une façon absolue. Une définition ne suffit pas, il faut des nuances. On l'admire, et aussitôt on croit s'être trompé, tant les démentis sont fréquents dans le caractère de la race, et tant il y a de désaccord entre son génie naturel, qui est subtil, et son éducation, qui toujours est des plus grossières.

L'Arabe a dans l'esprit quelque chose d'ailé, et nul parmi les peuples civilisés n'est plus profondément engagé dans la matière. On peut donc, sans se contredire, penser de lui les choses les plus contraires, suivant qu'on l'étudie dans son esprit ou qu'on l'observe dans ses habitudes.

Il y a un jour par semaine, ce doit être le vendredi, où, sous prétexte de rendre hommage aux morts, les femmes d'Alger se font conduire en foule au cimetière, à peu près comme à Constantinople on se réunit aux *Eaux-Douces*. C'est tout simplement un rendez-vous de plaisir, une partie de campagne autorisée par les maris pour celles qui sont mariées, et j'ai des raisons de croire que c'est le plus petit nombre. D'ailleurs ce rendez-vous se renouvelle à peu près tous les jours, et il est rare que, dans l'après-midi, le champ de Sid-Abd-el-Kader ne soit pas égayé, autant qu'il peut l'être, par les conversations et les rires. On fait plus que d'y converser; on y mange, on s'installe sur les tombes; on y étend des haïks en guise de nappe; la pierre tumulaire sert à la fois de siége et de table à manger, et l'on s'y régale, par petits groupes, de pâtisseries et d'œufs au sucre et au safran. Les grands voiles, qui sont de trop quand nul indiscret ne se montre dans le voisinage, flottent suspendus aux cactus; on laisse voir les toilettes de dessous fort brillantes, quelques-unes splendides, car c'est une occasion de vider ses coffres, de faire faste de ses parures, de se couvrir de bijoux, de s'en mettre au cou, aux bras, aux doigts, aux pieds, au corsage, à la ceinture, à la tête, de se peindre avec des couleurs plus vives les sourcils et le bord des yeux, et de s'inonder des odeurs les plus violentes. Qui pourrait dire, mon ami, ce qui se passe alors pendant ces quelques heures d'indépendance entre toutes ces femmes échappées aux sévérités du logis fermé? Qui sait ce qu'elles racontent de médisances, d'histoires de quartier, de commérages, d'indiscrétions domestiques, d'intrigues et de petits complots? Plus libres ici qu'elles ne le sont au bain, elles n'ont pour confidents et pour témoins que des gens fort discrets, ceux qui dorment sous leurs pieds. J'assiste assez souvent à ce spectacle d'un peu loin, caché dans un observatoire ombreux que j'ai choisi exprès. Je vois tout, mais n'entends rien qu'un chuchotement général mêlé de notes gutturales ou suraiguës, une sorte de ramage comparable à celui d'une grande troupe d'oiseaux bavards. Les rangs s'éclaircissent à mesure que le soir approche. Des omnibus qui stationnent à peu de distance du cimetière, comme nos fiacres à la porte des lieux de plaisir, emportent par charretées ces dévotes mondaines vers Alger. Et les morts n'ont de repos que lorsque la nuit est de nouveau descendue sur eux.

Un peu plus loin que le cimetière, en suivant la route, on trouve un endroit très-vanté, très-souvent reproduit, dont tu dois connaître déjà dix tableaux au moins, ce qui me dispensera, j'espère, de faire aussi le mien : je veux parler du *café des platanes*. Le lieu assurément est fort joli. Le café, construit en dôme, avec ses galeries basses, ses arceaux d'un bon style et ses piliers écrasés, s'abrite au pied d'immenses platanes d'un port, d'une venue, d'une hauteur et d'une ampleur magnifiques. Au delà, et tenant au café, se prolonge, par une courbe fort originale, une fontaine arabe, c'est-à-dire un long mur dentelé vers le haut, rayé de briques, avec une auge et des robinets primitifs dont on entend constamment le murmure, le tout très-écaillé par le temps, un peu délabré, brûlé de soleil, verdi par l'humidité, en somme un agréable échantillon de couleurs qui fait penser à Decamps. Une longue série de degrés bas et larges, dallés de briques posées de champ et sertis de pierres émoussées, mènent par une pente douce de la route à l'abreuvoir. On y voit des troupeaux d'ânes trottinant d'un pied sonore, ou des convois de chameaux qui y montent avec lenteur et viennent plonger vers l'eau leurs longs cous hérissés, avec un geste qui peut, suivant qu'on le saisit bien ou mal, devenir ou très-difforme ou très-beau. En face s'ouvre, par une grille française flanquée de pilastres et précédée de tristes acacias, la grande allée pleine de roses encore fleuries du *Jardin d'essai*. J'y vais quelquefois, mais je n'en parlerai pas, n'étant pas botaniste et n'étudiant au surplus que les choses arabes.

Même date, le soir.

J'ai achevé ma journée, parmi les arbres, à regarder des maisons turques. Il y a toute une partie des collines où ces constructions élégantes sont en très-grand nombre. On les voit poindre çà et là par-dessus le feuillage à très-petite distance les unes des autres, et si bien entourées que chacune d'elles a l'air d'avoir son parc. Toutes sont bâties dans une situation pittoresque, sur un échelon de pentes boisées, et toutes regardant la mer. En s'élevant soi-même sur ce vaste amphithéâtre, disposé régulièrement en terrasse, on peut imaginer la belle et grande vue dont jouissent les habitants de ces jolies demeures. Aujourd'hui, sans exception, elles appartiennent à des Européens. Aussi le grand mystère qu'elles recélaient s'est évanoui, et beaucoup de leur charme a disparu. L'architecture de ces maisons n'a plus grand sens appliquée aux habitudes européennes. Il faut donc les prendre pour l'agrément de leur aspect extérieur et les étudier comme autant de monuments gracieux d'une civilisation exilée.

Habitées par le peuple qui les avait bâties et je pourrais dire rêvées, ces demeures étaient une des créations à la fois les plus poétiques et les plus spirituelles. Ce peuple avait su faire des prisons qui fussent des lieux de délices, et cloîtrer ses femmes dans des couvents impénétrables aux regards et transparents. Pour le jour, une multitude de petites ouvertures, des jardins tendus de jasmin et de vignes; pour la nuit, des terrasses : quoi de plus malicieux et en même temps de plus prévoyant pour la distraction des prisonnières? Ces maisons si bien fermées n'ont, pour ainsi dire, pas de clôture. La campagne y pénètre en quelque sorte et les envahit. Le sommet des arbres touche aux fenêtres; on peut, en étendant le bras, cueillir des feuilles et des fleurs; l'odeur des orangers les enveloppe, et l'intérieur en est tout parfumé.

Les jardins ressemblent à des joujoux d'art destinés à l'amusement de la femme arabe, cet être singulier dont la vie longue ou courte n'est jamais autre chose qu'une enfance. On n'y voit que petites allées sablées, petits compartiments de marbres creusés de rigoles, où l'eau serpente et dessine en courant des arabesques mobiles. Quant aux bains, c'est encore un séjour imaginé par un mari poëte et jaloux. Figure-toi de vastes citernes où l'eau n'a pas plus d'un mètre de niveau, dallées du plus beau marbre blanc et ouvertes par des arceaux sur un horizon vide. Pas un arbre n'atteint à cette hauteur; quand on est assis dans ces baignoires aériennes, on ne voit que le ciel et la mer, et l'on n'est vu que par les oiseaux qui passent.

Nous ne comprenons rien, nous autres, aux mystères d'une pareille existence. Nous jouissons de la campagne en nous y promenant : rentrons-nous dans nos maisons, c'est pour nous enfermer; mais cette vie recluse près d'une fenêtre ouverte, l'immobilité devant un si grand espace, ce luxe intérieur, cette mollesse du climat, le long écoulement des heures, l'oisiveté des habitudes, devant soi, autour de soi, partout, un ciel unique, un pays radieux, la perspective infinie de la mer, tout cela devait développer des rêveries étranges, déranger les forces vitales, en changer le cours, mêler je ne sais quoi d'ineffable au sentiment douloureux d'être captif. Ainsi naissait au fond de ces délicieuses prisons tout un ordre de voluptés d'esprit qui sont à peine imaginables. Au surplus, mon ami, ne me trompé-je pas en prêtant des sensations très-littéraires à des êtres qui assurément ne les ont jamais eues?

Mustapha, fin décembre.

J'ai passé la nuit dernière à entendre aboyer des chiens. La campagne était en rumeur, et je ne crois pas qu'il y eût aux environs un seul de ces animaux, soit errant, soit à l'attache, qui ne criât, et dont je ne pusse entendre la voix. Comme la nuit était humide, l'air tranquille et sonore, je calculais, d'après la décroissance indéfinie des bruits, que les plus faibles devaient m'être apportés de plus d'une lieue.

D'abord je craignis un incendie, mais je n'aperçus pas la plus petite lumière ni à terre, ni dans la baie; hormis ces bêtes glapissantes, tout dormait dans une sécurité profonde et sous le paisible regard des étoiles. Les chiens criaient pour se répondre, comme ils ont l'habitude de le faire, parce que quelque part un des leurs avait d'abord élevé la voix. L'éveil une fois donné dans les chenils, l'alarme avait dû gagner de proche en proche, et par des nuits calmes comme celle-ci, il n'était pas impossible que ce long aboiement se répandît de l'autre côté du Sahel, et de gourbi en gourbi, de ferme en ferme, de village en village, se prolongeât par un écho continu jusqu'au fond de la plaine.

Je ne me suis endormi qu'aux approches du jour, et cependant, dois-je avouer de pareils enfantillages? cette nuit singulière m'a paru courte.

Ce que j'ai récapitulé de souvenirs, le nombre de lieux que j'ai revus, le nombre aussi des années écoulées qu'il m'a semblé revivre, je ne saurais l'écrire, car je n'aurais pu les noter même au passage. C'étaient des visions instantanées, rapides, mais d'une vivacité qui m'allait au cœur comme un aiguillon. Elles se succédaient aussi précipitamment que les bruits, et, chose bizarre, au milieu de tous ces aboiements à peu près pareils, je distinguais des notes très-diverses et des tonalités particulières dont chacune avait pour ma mémoire une signification précise et correspondait à des réminiscences. Les unes représentaient telle province de France, les autres telle époque ou telle aventure de ma vie que je croyais oubliée, et qui ne l'était pas, ma vie de campagne surtout et mes années de voyages, les deux périodes où je m'intéressai aux bruits champêtres et vécus le plus activement. Que de coins de pays dans l'ouest, vers la Manche ou vers le midi, que de petits villages dont je n'ai pas gardé le nom, et que j'ai pour ainsi dire habités cette nuit pendant quelques secondes, grâce à ce mécanisme prodigieux de la mémoire appliquée aux sons!

D'autres voix plus farouches ou plus rauques, ressemblant davantage à des miaulements, me remémoraient mes séjours en Afrique. Pour la plupart, je les reconnaissais, à les entendre se répéter à la même distance, dans une direction fixe et à des intervalles toujours égaux. Il m'est arrivé d'attendre avec anxiété la voix correspondante à tel souvenir, soit pour me pénétrer mieux du plaisir que j'en éprouvais, soit pour le continuer si d'autres l'avaient interrompu.

Ce matin, presque toutes ces visions ont disparu, à l'exception de quelques-unes dont l'impression demeure. Je me souviens surtout d'avoir pensé longtemps, en écoutant la voix très-reconnaissable d'un chien bédouin, à une nuit d'hiver aigre et glacée passée dans un petit douar, vers l'extrémité du *tell* de Constantine. C'était en pleine montagne, hors des routes et dans un pays des plus âpres. Il y a de cela plusieurs années. J'étais arrivé le soir après une longue étape; à peine avais-je eu quelques minutes de jour pour nettoyer la place où je campais et faire établir ma tente au centre du douar et sous sa garde. Autour, il n'y avait qu'un terrain pétri de boue, d'ordures et de débris; la gelée, qui reprenait avec le soir, avait heureusement tout durci. Le sol était en outre couvert de carcasses d'animaux ou tués par la boucherie, ou plutôt morts de misère. L'hiver, qui était dur, en faisait partout périr un grand nombre, et parmi les petits douars du *tell* la détresse était affreuse.

Toute la nuit les chèvres et les petits moutons parqués dans l'enceinte et réfugiés le plus près possible des tentes bêlèrent de souffrance et toussèrent. Les enfants, percés de froid et ne pouvant dormir, geignaient sous le pauvre abri des ménages, et les femmes gémissaient en les berçant sans parvenir à chasser ni le froid, ni l'insomnie. Les chiens hurlaient en s'agitant dans ce douar. Inquiétés par le feu de ma lanterne, ils entouraient ma tente. J'en avais mis toutes les boucles et fortement assujetti les piquets. Dès que ma lumière fut éteinte, leur cercle se rétrécit encore, et jusqu'au matin je pus les entendre gratter la terre, passer leur museau sous la toile en reniflant, et je sentis sur ma figure leur haleine de bêtes fauves. Cette nuit fut lamentable, et je ne fermai pas l'œil. Au point du jour, je quittai le douar, et n'y suis jamais revenu.

Ce souvenir est un des mille que j'aurais à citer. Il est bref, voilà pourquoi je l'ai noté. — L'histoire entière de ma vie se déroula devant moi durant ces quelques heures de veillée. — Il faisait assez clair dans ma chambre aux murs blancs, et ce demi-jour transparent me tenait mystérieusement compagnie. — Vers cinq heures du matin, les aboiements diminuèrent, et je m'endormis.

4 janvier.

J'ai été averti par un changement de date que nous avons passé d'une année dans une autre. Il n'y a pas de jour, me diras-tu, qui ne soit marqué par un anniversaire et qui ne puisse être pris pour point de départ d'une année nouvelle. Cependant, si cette date de janvier est adoptée par des préjugés de mœurs ou d'habitudes sociales, elle est inscrite aussi dans ce que j'appellerai les préjugés de la conscience, et c'est un calendrier qu'il est toujours bon d'emporter avec soi, même en voyage. Je me suis souvenu tout à coup que le temps fuyait pour tout, pour tous et pour moi-même. Au lieu du bercement si plein d'oubli que j'éprouvais ces jours derniers, je me suis senti soulevé par des eaux courantes. Alors je me suis dit qu'il n'est jamais prudent de laisser couler des mois sans en faire le compte, que le temps qui fuit inaperçu est celui dont on ne peut mesurer l'emploi, et que c'est souvent mauvais signe quand on peut dire d'une année : « Comme elle a été courte! »

Cette calme existence sous un ciel plein de caresses, dans un pays qui plaît, ce quelque chose qui ressemble à la vie pour en avoir pris l'indépendance et les loisirs, et qui n'en a retenu aucun des liens, ni les embarras, ni les servitudes, ni les soucis, ni l'émulation, ni presque les devoirs, cet abandon de soi-même joint à l'abandon de tant de choses, tout cela a-t-il bien en soi sa raison d'être? Il y a dans l'extrême jeunesse des années entières, de longues années, dont toute la cendre, hélas! tiendrait dans un médaillon de femme; mais ce sont les années légères. Les nôtres ont une autre mesure, un poids différent, et doivent laisser après elles quelque chose de mieux que des cendres et des parfums.

J'étais un jour dans un village du sud au coucher du soleil, et par une soirée si belle qu'elle en devenait dangereuse pour un esprit trop naturellement sensible au repos. C'était au bord d'un étang, sous des dattiers. Baigné d'air chaud, pénétré de silence et sous l'empire de sensations extraordinairement douces et perfides, je disais à mon compagnon : « Pourquoi donc s'en aller ailleurs, si loin du soleil et du bien-être, si loin de la paix, si loin du beau, si loin de la sagesse? » Mon compagnon, qui n'était pas un philosophe, mais simplement un homme actif, me répondit : « Retournez vite aux pays froids, car vous avez besoin d'être aiguillonné par le vent du nord. Vous y trouverez moins de soleil, moins de bien-être, beaucoup moins de paix surtout; mais vous y verrez des hommes, et, sage ou non, vous y vivrez, ce qui est la loi. L'Orient, c'est un lit de repos trop commode, où l'on s'étend, où l'on est bien, où l'on ne s'ennuie jamais, parce que déjà l'on y sommeille, où l'on croit penser, où l'on dort; beaucoup y semblent vivre qui n'existent plus depuis longtemps. Voyez les Arabes, voyez les Européens qui se font Arabes, pour avoir un moyen lent, commode et détourné d'en finir avec la vie par un voluptueux suicide... »

Je ne retournerai pas aux pays du nord avant le moment que j'ai marqué; mais je me souviendrai plus assidûment du conseil qui me fut donné, et puisque tel est le premier tort de la solitude, puisque tel est, sur moi du moins, l'effet du silence, du ciel bleu, des sentiers déserts, à partir d'aujourd'hui je rentre dans le monde des vivants.

Mustapha d'Alger, janvier.

Jusqu'à présent, je ne t'ai fait des Algériens qu'un portrait général. J'ai parlé de gravité, de discrétion, de dignité naturelle dans le port, dans le langage, dans les habitudes, voulant indiquer par des traits d'ensemble ce qui frappe au premier abord tout nouveau venu qui débarque d'un pays d'Europe où ces qualités extérieures sont précisément les plus rares. N'oublions pas cependant qu'il y a deux peuples ici, pleins de ressemblance si nous les comparons à nous, absolument divers dès qu'on définit chacun d'eux. Nous avons vu les similitudes; aujourd'hui voyons les diversités. Restituons à chacun le nom dont il est jaloux; laissons l'Arabe où il est, dans la campagne, fixé dans les villages ou promenant ses tentes, et pendant que j'habite Alger, parlons des Maures. Peut-être leur portrait perdra-t-il quelque chose à devenir en effet plus ressemblant; il pourrait arriver que la précision, au lieu de grandir leurs traits, les diminuât.

Alger est une ville arabe habitée par des *Maures;* les Maures forment les trois quarts au moins de sa population indigène. Le reste est mêlé de nègres, d'émigrants biskris ou mzabites, de Juifs parlant la langue commune et restés toujours les mêmes depuis leur transportation sous Titus et sous Adrien, enfin de quelques Arabes, mais en si petit nombre qu'on peut dire avec certitude qu'il n'y a pas d'Arabes dans Alger. Cette ville n'était au surplus leur capitale et leur citadelle que par fiction : c'était le chef-lieu d'un gouvernement qu'ils n'aimaient pas et le centre administratif d'une administration à laquelle ils obéissaient mal. Ils y tenaient pour l'honneur du Croissant, mais nullement par intérêt pour leur dernier pacha. Ils n'avaient jamais lié leur cause à la sienne, et telle était leur indifférence à l'égard de la moderne Carthage qu'ils l'ont laissée tomber sans lui porter secours, et sans prévoir qu'ils se perdaient eux-mêmes en l'abandonnant. Ils n'avaient mis là qu'une petite part de leur orgueil, en dépôt sous la garde des Turcs, et comme les Sahariens font pour leurs grains dans des *silos* étrangers. Leurs vraies destinées étaient ailleurs. Ils se réservaient de les défendre sur leur propre territoire et pied à pied, et cette longue guerre numide, qui finit à peine, a prouvé comment ils entendaient la politique et comment ils pratiquaient la guerre.

Les historiens ont beaucoup écrit sur les Maures. D'où viennent-ils? qui sont-ils? A quelle famille orientale les rattacher? Sont-ils de la race aborigène? Viennent-ils des Maures d'Espagne refoulés le long des États barbaresques? Sont-ils, comme on l'a dit encore, les descendants directs d'une invasion arabe antérieure à celle des califes? Y doit-on voir, au contraire, un produit fort mélangé de toutes les invasions, et n'y aurait-il pas dans les veines de ce peuple aux traits charmants, mais indécis, un composé de sang barbare et de sang gréco-romain? Voilà la moindre partie des hypothèses. La question reste douteuse, et la filiation des Maures est encore à prouver.

Quelle que soit la parenté des Arabes et des Maures, qu'on puisse ou non les rapprocher à leur point d'origine, il est impossible aujourd'hui de les confondre; eux-mêmes ne veulent pas être confondus. Peut-être n'y a-t-il pas là deux races, mais il y a deux branches, et bien nettement deux familles, qui n'ont en réalité rien de commun que la langue et la religion, qui ne se ressemblent ni par le type, ni par les habitudes, ni par la façon de vivre, ni par le tempérament, ni par le caractère, ni par le costume, et pas plus par les qualités que par les vices, qui ne s'aiment ni ne s'estiment, dont les intérêts mêmes sont opposés, et qui vivraient peut-être en ennemies si nous n'étions pas là, n'ayant plus alors, pour faire amitié contre nous, le lien commun des antipathies et la fraternité des rancunes. L'une est un peuple encore féodal, de campagnards, de voyageurs et de soldats, nombreux, plein de ressources, très-grand de toutes manières, par ses origines, par son histoire et par ses mœurs; héroïque à la façon d'Alexandre, aventureux comme lui, comme lui faisant de la guerre un voyage armé; père d'une religion qui a failli couvrir le monde; répandu jusqu'aux extrémités de l'Orient sans être à proprement parler maître nulle part; vivant ainsi dans des pays incomparables; et toujours portant sur son visage, comme un air de noblesse, la beauté même de sa destinée. — L'autre est un petit peuple d'artisans, de boutiquiers, de rentiers et de scribes, très-bourgeois, un peu mesquin dans ses mœurs, comme il est étriqué dans son costume; élégant, mais sans grandeur; joli plutôt que beau, tout juste aisé, jamais pauvre, et qui n'atteint au splendide ni par le luxe ni par les misères. Chacun d'eux d'ailleurs a son orgueil, et ce serait leur faire une injure égale que de se tromper de nom, comme avec deux individus consanguins.

Ce qui manque à ce dernier peuple, c'est précisément ce que le premier possède en excès, ce quelque chose que j'appellerai la grandeur, ou, pour parler en peintre, le style. Les Maures n'ont aucun style; cela tient beaucoup à leur personne, beaucoup aussi au milieu dans lequel on les voit. Tout, autour d'eux, est petit et contribue à les diminuer : leurs rues étroites, leurs boutiques à peine habitables, leur vie sédentaire, et leur habitude d'être assis à la turque plutôt qu'étendus à l'arabe. Leur costume les habille avec grâce et ne les drape pas; il est étroit, il manque d'abondance et de plis, n'ajoute rien à l'importance de l'homme, et amoindrirait au contraire celle qu'on lui suppose. Un vêtement plus ample fait, je ne sais pourquoi, présumer des passions plus fortes, une âme plus grande. C'est un préjugé d'ordre *artistique*, si tu veux; mais ici, bien entendu, je parle en artiste. Avec leur veste collant à la taille, leur culotte en forme de jupe, et leur ceinture, que beaucoup portent lâche, il est aussi difficile aux vieillards de paraître majestueux qu'aux jeunes gens de ne pas avoir l'air efféminé.

Efféminé, voilà, je crois, le mot qui convient, car il définit leur caractère, s'adapte à leurs goûts, précise exactement leurs aptitudes, les résume au physique comme au moral, et les juge. N'est-ce pas le propre des pays de gynécées de produire une sorte de confusion dans les sexes et d'affaiblir l'un dans la mesure même où l'autre est dégradé? Chose bizarre, en même temps qu'elle disparaît de la vie publique, la femme aussitôt se manifeste dans le tempérament de la race; moins on lui reconnaît d'importance extérieure, plus elle en acquiert par le sang. On la méprise en raison de l'abus qu'on fait d'elle : elle est cloîtrée, oisive, on l'assimile aux objets de luxe ou de plaisir; mais l'homme alors la remplace, et en vient à lui ressembler par des substitutions d'emploi qui le font descendre. C'est par là que la femme se venge, en abaissant l'espèce, et l'espèce est punie du tort de la société.

Il en résulte ce que nous voyons : un peuple quasi féminin, — des garçons presque filles, des jeunes gens qu'on prendrait pour des femmes, un visage imberbe, des formes rondes, de beaux traits, mais un peu mous, rien de fort ni de résolu; une beauté incertaine et jamais virile, jusqu'à l'âge où la jeunesse elle-même est effacée par la gravité des années. A l'inverse des Arabes, chez qui la fainéantise est le droit du mâle, ici c'est le mari qui travaille, je veux dire qui manie l'aiguille. Il prépare les laines, il les teint, il fabrique les étoffes, il coud, il fait non-seulement ses propres habits, mais ceux des femmes et des enfants, leurs chaussures avec les siennes, leurs toilettes aussi bien que leurs bijoux. Lui seul a l'art des passementeries et des broderies; il sait comment assortir les couleurs, comment la soie se croise avec les fils d'or; il a ses métiers, ses dévidoirs, ses écheveaux, ses pelotons, ses bobines, ses ciseaux, tout un petit arsenal d'instruments qui paraît bizarre entre ses mains, et qui le rend méprisable aux yeux de ses voisins, manieurs de sabre. Si la force lui manque, il hérite au moins des contraires de la force : il a l'adresse, l'habileté des doigts, la délicatesse et la grâce. Il est intelligent, souple et docile; il calcule, et si le commerce ne lui convient qu'à demi, loin de le déclarer indigne, il l'estime. Son activité d'ailleurs n'est jamais bien grande. Aussi indolent à son établi qu'il est insouciant dans sa boutique, aussi peu diligent à coudre qu'il est peu pressé de vendre, il considère le commerce aussi bien que l'industrie comme des passe-temps, et le travail est plutôt fait pour remplir ses loisirs que pour occuper sa vie. A vrai dire, c'est un moyen de se distraire et de se désennuyer du repos.

Les Maures n'aiment pas les chevaux, n'en possèdent guère, et les manient mal. Leur tournure, un peu grêle, jure avec le lourd équipement des chevaux arabes, car il faut une tenue de cavalier et l'attirail de guerre pour occuper dignement la selle à haut dossier et pour chausser les étriers turcs. Ils ont la sandale de cuir noir des gens qui vont à pied et marchent peu, des demi-bas pendant l'hiver, et jamais de bottes. Un éperon traînant rendrait leur marche impossible. Le soir, on rencontre certains d'entre eux, les plus riches, qui partent pour leurs jardins, mais portés alors par des mules, assis de côté sur une selle large et plate, matelassée comme une litière, et menant leur tranquille monture à coups de houssine, sans se servir de la bride ni du talon. Leur équitation ne va jamais plus loin. Chose encore plus inconnue des Arabes et plus superflue pour ces yeux infatigables, beaucoup de vieillards portent des besicles. Ce sont les compteurs d'argent, les scribes, les maîtres d'école, en un mot les *tolbas,* ceux qu'on voit écrire avec un roseau sur de petits carrés de papier posés sans autre appui dans leur main gauche, et dont la longue écritoire de cuivre est engaînée dans un pli de leur ceinture, à cette place au-dessous du cœur où les gens de guerre portent le poignard. L'écritoire, le stylet de roseau, quelques feuillets de papier, plus un vieux Coran manuscrit que peu de gens lisent et qu'un très-petit nombre comprend, voilà au reste tout ce qui rappelle les lettres, et cela suffit pour distinguer les Maures des Arabes, beaucoup plus illettrés encore. Le vrai peuple cependant lit peu et n'écrit guère. Celui-là fume, rêve, regarde et cause en travaillant des doigts. Il passe à l'ombre et dans l'azur froid des bazars les longues journées que les gens de même race sont tenus à dépenser hors de leurs maisons. Le bazar lui tient lieu de *forum*. Il représente à la fois la chambre de travail et la place publique, et chacun s'y trouve chez tout le monde et chez soi.

Il y a là des cafés, des essences, des fleurs et des oiseaux. Des rossignols chantent dans de petites cages en pointes de porc-épic suspendues à l'auvent des boutiques. Au-dessous des cages, et sur des tréteaux, on voit des jeunes gens assis côte à côte, avec des broderies sur leurs genoux, des écheveaux de fils d'or ou de soie passés derrière l'oreille; propres, bien mis et le visage un peu plus clair que de l'ambre pâle, peu vêtus, car ils ont le cou, les jambes et les bras nus, avec des vestes de couleurs bien choisies, des ceintures qui varient du rouge au rose vif, et des culottes blanches à mille plis qui s'évasent autour d'eux quand ils sont assis; des attitudes élégantes, soit au repos, soit au travail; beaucoup de langueur dans les yeux, et, pour achever de n'être plus des hommes, quelquefois les paupières peintes, presque toujours des fleurs posées près de la joue. Ils fument du tabac odorant, les voluptueux, du *tekrouri*, c'est-à-dire de la feuille de chanvre réduite en poussière, ou, pour employer le terme connu, du *haschisch;* c'est ce qu'ils appellent faire le *kief*. Le *kief* est proprement le repos plein de bien-être, et poussé jusqu'à l'ivresse, produit par toute boisson ou par toute fumée stupéfiante. Il signifie l'effet du sorbet ou de la pipe. Par abus de mots, on l'applique à l'objet lui-même; il m'est arrivé de demander du *kief* et d'être compris des marchands de *tekrouri*.

Le goût du *haschisch* ne vient jamais sans la passion des oiseaux. A Constantine surtout, mais aussi à Alger, chaque fumeur de *haschisch* possède un rossignol, et je ne connais que Nâman qui, par indigence ou par oubli des choses extérieures de la vie, n'ait pas le sien. Le rossignol est, faut-il le dire? un oiseau très-positif et gourmand, dont la voix devient d'autant plus claire et le chant plus robuste qu'il est mieux nourri. On lui donne à manger de la viande crue hachée menu et pétrie avec du beurre. Remis en belle humeur par cette nourriture active, l'oiseau recouvre son haleine et se met à chanter, — Dieu sait quoi!... peut-être les satisfactions d'un estomac repu, — mais sur un mode si tendre, avec un tel sentiment du rhythme, et d'un élan si passionné, qu'on oublie l'oiseau pour n'entendre plus que le musicien. Quel étrange poëte que cet oiseau! Qui n'a-t-il pas bercé et enchanté depuis qu'il existe, et que, libre ou prisonnier, il habite au milieu de nous? N'est-ce pas l'âme éloquente des choses tendres, la musique même des sentiments humains? Il a l'air d'exprimer ce que chacun de nous éprouve. L'amoureux retrouve en lui ses tendresses, celui qui souffre ses amertumes, la mère affligée ses désespoirs. « Chantre des nuits heureuses! » a dit de lui un des plus insondables rêveurs de ce siècle. « Déjà, s'écrie le jeune Albano, le rossignol frappait du bec à la porte triomphale du printemps. » Le fumeur stupide écoute à sa manière cette chanson sans paroles qui le pénètre tant bien que mal à travers l'épaisseur de ses rêves. Me comprendrait-il, mon ami, si je lui disais qu'elle a fait pleurer un homme qui s'appelait Obermann du regret d'être seul au bord d'un lac, de se sentir grand et faible, et de n'avoir pas vécu?

Je suis entré l'autre jour au tribunal du kadi. J'ai vu comment est rendue la justice; c'est une chose si facile, si intime et si familière, qu'on ne saurait imaginer de formalités plus attrayantes ni plus capables de faire excuser les procès. Le tribunal est situé, rue de la Marine, dans la cour de la mosquée. La même porte mène au prétoire et à l'église, la même enceinte enferme la justice et la religion; le justiciable et le juge sont de la sorte aussi près que possible de l'œil de Dieu. La cour est dallée et fermée de balustrades à l'extrémité qui donne sur la mer. Au centre et faisant vestibule à la mosquée, parmi des arbustes, des rosiers, de grands bananiers constamment verts, s'élèvent une fontaine et deux pavillons. Le plus petit, le moins fréquenté, appartient au muphti, qui représente la Cour d'appel; l'autre, reconstruit il y a peu d'années, et par les soins de l'administration française, dans un style approximativement arabe, est la chambre de première instance, occupée par le kadi. L'auvent, très-saillant et de forme asiatique, protége un large perron de deux marches, où les clients déposent leurs savates et s'asseyent à l'ombre en attendant l'appel de leur cause. Une grande porte ouverte à deux battants permet au public d'assister de l'extérieur au débat, et éclaire en même temps la salle, qui n'a pas d'autre ouverture. Cette salle, petite, carrée, blanchie seulement à la chaux, est disposée et meublée de la manière la plus simple : de chaque côté, une rangée de banquettes appuyées au mur derrière une rangée de tables-bureaux, où se tiennent les scribes ou greffiers, assesseurs du kadi. A l'entrée, un tabouret de bois pour l'huissier ou *chaouch;* par terre, des nattes où les clients s'accroupissent. Au fond, faisant face à la porte, se trouve la place du kadi, — ce qu'en France on appelle proprement le tribunal, — c'est-à-dire une estrade avec un bureau, un canapé bas à dossier de drap vert, et des coussins. Rien au mur que de fausses fenêtres formant niches, de petites armoires fermées, servant d'archives et contenant quelques livres et des papiers; enfin, au-dessus du juge, une légende écrite en gros caractères, et tirée d'un verset du Coran.

La fonction des scribes (*adouls*) est de suivre les interrogatoires, d'examiner les actes, et de dresser les jugements. On les reconnaît à leur singulière coiffure de cotonnade blanche en forme de citrouille, à leur pelisse de soie, qui cache entièrement la culotte, à leur air plus grave et plus digne, qui les fait distinguer du commun des hommes et révèle en eux des magistrats. N'oublie pas que l'*adel,* le scribe, est à la fois un homme de loi et un homme d'église, qu'il préside aux cérémonies du culte, aux enterrements, comme il assiste aux démêlés judiciaires, et qu'il touche ainsi, par ce double ministère, aux plus graves intérêts de la vie présente et de la vie future.

Quant au kadi, sa charge fait de lui un personnage important, même à côté de notre juridiction française; celui-ci est personnellement le type le plus accompli que je connaisse de la haute bourgeoisie d'Alger. Il est grand, maigre, avec une barbe noire et peu fournie; il a l'œil sagace et doux, beaucoup de distinction dans tout son air, la parole un peu voilée, le geste lent et la pâleur maladive d'un homme à santé délicate. Il est vêtu de blanc, de gris et de noir. Une longue écharpe de mousseline plissée sur son vaste turban sphéroïde le coiffe à la manière des marabouts et le drape abondamment jusqu'à la ceinture. Il parle peu, interroge à voix basse, et ne regarde directement les clients que si la question paraît mériter son attention. Autrement il écoute un peu négligemment, le coude appuyé parmi les coussins, les yeux à demi fermés, moitié méditant, moitié distrait, et dans la tenue d'un homme à qui l'on ferait des confidences de peu de valeur.

Quatre ou cinq scribes, un huissier armé d'une baguette, un juge à figure belle et douce, qui représente en sa personne le conseil et l'autorité, la jurisprudence et la loi : voilà toute la magistrature. Pas d'avoués ni d'avocats, ni de ministère public; ni délais, ni procédure à suivre, ni complications, ni lenteurs. On entre avec son adversaire, on s'assied par terre à côté de lui; chacun à son tour expose son affaire; le débat contradictoire compose à la fois l'enquête et les plaidoyers. Rien n'est plus sommaire. C'est à peu près la justice de paix, c'est-à-dire la juridiction la plus logique, la plus humaine et la mieux nommée, s'il est vrai que le premier but de la justice doive être de concilier. Si l'accord est impossible, alors le kadi juge, dans sa sagesse et dans sa conscience, comme Salomon.

Les femmes n'entrent pas dans l'enceinte. Il y a pour elles, attenant à la salle d'audience, deux galeries ouvertes, communiquant avec le prétoire par une fenêtre grillée, à hauteur d'appui. La femme, qui reste voilée et qui plaide par l'étroite ouverture, peut tout au plus passer les doigts à travers le grillage en barreaux quadrillés et s'aider d'une courte pantomime pour animer l'exposé de sa cause.

Le jour où je fis connaissance avec les mœurs judiciaires dont je te parle, il y avait précisément une affaire pendante entre une femme et son mari. Il s'agissait d'une demande en divorce. Retranchée derrière la lucarne et absolument invisible sous ses voiles, la plaignante articulait avec d'autant plus d'aisance des griefs à peine avouables, et racontait sans sourciller l'histoire, impossible à traduire ici, de sa vie conjugale. Le mari, que le kadi venait d'interroger, écoutait ingénument ce qui se disait de lui. C'étaient des choses qui faisaient sourire. Le kadi ne jugea pas cependant le mariage aussi désespéré que le prétendait l'épouse impatiente, et ne le voulut pas rompre ; au contraire, il lui conseilla de faire meilleur ménage que jamais, et remit la cause à l'année prochaine.

Au-dessus de ce premier degré de juridiction, il y a, comme je te l'ai dit, le muphti, qui prononce en dernier ressort. C'est un vieillard fort âgé, que je rencontre se promenant dans les bazars, vêtu d'un cafetan rougeâtre, d'une pelisse verte, avec des babouches jaunes, et la tête enveloppée d'un voile de soie de couleur pourpre. Le petit pavillon qu'il habite à côté du kadi est une sorte de marabout de forme sépulcrale, fort petit, très-silencieux, et presque pas éclairé. Il m'a semblé que le plus religieux respect entourait ce sanctuaire de la haute justice. Le vieillard y sommeillait, retiré sous la coupole comme un mage, et dans une attitude que son âge et la gravité du lieu faisaient paraître auguste. Lorsqu'un plaideur a perdu sa cause, il n'a que la cour à traverser pour passer de première instance en appel. Les deux juridictions épuisées, tout n'est pas fini. A ceux que la loi humaine a mécontentés, il reste un dernier recours : c'est d'en appeler à la justice céleste et d'aller dans la mosquée se pourvoir en cassation devant Dieu.

12 janvier.

Voici la pluie. Elle a commencé ce soir à trois heures par quelques gouttes larges et rares. J'achevais ma promenade au moment où ce signal d'espérance imploré par tout le pays s'échappa comme avec effort d'un ciel orageux, mais obstinément aride. Je n'en fus pas surpris, car j'étais sorti pour l'attendre. Il y avait huit jours que le temps se préparait à un changement; l'air était devenu trop sonore pour rester longtemps serein, et le ciel, d'un bleu particulier, ne permettait plus de croire à la durée des beaux jours. Ce sont des nuances, mais qu'on distingue avec un peu d'habitude. Intérieurement aussi, je sentais approcher la pluie par un pressentiment qui n'a rien d'imaginaire.

J'arrivais près d'un champ qu'un laboureur arabe en tunique courte était en train d'ensemencer d'orge; il achevait d'en recouvrir les derniers sillons, y poussant à fleur du sol une petite charrue primitive attelée de deux vaches maigres. En voyant le temps si bien disposé pour les semailles, il aiguillonnait les animaux, et se hâtait de manière à terminer son travail avant la nuit, calculant sans doute avec certitude que demain il serait trop tard. A l'extrémité du champ déjà labouré, deux enfants, aussi de race arabe, faisaient brûler de grands tas d'herbes nuisibles, d'où s'échappaient d'épais tourbillons de fumée d'une odeur âcre. Je reconnus avec quelque surprise en pareil lieu l'odeur si commune en France des champs brûlés; ce faible indice était le premier qui sensiblement m'eût indiqué l'automne.

Je m'assis et regardai ce champ rayé de sillons bruns, où je voyais deux choses assez rares dans ce pays d'insouciance : une charrue arabe en travail, des enfants indigènes partageant avec leur père les soins donnés au labourage. Les petites vaches, non pas accouplées sous un joug, mais attelées par le poitrail et tirant des épaules, à la manière des chevaux, soufflaient d'épuisement, quoique le travail ne fût pas rude, car la terre était à peine entamée.

A ce moment, je remarquai que les fumées, lourdes jusque-là, tournèrent. Un vent léger, mais frais, arriva de l'ouest, et suivit le pied des coteaux, en faisant sur son passage le bruit d'un oiseau de grande envergure. La campagne en fut comme étonnée, et les uns après les autres, par un mouvement brusque, tous les arbres de la plaine en frissonnèrent. Ce ne fut qu'un instant. Le souffle passé, tout rentra dans un calme plat. C'est alors que les premières gouttes de pluie tombèrent.

Rien n'était plus reconnaissable, ni Alger, qui ne formait alors qu'un amphithéâtre sans couleur, ni les maisons turques d'un blanc de linge, et qui perdaient leur forme en n'ayant plus d'ombre, ni la mer devenue livide, ni les bois du *Sahel,* d'un vert éteint. Quoique l'air fût encore tiède, on y sentait courir des fraîcheurs humides. En même temps, dans les villages, dans les fermes, quelques cheminées se mirent à fumer, comme si chacun profitait du même avis pour faire aussitôt ses dispositions d'hiver. Les pigeons répandus dans la campagne regagnaient deux par deux les colombiers. Les poules rentraient avec émoi. Il y avait au contraire des compagnies d'oies qui sortaient en hâte des basses-cours, et les canards domestiques battaient joyeusement des ailes en recevant la pluie, et poussaient leur clameur de mauvais augure au bord des réservoirs desséchés. Les merles volaient d'un arbre à l'autre, s'appelant par leur cri du soir, et, quoique le soleil n'eût pas quitté l'horizon, se couchaient déjà, par prévoyance, au plus épais des taillis. J'entendis chanter des grives, les premières peut-être que l'hiver eût chargées de ses messages, et des volées d'étourneaux, venues des prairies, arrivaient par légions serrées pour s'assurer d'un abri sous les collines.

C'était bien l'été qui finissait. Il s'achevait sans violence, sous un ciel morne et doux, sans orage, et seulement par des ondées propices. Était-ce un dernier adieu de la saison maintenant passée? Était-ce le premier présent d'un hiver qui voulait qu'on fêtât son arrivée, et la signalait par des bienfaits?

Même date, onze heures du soir.

Il pleut à torrents. Le vent est faible, mais il souffle directement de l'ouest, mauvais signe à pareille époque. La mer s'émeut. Je l'entends qui gronde au large, sous une nuit sans lune, sans étoiles, écrasée de nuages, et rendue plus épaisse encore par les flots de la pluie. C'est plutôt un murmure intérieur que l'agitation même des vagues. On dirait que la profondeur des eaux est remuée par un orage qui remonterait du fond des abîmes à la surface. Il n'y a pas le plus faible bruit dans la campagne, qui paraît morte ou frappée d'un sommeil de plomb. Les feux sont éteints depuis longtemps partout, même dans la partie du faubourg que j'aperçois de ma fenêtre. Adieu le ciel bleu, adieu le soleil, adieu tout ce qui semblait inaltérable!

13 janvier.

La pluie continue. Le vent, qui n'a fait que s'accroître d'heure en heure en se fixant à son point d'hiver, commence à labourer profondément les eaux de la baie. La côte a disparu dans les remous, et n'est plus marquée que par le jet rapide et blanchâtre des embruns. A chaque instant, le grain qui redouble rétrécit l'horizon en le fermant d'une nappe continue presque impénétrable, et tendue de haut en bas comme un rideau. La campagne, aussi déserte que la mer, est inondée, car la terre, surprise par ce brusque arrosement, n'a pu s'imbiber assez vite; l'eau court dans les chemins changés en ruisseaux, ou séjourne à la surface des prairies; le Hamma n'est plus qu'un long marécage. On voit des oiseaux épouvantés qui traversent comme des ombres le ciel couleur de boue. Incapables de gouverner au vent ni de soutenir un vol de quelque durée, ils plongent au premier buisson comme des oiseaux morts. Quant aux oliviers, ils font pitié sous cette pluie qui les rend semblables à des arbres du Nord et sous le vent glacé qui déchire leur maigre feuillage, en les frappant comme avec des lanières. Toute circulation semble interrompue; personne encore n'a paru sur les routes. Chacun attend, pour reprendre ses habitudes, ou que la bourrasque ait cédé, ou que la saison se soit fait reconnaître par des rigueurs plus décisives.

J'ai visité mon jardin, qui forme un petit étang, puis la basse-cour, où le chien dort dans sa niche, où les chevaux dorment sur leur litière, où les pigeons ramagent doucement, retirés au plus profond de leur colombier à claire-voie. J'ai revu mon voisin, M. Adam, debout au seuil de sa maison en ruine. Les poulets de son poulailler se consolaient de leur mieux en becquetant des grains oubliés sur l'appui délabré des fenêtres; M. Adam fumait sa pipe allemande. Tristement il attend que la pluie cesse, et l'exil aussi. J'ai fermé les moindres ouvertures de mon logis, et, pour inaugurer la saison qui commence, j'ai allumé un grand feu de bois odorant. Me voici donc comme en France, les pieds devant la flamme, très-étonné du changement qui s'est produit autour de moi depuis vingt-quatre heures, et bien averti que je vais avoir à payer de quelque ennui des satisfactions qui furent très-vives. Au surplus, mon emprisonnement, car c'en est un, ne durera qu'autant qu'il me plaira de le prolonger, cela dépendra du poids de la solitude.

18 janvier.

Depuis cinq jours, j'assiste à quelque chose de moins redoutable, mais d'aussi désespéré qu'un déluge : un ciel noir, des eaux noires, presque pas de jour, un fracas monotone et assoupissant comme le silence, de la pluie, toujours de la pluie, qui tombe dans un marais, d'immenses cataractes qui vont descendre sur la mer. Le tonnerre a grondé la nuit dernière; je l'entendais à peine au milieu du tumulte de l'air. Les volets de mes fenêtres, qui ne sont pas construites pour de pareils assauts, menaçaient d'éclater à chaque nouvel effort du vent; les vitres pliaient, tout près de se rompre, et ma maison tremblait comme un arbre déraciné; mais la chose effrayante à entendre et à voir, quand on parvient à la voir, c'est la mer.

Fin janvier.

Le soleil n'a pas reparu, le ciel est terne; des couleurs chagrines ont défiguré ce beau pays, revêtu de feuillage en dépit de l'hiver : heureux pays, dont la seule expression naturelle est le sourire! Le vent continue de souffler, la mer de remuer des eaux mornes en exhalant des soupirs irrités.

Sais-tu ce qu'il y a de plus pénible pour l'esprit dans ce sombre tableau, si confusément composé de pluie qui tombe, de flots qui roulent, d'écumes qui jaillissent, de nuages en mouvement? C'est de ne trouver d'équilibre nulle part, et de regarder indéfiniment des choses vagues qui vont et viennent, se balancent, se troublent, dans la perpétuelle oscillation d'un roulis qui semble ne pouvoir plus s'apaiser. Rien pour arrêter la vue, ni qui la repose, ni qui la satisfasse en la fixant sur des points d'appui; une étendue flottante, une perspective indécise de formes insaisissables; à terre, pas un objet qui ne soit agité; en mer, pas une ligne de nuages ou d'eau qui ne soit mobile, pas un trait qui ne s'évanouisse aussitôt formé. Ce petit supplice est un de ceux que j'ignorais.

S'il devait durer, je quitterais Mustapha, où la mer est insupportable à voir quand elle n'est plus calme. En attendant, je ne la regarde plus, je tâche de ne plus l'entendre, et je fais mon possible pour l'oublier. Je travaille; je me console avec des couleurs claires, des formes rigides, de grandes lignes bien nettes. Ce n'est pas la gaieté qui me plaît dans la lumière; ce qui me ravit, c'est la précision qu'elle donne aux contours, et de tous les attributs propres à la grandeur, le plus beau, selon moi, c'est l'immobilité. En d'autres termes, je n'ai de goût sérieux que pour les choses durables, et je ne considère avec un sentiment passionné que les choses qui sont fixes.

4 février.

Je ne sais pas si l'hiver est fini, mais il fait très-beau.

Le paysage est transfiguré, et toute la campagne est redevenue verte. J'avais donc calomnié l'hiver, qui témoigne aujourd'hui de sa bienfaisance. Grâce à la prodigieuse quantité des pluies tombées, voici les sources remplies, les sillons ranimés, les arbres gonflés de séve, et les plus petites veines de la terre approvisionnées d'eau pour une année. Il n'y a pas de terrain si maigre qui n'ait recouvré l'abondante fertilité des prairies, ni de lande abandonnée où ne poussent à foison des herbages utiles, et cette immense étendue couleur d'espérance se prolonge ainsi pardessus les villages, les fermes et les grands chemins, depuis le mur d'Alger jusqu'aux montagnes kabyles, où s'est amassée la réserve des neiges pour l'époque des premières chaleurs. Les moissons disparaissent au milieu de cette steppe uniforme, où le blé n'apparaîtra plus qu'en jaunissant. Il y a des moutons mis en pacage dans l'hippodrome, où la cavalerie ne manœuvre plus. Les amandiers sont en fleur; le long des fossés humides, des chameaux gardés dévorent les boutons naissants des jeunes frênes.

Ce pays déjà printanier n'attendait plus qu'une journée pareille pour se trouver en harmonie parfaite avec le climat; mais ici le printemps n'est jamais bien loin. La saison change avec le vent : sitôt qu'il remonte au nord, l'hiver, qui n'a que la mer à traverser, peut accourir en quelques heures; pour peu qu'il descende, la saison nouvelle arrive en quelques minutes, avec la chaude exhalaison du Sahara. Le vent est si faible aujourd'hui que les fumées les plus légères en sont à peine inclinées; mais au premier souffle qu'on respire, on devine et d'où il vient et ce qu'il promet. Il apporte la première nouvelle du printemps, et j'affirme qu'il n'y a pas un brin d'herbe de ce pays qui n'en soit averti depuis le lever du jour.

J'ai profité de ce court moment de miséricorde, peut-être sans lendemain, pour faire une promenade de convalescent. N'ayant pas de but, je l'ai faite au hasard, par le premier chemin venu, à pied, lentement et doucement, à l'exemple des valétudinaires, dont le retour à la santé se manifeste d'abord par la surprise de tout ce qu'ils voient et par la joie silencieuse de vivre. J'ai vu des choses très-simples qui m'ont ravi ; mais le véritable événement de ma journée, c'est le beau temps. Connais-tu, mon ami, les effets incalculables produits par un baromètre qui monte ou qui descend, et t'es-tu jamais aperçu à quel point ce petit instrument nous gouverne ? Peut-être vivons-nous, tous tant que nous sommes, sous la dépendance de certains agents occultes dont nous subissons l'action sans l'avouer ni la définir ; peut-être y a-t-il au fond de la destinée de chacun de nous de petits secrets misérables dont nous ne parlons pas, de peur de confesser notre servitude et d'humilier devant la matière une âme humaine qui se prétend libre. Quant à moi, après ce long emprisonnement, après un mois de tête-à-tête avec mon ombre, le moindre ébranlement d'esprit devient une aventure, une sensation reçue vaut une anecdote, et ne t'étonne pas si j'arrive à ce résultat de considérer comme un plaisir inusité le plaisir même de me sentir ému !

J'ai suivi le chemin qui côtoie la mer ; plus tard, il deviendra une grande voie commerciale, car il mène en Kabylie. Pour le moment, c'est un des plus déserts. On n'y rencontre que de rares piétons arabes revenant du marché avec de pauvres convois d'animaux, les *tellis* (sacs de voyage) vides, les bâts sans charge, et des paquets de cordes lâches flottant autour des harnais ruinés, ou bien, chose plus rare encore, quelques rôdeurs maltais, moitié paysans, moitié matelots, qui vont, après chaque bourrasque, ravager le bord de la mer et recueillir les épaves. Il n'y avait personne dans les champs, où les cultivateurs n'ont plus rien à faire après les semailles, la pluie d'abord et puis le soleil se chargeant du reste. Le temps était gris, très-calme, et clair jusqu'aux plus lointains horizons. C'était ce que les habitants de mon pays et du tien, où le hâle est dur, appellent un *temps de demoiselle.*

A mi-chemin de la *Maison-Carrée,* je me suis assis sur un petit promontoire écarté. S'il n'y avait eu là beaucoup de cactus et d'aloès, j'aurais pu me croire à quatre cents lieues d'Afrique, sur une côte élevée aussi et toujours déserte d'où se voit une mer qui n'est pas celle-ci. L'impression était la même, la grandeur égale. Aujourd'hui la Méditerranée ressemblait à l'Océan ; elle était pâle et ne roulait plus qu'à de longs intervalles de grands flots tristes, sans force, et dont le bruit diminuait d'heure en heure, à mesure que le calme de l'air s'emparait d'eux. A peine entendait-on vers Matifou le murmure encore sensible d'un orage retenu sans doute au large par le vent contraire. A mes pieds, et si près du flot qu'on eût dit à chaque instant qu'il allait les engloutir, piétinaient des oiseaux de rivage tout à fait semblables à nos oiseaux de France, avec un plumage gris et des ailes pointues. Comme tous les habitants des sables, ils marchent sur des échasses ; leur bec, aiguisé comme un épieu, pique incessamment le sol spongieux des grèves, et leur cri, composé d'un petit soupir aussi ténu que peut l'être un bruit, leur semble donné pour mesurer par sa faiblesse l'énormité des bruits de la mer. Rien n'est plus mélancolique et plus frappant que ce petit oiseau, vivant, courant, chantant à deux pouces du flot, ne s'en écartant jamais, ni pour habiter la terre, ni pour se hasarder dans de longs voyages, traversant au plus, quand il est chassé, les baies étroites, et ne s'éloignant pas de cette mince lisière de sable humide où sa vie se passe. Quand une vague approche, il ouvre ses ailes et l'évite. Où se cache-t-il pendant la tempête ? Il n'est plus là, mais il en est témoin. Il laisse s'apaiser les grandes violences, et sitôt que le rivage devient habitable, il reprend ses familiarités avec la mer.

Je suis rentré vers la nuit, par des chemins sombres, et tout enveloppé de l'abondante humidité qui tombait. Je ne distinguais plus la mer, je l'entendais. Alger s'étoilait de lumières, et partout où se cachait une habitation, la campagne obscure était piquée d'un feu rouge. En arrivant au champ de manœuvres, j'aperçus vaguement le contour de ma maison, et je vis ma lampe allumée qui brillait par ma fenêtre ouverte.

7 février.

Je reçois aujourd'hui même la lettre que voici :

« On m'apprend que vous êtes revenu. Je suis à Blidah depuis trois jours, et je compte y séjourner une semaine ou deux pour y restaurer mon vieux cheval qui n'en peut plus. Si rien ne vous retient où vous êtes, je vous attends. J'ai vu ce matin même, près des orangeries, une petite maison selon vos goûts et les miens.

« En souvenir du passé qui nous a faits compagnons de route et par précaution pour l'avenir, je vous serre affectueusement la main.

« BOU-DJABA.

« Mon adresse : rue des Koulouglis, chez Bou-Dhiaf. »

Une autre fois je te rappellerai, si tu l'as oublié, ce que c'est que mon ami Bou-Djaba, en français Louis Vandell. Pour le moment, je prépare à la hâte mon bagage de route, en vue d'une absence indéterminée, et je ferme, avec un peu de confusion de le trouver si vide, mon *journal* de Mustapha. Bonsoir, je pars demain par la diligence de sept heures.

II

BLIDAH.

Blidah, 8 février.

Me voici à Blidah, logé, installé, t'écrivant. J'ai fait la route à grande vitesse, dans une diligence où tout le monde, excepté moi, parlait provençal, ce qui m'a permis de ne pas dire un seul mot pendant un trajet de cinq heures. Cette faculté de se taire est la première liberté que je réclame en voyage, et je voudrais qu'il fût écrit dans un article spécial du droit des gens que chacun est tenu de la respecter chez les autres.

A peine ai-je eu le temps d'entrevoir Bir-Mandréis tandis que l'attelage en traversait au galop les pentes ravinées; mais les chevaux, toujours épuisés après avoir escaladé, puis descendu la route en colimaçon du Sahel, soufflent ordinairement trois minutes devant la jolie fontaine arabe de Bir-Kradem. Elle est restaurée, recrépie, mais sans que le style en soit altéré, et j'ai pu, en examinant comme une ancienne connaissance cette élégante façade de marbre dorée par le soleil, rappeler à moi de vieux souvenirs africains qui datent de notre premier voyage.

La matinée était fraîche, l'air très-vif, le ciel admirablement limpide et d'un bleu ferme. Je pouvais apercevoir et mesurer d'un coup d'œil le périmètre de cette plaine magnifique, qui fut avec la Sicile le grenier d'abondance des Romains, et qui deviendra le nôtre quand elle aura ses légions de laboureurs. J'aime les plaines, et celle-ci est une des plus grandioses, sinon des plus vastes, que j'aie vues de ma vie. On a beau la parcourir à la française sur une longue chaussée civilisée par des ornières, y trouver des relais, des villages, et de loin en loin des fermes habitées, c'est encore une vaste étendue solitaire où le travail de l'homme est imperceptible, où les plus grands arbres disparaissent sous le niveau des lignes, très-mystérieuse comme tous les horizons plats, et dont on ne découvre distinctement que les extrêmes limites : à droite, la ligne abaissée du Sahel ; au fond, les montagnes de Milianah, perdues dans les bleus légers ; à gauche, le haut escarpement de l'Atlas, tendu d'un vert sombre avec des neiges partout sur les sommets. Il n'y avait pas un nuage autour de cette arête étincelante ; à peine y voyait-on, mais à mi-côte, un reste de brouillards qui s'évaporaient des ravins, et se roulaient en flocons blancs comme la fumée d'un coup de canon. La partie basse de la plaine est cachée sous l'eau ; beaucoup de fermes ont l'air d'être bâties sur un étang, et le marais d'Oued-el-Laleg, à peine humide pendant l'été, inonde en ce moment deux lieues de pays.

J'ai revu Bouffarick en pleine prospérité. Plus de malades, plus de fiévreux. Les Européens s'y portent aujourd'hui mieux qu'ailleurs, et c'est là de préférence que les convalescents des environs vont purger leurs fièvres d'Afrique. Pendant que tant d'hommes y mouraient empoisonnés par la double exhalaison des eaux stagnantes et des terres remuées, les arbres, qui vivent de ce qui nous tue, y poussaient violemment comme dans du fumier. Imagine à présent un verger normand, planté de peupliers, de trembles et de saules, soigné, fertile, abondant en fruits, rempli d'odeurs d'étable et d'activité champêtre, la vraie campagne et de vrais campagnards. Le passé de ce petit pays en exploitation définitive de sa richesse, nous n'y pensons plus. Nous oublions qu'il a fallu, pour se l'approprier, dix années de guerre avec les Arabes et vingt années de lutte avec un climat beaucoup plus meurtrier que la guerre. Le voyageur s'en souvient seulement en passant près des cimetières, ou quand il s'arrête à *Beni-Mered*, au pied de la colonne du sergent Blandan. La véritable histoire de la colonie est, ici comme partout, déposée dans les sépultures. Que d'héroïsmes, mon ami, connus ou inconnus, presque tous oubliés déjà, et dont pas un cependant n'a été inutile!

A onze heures, j'étais à Blidah. J'ai trouvé là Vandell, qui, depuis l'envoi de sa lettre, m'attendait à chaque arrivée des voitures. Je l'ai reconnu de loin à sa casquette jaunâtre, la même qu'il portait il y a quatre ans; il fumait sa petite pipe courte à tuyau de cerisier sans bouquin, et toute sa personne a conservé ce même air un peu bizarre qu'il est également impossible de définir et d'oublier.

J'ai loué la maison proposée par Vandell, et il a été convenu que nous y camperions ensemble. Cette maison est située à l'extrémité de la ville, sur une place déserte plantée d'orangers et séparée seulement des grandes orangeries extérieures par le mur fortifié du rempart. Nous avons d'un côté la vue de la plaine, de l'autre celle de la montagne, que nous croirions toucher de la main, tant elle est proche et domine de haut la ville assise à ses pieds. Quoique la terrasse, en mauvais état, ait laissé couler la pluie dans toutes les chambres, ce logis paraît très-habitable. Un ruisseau qui passe au-dessous de la maison même sort de terre à ma porte, et fait entendre parmi les cailloux le petit gargouillement continu d'une eau courante. A six pas de là pousse un grand cyprès à feuillage en pointe, à tronc unique. Il reçoit le soleil toute la journée et dans toute sa hauteur. Son ombre, qui fait autour du tronc sa révolution complète, dessine sur le terrain plat un cadran parfaitement régulier : j'en marquerai les divisions par des cailloux, et ce sera mon horloge.

Blidah, février.

Vandell n'a pas plus changé d'habitudes qu'il n'a changé de physionomie et de costume. Il ne ressemble à personne, mais il ressemble et ressemblera toujours à lui-même, il est singulier, mais inaltérable. Il y a bien quelques fils gris mêlés à sa chevelure, qu'il porte coupée ras, et dans sa barbe, qu'il laisse au contraire croître à volonté; mais ces légers changements sont presque invisibles. Quant à son visage, il est de ceux qui n'ont plus rien à perdre ni en fraîcheur ni en embonpoint. Aussi brun qu'un homme blanc peut l'être, aussi maigre que peut l'être un homme en santé, le voyageur est maintenant à l'épreuve de la fatigue, du soleil et des années, et dans un état à les braver avec sécurité. Il ne paraît plus qu'il ait été jeune; on ne verra jamais dans quelle mesure il vieillit; je défie dorénavant qu'on lui donne un âge. Toujours bien portant, d'autant mieux qu'il est plus sec, alerte et maître de ses jambes comme un excellent piéton devenu, par nécessité, cavalier médiocre, Vandell ne prend d'autres soins de ce qu'il appelle son enveloppe que ceux qui consistent à la rendre utile aux services qu'il attend d'elle, et tu peux imaginer s'ils sont excessifs. Son unique souci, c'est de diminuer le dedans et d'épaissir le dessus; en d'autres termes, de réduire ses muscles et d'endurcir sa peau. Il a sur ce sujet une philosophie pratique qui lui est propre. « N'est-il pas pitoyable, me disait-il un jour, qu'un méchant drap comme celui que je porte soit plus solide qu'une peau d'homme fabriquée par des époux robustes? Soyez tranquille, je saurai me rendre imperméable, insensible, inusable et résistant comme un cuir de bœuf. » A en juger par son visage et par ses mains, il a réussi. Je lui disais aujourd'hui :

— Je crois, mon ami, que c'est vous qui userez le temps. La vie vous mord, mais comme le serpent qui mord la lime.

— Cela n'empêche pas, m'a-t-il répondu avec inquiétude, que le mécanisme est fatigué. Ce que Vandell appelle le mécanisme, c'est son cerveau et les ressorts de sa vie morale. Il fait ainsi des abus de mots par je ne sais quel respect pudique pour les idées, car il est au fond très-spiritualiste, comme tous les solitaires.

T'ai-je dit comment j'ai connu Vandell? C'était à mon second voyage, et dans une excursion que je faisais vers le sud. Nous traversions en caravane un pays montueux et boisé, avec un convoi composé de mulets au lieu de chameaux. Toute cette nombreuse cavalcade aux sabots durs avait, pendant un long jour de printemps, foulé les petits sentiers cailloteux de la montagne; il pouvait être cinq heures, et nous approchions du bivouac. La caravane entière débouchait alors sur des plateaux couverts de taillis bas et de buissons, sans routes, mais sillonnés de percées étroites, où nous nous aventurions isolément, chacun comptant sur son cheval pour suivre d'instinct la piste odorante des cavaliers qui tenaient la tête. Je marchais à l'arrière-garde, et mon cheval était de ceux qu'en pareil cas on n'a pas besoin de diriger. Il se mit à hennir, puis à s'agiter, et je vis au-dessus des broussailles paraître un cavalier que je ne reconnus point pour un des nôtres. Le nouveau venu, grand jeune homme en tenue de voyageur, montait une bête fort maigre, mal harnachée à l'arabe, et d'un blanc sale. Maigre lui-même, efflanqué, brûlé comme un Saharien, le seul détail significatif qui rachetât la pauvreté manifeste de son équipage et rappelât l'homme à peu près civilisé, c'est qu'au lieu d'armes il portait en bandoulière quelque chose comme un long baromètre contenu dans un fourreau de cuir et un volumineux cylindre en fer-blanc.

— Pardon, monsieur! me dit-il en gardant sa distance. Votre cheval prend-il feu pour les juments?

— Beaucoup, monsieur, lui répondis-je, et constamment.

— En ce cas, je vous précède.

Et, sans plus attendre, il donna un coup de houssine à sa monture, et la mit au trot. Il se tenait à l'anglaise, ne quittant pas la selle et se soulevant seulement, par un mouvement cadencé des genoux, sur ses larges étriers arabes. Je le vis disparaître, emboîté jusqu'au-dessus de la taille dans le dossier profond de sa selle, après quoi je continuai d'entendre pendant une ou deux minutes le bruit régulier de son baromètre frappant contre son herbier.

En arrivant au bivouac, je retrouvai le personnage fumant sa pipe et causant. On nous présenta l'un à l'autre, et l'on nomma M. Louis Vandell. J'avais beaucoup entendu parler de lui. Partout on me l'avait cité pour ses courses aventureuses et pour la singularité de sa vie; je pus donc lui dire sincèrement le prix que j'attachais à cette rencontre. Notre connaissance se fit au bivouac et le soir même. Ce fut moi qui le logeai, comme ayant le moins de bagage et le plus de place à donner dans ma tente. Il y déposa son portemanteau, je veux dire un *burnouss* noir roulé et ficelé de courroies, sa selle arabe et ses instruments; il en composa son lit, sa couverture et son oreiller. La nuit fut magnifique, je la passai presque tout entière à l'écouter.

— Voyez-vous, me disait-il, ce pays est le mien : il m'a adopté; je lui dois une indépendance sans exemple, une vie sans pareille. Voilà des bienfaits que je payerai, si je le puis, par un petit travail qui sera l'œuvre de mon repos. Communément, on croit que je flâne; mais peut-être prouverai-je un jour que je n'ai pas tout à fait perdu mon temps, et ce baromètre, qui m'a valu mon nom arabe (*Bou-Djaba*, l'homme au canon de fusil), me paraît plus utile entre mes mains qu'un vrai fusil.

Il était sur pied au jour levant, appelant sa jument qu'il avait lâchée sans autre précaution dans le bivouac. Il la sella, la sangla lui-même, après l'avoir fait déjeuner d'un peu d'orge qui restait dans un des compartiments de sa *djebira* (sacoche); les autres étaient pleins d'échantillons de pierres. Nous partîmes, et Vandell nous accompagna jusqu'à la grande halte. De temps en temps il mettait pied à terre, lorsqu'il rencontrait un point d'appui vertical qui lui convînt; il y suspendait son baromètre, notait une observation sur un vieux cahier en lambeaux, puis il activait le pas de sa bête, qui jamais ne trottait bien vite, et rejoignait la queue du convoi.

— Je vous quitte ici, me dit-il quand on se remit à cheval pour l'étape du soir; je dois coucher là-bas où vous voyez cette montagne en bec d'aigle.

Puis il me tendit la main et me dit :

— Je voudrais vous offrir quelque chose en souvenir de moi.

Et il tira de sa poche un bâton de sucre de réglisse noire, qu'il rompit en deux, plus une pelote de ficelle, dont il me donna la moitié.

— Voici pour vous désaltérer, quand vous aurez trop soif, ajouta-t-il, et pour réparer votre équipage, si la chaleur fait casser vos sangles. Cela peut vous rendre un petit service à l'occasion. Maintenant, au revoir, car, à moins que vous ne quittiez le pays bientôt, il est probable que nous nous reverrons.

Au revoir! lui dis-je, et je lui serrai cordialement la main. Nos chevaux, qui pendant ce temps-là fraternisaient, obéirent à l'éperon et nous séparèrent. Nous étions en plaine, et je pus apercevoir pendant une grande heure la croupe blanche de son cheval et son herbier, qui brillait au soleil comme un miroir.

Ainsi qu'il l'avait prévu, je l'ai rencontré deux fois depuis, dans ce même voyage : la première, au bord d'une source, où, tout seul, il faisait sa grande halte; la seconde, dans un *douar* où nous campions, et où lui-même arriva vers minuit. J'entendis un grand tumulte parmi les chiens et le pas d'un cheval qui s'arrêtait. Deux minutes après, quelqu'un souleva la toile de ma tente, et je vis paraître Vandell. Il éclaircissait alors un point d'histoire peu connu sur le séjour de la troisième légion romaine dans la province, et depuis un mois il rôdait dans les environs.

Aujourd'hui, comme alors, il continue de battre le pays, toujours loin des villes, en dehors des chemins fréquentés, toujours seul, et ne ralliant les *douars* que pour le coucher. La saison lui est indifférente, d'abord, je te l'ai dit, parce qu'il est aussi peu sensible à l'extrême froid qu'à l'extrême chaleur, et puis parce qu'il a organisé son travail de manière à employer le printemps et l'automne à de longues expéditions, l'été à de petites promenades circulaires, l'hiver à ce qu'il appelle son œuvre de cabinet. Cela veut dire que pendant les grandes pluies il s'enferme dans le premier *douar* venu; il y reste huit jours, quinze jours, s'il le faut, roulé dans son *burnouss* et écrivant. De temps en temps, il rassemble ses matériaux, très-compliqués, très-divers, quelquefois très-abondants, et les dépose, au poste le plus proche, entre les mains d'un ami sûr. Il a dispersé de la sorte son trésor aux quatre coins de l'Algérie, et le jour où il se décidera peut-être à le réunir, il lui faudra entreprendre un dernier voyage, qui ne sera pas le moins long de tous.

Vandell est allé partout où peut aller un voyageur intrépide et inoffensif; il a vu tout ce qui mérite d'être vu; il sait sur les trois provinces tout ce qu'une mémoire encyclopédique est capable de retenir. Grâce à la variété de ses connaissances, à l'étendue des services qu'il est en mesure de rendre, mais d'abord grâce à la bizarrerie de ses allures et à l'étrangeté de sa vie, il est aussi bien accueilli des Arabes que doit l'être un *derviche* doublé d'un *tbeb* (médecin). Aussi se montre-t-il impunément là où ne passerait pas un bataillon, n'ayant rien à craindre ni jour ni nuit, si ce n'est la distraction d'un coupeur de bourse. Son dénûment fait sa sauvegarde.

— Le plus sûr, me disait-il à ce propos, est de ne tenter personne. « *Mille cavaliers ne sauraient dépouiller un homme nu.* »

Il campait à peu de lieues de Taguin quand la colonne du duc d'Aumale y surprit la *smala*. Il a suivi, sans y prendre part autrement qu'en spectateur, le long siége de Zaatcha. Depuis, et tout récemment, il apprit, un jour qu'il cheminait chez les Ouled-Nayl, entre Djelfa et Chareff, qu'une armée se rassemblait devant El-Aghouat. Aussitôt il doubla les étapes, de peur d'arriver trop tard, et il atteignait le sommet des collines au moment où partaient les premiers coups de canon du siége. Alors, c'est lui qui me l'a raconté, il mit pied à terre, et du haut de son observatoire il assista aussi commodément que possible à la bataille. J'ai vu dans son portefeuille les croquis faits pendant cette journée. Il a commencé par établir le plan de la ville et le cadre panoramique de l'action; puis, au fur et à mesure des manœuvres, qu'il discernait très-bien, il indiquait, au moyen de lignes pleines ou d'un pointillé de crayon noir, le mouvement des corps en marche ou la position momentanée des bataillons d'attaque. A l'instant même où chaque coup de canon tiré, soit de la ville, soit des batte-

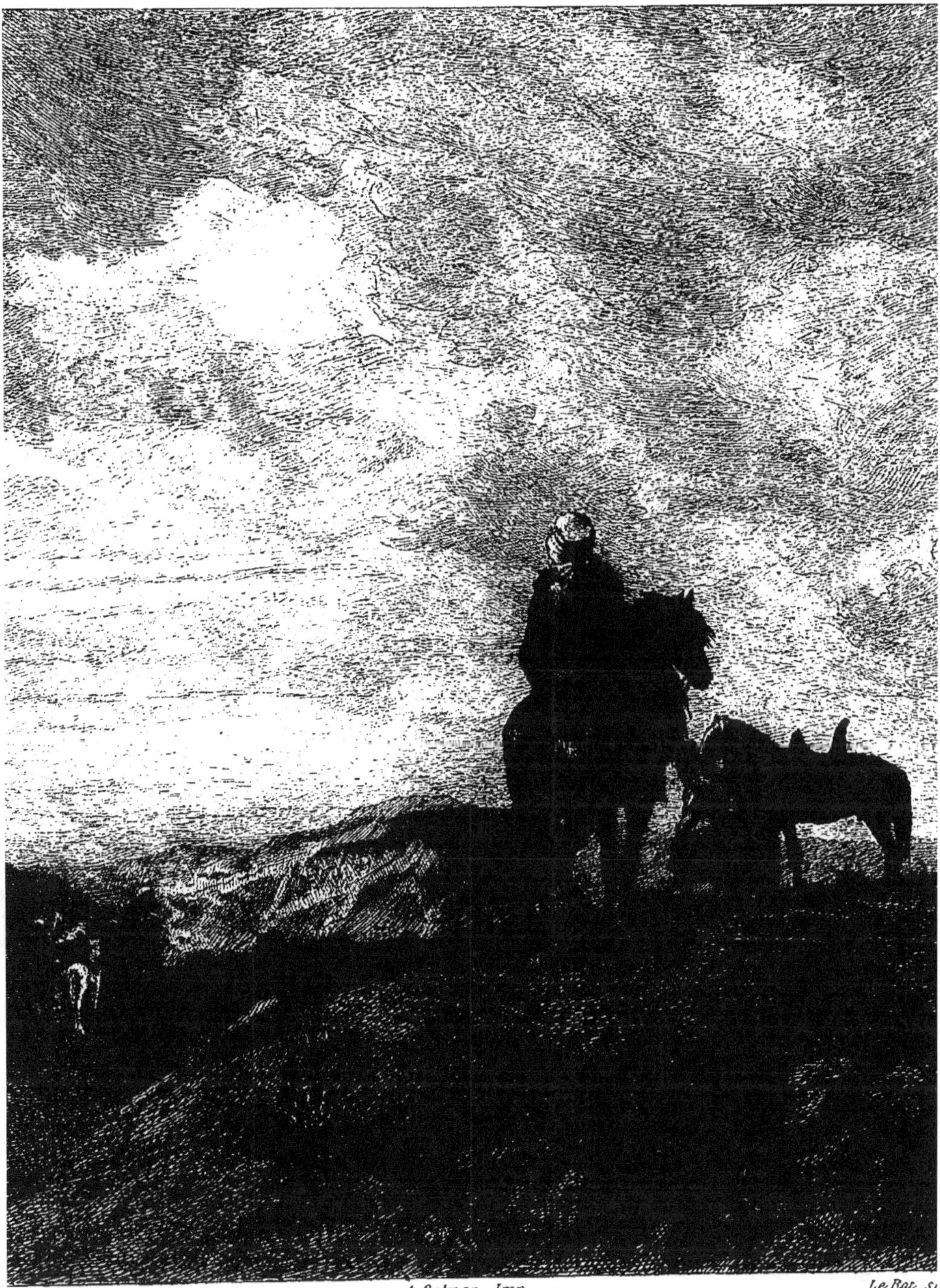

...omentin, pinx. A. Salmon, Imp. Le Rat, sc.

CAVALIERS ARABES EN OBSERVATION DANS LA MONTAGNE

d'après le tableau appartenant à M. Perreau

...E. PLON & Cie EDIT.

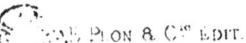

ries françaises, produisait au-dessus du champ de bataille un flot de fumée distinct et plus large, le dessinateur en exprimait le jet rapide et la forme exacte à l'aide d'un léger frottis de crayon blanc. La ville prise, il plia bagage. Il y pénétra aussitôt qu'il le put faire, armé cette fois d'un fusil qu'on lui prêta, puis, quand il eut vu ce qu'il voulait voir et noté ce qui lui parut instructif, il partit, se remit en course vers le nord, et fit une pointe audacieuse, à travers les Ouled-Nayl, jusqu'à Bouçada.

— A propos, lui demandai-je aujourd'hui, par quel hasard vous trouvez-vous donc à Blidah?

— Par hasard, mon cher ami, me dit-il. A dix lieues d'ici dans la montagne, pendant que je sommeillais apparemment, ma jument, qui de loin flairait une écurie, a tourné à gauche, au lieu de tourner à droite, et m'a conduit à la porte du ravin. En définitive, je n'en suis pas fâché, ajouta-t-il avec amabilité, ni la pauvre bête non plus.

Blidah, février.

L'étranger t'appelle une *petite ville* (*Blidah*),
Et moi, Blidien, je t'appelle une *petite rose* (*Ourida*).

Voilà tout ce qui reste de Blidah, un distique de forme amoureuse, un nom charmant qui rime avec rose. La ville n'existe plus. Le nom résonne encore sur les lèvres des Arabes, comme un souvenir tendre et regretté d'anciennes délices.

Blidah était en effet la ville par excellence des roses, des jasmins et des femmes. Du bord de la plaine où l'on apercevait ses tours et ses maisons blanches, cachées à demi dans des forêts d'arbres aux fruits d'or, elle apparaissait précisément en face de *Koleah la Sainte,* comme une image anticipée des joies permises et promises du paradis. Il y avait là des jardins constamment verts, des rues tapissées de feuillage et plus ombreuses que des allées de bois, de grands cafés pleins de musique, de petites maisons habitées par des plaisirs délicats, des eaux partout, et des eaux exquises ; puis, pour achever par les odeurs le bien-être de ce peuple sensuel, la continuelle exhalaison des orangeries en fleur y faisait de l'atmosphère tout entière un parfum. On y fabriquait des essences, on y vendait des bijoux. Les gens de guerre venaient s'y délasser, les jeunes gens s'y corrompre. Les marabouts, dont ce n'était pas la place, habitaient à l'écart dans la montagne. Les mosquées n'y figuraient que pour mémoire, et comme un chapelet dans la main des débauchés.

Blidah ressemble aujourd'hui, trait pour trait, à une Mauresque que je vois se promener dans la ville, qui a été belle et qui, ne l'étant plus, s'habille à la française avec un chapeau de mauvais goût, une robe mal faite et des gants fanés : plus d'ombre dans les rues, plus de cafés ; les trois quarts des maisons détruites et remplacées par des bâtisses européennes ; d'immenses casernes, des rues de colonies ; au lieu de la vie arabe, la vie des camps, la moins mystérieuse de toutes, surtout dans la recherche de ses plaisirs. Ce que la guerre a commencé, la paix l'achève. Le jour où Blidah n'aura plus rien d'arabe, elle redeviendra une très-jolie ville ; la nouvelle Blidah fera peut-être oublier l'ancienne le jour où ceux qui la regrettent auront eux-mêmes disparu.

D'ailleurs il lui restera tant de choses pour l'embellir et la faire prospérer : — sa situation d'abord, si parfaite qu'on y rebâtirait encore, si un nouveau tremblement de terre démolissait la ville actuelle ; — un sol fertile, de belles eaux, mieux distribuées que jamais, que l'industrie française utilise, où les Arabes n'ont vu qu'un agrément, où nous trouverons des fortunes ; — à la porte de la ville, une plaine admirable, et la montagne au-dessus d'elle ; — un climat très-doux, juste assez d'hiver pour aider les cultures européennes, un été qui semble propice aux tropicales ; un air salubre, peu de vents du désert, tous ceux de la mer et venant sans obstacle, depuis l'est jusqu'à l'ouest en passant par le nord plein ; — pour horizon, trois cent mille hectares de terre attendant la charrue ; enfin, luxe assez rare, des orangeries fort amoindries, dit-on, mais qui font encore de cet ancien jardin des Hespérides le premier pays des oranges. Ce qu'il y avait de délicieux dans ce lieu de plaisance étant évanoui, il faut bien se consoler par le spectacle de l'utile. L'avenir effacera le passé, je le répète; mais surtout il excusera le présent, qui, cela soit dit sans injustice, a besoin d'être excusé.

En attendant, j'erre au milieu de la ville informe, ne voyant pas encore ce qu'elle sera, cherchant ce qu'elle a cessé d'être et ne l'imaginant plus qu'avec effort. Je m'assieds chez les barbiers, je cause avec les marchands d'herbes, je vais au marché français voir les premières fleurs, au marché arabe regarder les négresses, les gens des tribus et les montagnards qui descendent tous les matins, poussant devant eux des troupeaux d'ânes chargés de bois mort et de charbon. Il y a là des cafés encore, mais modernes, et quels cafés! Ce que leur clientèle offre en général de plus choisi, ce sont les agents de la police indigène. Ils sont vêtus à la turque et fort propres; ils portent, comme dans tous les pays du monde, les deux insignes de la loi répressive, le bâton et le poignard, qui vaut l'épée.

Quelquefois un magistrat à longue pelisse, cadi ou autre, y vient débonnairement prendre son café. Il a toujours entre les doigts trois choses qui ne le quittent pas : sa pipe en jasmin, son chapelet et un mouchoir de Tunis. Il reçoit au passage quelques accolades, et le *kaouadgi* lui baise l'épaule. Quand il arrive que par hasard la société soit nombreuse et de qualité, alors le *kaouadgi* paraît avec un flacon d'eau de rose, de jasmin ou de benjoin, fermé comme une poivrière par un bouchon de métal percé de trous. Il fait le tour de l'assemblée, et très-gravement, comme s'il s'agissait d'une cérémonie, il asperge les visages et les habits d'une fine pluie d'essence. Cette galanterie coûte d'ordinaire quelque menue monnaie, offerte sous forme de remercîment.

De temps en temps je me donne le plaisir de sortir par Bab-el-Sebt, et tout à coup, comme si c'était la première fois que je la visse, je regarde la plaine. L'horizon est admirable d'étendue, de grandeur et de gravité; le voyageur y reste attaché, même après avoir contemplé des tableaux plus rares : — en face de Blidah, le *Tombeau de la Chrétienne* (Kubben-er-Roumia), posé entre le lac Haloûla, qui dort à ses pieds, et la masse écrasée du Chenoûa; Mazafran, la rivière *aux eaux jaunes*, qui débouche à travers le Sahel par une étroite ouverture où la mer paraît; Koleah, toute blanche, et qui le soir forme des pétillements singuliers sur les coteaux bruns ; à gauche, la ligne profonde des montagnes de Milianah, étagées par triples assises et fermant la plaine énorme d'un rideau d'azur sombre moiré d'argent : tout cela composé avec de belles lignes et consacré par des noms qui plaisent. C'est ici, mon ami, qu'autrefois, dans la joie de la première arrivée, reconnaissant enfin la vraie terre arabe après l'avoir longtemps imaginée, nous disions : *O Palestine!*

Il y a une heure que je préfère aux heures lumineuses dans cette ville en ruine, et qui me réconcilie même avec son présent : c'est le soir, à la tombée de la nuit, le court moment d'incertitude qui suit immédiatement la fin du jour et précède l'obscurité. L'ombre descend, accompagnée, dans cette saison, d'un épais brouillard qui rend douteuse et bleuit l'extrémité des rues les plus courtes. Le pavé se mouille et le pied glisse un peu dans ces demi-ténèbres, car cette partie de la ville est mal éclairée. Le côté du couchant nage alors dans des lueurs violettes; les architectures deviennent singulières, et le ciel, qui peu à peu se décolore, semble, l'une après l'autre, les faire évaporer. On n'aperçoit plus que vaguement tout ce peuple étranger qui regagne les rues qu'il habite, s'y amasse confusément et les rétrécit. On entend autour de soi parler dans une langue rauque et un peu bizarre; on distingue la voix des femmes à leur parler plus doux, et celle des enfants à des intonations criardes. Des petites filles passent, portant sur leur tête la planche aux pains, et se glissent parmi la foule en criant : *Balek!* On frôle, sans définir aucune attitude, des femmes voilées, que la blancheur de leur vêtement fait reconnaître et qui semblent se dérober. Alors, pour peu qu'on ait le goût des rêves et des conjectures, il est possible de recomposer toute une société morte, et permis de supposer beaucoup de choses qui n'existent plus, en fait d'art comme en fait de galanterie.

24 février.

Je ne m'attendais guère à ce qui m'arrive. J'ai retrouvé ma Mauresque inconnue du carrefour de Si-Mohammed-el-Scheriff; elle habite Blidah, et, pour dire les choses à la française, je suis autorisé à me présenter chez elle demain à midi.

On tambourinait aujourd'hui, vers deux heures, dans une petite rue du voisinage. Outre le bruit des crochets de bois frappant sur les peaux tendues, un cliquetis de castagnettes de fer et des voix de chanteurs nous arrivaient par-dessus les terrasses.

— Venez-vous entendre un peu de musique? me dit Vandell.

— Volontiers, lui dis-je, et puisque nous voilà réduits aux concerts nègres, allons.

Je dois noter ici que mon ami Vandell, très-indulgent d'ailleurs pour les Arabes, leur pardonne difficilement de n'être pas musiciens.

— Vous connaissez leur prétention, me disait-il chemin faisant; ils ont la vanité de supposer que les fleurs de certaines plantes, en particulier du bouillon et de l'armoise, tombent de leur tige lorsqu'ils jouent de leur *mizmoune*. C'est une vieille imagination latine dont ils ont hérité je ne sais comment :

> Ilicibus glandes cantataque vitibus uva
> Decidit.....

La maison d'où venait le bruit avait un mur démoli sur la rue, de sorte que, par une grande brèche ouverte à hauteur d'appui, nous pouvions voir ce qui se passait à l'intérieur à peu près aussi bien que si nous y fussions entrés. C'était une petite fête de famille où chacun faisait sa partie. On formait cercle devant le seuil d'une chambre basse où se tenait assise, présidant la réunion, qui sans doute avait lieu pour elle, une jeune et jolie négresse, ayant la gorge découverte et allaitant un nourrisson complétement nu. Deux Mauresques accroupies sur des tapis tenaient chacune une paire d'énormes castagnettes de fer, beaucoup trop lourdes pour leurs mains menues. Deux nègres frappaient en chantant sur des tambourins ; un troisième, debout à quelques pas de la nourrice, à moitié déshabillé, nu-tête et la ceinture au vent, exécutait des danses furieuses en l'honneur du nouveau-né. La cour était petite et presque entièrement plafonnée par un vaste figuier sans feuilles, mais tellement noueux et si branchu que la multiplicité de ses rameaux formait une ombre sur le pavé. Le pied de l'arbre trempait dans une flaque d'eau croupissante où s'agitaient des canards ; et des poules attachées deux à deux par la patte, comme des prisonniers dont on se défie, se promenaient autour d'un fumier, très-embarrassées de leur entrave, chacune tirant le fil à soi sans parvenir à marcher d'accord. C'était, comme tu le vois, une scène à la flamande on ne peut plus intime. Je ne composerais point le tableau ainsi ; mais je te rapporte exactement ce qu'on y voyait.

Un jeune enfant, qui n'était point occupé dans ce concert, nous aperçut, vint ouvrir la porte et nous introduisit. On se salua du geste et brièvement, afin de ne pas suspendre la fête une seule minute : le danseur activa sa danse, en précipita la mesure, frappa ses castagnettes avec d'autant plus d'entrain et de gaieté qu'il avait maintenant deux étrangers pour spectateurs. Il était hors de lui, inondé de sueur et tout semblable à du bronze qu'on vient d'arroser.

Les Mauresques avaient le visage découvert : elles étaient jolies et bien mises, en tenue d'hiver, avec le cafetan à manches par-dessus le corset. Leur habillement se composait d'un ramage de soie à fleurs et de dorures, et toute leur personne, imbibée d'eau de senteur, exhalait une intolérable odeur d'ambre. Pas un de nous ne dit mot pendant une heure. Le nouveau-né, qui geignait en harcelant le sein magnifique de sa nourrice, était le seul dont on entendît la voix. Enfin le nègre se lassa naturellement le premier; la musique aussitôt s'interrompit, et la fête finit comme finissent les fêtes de ce genre, où, chose incompréhensible, la lassitude vient toujours avant l'ennui. Nous prîmes congé des gens de la maison, et les Mauresques, qui n'étaient aussi que des invitées, firent, comme nous, leurs dispositions de départ. Quand elles eurent repris leurs *haïks,* remis leurs masques de cotonnade blanche, et comme elles passaient devant nous aussi noblement voilées que dans la rue, Vandell les salua en arabe, et je l'imitai.

— *Au revoir, monsieur,* me dit en français la plus petite et la plus mince des deux femmes. Je reconnus le *au revoir, monsieur,* du carrefour d'Alger. Cette fois, le vieux Abdallah n'était plus là, et sans prendre le temps de délibérer, je les suivis.

— Vous savez à qui vous avez affaire? me dit Vandell.

— Je m'en doute, lui répondis-je, mais j'ai des raisons que je vous dirai pour m'intéresser à celle des deux qui m'a dit : Au revoir.

Les deux femmes se séparèrent au bout de la rue. Je laissai s'éloigner la grande amie, et j'accompagnai l'autre. Elle ne tourna pas la tête une seule fois, du moins je ne le vis pas. Après quelques circuits, elle arriva chez elle; le quartier était désert, la rue arabe, la maison arabe. Elle poussa la lourde porte en s'y appuyant de tout le corps et disparut. J'arrivais sur ses pas, et je vis la porte qui retombait par son propre poids et tremblait encore sur ses gonds; on n'avait pas mis l'arc-boutant, et quelque chose comme un courant d'air la faisait par intervalles faiblement s'entr'ouvrir. J'attendis une demi-minute, incertain de ce que j'allais faire; la porte se rouvrit : la femme était devant moi qui me regardait par l'échancrure de son masque, avec des yeux dont je ne voyais qu'un point fixe et lumineux comme un diamant.

— N'entrez pas, me dit-elle en *sabir,* c'est-à-dire en italien barbare; mais venez demain, à midi.

Te l'avouerai-je, mon ami? je fus pris au dépourvu par une cordialité si prompte, et je répétai seulement : — Demain à midi.

Vandell faisait sentinelle au bout de la rue.

— Eh bien? me dit-il.

— Eh bien! j'irai demain.

Je le mis en deux mots au courant de notre première rencontre. Il connaît Sid-Abdallah ; qui ne connaît-il pas? Le marchand est un homme de bien à la loyauté de qui l'on peut se fier, et l'avis qu'il m'a donné de *prendre garde* vaut un conseil.

— Quant à la femme, ajouta Vandell, pour peu que vous teniez à savoir son histoire, nous irons trouver le barbier Hassan, et nous le ferons causer, s'il est en humeur d'être indiscret.

L'enquête est-elle bien utile dans une affaire de si médiocre intérêt?

26 février.

Vandell m'a conduit hier soir chez le barbier Hassan.

Hassan veut dire cheval; mais proprement ce mot signifie *le plus bel animal* et *le plus beau*. C'est un nom fier, qui ne va pas toujours bien à ceux qui le portent; pour notre ami le barbier de Blidah, on pourrait croire que ses parents l'ont baptisé d'après la belle opinion qu'il devait avoir de lui-même. Hassan est un homme entre deux âges, ni beau ni laid, prétentieux dans sa mise, et trop familier pour un Arabe : c'est l'état qui le veut apparemment. Il voit et reçoit toute sorte de gens; j'entends que les habitués prennent sa boutique comme un endroit public et s'y donnent rendez-vous sans plus de façon que dans la rue.

Suivant sa coutume, il avait nombreuse compagnie. C'était quelque chose comme une soirée bourgeoise. On jouait aux dames et aux échecs; on fumait dans les pipes du maître de la maison (le râtelier aux pipes de Hassan est le plus richement pourvu du quartier), et le *kaouadji* d'à côté apportait le café, que chacun payait.

Au moment où nous entrions, un long jeune homme au visage maigre achevait une partie de dames et disait à son adversaire en lui poussant son dernier pion :

— Si tout ce qu'on désire arrivait, le mendiant deviendrait bey.

C'est un proverbe connu, fit observer Vandell, qui, le prenant aussitôt par la main et l'amenant à moi, me dit : Mon cher, je vous présente l'homme le plus spirituel et le plus lettré des trois provinces, *taleb* à la *zaouïa*[1] de....., mon ami *Ben-Hamida* le vaudevilliste. Vous pourrez ensemble causer de Paris, car monsieur l'habite, ajouta-t-il en me désignant, et Si-ben-Hamida y a vécu.

Si-ben-Hamida, je l'appris de lui-même, est un élève du collége Saint-Louis. Il y passa, faisant ses classes et suivant les cours élémentaires d'histoire et de géographie, les quatre ou cinq années que dura son séjour en France. Le véritable motif de cette éducation parisienne, je ne l'ai pas su et probablement ne le saurai point. Il y a telles existences, dans ce pays des sous-entendus, dont l'origine est assurée de rester douteuse.

— J'ai presque tout oublié, me dit-il en cherchant ses mots, et je finirai par ne plus pouvoir parler français. C'est un esprit prompt, vif, enjoué, plein de reparties, quand on s'y prête, et qui doit être singulièrement délié. Son éducation, commencée parmi nous, semble avoir développé certaines aptitudes on ne peut plus rares chez le peuple arabe, même des hautes classes. Il a la démarche ouverte, la parole expansive, le geste démonstratif, la voix goguenarde, et toujours comme un sourire irrésistible dans le regard. De son passage au milieu de nos universités, il n'a gardé que ce qu'il a voulu : l'amour des lettres et le goût facétieux des proverbes et des calembours. C'est à cause de cette légèreté quasi française et de cet atticisme littéraire que Vandell l'a surnommé le *vaudevilliste*. Sa mise était celle des Maures, et comme il portait le turban d'hiver, il avait le cou, la tête et le visage élégamment enveloppés d'une écharpe de mousseline à petits pois roses.

Son adversaire, celui contre lequel il avait perdu, était un Arabe de la plaine, un peu court, un peu gros, barbu, très-

---

[1] École religieuse.

basané, en *burnouss*, en *haïk*, et par-dessous habillé, comme les cavaliers, de la veste et des gilets brodés de soie; un mince cordonnet de soie grise, à glands d'or, accompagnait autour de sa tête le *khrit*, ou corde en poil de chameau noir; un chapelet lui pendait au cou, et deux ou trois amulettes étaient attachées dans sa coiffure.

— Regardez bien celui-ci, me dit Vandell, c'est un homme de sabre; je vous dirai comment il s'en sert, à l'occasion.

La réunion se composait en outre de bourgeois du voisinage, moitié marchands d'épices et de tabac, moitié rentiers, gens âgés, grisonnants, parlant à voix basse, fumant lentement, prudemment couverts de *burnouss* de chambre qui les habillaient comme des douillettes, avec des turbans aux plis méthodiques, des gilets fermés et des bas de laine écrue qui les chaussaient jusqu'aux mollets. Les savates étaient alignées par terre, devant les banquettes, et chacun d'eux avait à portée de la main, soit la courte bougie rose, soit la lanterne de papier peint, qui devait l'éclairer au retour, car la nuit était fort obscure.

Je voudrais te faire comprendre à peu près de quoi l'on causa, car des gens de vie casanière ne prendraient pas rendez-vous, à pareille heure du soir, chez un barbier, dans l'unique intention d'y former cercle et de se taire. Or la conversation arabe ressemble à toutes les conversations oiseuses, où l'inutilité des choses dites ne s'explique que par une contagieuse démangeaison de la langue, mais avec des modes particuliers que la pantomime traduirait plus aisément que la parole écrite. Ce sont d'abord les salutations de l'arrivée, qui reviennent à temps égaux, comme des retours voulus de politesse, et qui marquent le rhythme du discours, en fixent les repos, en signalent les reprises : — politesses sur tout, questions sur tout, bénédictions sur tout, excepté sur la femme, dont jamais on ne doit s'informer; — puis des curiosités comme les nôtres, mais qui ne sont plus les nôtres; un commérage en sourdine, et tout à fait local, sur la politique, sur les affaires françaises, sur des intérêts minimes de municipalité, de ville ou de tribu; puis encore des anecdotes d'un autre monde et de l'autre monde, vieilleries à dormir debout qui, depuis leur origine, ont conservé le don d'émouvoir, de rendre attentifs, ou de faire rire avec satisfaction ceux des auditeurs qui les connaissent le mieux. Chacun les sait par cœur, et chacun cependant se donne tour à tour le plaisir naïf de les entendre ou de les réciter. Tout cela est entremêlé de jeux de mots, la plupart combinés pour l'oreille, reposant sur des assonances, et par cela même intraduisibles, puis de maximes, de *concetti*, de proverbes, et sous ce rapport le scribe Ben-Hamida est bien l'expression fleurie et littéraire du génie primordial arabe.

Vandell raconta dans le style obligé, c'est-à-dire avec les onomatopées les plus figuratives, le siége récent dont il avait été témoin. Il reproduisit le bruit du canon par un mouvement des lèvres très-imitatif, et, voulant donner l'idée d'une bataille acharnée, il répéta le plus longuement et le plus fréquemment qu'il put les *ba, ba, ba* interminables par lesquels un Arabe accompagne ordinairement le récit d'une aventure où la poudre a beaucoup parlé. Il fut ensuite question des *djerad* (sauterelles), qui, dit-on, fourmillent dans le sud, et qui bientôt vont se mettre en voyage. On a pris des mesures, commandé des corvées, organisé des battues pour les détruire : échapperont-elles? et à ce propos un ancien Blidien, le marchand Ben-Saïd, raconta d'après son père, qui le tenait de son père, lequel avait assisté très-vieux déjà, mais de sa personne, à ce grand désastre, l'invasion sans pareille de 1724 à 1725, comment ce fut une plaie comparable à celles décrites dans les histoires juives, comment les *djerad* avaient tout détruit, mais surtout les vignes, mangeant les pampres, puis le sarment, puis dévorant jusqu'au cep lui-même. Le feu n'aurait pas été plus prompt ni plus funeste : jamais depuis les vignes n'ont produit, et le vin de Blidah, fameux jadis, n'existe plus depuis cette époque. On en extermina des milliards de milliards, sans que le nombre en parût diminué; le ciel en était obscurci, la ville encombrée, l'eau des sources empoisonnée. On se vengea comme on put de ce fléau maudit, on en fit des fritures, des confitures, des salaisons et du fumier; enfin un fort vent du sud, s'étant élevé, emporta vers la mer cette armée de bêtes enragées, et les y noya.

— Après quoi elles se changèrent en crevettes, et les gens du Fhas les y pêchèrent, ajouta Ben-Hamida, qui paraît s'égayer beaucoup des superstitions de son pays.

Là-dessus, on disserta des monstres : depuis le dragon des Hespérides jusqu'au *Niam-niam*, l'Afrique a toujours passé pour en produire. « L'Afrique produit toujours quelque chose de nouveau », dit Vandell, qui fit à son tour l'érudit; ceci est une maxime ancienne. Et après avoir cité Aristote, il en donna, d'après Pline, le commentaire savant que voici : « La rareté de l'eau obligeant les animaux à s'assembler pêle-mêle près d'un petit nombre de rivières, les petits ont toute sorte de formes étranges, vu que les mâles, soit de gré ou de force, s'accouplent indistinctement avec les femelles de toute espèce. » Le barbier Hassan opina que la chose était évidente, les vieillards furent de l'avis de Hassan; Ben-Hamida seul n'admit pas cette explication comme le dernier mot de la science européenne et sourit.

Dernière histoire : on parla de Si-Mustapha-ben-Roumi, autrement dit le commandant X..., et de sa fameuse aventure avec Béchir. L'anecdote est chevaleresque : ce fut l'Arabe en *burnouss*, Hadjout, qui la raconta, non pas, bien entendu, comme une histoire nouvelle, car elle court les rues, mais comme un récit qu'un homme de sa race ne peut jamais répéter trop souvent. La voici, du moins très-abrégée :

Le commandant X... arriva tout jeune à Alger, vers la deuxième année qui suivit la prise. A cette époque, Alger n'avait pas de collége, et la première éducation de l'écolier se fit sur la place publique avec les enfants du peuple indigène. Il apprit là diverses choses qu'à pareil âge on apprend sans maître, entre autres la langue du pays et les plaisirs de l'indépendance; mais on ne trouva pas que cela valût des leçons de famille, on le corrigea.

La correction lui déplut, et comme il n'aimait pas la contrainte, il quitta sa famille et s'enfuit. Arrivé dans le Sahel d'Alger, au moment de descendre vers la plaine et peut-être de réfléchir aux hasards de son entreprise, il rencontra deux cavaliers arabes qui voyageaient ou maraudaient.

— Qui es-tu?

— Un tel, fils d'un tel.

— Où vas-tu?

— Devant moi.

— Veux-tu venir chez les Hadjout?

Les Hadjout alors étaient un grand sujet d'effroi. Bravement l'enfant répondit :

— Je veux bien.

Un des maraudeurs le prit en croupe, et le soir même on le conduisait tout droit à la tente du khalifat Béchir.

— C'est un otage, dirent les cavaliers.

— Non pas, dit Béchir, c'est un enfant.

— Et ce sera le mien, dit la femme de Béchir, qui l'adopta comme un présent du hasard, le fit circoncire et le nomma *Mustapha*, c'est-à-dire *le purifié*.

Mustapha grandit sous la tente, il brunit au soleil, tout de suite il mania des sabres; élevé par des centaures, il devint ce qu'il est, un extraordinaire cavalier. Quand il eut quinze ans, on lui donna un cheval et des armes. Quand il en eut dix-huit, un beau jour l'ennui de la tente le prit, comme l'avait pris déjà l'ennui de la maison. La guerre était partout; il avait à choisir entre deux patries, l'une natale et l'autre adoptive : il se décida pour la première. Il quitta le *douar,* non pas la nuit, mais en plein jour; il dit à Béchir : — Je m'en vais, — et il courut à Blidah s'enrôler dans les spahis. De Blidah il passa à Koleah; de libre qu'il était, il devint soldat, mais toujours plutôt Arabe que Français. Deux ans plus tard, une *razzia* fut organisée contre les Hadjout. Il fallait un guide pour diriger la colonne, un guide sûr, qui connût le pays, la langue et surtout les habitudes de l'ennemi; Mustapha fut désigné. L'affaire eut lieu, on se battit. Vers la fin de l'action, deux cavaliers se rencontrèrent, échangèrent le feu de leurs pistolets, puis se chargèrent, pour s'aborder, le plus jeune avec le sabre, le plus âgé avec la lance. Au moment où les chevaux allaient se toucher, les combattants se reconnurent :

— C'est toi, Mustapha!
— C'est toi, Béchir!

Béchir, au dire des Arabes, était un héros, beau, intrépide et montant des chevaux admirables. Il s'arrêta tout droit devant le jeune homme, fit seulement le geste de lui effleurer l'épaule afin de ne déchirer que le *burnouss,* et lui jeta sa lance.

— Prends-la, dit-il, va la porter au général*** et dis-lui que tu as enlevé la lance de Béchir. Puis, désarmé, les deux mains vides, il tourna bride et disparut.

Ainsi finit la soirée, par une légende héroïque. Nous nous séparâmes vers dix heures, au moment où le clairon de la caserne des Turcs sonnait le couvre-feu. Chacun alors alluma sa lanterne, chaussa ses babouches, releva le capuchon de son *burnouss,* et nous sortîmes tous ensemble, excepté l'Hadjout, qui resta chez le barbier et parut devoir y passer la nuit; ce fut dans la rue qu'eurent lieu les *salam-aleikoum* et *aleikoum-salam* du départ.

— Ce n'est pas peu de chose qu'un ami, nous dit Hamida en prenant chaleureusement les mains de Vandell et les miennes, — et ce n'est pas trop de mille. Puis, sur ce dernier proverbe dit de la façon la plus aimable, le jeune *taleb* de *zaouïa,* ex-collégien de Saint-Louis, s'en alla en chantonnant par les rues tranquilles.

— Charmant, mais hypocrite, me dit Vandell quand nous fûmes seuls, — *homme à la langue douce et qui saura teter les lionnes.* — Quant à l'Arabe, continua-t-il, celui que nous laissons chez Hassan, il a sur la conscience un petit péché qui le rend un peu taciturne, car il sait que la justice a les yeux sur lui. Un soir qu'il rentrait au *douar* avec un cousin dont il avait, dit-il, à se plaindre, tous les deux à cheval et par des chemins écartés, il laissa son compagnon passer devant, prit un pistolet et le lui déchargea dans les reins. Le cheval, sans cavalier, regagna le *douar*. Le cadavre ne fut découvert que quelques jours après, parce qu'on vit beaucoup de corbeaux et de milans tourner en cercle au-dessus des broussailles. La blessure était impossible à reconnaître sur un corps mis en lambeaux par des bêtes de proie. Cependant on soupçonna la vérité, et Amar-Ben-Arif fut interrogé; mais l'affaire en resta là faute de preuves. C'était une querelle de famille, rancune de jalousie, je crois. Le fait du coup de pistolet est positif : c'est Amar-ben-Harif lui-même qui me l'a conté.

— Pour ce qui vous regarde, ajouta Vandell, voici quelques détails. La femme est à Blidah depuis un mois. Elle y vit seule avec sa domestique Assra, la négresse qui faisait aujourd'hui ses relevailles. Il n'y a dans sa maison, dont vous connaissez la porte, que son petit ménage et des Juifs. Elle s'appelle Haoûa; son amie s'appelle Aïchouna. On fêtait aujourd'hui la naissance du premier enfant d'Assra; le mari était ce nègre beau danseur qui s'est tant fatigué pour exprimer la joie qu'il avait d'être père. Avez-vous remarqué que l'enfant n'est presque pas noir? C'est un miracle, m'a dit le malicieux barbier. De mauvais plaisants en ont déjà fait la remarque. Il paraît que le père a répondu : *Chouïa-chouïa, sara negro* (patience, patience, il deviendra nègre). En attendant, il fait auprès de son fils le métier de corybante et l'élève, ni plus ni moins qu'un jeune Jupiter, au bruit des danses et des boucliers d'airain. Nous retournerons au bureau de renseignements quand il faudra; mais ménageons Hassan, et puisque Ben-Hamida nous a donné le goût des proverbes, souvenez-vous de cette maxime pour votre gouverne : — *Il y a cinq degrés pour arriver à être sage : se taire, écouter, se rappeler, agir, étudier.* Ceci est de la sagesse arabe, c'est-à-dire de la politique.

Il est dix heures du matin, mon ami, et dans deux heures j'irai voir si l'appartement d'Haoûa ressemble à l'admirable tableau de Delacroix : *les Femmes d'Alger.*

Même date, au soir.

Oui, mon ami, c'est tout semblable. C'est aussi charmant. Ce n'est pas plus beau. Dans la nature, la vie est plus multiple, le détail plus imprévu; les nuances sont infinies. Il y a le bruit, les odeurs, le silence, la succession du geste et la durée. Dans le tableau, le caractère est définitif, le moment déterminé, le choix parfait, la scène fixée pour toujours et absolue. C'est la formule des choses, ce qui doit être vu plutôt que ce qui est, la vraisemblance du vrai plutôt que le vrai. Il n'y a guère, que je sache, d'autre réel en fait d'art que cette vérité d'élection, et il serait inutile d'être un excellent esprit et un grand peintre, si l'on ne mettait dans son œuvre quelque chose que la réalité n'a pas. C'est en quoi l'homme est plus intelligent que le soleil, et j'en remercie Dieu.

A midi précis, je frappai à la porte d'Haoûa. J'entendis à l'intérieur plusieurs voix qui crièrent à la fois : *Minhou?* qui est là? — Et au-dessus de ma tête, dans une chambre formant étage, une autre voix facile à reconnaître qui répétait : *Ache koune?* qui est-ce? — Puis un volet fermé fit du bruit, et la même voix dit aussitôt : *Ya Assra, heull el bab* (Assra, ouvre la porte). La négresse vint ouvrir.

Je traversai la cour, où j'aperçus, dans quatre chambres, quatre ménages juifs, des femmes qui savonnaient des langes, beaucoup d'enfants jouant fraternellement au seuil des portes, et des nouveau-nés que leurs mères balançaient dans des berceaux mobiles en forme de hamacs. L'étage était en galerie; j'en fis le tour avec Assra, qui me précédait, traînant ses talons nus sur les carreaux de faïence, les reins pris, comme par un sarrau, dans son étroit *fouta* d'étoffe orange et bleue. Arrivée devant la chambre de sa maîtresse, la noire servante tourna la tête à demi de mon côté, et fit exactement le geste que tu peux voir dans le tableau de Delacroix, pour écarter le rideau de mousseline à fleurs.

Je vis, en entrant, Haoûa qui m'attendait, couchée de côté sur un long divan bas et large, au milieu d'une quantité de petits coussins, dont l'arrangement prouvait qu'elle avait dormi.

— Bonjour, me dit-elle, asseyez-vous.

Je m'assis, non pas à côté d'elle, mais à ses pieds, et pas trop près, de manière à la bien voir.

Un narghilé brûlait au milieu de la chambre; elle ne tenait l'extrémité entre ses doigts chargés de bagues, et regardait voler la fumée qui s'échappait en filet tremblant par l'orifice du bouquin d'ambre. Le long tuyau, annelé de brun et d'or, s'enroulait autour de sa jambe fine, nerveuse, jaune comme du vieux ivoire, et semblait la presser d'un nœud vivant, comme le serpent de Cléopâtre. Elle était pâle, immobile, à demi souriante, et la vie dont était animé ce corps tranquille soulevait paisiblement son étroit corsage. Rien ne manquait à sa toilette pour la rendre aussi accomplie que possible; elle avait pris des soins exquis pour se parer, se parfumer et se peindre. Coiffée de foulards noirs et bleus, et peut-être un peu moins déshabillée que ne l'est une femme mauresque dans son intérieur, elle portait un corset de drap bleu richement doré sous un cafetan bleu sans manches, et, contre l'usage du pays, une sorte de ceinturon d'or à fermoir massif retenait autour de sa taille un peu grêle un *fouta* très-ample de couleur écarlate. Son costume, ainsi composé de trois couleurs, mais où le rouge ardent écrasait tout, exagérait encore, par ce contact extrêmement vif, la pâleur morne de sa peau. Elle avait les yeux bordés d'antimoine, les mains enluminées de *henné*, les pieds aussi; ses talons, rougis par la teinture, « ressemblaient à deux oranges ».

— Comment t'appelles-tu? — demandai-je, — *Ouech-esmek?*

Elle aspira une dernière bouffée de *tombak*, et, par un joli geste, me tendit le bouquin du narghilé, dont le souple tuyau resta roulé sur sa jambe.

— *Ouech-entekfi?* dit-elle en l'approchant tout près de mes lèvres; qu'est-ce que cela te fait?

— Pour savoir si ton nom est aussi doux que ta voix.

Et comme je la regardais sans rien ajouter, elle répondit aussitôt :

— Je m'appelle Haoûa.

— Tu es la bien nommée, lui dis-je en répétant ce mot aérien, tout composé de voyelles et qui se prononce d'une seule haleine, exactement comme on respire, — car ton nom veut dire : l'air respirable et l'amitié.

— Fait-il chaud? reprit-elle entre deux silences.

— Très-chaud, et *il est bien fou, celui qui cherche auprès du feu un abri contre le soleil.*

Il y eut une nouvelle pause après ce nouveau madrigal qui la fit sourire.

Considère, mon ami, qu'excepté les mots de *monsieur, bonjour, au revoir, asseyez-vous,* Haoûa ne connaît pas quatre syllabes de pur français, et que j'en suis réduit à parler arabe, ne voulant pas employer le *sabir,* affreux dialecte indigne de cette voix unique, craignant avant tout de la rendre ridicule, et volontiers me résignant à l'être. L'entretien dès lors fut si simple, que j'aurais de la peine à te le rapporter. Je renouvelai le *tombak* du narghilé, je fis des cigarettes qu'elle fuma ; Assra nous servit le café ; je parcourus la chambre et l'examinai ; j'allai de la porte au volet fermé donnant sur la rue ; j'admirais ses étagères, et de ses étagères je revenais à elle.

Elle avait au cou, entortillé trois ou quatre fois comme un immense collier, un de ces longs chapelets de fleurs d'oranger que fabriquent les Juifs. Il était tout frais cueilli du matin, et l'odeur en était telle que, pour la supporter sans ivresse, il faut être femme, et femme arabe.

— Prends-le, me dit Haoûa en détachant lentement cette longue guirlande embaumée et en me la jetant comme elle aurait fait d'une chaîne.

Le temps se passa de la sorte, je veux dire une heure ou deux. A ce moment, je crus qu'elle avait envie de dormir.

— Non pas, dit-elle.

Et cependant elle se pencha en arrière, la tête à demi renversée sur les coussins. Le silence était profond, l'air alourdi de fumées odorantes et accablant. On n'entendait plus que le murmure assoupissant du narghilé qui s'épuisait. Ses yeux se fermèrent ; je vis une ombre légère descendre alors sur ses joues, dont la peau frémit ; c'était l'ombre nocturne de ses longs cils, qui se posaient sur elles comme deux papillons noirs. Haoûa ne bougea plus, et moins d'une minute après qu'elle avait dit : Non, ce paisible esprit appartenait déjà au sommeil.

Comme je traversais la cour pour quitter la maison, un des enfants juifs, le plus petit, cracha de côté en détournant la tête, ce qui, tu le sauras, est un signe de souverain mépris.

Blidah, 28 février.

J'ai assisté aujourd'hui à une scène affreuse. C'étaient, m'a-t-on dit, quatre scélérats, et je n'ai pas eu de peine à le croire en les voyant. Ils marchaient deux par deux dans une boue épaisse et sous une pluie battante, les mains liées derrière le dos, en burnouss et pieds nus, flanqués du peloton de tirailleurs qui devait les fusiller. Il y avait en outre, pour protéger la loi, deux bataillons de ligne et de la cavalerie. La foule précédait, entourait, suivait l'enterrement. Le cortége allait au plus petit pas. Des fanfares sonnaient une marche funèbre. On les menait à l'extrémité du bois des Oliviers, à gauche, sur un tertre élevé de quelques mètres au-dessus d'une tranchée naturelle. J'eus la triste curiosité de suivre la foule et d'accompagner jusqu'au bout de leur vie ces quatre misérables.

Le temps était glacial et très-sombre, quoiqu'il fût midi. D'abord on leur délia les mains. Chacun d'eux, sur un ordre reçu, ôta son *burnouss* et en fit un paquet qu'il déposa par terre, à ses pieds ; puis ils furent placés debout au bord de la tranchée, à six pas d'intervalle, et faisant face à la montagne. Le peloton se rangea à dix pas derrière eux. Il était de quarante-huit hommes, douze pour chacun des condamnés. L'infanterie formait un étroit demi-cercle autour du lieu d'exécution, et, pour prévenir toute évasion, deux pelotons de cavalerie, le sabre au poing, stationnaient à droite et à gauche, au bord de la rivière. Au delà de l'Oued, gonflé par la fonte des neiges, et qui leur barrait le passage, s'élevait la montagne, presque à pic en cet endroit-là. Un rideau de pluie attristait encore cette sombre perspective, fermée à tout espoir de délivrance.

Ces dispositions prises, et rapidement, un officier lut le jugement, d'abord en français, puis en arabe. J'apercevais ces terribles papiers, je pouvais en compter les feuilles et en mesurer la longueur. L'œil sur ma montre, calculant ce qui restait à lire, j'évaluais les minutes de grâce.

Ils étaient debout, calmes, plantés sur leurs jambes avec un aplomb qui ne fléchissait pas, imperturbables devant la mort prochaine, la main gauche pendante, la droite élevée à la hauteur du front et l'index dirigé vers le ciel. C'est dans cette tenue mystérieuse qu'un Arabe qui subit sa destinée attend avec tranquillité son dernier moment.

— Savez-vous à quoi ils pensent? me dit Vandell. Ils se disent que ce qui est écrit est écrit, et que si leur mort n'est pas décidée là-haut, malgré tout cet appareil effrayant, malgré ces quarante-huit carabines rayées qui vont tirer sur eux comme dans une cible, ils vivront.

Quand la lecture fut achevée, il y eut quelques secondes de silence. Je sentis que tout était fini. Un des condamnés essaya de tourner la tête, il n'en eut pas le temps. Involontairement je fermai les yeux, mais involontairement aussi l'explosion me les fit ouvrir, et je vis les quatre hommes bondir sur eux-mêmes comme des clowns qui font un saut de carpe, et disparaître dans la tranchée. Puis j'entendis quatre coups de grâce, et les clairons sonnèrent aussitôt le départ. Un piquet de quelques soldats fut seulement mis en faction près des cadavres, qui devaient rester exposés là jusqu'au soir, pour être livrés alors à leur famille, si quelqu'un les réclamait.

Tout le jour, la pluie tomba sur eux. Vers le soir, le temps s'étant éclairci, je pus sortir de nouveau pour aller voir ce qu'ils devenaient. Il y avait là plusieurs Arabes avec des chevaux et des bêtes de somme. Quand on jugea que le soleil se couchait, les sentinelles s'éloignèrent. Alors, sans cris, sans pleurs, comme s'il se fût agi d'un ballot, chacun des cadavres fut hissé, puis couché en travers d'un mulet, puis ficelé de manière à garder son équilibre. Aussitôt la cavalcade prit le pas et s'éloigna du côté de la Chiffa. Les corps, étendus à plat, dépassaient, de toute la longueur de la poitrine et des jambes, le bât très-étroit qui leur servait de civière. Ils étaient horriblement roidis par ce séjour de six heures au froid, et suivaient sans fléchir le pas balancé des animaux; à les voir à distance et vaguement dessinés sur le ciel, où le jour s'éteignait, on eût dit que les mulets portaient des planches.

Blidah, mars.

Le printemps s'établit. Nous voici dans la saison variable avec un soleil déjà chaud, des jours splendides, et de temps en temps de fortes pluies qui sont amenées par des orages, et jamais ne durent plus de quelques heures. Le vent ne se fixe nulle part; il hésite entre son point d'hiver et celui d'été, et fait à tout moment le tour du compas. Le thermomètre se maintient au tempéré, entre un minimum assez rare de 15 à 18 degrés et un maximum de 24 à 25 degrés. Les neiges commencent à fondre. L'Oued coule à pleins bords. Les petits ruisseaux qu'il alimente ont grossi, et les jardins sont de plus en plus égayés par le mouvement joyeux des eaux courantes. Il n'y a presque plus d'eau dans la plaine, où le lac lui-même est à peu près rentré dans son lit. Il apparaît à gauche du Mazafran, derrière les Hadjout, étendu au pied du *Tombeau de la Chrétienne,* sur une ligne mince, ayant la forme et l'éclat vibrant d'une longue épée.

Quelquefois, après une semaine de chaleur continue, le ciel se couvre de vapeurs, et l'atmosphère, surtout au-dessus de la ville, en est alors si chargée et devient si basse, que la montagne disparaît, cachée bizarrement jusqu'à moitié comme par un rideau de théâtre. Bien qu'elle nous touche, nous n'en distinguons plus que la base et le fond des ravins boisés, rendus d'un bleu sombre par une ombre impénétrable. Si le vent reste mou, si le brouillard, au lieu de se fondre en rosée, remonte jusqu'à la région ordinaire des nuages, on est à peu près certain d'entendre, vers le soir, un ou deux coups de tonnerre éclater dans la montagne et de voir la pluie tomber; elle continue jusqu'au matin. Vers quatre heures, nous apercevons des étoiles; tout se dissipe avec la nuit, comme si, chassés eux-mêmes par les approches du jour, les nuages s'évanouissaient pêle-mêle avec les ténèbres. Le soleil paraît dans un ciel où ne reste pas le plus petit trouble; les horizons sont nets, vifs et fermes. Nous pourrions compter les cèdres plantés, à trois mille pieds au-dessus de nos têtes, sur les derniers pitons des Beni-Salah.

Le plus ordinairement, les soirées sont magnifiques; je les passe au bois des Oliviers. En ce moment de l'année (12 mars), le soleil se couche un peu après six heures, et directement au pied de la plaine, entre le promontoire avancé de la Mouzaïa et le pays montueux des Beni-Menasser, sur des collines qui ont l'air d'une mer agitée. On le voit suspendu comme un globe au-dessus de cette haute barrière violette, ou faisant rayonner, quand il y a des nuages, un vaste triangle enflammé. A mesure qu'il descend, l'orbe grandit; on peut pendant un instant le considérer sans fatigue, car il n'envoie plus ni chaleur ni rayons; il plonge enfin parmi les collines et disparaît, tout rouge et comme déchiré par les aspérités de l'horizon. Aussitôt commence un crépuscule ardent de quelques minutes. L'humidité précède la nuit, et moins d'un quart d'heure après le départ du soleil, toute la campagne est inondée de rosée.

Je ne vais guère au bois des Oliviers que pour assister à ce spectacle, un des plus beaux de la journée. Autrefois, c'était un lieu que nous aimions pour toutes sortes de raisons, dont beaucoup au moins n'existent plus; peut-être était-il plus attrayant, peut-être étions-nous plus jeunes. Nous y vivions à l'ombre, adossés contre le tronc des arbres, étendus sur de courts gazons, et causant de souvenirs classiques en regardant tomber autour de nous les petites olives sauvages que le vent du printemps secouait des branches. Nous pouvions encore, à ce moment-là, rêver à quelque chose de grave et de grand à l'ombre de ces beaux arbres chargés d'années, et devant ce petit marabout à coupole basse, assez semblable à un autel. Je me souviens que nous y avons lu *OEdipe à Colone* pendant une après-midi qui rappelait la Grèce. « Étranger, te voici dans le séjour le plus délicieux de l'Attique, à Colone, riche en coursiers... Là fleurit chaque jour, sous la rosée céleste, le narcisse au calice gracieux, antique couronne des grandes déesses. Sur cette terre croît un arbre que ne possèdent ni l'Asie ni la grande île dorienne de Pélops, arbre qui ne fut pas planté par une main mortelle, qui vient sans culture, et devant lequel reculent les lances ennemies. Nulle part il ne pousse plus vigoureux que dans cette contrée. C'est l'olivier au pâle feuillage. »

Des hommes vêtus de blanc, avec un air sérieux, passaient au loin parmi les arbres. La ville, dont on apercevait les tours blanches, était séparée de nous par des haies épineuses de nopals et d'aloès. Des cavaliers « dompteurs de coursiers » cheminaient sur une étroite chaussée entre la montagne et nous, à demi nus, sans selle, et maniant de petits chevaux à mâchoires nerveuses, à courtes oreilles, à qui nous trouvions des airs thessaliens.

Aujourd'hui le *bois sacré* de Blidah n'est plus reconnaissable. Tout y dépérit. Les oliviers au pâle feuillage se découronnent; il n'est plus possible de trouver de l'ombre à leur pied, tant est rare et misérable la maigre verdure qui tremble au bout de leurs immenses rameaux. « Les lances ennemies n'ont pas reculé devant eux », et ni Jupiter protecteur des oliviers sacrés, ni

Minerve aux yeux bleus, n'empêcheront qu'ils ne soient extirpés du sol par une main étrangère.

Le marché arabe ne se tient plus ici depuis longtemps, quoiqu'il n'y ait pas dans Blidah de place plus pittoresque pour un marché. Tu y verrais maintenant des baraques, presque constamment des bivouacs militaires et des tranchées faites pour amener les eaux, secours tardif qui ne ressuscitera pas le bois expirant. Seul le marabout subsiste, toujours éclairé à l'intérieur d'une quantité de bougies roses et de petites lampes, toujours exhalant, comme une chapelle, une chaude et mystérieuse odeur de cire qui se consume et d'encens. Il durera autant que la superstition, c'est-à-dire très-probablement plus que les oliviers.

Une agréable nouvelle que je ne t'ai pas dite : les cigognes sont arrivées. J'ai vu l'autre jour leur premier courrier. C'était le matin de très-bonne heure; beaucoup de gens dormaient encore dans Blidah. Il venait du sud, porté par une légère brise, s'appuyant, sans presque les mouvoir, sur ses grandes ailes à l'extrémité noire, le corps suspendu entre elles « comme entre deux bannières ». Une troupe de pigeons ramiers, de corneilles et de petits milans lui faisaient un joyeux cortége, et saluaient sa bienvenue par des battements d'ailes et par des cris. Des aigles volaient à distance, les yeux tournés vers le soleil levant. Je vis la cigogne, suivie de son escorte, descendre de la montagne et se diriger vers Bab-el-Sebt. Il y avait là des Arabes qui sans doute avaient voyagé la nuit, car ils étaient couchés pêle-mêle avec des dromadaires fatigués, toutes les charges réunies au centre du bivouac, et les animaux n'ayant plus que leurs bâts. Quand l'oiseau sacré passa sur leurs têtes, un des Arabes qui le vit étendit le bras, et dit en se levant tout droit : — *Chouf el bel-ardj*, Regarde, voici la cigogne. Ils l'aperçurent tous aussitôt, et, comme un voyageur qui revient, ils la regardèrent en se répétant de l'un à l'autre : — *Chouft'ouchi?* L'as-tu vue? — Longtemps l'oiseau parut hésiter, tantôt rasant les murs, tantôt s'élevant à de grandes hauteurs, les pieds allongés et tournant lentement la tête vers tous les horizons du pays retrouvé. Un moment il eut l'air de vouloir prendre terre ; mais le vent qui l'avait amené rebroussa ses ailes et l'emporta du côté du lac.

Les cigognes émigrent à l'automne pour ne revenir qu'au printemps. Elles se montrent rarement dans la plaine, et n'habitent jamais Alger. A Médéah, au contraire, et dans toutes les villes de la montagne, elles se réunissent en grand nombre, Constantine en est peuplée. Je connais peu de maisons dans cette ville, la plus africaine et la moins orientale de toutes les villes algériennes, je connais peu de toitures un peu hautes qui ne supportent un nid. Chaque mosquée a le sien, quand elle n'en a pas plusieurs. C'est une faveur pour une maison d'être choisie par les cigognes. Comme les hirondelles, elles portent bonheur à leurs hôtes. Il y a toute une fable qui les consacre et les protége : ce sont des *t'olba* changées en oiseaux pour avoir mangé un jour de jeûne. Elles reprennent tous les ans leur forme humaine dans un pays inconnu et très-éloigné, et quand, appuyées sur une patte, le cou renversé dans les épaules et la tête élevée vers le ciel, elles font avec un claquement de leur bec le bruit singulier de *kuam... kuam... kuam*, c'est qu'alors l'âme des *t'olba,* toujours vivante en elles, se met en prière. — Jadis c'était Antigone, fille de Laomédon et sœur de Priam, que Junon changeait en cigogne pour la punir de l'orgueil que lui causait sa beauté. Tous les peuples ont eu le génie des métamorphoses, et chacun y a mis sa propre histoire : la Grèce artiste devait être punie dans sa vanité de femme ; l'Arabe dévot et gourmand devait l'être pour un péché commis en carême.

Blidah, mars.

Aujourd'hui nous avons fait une course au fond du ravin de l'Oued-el-Kebir. L'Oued-el-Kebir, malgré son nom de *grande,* est une toute petite rivière, — en France on dirait un ruisseau, — dont les pluies d'hiver et la fonte des neiges font tout à coup un torrent. Réduite à ses propres ressources, elle n'est plus rien.

Elle prend naissance au fond d'un ravin étroit, peu profond, et, comme toutes les rivières montagneuses à leur origine, on la surprend d'abord dans un riant berceau à fond de roche, tapissé de feuillages, de roseaux et de lauriers-roses; elle y naît dans la fraîcheur de l'ombre, dans la retraite et dans le silence, comme les idées dans le paisible esprit d'un solitaire.

Il y a quelques années encore, les Blidiens ne sortaient pas sans avoir un fusil chargé sur l'épaule, et croyaient prudent d'être en nombre et tous armés pour accomplir cette petite promenade à deux kilomètres au plus de leur ville. Aujourd'hui, bien entendu, chacun va seul aux sources de l'Oued en fumant son cigare avec autant de sécurité qu'au jardin public du *Tapis-Vert,* et beaucoup plus agréablement.

On a bâti, jusqu'à l'entrée de la gorge, des moulins et des rudiments d'usine. Je n'y regarde jamais de très-près; je crois cependant que ce sont des briqueteries. Un peu plus loin, des travaux de barrage ont été faits pour régulariser le cours du ruisseau; ce n'est donc que quelques cents mètres au delà que la promenade commence à devenir intéressante. La route s'engage alors dans le ravin entre des pentes fort pittoresques, parmi des rochers tombés de la montagne et roulés par la rivière au moment des grandes eaux. L'Oued coule à côté du sentier, tantôt sur un lit de sable et de gravier ressemblant à de l'ardoise en poudre, tantôt à travers de larges blocs que le courant contourne en écumant un peu, quand il n'a pas la force de les arracher de son lit. La montagne est rocheuse, escarpée et fréquemment creusée par de profonds éboulements. On y voit peu d'arbres, excepté de loin en loin quelques vieux oliviers plantés presque horizontalement dans les talus, qui restent attachés par les racines et dont le branchage échevelé pend sur le chemin. Un peu plus loin, la gorge s'élargit et se découpe en ravins latéraux; la végétation s'épaissit, et chaque écartement de la montagne forme alors un entonnoir baigné par le fond et encombré de hauts feuillages.

On approche ainsi du cimetière. Il est tel que tu l'as vu : tout entouré de barrières rustiques, composées d'arbres morts et de halliers, et protégé par une ceinture impénétrable de lentisques, de myrtes et de lianes; au fond, une sorte de bocage ombreux, de grands oliviers très-verts, des caroubiers plus sombres encore, d'immenses frênes et des peupliers-trembles, au tronc blanchâtre, ayant à peu près la taille et le port des platanes; au centre de cet enclos solitaire, très-recueilli, très-abrité, où le soleil ne pénètre que pendant le milieu du jour, un terrain plein d'herbes et couvert de tombeaux. Trois ou quatre seulement forment de petits monuments semblables à des marabouts de quatre ou cinq pieds de haut, avec un couronnement dentelé et la *kouba* conique. Telle est la sépulture ordinaire des personnages religieux ou célèbres à quelque titre.

Une vieille femme gardait le cimetière, accroupie sur le revers d'une tombe, la tête inclinée sur ses genoux. Elle avait un sarrau rayé de bleu, de jaune vif et de rouge éclatant, mal attaché sur ses épaules. Les bras et les pieds nus, la tête entourée d'un fichu noir, et le visage à moitié caché par des cheveux tout grisonnants, elle tenait à la main, comme un emblème de toutes les fragilités humaines, une longue et mince baguette en roseau.

— Salut sur toi, ô mère! lui dit Vandell. Que ta journée soit bonne!

— Qu'y a-t-il, et que viens-tu faire? demanda la vieille avec un peu d'alarme, en nous voyant tout à coup dans l'enceinte réservée. Nous répondîmes :

— Rien que le bien. Et nous nous assîmes sur une des barrières.

Une bougie rose brûlait dans le creux d'un arbre renversé vers le milieu du cimetière. La face des quatre marabouts qui regarde le levant était inondée de cire fondue, et dans une sorte de niche, creusée dans la paroi du plus orné et du plus ancien des quatre, brûlait une autre mèche odorante dont on voyait seulement la fumée.

— Savez-vous ce que c'était que ces gens-là, demandai-je à Vandell, vous qui savez tout?

— Des hommes, me répondit Vandell un peu sentencieusement. Si vous y teniez, je vous dirais leurs noms et leur légende plutôt que leur histoire; mais à quoi bon? Ils ont fait leur temps; ils habitaient un pays qui n'est pas le vôtre, et parlaient une langue que vous entendez à peine. S'ils ont fait du bien ou du mal, cela ne nous regarde pas, et nous n'avons pas même le droit d'allumer une bougie rose en leur honneur.

Au moment où nous repassions la barrière, un Arabe qui venait d'entrer dans l'enceinte alla dévotement baiser la tombe du saint, et se mit à genoux dans l'herbe pour faire sa troisième prière, car il était une heure après midi.

A quelques pas en arrière du cimetière se cache un village, ancien séjour de l'aristocratie de Blidah. Incendié et pillé en 1836, pillé encore en 1840, aujourd'hui il est réduit à une quinzaine de masures, dont une seule couverte en tuiles, le reste en pisé avec la toiture en roseaux. Des chiens en gardaient l'entrée, et nous aboyaient aux jambes; des enfants criaient comme s'il se fût agi d'un nouveau siége.

Nous continuâmes notre promenade en parlant très-philosophiquement de la mort.

— Je n'y crois pas, me disait mon compagnon. C'est un passage sombre que chacun de nous rencontre à un moment donné dans sa vie. Beaucoup de gens s'en alarment, ceux à qui l'obscurité fait peur comme aux enfants. Quant à moi, les trois ou quatre fois qu'il m'est arrivé de m'en trouver tout près, j'ai vu de l'autre côté une petite lumière, je ne sais trop laquelle, mais évidente, et qui m'a tout à fait tranquillisé.

Avril.

J'ai revu Haoûa souvent depuis trois semaines, et décidément nous voilà bons amis. Le début présageait au reste que nous n'aurions pas grand'peine à le devenir. Vandell, qui s'accommode à peu près de tout ce que je lui propose, m'accompagne ordinairement dans mes visites. Nous allumons en son honneur le narghilé. C'est là son droit d'interprète, et comme le narghilé a trois branches et que chacun de nous peut ainsi disposer d'un tuyau, souvent alors notre conversation consiste à faire à tour de rôle murmurer, dans le vase en cristal, l'eau parfumée de rose où se rafraîchit la fumée. Nous passons ainsi des après-midi chaudes ou des soirées, indolemment couchés sur des coussins. J'ai toute liberté de fouiller dans les meubles d'Haoûa, et j'en profite. J'ouvre ses grands coffres couleur de cinabre, à serrure de cuivre, et j'en tire tantôt sa garde-robe et tantôt ses bijoux. C'est un vestiaire arabe des plus riches et des plus variés : vestes d'été, vestes d'hiver; petits gilets tout chargés d'orfévrerie, avec d'énormes boutons d'or ou d'argent; cafetans de drap ou de soie, pantalons de négligé, de tenue moyenne ou d'apparat, depuis la simple cotonnade ou la mousseline des Indes jusqu'au lourd brocart chamarré de soie et d'or; plus un assortiment de *fouta* pour entourer la taille, de guimpes légères pour accompagner le turban, de mouchoirs de tête et de ceintures, tout cela bizarrement appelé de noms inutiles à dire et bariolé des couleurs les plus tranchantes. Les bijoux sont réunis à part, empaquetés dans un foulard; ce sont des anneaux de jambes, des bracelets, des gourmettes en *sultanins*, des miroirs de main à manche écaillé de nacre; les pantoufles y sont aussi comme représentant de vrais bijoux par le luxe et pour la valeur.

— Tu as donc hérité d'un sultan? dis-je à Haoûa le jour où je découvris ce riche mobilier et cette fortune de femme élégante.

— Ce n'est pas un sultan qui m'a donné cela, c'est mon mari.

— Lequel? interrompit Vandell, sans se douter que sa plaisanterie devait s'appliquer si juste.

— Celui qui est mort, répondit Haoûa assez tristement pour nous convaincre qu'elle avait été veuve.

— Et qu'as-tu fait, demandai-je, de ton second mari?

Elle hésita d'abord, devint pâle autant que peut pâlir un visage qui jamais n'a l'ombre de couleur, et répondit en nous regardant fixement l'un après l'autre : Je l'ai quitté.

— Après tout, dit Vandell en manière de conclusion, tu as bien fait, s'il t'ennuyait.

Ce soir-là même, Vandell allait aux renseignements chez Hassan, et il apprenait qu'en effet Haoûa était veuve d'un premier mari, et qu'elle avait divorcé six mois après son second mariage; mais Hassan n'en dit pas davantage, et, je ne sais pourquoi, parut tenir à ne nommer aucun des deux personnages qui ont fait, l'un la fortune, et l'autre le malheur d'Haoûa. Haoûa est Arabe. Elle est née dans la plaine. Si les informations sont exactes, son père appartenait aux Arib, une famille d'origine saharienne établie dans la Mitidja, qui l'habita sans existence légale, y vivant dispersée dans les tribus et maraudant sur toutes jusqu'en 1834, époque où l'administration la réunit pour en faire une auxiliaire et comme une sentinelle avancée de la France. Haoûa conserve donc un peu de sang saharien dans les veines, et son teint plus fauve, son œil plus sombre, sinon plus ardent, la juvénilité singulière de ses formes, que l'embonpoint commun chez les Mauresques n'épaissira pas, concordent exactement avec ses origines. Par ses alliances, nous supposons qu'elle doit tenir soit aux Beni-Khrelil, soit plus probablement aux Hadjout. Au reste, ce sont des éclaircissements qui regarderaient l'état civil, s'il en existait un chez les Arabes, et non pas nous. Depuis lors, il n'a plus été question de ce que le hasard nous avait révélé de la vie antérieure d'Haoûa, et nous ne nous souvenons plus de son divorce que pour en conclure qu'elle est libre, et qu'ainsi les assiduités de ses deux nouveaux amis ne sauraient causer d'ombrage légitime à personne.

La maison, très-bruyante au rez-de-chaussée, surtout si quelque différend de voisinage éclate entre les Juives, est on ne peut plus paisible à l'étage où la silencieuse Haoûa habite seule, et dont elle occupe la galerie avec Assra la négresse et le mari d'Assra, qui vient y passer la nuit. A quelque moment que ce soit de la journée, excepté aux heures du bain, nous la trouvons là, dans un angle obscur de sa chambre, assise ou couchée sur son divan, se teignant les yeux, jouant avec un miroir, fumant le tombak, couverte de guirlandes fleuries comme une madone, les bras aussi froids que le marbre, l'œil admirable et vague, inerte et comme épuisée par l'oisiveté mortelle de sa vie : personne autour d'elle, ni famille ni enfants. Exemple singulier de beauté presque accomplie et stérile, elle vit, si cela peut s'appeler vivre, pour je ne sais quelle destinée incompréhensible qui semble l'empêcher d'être épouse et la condamne à n'être point mère. Aussi l'attrait quelle exerce est tout à fait étrange : il est très-vif et ne pénètre pas, j'imagine, au delà de l'épiderme sensible du cœur. Elle a les séductions de la femme, mais sans le vouloir et moins les intentions de séduire. On l'écoute, on la contemple, on l'admire, ravi par une chose charmante, sans être attiré. C'est une de ces créations bizarres qui seraient monstrueuses en Europe, où la femme est femme. Imagine quelque chose comme une fleur de luxe exquise et rare, née pour un gynécée d'Orient, qui doit l'embellir et le parfumer pendant le court épanouissement de sa jeunesse, et compare, si tu le veux, à la plus subtile des essences le charme qui se dégage, à l'insu de lui-même, de cet être inutile et délicieux.

— Vous parlez de fleurs, me disait mon ami Vandell un jour où je cherchais, comme aujourd'hui, des comparaisons pour la définir, mais vous n'avez pas trouvé le mot qui convient. Tous les termes sont trop actifs pour donner l'idée de cette existence embryonnaire, sans initiative ni conscience. Il faut un verbe neutre, et le plus neutre sera le meilleur. Je vous en propose un latin : *olet,* elle exhale. Ajoutez un qualificatif pour exprimer l'attrait de ce fluide odorant, et dites qu'elle sent bon et rayonne comme une bonne odeur. Voilà, je crois, tout ce qui peut être raconté d'elle, et quant à nous, nous sommes des sensuels, agréablement parfumés par le voisinage d'une plante exotique. Il n'y a rien là de bien dangereux, pourvu que de temps en temps nous changions d'air; seulement c'est à faire douter de l'âme humaine. —

La voix d'Haoûa est une musique, je te l'ai dit le jour où je l'entendis pour la première fois, plutôt une musique qu'un langage. Elle parle à peu près comme les oiseaux chantent. Aussi, pour se plaire aux entretiens d'Haoûa, il faut avoir le goût des mélodies incertaines, et l'écouter parler comme on écoute le bruit du vent. Quand on veut la rendre un peu plus tendre, il faut l'appeler *aïni*, mon œil. Elle alors répond *habibi*, mon ami, ou bien *ro'ahdiali*, mon âme, et rien n'est plus musical et moins passionné : un rossignol dans sa cage en dirait autant.

Il m'est impossible de t'expliquer ce que nous faisons chez elle, et comment le temps s'y passe. Nous y entrons, nous y restons, nous la quittons, sans que les souvenirs d'aujourd'hui soient plus vifs ni plus mémorables que ceux de la veille. Le soleil pendant ce temps-là décline au-dessus de la cour; il éclaire alors la chambre d'Haoûa, il y filtre en fine poussière d'or à travers le tissu léger du rideau tendu devant la porte. C'est une illumination qui dure un moment, et pendant laquelle tout ce petit intérieur, plein de soieries, de meubles à facettes, d'étagères enluminées et de porcelaines peintes, est envahi par des reflets brûlants. Dès que le soleil est descendu derrière la terrasse, le crépuscule entre dans la chambre. Alors les couleurs s'effacent, les ors s'éteignent, le narghilé transpire des fumées plus bleues, et nous voyons apparaître le feu du fourneau. Le soir n'est pas loin, et nous atteignons ainsi la fin du jour.

Il nous est arrivé de dîner chez Haoûa. Ces jours-là, l'après-midi se passe en cuisine, à piler le poivre, la cannelle et le safran, à rouler le *couscoussou* dans des bassins de cuivre, à le faire mijoter sur un feu mesuré. Assra s'occupe des pâtisseries au miel. Vandell, qui se pique avec raison d'avoir été traité par les califats des trois provinces, introduit à la table d'Haoûa des mets quasi fabuleux. Le fond de toute cette cuisine princière se compose invariablement de petits morceaux de viande et d'une grande quantité de fruits secs; mais la nouveauté dépend du choix, de l'abondance et de la violence exagérée des épices.

Lorsque par hasard la grande amie d'Haoûa, la belle et blanche Aïchouna, arrive à l'heure du dîner, ou, ce qui est d'un meilleur monde, se fait annoncer dès le matin par sa petite négresse Yasmina, la fête alors devient complète, car on peut être assuré qu'il y aura entre les deux amies émulation de toilette et de parures. Ce plaisir nous a été donné l'autre soir. Aïchouna arriva vers six heures, suivie de sa servante toute vêtue de rouge. En entrant dans la chambre, elle ôta son grand voile, laissa tomber au bord du tapis ses sandales de cuir noir, et vint se poser sur le divan, magnifiquement, comme une idole. Elle était tout à fait splendide, les jambes entortillées dans un *fouta* noué très-bas, avec un petit corset sans manches, émaillé de métal comme un fourreau de poignard, et une simple chemisette de gaze étoilée d'argent, qui, par une vanité fort excusable, ne servait qu'à moucheter de points brillants la nudité presque absolue de ses épaules et de sa large poitrine.

— Autant vaudrait ne pas avoir de linge, observa Vandell en la voyant entrer, car il y en a si peu épais qu'on dirait une buée.

— Mon cher ami, lui dis-je, ne savez-vous pas le mot des Indiens, ces pudiques amateurs de la transparence? Ils comparent ces gazes légères à *des eaux courantes*. La belle Aïchouna est de leur avis; elle s'habille avec une métaphore.

Presque aussitôt Haoûa, qui nous avait quittés depuis une heure, souleva la portière de sa chambre de toilette, et parut. Elle portait avec un grand air le costume impérial des femmes de Constantine, c'est-à-dire trois longs cafetans l'un sur l'autre. Deux étaient de mousseline à fleurs; le troisième, en drap d'or et l'habillant sans plis, donnait une certaine roideur à sa taille si souple, et l'enfermait dans une sorte d'armure éblouissante. Un fichu, de drap d'or aussi, roulé d'une façon bizarre, cachait entièrement ses cheveux, et s'appuyait, comme une mitre asiatique, sur l'arc relevé de ses sourcils peints. Elle avait d'ailleurs peu de bijoux et pas de bagues, modestie assez rare, et qui me parut d'un goût parfait. Un simple trait d'antimoine allongeait ses yeux superbes et les bridait un peu, de manière à les faire involontairement sourire, et une toute petite étoile peinte en bleu pâle la marquait au milieu du front d'un signe hiératique et mystérieux. Elle entra traînant ses pieds nus sur la haute laine des tapis, et secouant, pour en répandre l'odeur autour d'elle, un mouchoir turc qu'elle venait d'imbiber d'essence. Elle s'approcha du divan, très-bas, posa sa main brune et nerveuse sur l'épaule nue de son amie, et se laissa glisser plutôt qu'elle ne s'assit par un mouvement de lassitude impossible à rendre.

— Admirable! — dit Vandell en lui faisant avec cérémonie le salut qu'on doit aux reines.

Nous dînâmes sur le tapis, couchés de côté autour d'une petite table en marqueterie, qui portait les bougies, et d'un *haïk* de négresse formant nappe, sur lequel on posait les plats. Le service était fait par les deux négresses, et c'était le mari d'Assra qui, pour la circonstance, nous présentait l'aiguière et la serviette brodée de soie de couleur.

Après le dîner, qui fut long, les convives prirent le café, puis le thé, puis fumèrent sans interruption jusqu'à dix heures. Aïchouna se leva la première. Elle s'enveloppa pour partir, mais plus négligemment qu'elle n'aurait fait le jour, du *haïk* épais qui est de mode à Blidah. Elle en avait seulement un pan plié deux fois sur la tête; le reste la drapait comme un manteau. Avec sa taille élevée, son corset d'argent qui miroitait au-dessous de sa gorge nue, et la tournure assez grandiose de cette draperie flottante, je la trouvai beaucoup plus imposante alors que sans voile, et je la suivis des yeux jusqu'au bout de la galerie. Elle y passa sans bruit dans la lumière blanche de la lune. Yasmina la suivait, portant quelque chose de lourd empaqueté dans un coin de son *haïk* couleur de sang.

— Vous savez, me dit Vandell en riant, que ce ne sont que des pâtisseries. —

Hier un orage éclata dans la soirée pendant que nous prenions le café chez Haoûa. Vers dix heures, il pleuvait à torrents, et l'obscurité devenait telle qu'il était impossible de se diriger pour sortir, à moins de suivre en tâtonnant le pied des murailles. Il ne fallait pas songer à porter une lanterne allumée par un temps pareil. Je demandai donc à Haoûa qu'elle nous permit de passer la nuit chez elle, et comme elle y consentit de bonne grâce, nous restâmes.

— Ne t'occupe pas de nous, lui dis-je. Si-Bou-Djàba *fera ses plans;* moi, j'écrirai ou je dormirai si l'envie m'en vient. Ainsi, bonne nuit, et à demain!

— Bonne nuit à tous deux! dit-elle.

Et elle alla s'étendre sur le divan qui lui sert de lit. C'est une sorte d'estrade en maçonnerie, dallée et lambrissée de faïences. La garniture se compose de trois ou quatre épaisseurs de *djerbi,* d'un matelas de soie piquée, de coussinets pour appuyer les plis du corps, et d'oreillers de satin pour soutenir la tête. Haoûa s'y coucha tout habillée, suivant l'usage arabe, et ne tarda pas à s'endormir.

Il n'y avait plus aucun mouvement ni dans la rue ni dans la maison. Les Juifs du rez-de-chaussée s'étaient enfermés de bonne heure, n'ayant pas d'autres moyens d'empêcher l'eau de pénétrer dans leur logis que d'en barricader, puis d'en calfater l'unique ouverture. Les enfants ne criaient plus. La nuit tout entière était remplie par le ruissellement continu de la pluie, qui rejaillissait des terrasses et tombait dans la cour, inondée comme dans un étang. Je descendis afin de barrer la porte extérieure, qui n'avait été que poussée, et je mis l'arc-boutant. Quand je passai devant la chambre où la négresse était couchée près de son mari, j'entendis le nègre Saïd, qui ronflait comme un lion qui dort, et la voix d'Assra, qui fredonnait avec douceur un air africain pour encourager le sommeil de son enfant.

Vandell avait renouvelé les bougies, déplié des cartes manuscrites dont il porte toujours, comme un en cas, deux ou trois rouleaux dans ses poches, et s'était mis à déterminer l'itinéraire de ses prochains voyages. Il me prêta son livre de notes, livre un peu hiéroglyphique comme l'auteur lui-même, et je lus tant bien que mal sa récente excursion du sud dans l'est du Sahara algérien. Nous passâmes ainsi cette nuit pluvieuse, lui projetant de nouvelles aventures, moi réfléchissant au peu que j'ai vu, et n'osant pas rêver à des expéditions qui me sont interdites.

Je ne suis pas un voyageur, mon ami, je te l'ai déjà dit, et plus d'une fois; tout au plus suis-je un homme errant. Mes voyages, si j'en faisais, ne serviraient pas même à donner à d'autres la curiosité de les refaire après moi. Je battrais vainement les chemins du monde : la géographie, l'histoire et la science n'en obtiendraient pas un renseignement qui fût nouveau. Souvent le souvenir que je garde des choses est inénarrable, car, quoique très-fidèle, il n'a jamais la certitude, admissible pour tous, d'un document. Plus il s'affaiblit, d'ailleurs, plus il se transforme en devenant la propriété de ma mémoire; et mieux il vaut pour l'emploi qu'à tort ou à raison je lui destine. A mesure que la forme exacte s'altère, il en vient une autre, moitié réelle et moitié imaginaire, et que je crois préférable. Tout cela ne fait pas un voyageur, et cette manière de procéder prouve au contraire que je ne suis pas né pour aller loin.

— Vous avez vu Sidi-Okba? me dit Vandell en suivant sur sa carte la ligne ponctuée qui de Biskara conduit à l'Oued-Ghrir.

— Oui, lui dis-je, à mon second voyage.

— Vous souvenez-vous de la mosquée et de la sépulture du saint, le vicaire et l'un des premiers lieutenants du Prophète? Avez-vous remarqué la forme toute particulière du monument, l'un des plus curieux des Zibans, et vous a-t-on raconté la légende extrêmement célèbre qui s'y rattache?

Et comme il me vit embarrassé de lui répondre :

— Qu'avez-vous donc fait à Sidi-Okba, si vous ne connaissez même pas la seule chose qu'il y eût à connaître?

— Mon cher ami, lui dis-je, il faisait très-chaud, très-beau le jour où j'y passai. Le ciel, chauffé à blanc, s'étendait comme un miroir d'étain au-dessus du village, à demi consumé déjà par une demi-journée de soleil sans nuages. On me mena voir la mosquée, et je la vis; on me raconta son histoire, et je l'écoutai; mais ce dont je me souviens nettement, c'est surtout ce qui suivit. Il y avait une collation préparée pour nous dans un jardin; des nattes par terre, au pied d'un figuier, sur nos têtes une étoffe de tente attachée par des cordes à trois palmiers faisant triangle. Le kaïd, que je pourrais vous peindre, nous servait. Nos chevaux étaient entravés dans le même enclos, couverts d'écume et les naseaux enflammés par la marche du matin. Il était midi, et c'était, je vous dirai la date exacte, le 15 mars 1848. Nous quittions la *smala* d'un neveu du cheik El-Arab, un Ben-Ganâh riche et beau comme tous les membres de cette famille magnifique. Comme nous étions en route et à mi chemin à peu près du *douar* au village, un courrier arabe qui nous cherchait depuis le matin était accouru vers nous au grand galop. Il avait à nous remettre un billet et le premier feuillet d'un journal de la part du commandant, nous dit-il. Ce billet et ce journal, qui portait en tête *République française,* nous apprenaient une nouvelle inattendue et fort grave, comme vous voyez. Je relus l'un et l'autre, et attentivement, après le repas, dans le jardin même, au milieu d'un cercle de gens dont pas un ne parlait ma langue, mais très-soupçonneux comme des Arabes. Vous savez comment les nouvelles s'ébruitent dans ce pays, c'est le vent qui les porte; les palmiers faisaient en froissant leurs feuilles un certain bruit qui ressemblait à des inquiétudes. Je cueillis des palmes mouchetées, en raison de la circonstance et puis du lieu; je songeai à mes amis de France. Un coup de fusil parti par hasard fit envoler des centaines de moineaux et de tourterelles qui dormaient à l'ombre dans le creux des arbres, et je me souviens qu'en voyant s'enfuir à tire-d'aile tous ces oiseaux brusquement réveillés, je pensais que toute ma tranquillité d'esprit s'en allait aussi. Voilà ce qui me reste de ma visite à Sidi-Okba : la date d'une émotion politique mêlée subitement à une pastorale africaine et un faisceau de palmes qui fixe à tout jamais mes souvenirs.

— C'est une jolie promenade, me dit Vandell, qui n'avait pas écouté les dix premiers mots de mon récit. Pour la centième fois, depuis que je le connais, le voyageur né pour les voyages avait jugé l'artiste.

Entre quatre et cinq heures, la pluie cessa. On entendit la voix des coqs, qui n'avaient pas chanté depuis minuit. Des animaux logés dans un *fondouk* voisin commencèrent à s'agiter sur leurs litières et à faire un bruit matinal dans leurs mangeoires vides. La lune se leva; elle était à son dernier quartier : son disque tout à fait renversé, ce qui est, dit-on, un indice d'orage, parut au-dessus des terrasses, mais trop diminué pour éclairer la nuit et pareil à un anneau brisé. Haoûa ne s'était pas éveillée une seule minute : rien absolument n'était dérangé dans sa toilette. La chaleur du sommeil avait seulement fané les colliers d'oranger dont elle aime à rester parée nuit et jour; l'odeur même en était devenue si faible, qu'on ne la sentait presque plus. Alors, en la voyant couverte encore de ses fleurs préférées, mais de fleurs mourantes, dormant d'un sommeil sans rêves et dans un repos aussi profond que l'oubli, il me vint, je ne sais pourquoi, une pensée amère, et je dis à Vandell : N'est-ce pas mauvais signe quand les fleurs se fanent vite au corsage des femmes?

Mais Vandell, pour toute réponse, me montra le ciel du levant où l'aube allait poindre,

— Vous avez raison, lui dis-je, il ne faut pas que le jour nous surprenne en bonne fortune; allons-nous-en.

Et nous sortîmes avec précaution, comme si nous avions craint de déplaire aux yeux chastes du jour naissant.

III

MUSTAPHA D'ALGER.

Mustapha d'Alger, avril.

Je t'écris d'Alger, où je suis venu assister à la *fête des Fèves*, — *Aïd-el-Fould*, — une fête nègre, que l'usage est de célébrer chaque année, dans le courant d'avril, à l'époque où commence la récolte des premières fèves. Pourquoi les fèves précisément? Quel est le sens religieux de la fête? Pourquoi ce taureau habillé d'étoffes, décoré de bouquets, qu'un sacrificateur égorge au milieu d'un cérémonial barbare? Pourquoi la fontaine, l'eau lustrale et le sang du taureau, dont la foule est aspergée comme d'une pluie sacrée? D'où vient enfin que la fête a particulièrement lieu par les femmes et pour les femmes? car c'est une femme qui distribue le sang, qui la première puise à la source, et si les hommes exécutent les danses, les femmes ont l'air d'y présider. Il y a sur l'*Aïd-el-Fould* d'Alger de nombreux détails explicatifs publiés dans plusieurs livres; permets-moi de m'en tenir au récit de ce que j'ai vu. C'est un tableau fort original et très-brillant, et je n'ai pas songé une seule fois aujourd'hui que cette cérémonie tout africaine, mêlée de pompes tragiques et de divertissements, de ballets et de bombances, fût autre chose qu'un grand spectacle imaginé par ce peuple joyeux pour s'éblouir lui-même, s'amuser beaucoup et s'accorder une fois par an les plaisirs combinés du faste, des gaietés permises et de l'intempérance.

La fête se donne au bord de la mer, entre le champ de manœuvre et le hameau d'Husseïn-Dey, autour d'un marabout enfoui dans les cactus, sur une large esplanade d'où la vue embrasse jusqu'à l'horizon la double étendue de la mer sans limites et du Hamma. C'est sur ce terrain relevé, on ne peut mieux choisi pour une aussi vaste mise en scène, que sont réunis les deux ou trois mille spectateurs de la fête, tous nègres ou négresses. On y dresse des tentes, on y improvise des fourneaux, on y établit des cuisines en plein vent, à peu près comme dans nos fêtes de village. Les cafetiers maures s'y rendent avec leur matériel de cuisine, et aussitôt la cérémonie terminée commencent les collations, qui sont en définitive la plus sérieuse occupation de la journée. Au-dessous de cet amphithéâtre ainsi couronné de tentes et tout pavoisé de pavillons, et sur la plage même, se tient l'autre moitié de la foule, c'est-à-dire les fanatiques chargés de la cérémonie, les dévots qui veulent la suivre de près, les curieux européens ou arabes qui viennent pour voir, enfin les quelques centaines de nègres accourus avec la volonté, le courage et la vigueur de danser douze heures de suite, ce qui par parenthèse est un tour de force surhumain.

Je n'ai fait qu'apercevoir le taureau, tant les places étaient disputées au moment où la procession arriva. J'entendis, quoique la distance et le vent de la mer en adoucissent beaucoup l'effet, une effroyable musique de castagnettes de fer, de tambourins et de hautbois, qui débouchait tout à coup sur la plage et sonnait l'arrivée du cortége. La foule aussitôt se précipita, et je compris à son mouvement concentrique que le taureau devait en occuper le milieu. Quelques minutes après, le cercle s'ouvrit et laissa voir la victime couchée sur le sable, la gorge coupée, et déjà prête à livrer tout son sang. A peine abattue, les plus ardents s'étaient jetés sur elle, et quand elle eut achevé de saigner, à l'instant même on la dépeça. Cette œuvre de boucherie s'accomplit au pied du marabout et le plus près possible de la fontaine, de telle sorte que les lustrations et le sacrifice eurent lieu dans le même instant. Alors beaucoup de spectateurs descendirent à la source, et je vis pendant une partie de la matinée circuler de petites bouteilles pleines d'eau. Des négresses revenaient, portant avec satisfaction des éclaboussures sanglantes sur le visage; mais l'écarlate du sang se perdait dans la couleur pourpre des *haïks,* et ceci est un détail que je te recommande.

Imagine un millier de femmes au moins, c'est-à-dire la grande moitié de cette étrange assemblée, toutes, non pas habillées, — car le voile uniforme cachait au contraire des splendeurs innombrables de couleurs, — mais enveloppées de rouge, et de rouge éclatant, sans nuances, sans adoucissement ni mélange, le pur rouge à peine exprimable par la palette, enflammé en outre par le soleil, et poussé jusqu'à l'extrême ardeur par toute sorte de contacts irritants. Ce vaste étalage d'étoffes flamboyantes se déployait en effet sur un tapis d'herbes printanières du vert le plus vif et se détachait sur une mer du bleu le plus âpre, car il faisait un peu de vent, et la mer frissonnait. De loin, ce qu'on apercevait d'abord, c'était un tertre verdoyant, confusément empourpré de coquelicots. De près, l'effet de ces fleurs singulières devenait insoutenable, et lorsqu'une douzaine de femmes se réunissaient sur le même point, entourées d'enfants vêtus comme elles, et de manière à ne plus former qu'un seul groupe pleinement coloré de vermillon, il était impossible de considérer longtemps ce foyer de lumière et d'éclat sans en être pour ainsi dire aveuglé. Tout pâlissait à côté de ce rouge inimitable, dont la violence eût effrayé Rubens, le seul homme du monde à qui le rouge, quel qu'il fût, n'ait jamais fait peur, et c'était la note dominante qui forçait les autres couleurs à se marier dans des accords doux.

La population nègre d'Alger avait aujourd'hui vidé ses coffres; elle avait mis dehors sans réserve, et avec l'excessive ostentation des pauvres, des avares et des sauvages, l'opulence inattendue de ses costumes, de ses parures et de ses bijoux, car la garde-robe des marchandes de galettes et des servantes renferme des trésors dont personne ne se doute, et qui sont réservés pour paraître dans cette fête unique. Chacune d'elles avait donc, comme un navire qui se pavoise, arboré ce qu'elle possédait de plus riche, c'est-à-dire de plus bizarre et de plus *voyant*. Pas une ne portait le voile gros bleu. Les *haïks* quadrillés de couleurs tristes tenaient lieu de tapis à celles qui n'en avaient pas d'autres, ou servaient à composer des tentes, des abris et des parasols, et c'était à l'ombre de leur livrée de domestiques que les esclaves déguisées en princesses passaient cette journée d'indépendance et de luxe.

On voyait là tout ce que la teinture orientale peut produire en vivacités, avec ce que la polychromie nègre peut imaginer de plus imprévu : les soieries, les laines multicolores, les chemisettes lamées, rayées, pointillées, pailletées de broderies, dont les manches ondoyaient avec des étincelles; de petits corsets d'étoffe, d'autres couverts de métal, agrafés très-haut, comprimant la gorge et la gonflant; les *fouta* de soie légère et frissonnante bariolés à l'infini et habillant les femmes par le bas comme une sorte d'arc-en-ciel changeant. Là-dessus étaient semés à profusion des bijoux de toute espèce : dorures, verroteries, perles, sultanins, coraux, colliers de coquillages apportés de Guinée, flacons d'essences venus de Stamboul, anneaux de jambes appelés *khrôl-khrâl*, à cause du bruit qu'ils font quand on les entre-choque en marchant, orfévreries scintillant sur de noires poitrines. Imagine encore trois ou quatre pendeloques à la même oreille; au turban, des miroirs; au bras, des bracelets accumulés l'un sur l'autre et montant depuis le poignet jusqu'au coude; des bagues à tous les doigts, des fleurs partout, et toutes les mains occupées à tenir en manière d'éventails des mouchoirs qui, de loin, ressemblaient à des oiseaux blancs qui s'envolent.

Quand on n'a vu les négresses que dans leur vie ordinaire, habillées de bleu sombre et faisant leur petit commerce au coin des rues, dans une tenue si morne et avec des airs si taciturnes, on ne saurait prévoir ce que devient ce peuple ami des joies bruyantes dès qu'il a fait sa toilette et qu'il se ranime. Alors il prend sa physionomie native : il est vif, il est alerte, la chaleur l'excite, le soleil qui ne mord pas sur lui l'agite à la façon des reptiles. Étrange race, inquiétante à voir comme un sphinx qui rirait sans cesse; pleine de contrastes et de contradictions; à l'état de nature, aussi libre que les animaux; partout transportée, acclimatée, asservie, j'allais dire, — que l'humanité me pardonne! — apprivoisée comme eux; robuste et docile, patiente sous la chaîne et portant avec ingénuité le poids d'une destinée abominable; belle et repoussante à la fois; les yeux caressants, la voix sifflante, le parler doux; joviale avec un visage aussi funèbre que celui de la nuit; rieuse, mais avec la bouche fendue comme le masque antique, et donnant ainsi je ne sais quoi de difforme à la plus aimable expression du visage humain!

Comiques même en étant sérieux, et risibles autant qu'ils sont rieurs, le véritable élément de ces pauvres gens, c'est la joie. J'ai vu là en quelques heures plus de dents blanches et de lèvres épanouies que je n'en verrai de ma vie dans notre monde européen, où l'on a beaucoup moins de philosophie que chez les nègres. Comme tous les types y figuraient, les beautés étaient très-diverses, quelques-unes presque parfaites, la plupart d'une originalité de mise et de tournure qui eût embelli la laideur même. — Je te parle ici des femmes, les hommes n'occupant que les derniers plans du tableau. — Le voile encadrait seulement leurs visages sans les couvrir, et ne descendait guère au-dessous de la taille. Debout tant que dura la fête religieuse, entassées sur les pentes, elles s'y pressaient en masses compactes comme sur des gradins. Chaque saillie du terrain portait un groupe. Les débris d'un vieux mur de brique servirent, pendant une partie de la matinée, de piédestal à une assemblée de statues, les plus belles peut-être et les plus jeunes de la fête.

C'étaient de grandes filles au nez droit, aux yeux luisants, aux joues fermes et polies comme du basalte, coiffées à l'égyptienne, et de formes si vigoureuses que, malgré l'ampleur des voiles et des *fouta*, les muscles vivaient sous leurs habits aussi nettement que sous des draperies mouillées. Elles composaient une seule ligne, faisaient face à l'horizon vide, et se découpaient sur l'émail bleu de la mer avec la dureté d'une peinture chinoise. Quatre ou cinq d'entre elles étaient vêtues de rouge; au centre, il y en avait une habillée en vert, mince, allongée, flexible comme un jonc de rivière, et très-jolie avec son turban noir et des argenteries sur son corset pourpre. Elles se tenaient par la taille ou les mains enlacées, rattachées ainsi l'une à l'autre par de beaux bras aux poignets fins, la tête droite, la poitrine saillante, les reins un peu faussés par l'habitude de vivre accroupies, les pieds se touchant comme ceux des Isis. D'autres, étendues à plat ventre sur l'herbe même, avaient la gorge appuyée sur le sol, dans une langueur un peu bestiale qui leur donnait l'air de ramper. D'autres, à l'écart, causaient entre elles ou s'occupaient de leur toilette, et se posaient des grappes d'acacia autour des joues, en vertu de ce goût paradoxal qui leur fait aimer précisément ce qui peut les noircir davantage.

Un murmure indéfinissable et comme un gazouillement sans paroles, qui remplissait l'air d'un bruit léger, ajoutait encore à l'effet très-singulier produit par cette armée de femmes à la peau sombre. On eût dit une peuplade d'amazones éthiopiennes ou le harem de quelque sultan fabuleux surpris en une matinée de réjouissance. C'était fort beau, et dans cette alliance inattendue du costume et de la statuaire, de la forme pure et de la fantaisie barbare, il y avait un exemple de goût détestable à suivre, mais éblouissant. Au reste, ne parlons pas de goût dans un pareil sujet. Pour aujourd'hui, laissons les règles. Il s'agit d'un tableau sans discipline, et qui n'a presque rien de commun avec l'art. Gardons-nous bien de le discuter; voyons. Ainsi j'ai dû faire, et je me suis promené, regardant, notant les détails, ne vivant plus que par les yeux, plongé sans arrière-pensée ni scrupule dans ce tourbillon de couleurs en mouvement.

Le tableau se composait en amphithéâtre, je te l'ai dit, et dans un cadre aussi beau qu'il était vaste, sur un terrain tapissé d'herbes et de hautes herbes; pas un arbre, mais d'épais massifs d'aloès et de cactus; autour, la plaine bocagère du Hamma; pour fond, d'un côté le Sahel ombreux et vert, de l'autre la mer, avec Alger qui s'inclinait vers elle au couchant; au levant, les montagnes kabyles qui venaient y mourir; au-dessus, un ciel net et le soleil, le dieu des idolâtres et le vrai roi de la fête.

Les hommes se pressaient, amassés sur le sable fin du rivage, en uniforme blanc, en multitude épaisse, comme un grand troupeau. Les danses commencèrent vers midi, et durèrent jusqu'à la nuit close. L'infernale musique ne cessa pas une seule minute, tant il y avait de gens de bonne volonté pour remplacer les musiciens et les danseurs épuisés. Pendant ce temps, les femmes s'établirent sous les tentes ou près des tentes, et l'on mangea.

Au centre du bivouac, sous un pavillon surmonté d'étendards et le plus luxueux de tous, se tenait, à titre de personnage officiel, l'*amin* des nègres d'Alger. C'est un petit homme maigre, à la barbe frisée, au regard aigu, qui a du diplomate tout ce qu'un homme de sa race peut en avoir. Il était sérieux et affable; il offrait le café à ceux qui lui paraissaient valoir cet honneur; à force de rôder autour de lui, je lui parus sans doute quelqu'un de notable, car il m'invita.

J'attendis courageusement jusqu'au soir. Je vis le soleil tomber derrière les collines, et ce fut au milieu de la foule et des musiques que je rentrai chez moi, brisé de lassitude, gorgé de couleurs, mais fort satisfait de ma journée, car je m'imaginais avoir fait provision de lumière pour les jours ténébreux et trop fréquents où l'esprit n'a plus que des vues tristes.

Mustapha d'Alger.

Nâman est mort, Nâman le fumeur de *haschisch,* celui dont je te disais, au mois de novembre dernier, avec la prévision de sa fin prochaine, qu'il brûlait sa vie dans le fourneau de sa pipe. Je l'ai vu passer hier, dans le champ de manœuvre, sur un brancard couvert d'un drap rouge. Il était porté par des amis et par des voisins qui, suivant l'usage, se relayaient de minute en minute et conduisaient le mort au pas de course. J'entends par voisins ceux du café, car Nâman n'avait pas d'autre domicile que la boutique enfumée du *kaouadji*, de Si-Mohammed-el-Scheriff. C'est en reconnaissant les figures accoutumées du carrefour que je pris garde à l'enterrement, et je sus que c'était ce pauvre diable, à moitié mort depuis longtemps, qui venait de mourir tout à fait. Il avait continué ses habitudes, rêvant, dormant, fumant à la même place et ne respirant plus d'autre air vital que sa fumée. Il n'était ni plus gai, ni plus triste, ni plus absorbé que d'ordinaire. On le vit le matin prendre sa pipe et l'allumer ; il fit ainsi jusqu'à midi. Le soir, on remarqua qu'il ne fumait pas ; sa pipe était pour toujours éteinte, sa vie aussi !

Je voulus me joindre au très-petit nombre de ceux qui lui faisaient cortége, et je le suivis jusqu'au cimetière. La cérémonie fut courte ; il ne fit que passer par le marabout où l'on déshabille ordinairement les morts et qui sert de vestibule au tombeau. Presque aussitôt je le vis paraître, porté à bras et noué seulement dans un linceul. Deux fossoyeurs faisaient le trou, à peu près comme dans *Hamlet* : un dans la fosse et la creusant ; l'autre enlevant la terre avec un panier. Le trou fait, on y laissa couler le cadavre, puis la terre. Dix minutes après, la fosse était comblée et formait seulement dos de sillon ; c'était à ne plus savoir ce qu'on avait mis là, si c'était un homme ou quelque semence.

Si Nâman n'a pas laissé d'héritier, ce qui est probable, et si sa pipe est restée entre les mains du *kaouadji*, je l'achèterai, et tu verras un jour cette pipe homicide.

P. S. Rien de nouveau ici. Je suis monté au carrefour, où j'ai vu Sid-Abdallah, qui me croyait parti pour la France ; il ne m'a point parlé d'Haoûa. J'ai retrouvé avec émotion ma maison, ma prison d'hiver, et le jardin où les arbres fleurissent. La prairie n'est plus un pré, mais une vraie moisson. Les vaches s'y promènent, enfouies dans l'herbe jusqu'au ventre. La campagne est inondée de l'odeur des foins. Je n'ai pas de raisons pour rester à Mustapha. Vandell m'attend à Blidah, et je pars demain.

Blidah, mai.

Il s'est écoulé plusieurs semaines depuis le jour où je t'écrivais d'Alger. Je les ai passées aussi laborieusement que possible, enfermé dans cette petite ville dont l'air humide et chaud affaiblirait les plus forts par des conseils irrésistibles de mollesse. C'est la dernière séduction qu'elle ait gardée de ses origines; une sorte de bien-être physique et d'oubli de soi-même, qui ressemble à l'effet d'un bain prolongé. Nous voici au 15 mai, c'est-à-dire en été. Les jours sont longs, les midis pesants; pour vivre d'accord avec le climat, il faut jouir des matinées et des soirées, qui sont encore douces, et déjà consacrer le milieu du jour au sommeil.

Vandell m'a quitté hier. Il ne va pas loin, m'a-t-il dit, et ne restera pas longtemps absent. Comme il ne m'avait aucunement prévenu de son départ, je fus très-surpris, en m'éveillant au petit jour, de le voir à la porte de ma chambre bouclant ses guêtres de voyage en roulant son *burnouss* en portemanteau.

— Où donc allez-vous? lui criai-je.

— Je pars, me dit-il; j'ai réfléchi cette nuit que je m'engourdissais et prenais de mauvaises habitudes. Je ne saurais vous dire où je vais, mais je m'en vais. Que je vous écrive ou non, ne m'attendez pas avant le milieu de juillet. Si vous voyagiez vous-même, laissez votre clef chez Bou-Dhiaf.

Bou-Dhiaf est le maître de l'hôtellerie arabe de la rue des Koulouglis et le logeur ordinaire de Vandell, quand celui-ci vient à Blidah. Son nom vaut une bonne enseigne, car il signifie *père de l'hôte*.

Une demi-heure après, Vandell revenait avec sa jument blanche. Il attacha sur le dos de la bête son modeste et léger bagage, se mit en selle, et me quitta. Lui parti, je me suis demandé ce que j'allais devenir. Je trouvai ma maison vide, et je compris, à cette nouvelle appréhension d'être seul après avoir été deux, que je venais de prendre aussi, moi, ce que Vandell appelle stoïquement de mauvaises habitudes.

Même date, la nuit.

J'ai fait ce soir le tour de la ville (voilà que je recommence à dire *je*). J'ai suivi le contour du rempart à l'extérieur, d'abord en plaine, ensuite au pied même de la montagne. Il était six heures quand je sortis, et neuf à peu près quand je revins à mon point de départ, ce qui te prouve que je marchais lentement et m'arrêtais souvent. La soirée était chaude, l'air très-calme. Un brouillard de bon augure descendit de bonne heure sur la plaine, et le lac et les marais se dessinèrent bientôt par des lignes de vapeurs blanches. Les hirondelles, qui sont en nombre incalculable à Blidah, disparurent peu à peu du ciel, où le jour pâlissait ; l'air était plein du vol des insectes de nuit et des moustiques.

En arrivant à la porte de l'ouest, je trouvai tout un bivouac établi autour des abreuvoirs ; une cinquantaine de chameaux, une trentaine à peu près de chameliers. Quoiqu'il fît déjà sombre, je vis à leur air et à leur tenue, à leur teint plus obscur, à leurs yeux plus âpres, qu'ils étaient des Sahariens.

— D'où venez-vous ? leur dis-je.

Un d'entre eux me dit :

— D'El-Aghouat.

El-Aghouat, dans une bouche arabe, est un mot très-dur et plein de caractère, à cause de la gutturale *gh*, qui équivaut au *j* espagnol. J'écoutai ce nom bizarre, et me le fis répéter, pour me donner le plaisir de l'entendre. C'était la première fois qu'un Arabe le prononçait devant moi avec cet accent tendre et fier propre à l'homme qui parle de son pays à des étrangers. Je demandai combien de jours de voyage. Il me dit :

— Dix jours jusqu'à Boghar, et deux jours de Boghar à Medeah.

— Et comment est le chemin ?

Il fit alors le geste superlatif des Arabes, me montra la route unie qui passait près du bivouac, allongea le bras indéfiniment pour exprimer la distance indéterminée d'un immense parcours, et me dit :

— Regarde, voilà le Sahara, — comme si rien au monde n'était plus beau pour le regard d'un homme que le vide indéfini d'un horizon plat.

— Bonsoir. Salut sur tous! leur dis-je.

— Sur toi le salut! répondit le Aghouati.

Et j'achevai ma promenade.

Avant de rentrer, j'allai m'asseoir au café de Bou-Djima. C'est un petit café champêtre situé hors de la ville, parmi des arbres, presque au milieu des orangers, et tout entouré de ruisseaux comme un îlot. Il n'y avait personne. Bou-Djima dormait à côté de ses fourneaux, au-dessous de sa lanterne quasi éteinte. Je ne le réveillai point, et m'assis devant la porte. De distance en distance on voyait paraître et disparaître des points de lumière dans la montagne, et de loin en loin des chiens aboyaient; puis je regardai le ciel, où brillaient toutes les constellations de l'été. Le souvenir des Sahariens, au lieu de s'affaiblir, ne me quitta plus, et je me mis sans le vouloir à voyager. Or, quand je voyage, soit en réalité, soit en rêve, c'est toujours dans la même direction, le cap au sud.

Il est minuit. Je ne résous rien, mais il est possible que je me lève demain, comme Vandell s'est éveillé hier, avec la décision subite de me mettre en route.

C

IV

LA PLAINE.

Blidah, août.

Je reviens du sud, après avoir fait ce que j'appellerai, ambitieusement peut-être, un curieux voyage. Ce voyage est noté, presque jour par jour et étape par étape, dans un journal qui reste indépendant de celui-ci [1]. Mon journal saharien s'arrête à El-Aghouat, et sur un cri d'homme altéré par trois mois à peu près de soif continue. Je suis revenu vaincu, je puis le dire, par cette soif mortelle, et poussé vers le nord par je ne sais quel désir déraisonnable de voir de l'eau fraîche, d'en boire et de m'y plonger.

J'ai fait en moins de six jours la route qui nous en avait demandé dix en allant. J'ai voyagé sans débrider ni dormir, marchant de jour, marchant de nuit, ne faisant plus de grandes haltes et ne bivouaquant jamais plus de quelques heures, trouvant les sources taries, de la boue liquide au lieu d'eau, ou, ce qui est pis encore, des résidus d'écume verdâtre; éreintant mon cheval, épuisé moi-même, mais soutenu jusqu'au bout par cette certitude de renaître en arrivant. J'ai cessé de noter la température en quittant El-Aghouat. Ce dont je me souviens, c'est que le thermomètre marquait 50 degrés moins un dixième le jour de mon départ à quatre heures. Le curé me remit lui-même sa der-

---

[1] *Un été dans le Sahara.* 1857.

nière observation au moment où je montais à cheval; c'est un certificat que je conserve en témoignage d'un climat qui, pendant les derniers jours, m'a paru terrible.

Parti d'El-Aghouat un dimanche, après vêpres, — comme on dirait en pays chrétien, — j'étais à Boghari le vendredi matin à huit heures et demie. J'allai droit au caravansérail, où je m'établis. J'y passai la journée avec mon domestique et mes chameliers, couché sur la dure banquette d'un hangar, et dans une ombre qui n'était pas beaucoup plus rafraîchissante que le soleil. Le soir, un cavalier entra dans la cour du *fondouk;* c'etait Vandell. Il avait appris mon départ, puis mon retour; il venait à ma rencontre à Boghari, se doutant bien que je ne monterais point à Boghar.

— A la bonne heure ! dit-il en m'examinant, pour cette fois vous ressemblez à un voyageur.

— Mon cher ami, lui répondis-je, je meurs de soif!

Et je le regardais, comme si la vue seule d'un ami revenant du nord allait déjà me désaltérer.

Le lendemain, à trois heures et demie du matin, la lune brillant encore et le jour blanchissant à peine, nous reprenions ensemble la route de Medeah. Nous avions assez bien employé l'un et l'autre ces trois mois d'absence, lui au profit de l'érudition, moi de mes études.

— Qui donc vous a décidé à partir? me demanda-t-il.

Je ne lui dis point que c'était son propre exemple, et je lui parlai seulement de la rencontre fortuite des Sahariens d'El-Aghouat.

— Et qu'avez-vous vu là-bas?

— L'été, lui dis-je.

— C'est un peu vague, objecta Vandell; mais chacun a son point de vue.

Les moissons étaient coupées depuis longtemps, et dans la vallée de l'Oued-el-Akoum je ne retrouvai plus qu'une étendue sans diversité de terre sèche et redevenue poudreuse. Le soleil avait dévoré des chaumes le peu qui restait sur pied. La chaleur était extrême, même à l'abri des bois dans la montagne; les pins exhalaient une odeur suffocante de résine, et le cri des cigales, se mêlant aux craquements des rameaux échauffés, formait autour de nous comme un petillement d'incendie. Il fallut cheminer jusqu'à deux heures pour trouver enfin une source digne de ce nom.

C'était un réservoir d'eau limpide, profonde et glacée, ombragée par de grands arbres et reposant comme dans une corbeille, au milieu de lauriers-roses tout épanouis.

— Vois-tu? dis-je à mon *bach'amar* (conducteur de convoi) saharien. Voici comment est l'eau de mon pays.

Le *bach'amar* en but une gorgée dans le creux de sa main, la goûta comme il aurait fait d'une boisson inconnue, regarda le sentier pierreux qui montait en spirale autour des flancs sombres du coteau, les arbres qui n'étaient point des palmiers, et répondit simplement :

— Dieu fait bien ce qu'il fait.

Je pensai comme lui, mon ami, et quand la première ardeur de boire fut apaisée, je dis au Saharien :

— Tu as raison, ton pays est le plus beau du monde.

Le onzième jour après mon départ d'El-Aghouat, j'arrivai chez moi au moment où le cyprès qui me sert de cadran indiquait un peu plus de quatre heures.

Blidah, août.

— D'où viens-tu? m'a demandé Haoûa en me revoyant.

— Du sud, lui dis-je, et je lui nommai El-Aghouat.

— Le Sahara est le pays de mon père, ajouta-t-elle alors avec autant d'indifférence qu'un spinosiste à qui l'on parlerait du paradis d'Adam. Et pourquoi m'as-tu quittée?

Je repris ma place accoutumée sur son divan, et je lui répondis :

— Pour te laisser faire ta sieste d'été.

Je l'ai retrouvée telle à peu près qu'il y a trois mois, seulement un peu plus languissante encore et sensiblement moins vêtue. Aïchouna, dont je me suis informé, passe une partie de ses soirées dans les *bîtas*, petites fêtes de nuit moitié bals, moitié concerts, où elle a, dit-on, beaucoup de succès comme danseuse. Le barbier Hassan m'a témoigné combien mon départ subit et ma longue absence l'avaient inquiété; pour donner plus de prix à ses paroles, il entremêla son vocabulaire un peu corrompu de locutions françaises telles que celles-ci : *mon cher* et *sacredié*. Quant au scribe Ben-Hamida, je l'ai rencontré le lendemain même de mon arrivée. Charmant, frais et reposé comme une fille qui sort du bain, il portait, ce qui me l'a fait apercevoir de loin, une longue pelisse de couleur tendre et se dandinait élégamment avec un éventail de boudoir à la main.

— Beau visage, bonne étoile, lui dit Vandell en le complimentant de sa bonne mine.

Ben-Hamida me questionna sur mon voyage, sur l'avenir probable de notre établissement à El-Aghouat, sur l'esprit des populations sahariennes, me demanda quelle était leur attitude, ce qu'on disait du chérif agitateur du sud et ce qu'on redoutait de lui, le tout avec la curiosité naturelle d'un homme éclairé que la politique de son pays intéresse. Et comme je lui donnais l'assurance qu'El-Aghouat allait devenir entre nos mains un poste-frontière solide et parfaitement gardé, que le pays était sain, habitable, et qu'après l'avoir pris malgré les Arabes, nous saurions bien le conserver en dépit du climat, il se contenta de sourire et répondit avec une impertinence exquise :

— De fort grands personnages ont été suffoqués par une mouche.

Et aussitôt il prit congé de nous.

— Ce diable d'homme combat à la manière des Parthes, dis-je en le voyant brusquement s'éloigner.

— Oui, dit Vandell, en lançant des proverbes. C'est dommage qu'il ait tourné le dos si vite, j'en avais dix à lui renvoyer.

Maintenant que j'ai vu l'été chez lui, dans son royaume, il n'a plus rien à m'apprendre, et je n'attends aucune émotion nouvelle d'un climat relativement variable, où le soleil a, comme les oiseaux de passage, des saisons pour paraître et pour émigrer. Il fait très-beau, mais ce n'est pas le même beau que dans le sud ; très-chaud, mais la chaleur est plus molle que jamais ; très-sec, mais cette sécheresse n'est pas comparable à l'aridité menaçante, et aussi vieille que le monde, qui garde les barrières du Sahara. On voit encore ici des ruisseaux qui coulent, un lac qui fume le soir, des marais qui s'évaporent ; les horizons sont chargés, le ciel est d'un bleu de velours, il n'est plus d'airain. D'ailleurs les récoltes sont finies ; herbages et cultures, tout est rentré, la plaine est nue, septembre approche ; dès aujourd'hui l'automne peut venir.

Je mets en ordre mon journal et mes dessins de route, un peu tristement, car la comparaison de ce que j'ai vu là-bas fait paraître médiocre tout ce qui n'est pas très-beau, et petit tout ce qui n'est plus vide. Blidah est une sorte de Normandie numide qu'il est bon de visiter en arrivant d'Europe, mais où l'on a tort de s'arrêter quand on revient du sud, parce qu'on retombe alors du grand au joli. Il n'y a pas de verger, fût-il africain, qui vaille une oasis, et le désert fait tort aux plus grandes plaines.

Le jour se lève entre quatre et cinq heures. Involontairement je m'éveille aussitôt qu'il commence à poindre, dernière habitude apportée d'un pays où le sommeil n'a plus d'heures, et où jamais on ne dort tout à fait. Ma chambre se remplit confusément de lueurs blanchissantes et de bruits vagues. Je vois l'aube qui s'épanouit par-dessus la ligne verte d'un horizon boisé. J'écoute : voici la diane, un air qui m'a fait battre le cœur pendant deux mois, un air sans pareil, quand on l'associe dans sa mémoire à des sensations poignantes et uniques. Des chevaux hennissent, des chameaux brament ; j'entends passer sous ma fenêtre des gens qui vont pieds nus et marchent d'un pas mou ; la brise errante qui précède le soleil fait doucement frissonner les orangers du voisinage; l'air est tiède, la matinée tranquille. Suis-je encore au Sahara? C'est une illusion de tous les matins qui dure un moment, juste le temps de reconnaître où je suis, et de m'apercevoir que je n'ai plus de moustiquaire étendue sur moi comme un linceul, que je respire à l'aise et que le bourdonnement des mouches a cessé : après quoi, je me retrouve ici dans un autre monde. Je m'éveille avec sécurité, je cherche, au milieu de sensations toutes paisibles, la secrète angoisse et le sentiment d'un danger possible. La vie est commode, le climat salubre, la saison clémente. Alors j'éprouve un regret bizarre, et je regarde avec indifférence se dérouler des jours qui n'ont plus rien de redoutable.

C'est ainsi que s'ouvrent mes journées, par des bruits, par des lueurs, par des formes entrevues, par le rayonnement grisâtre de l'aurore à travers ma fenêtre ouverte, par un salut donné du fond de l'âme à chaque chose qui s'éveille en même temps que moi. Ce n'est pas ma faute si la nature envahit à ce point tout ce que j'écris. Je lui donne ici tout au plus la part qu'elle a dans ma propre vie. Agir au milieu de sensations vives, produire en ne cessant pas d'être en correspondance avec ce qui nous entoure, servir de miroir aux choses extérieures, mais volontairement, et sans leur être assujetti; faire enfin de sa propre destinée ce que les poëtes font de leurs poëmes, c'est-à-dire enfermer une action forte dans des rêveries; modifier l'*homo sum* de Térence, et dire : « Rien de ce qui est divin ne m'est étranger », voilà, mon ami, qui ne serait ni trop, ni trop peu; voilà qui serait vivre.

Je lisais aujourd'hui même un livre publié sur Alger vers 1830, et j'y trouvais un détail inattendu, qui, tout insignifiant qu'il est, m'a cependant frappé. Ce livre est l'*Esquisse de l'État d'Alger* du consul américain W. Shaler. C'est le plus précis, le plus fidèle et le mieux renseigné qu'on ait écrit sur la situation du gouvernement algérien à l'époque très-curieuse où ce gouvernement de flibustiers s'introduisit ou plutôt fut introduit dans les démêlés de la politique européenne, et passa du brigandage à la diplomatie. L'auteur, qui séjournait dans la régence depuis 1815, qui avait vu le règne d'Omar, et qui recevait les confidences du dey Hussein, terminait son livre en 1825, au moment même où la guerre était sur le point de renaître avec l'Angleterre. Les événements devenaient graves, une escadre anglaise bloquait la ville, et la menaçait d'un nouveau bombardement. Shaler assistait alors de sa maison consulaire à ces préparatifs de guerre, surveillant ce qui se passait dans la rade, notant exactement le mouvement du port, l'arrivée des navires, leur nombre, leur force, leurs dispositions, indiquant l'état du ciel, quel vent, quelle température, puis mêlant à tout cela les renseignements venus de la Kasbah. De cet ensemble de notes prises jour par jour, heure par heure, il composait un journal fort original, une sorte d'histoire panoramique qui devient vivante à force de précision, et pittoresque à cause du point de vue.

A la date du 14 juin 1825, voici ce que l'observateur écrit :
« Ce soir, comme pour faire contraste avec l'aspect sombre de la guerre et l'inquiétude qui existe naturellement dans un pays comme celui-ci, nous avons joui des plus beaux phénomènes de la nature. Au coucher du soleil, un *cactus grandiflora* a commencé à fleurir dans le jardin du consulat; développant insensiblement sa gloire éphémère aux rayons d'un beau clair de lune, il embaume l'air à la distance de plusieurs toises de ses doux parfums, et répand une forte odeur de vanille.

« 15 *juin*. — Pendant la plus grande partie du jour, l'horizon a été couvert d'un épais brouillard. A environ cinq heures du soir, le brouillard a disparu en partie, et l'on a découvert en pleine mer seize vaisseaux anglais. La belle fleur qui s'était épanouie la nuit dernière était fermée le matin; le soir, elle était desséchée sur sa tige. »

Et le lendemain le diplomate continue le récit du blocus. Ce mince détail observé par hasard illumine à mon avis tout le cours du volume. Ce brouillard des journées chaudes, cette plante rare qui fleurit pendant une nuit d'été et ne reste ouverte que quelques heures, il y a là tout un paysage. Est-il inutile? Je ne le crois pas, car il rend le tableau plus local, il rappelle l'Alger physique qu'on oubliait; il encadre l'histoire, sans que l'histoire y perde rien de sa gravité. Si jamais il m'arrivait d'être l'historiographe d'un événement politique ou militaire, sois bien assuré qu'à mon insu je trouverais moyen de faire épanouir à un moment donné, soit parmi les aridités de la politique, soit au milieu des péripéties d'un champ de bataille, quelque chose comme le *cactus grandiflora* de l'Américain Shaler.

Septembre.

Nous recommençons la vie que tu connais, aux mêmes lieux, dans la même maison, sans nous écarter des sillons marqués par de longues habitudes. Nous travaillons. Vandell est retourné à la géologie. Il ne sort plus sans son marteau, et partout où nous allons ensemble, il se met, comme un cantonnier sur les routes, à casser des cailloux. Je l'aide à porter ses échantillons. Il en a couvert le plancher de sa chambre. C'est là qu'il les dépose et les classe, sans avoir l'air de prévoir que tôt ou tard il nous faudra déménager. Il a rapporté de sa dernière course une foule de petits dessins fort curieux : profils de montagnes, formes de rochers, avec le multiple détail intérieur des stratifications. Rien n'est plus exact, ni plus net, ni plus minutieux. Chaque contour est indiqué d'une manière enfantine, par un trait si délié, qu'on dirait le travail du burin le plus aigu. Il n'y a, bien entendu, ni ombre, ni lumière; c'est l'architecture des choses reproduite indépendamment de l'air, de la couleur, de l'effet, en un mot de tout ce qui représente la vie. C'est froid et démonstratif comme une figure de géométrie. Sans attacher d'ailleurs la moindre importance *artistique* à ces dessins, que lui-même appelle des plans, il s'étonne pourtant quelquefois, si j'hésite à reconnaître les lieux, de m'en voir contester l'exactitude absolue. J'accorde volontiers l'exactitude, mais je nie la ressemblance ou bien encore, la ressemblance admise, je nie la vérité, et c'est alors le point de départ d'une dissertation qui nous mène, à travers des théories que tu devines, aux conclusions les plus opposées.

— Il faut pourtant, me disait-il aujourd'hui, que vous m'expliquiez au juste ce que vous prétendez faire de ce pays. Je vous entends dire tantôt qu'il est curieux, tantôt qu'il est beau ; vous parlez tour à tour de naïveté et de parti pris ; vous invoquez l'indépendance et les traditions ; vous avez toujours un pied ici, l'autre dans les musées ; bref, je vous vois faire un grand écart très-périlleux, et je vous demande à vous-même si l'équilibre est possible à tenir.

— Mon cher ami, lui dis-je, c'est une des faiblesses de notre époque d'essayer ce que les plus forts n'avaient point entrepris, non par timidité, mais par sagesse, et de mettre beaucoup de résolutions dans des chimères. Il fut un temps où les choses étaient moins compliquées et les hommes plus grands, peut-être parce qu'ils étaient plus simples. En tout cas, le but était direct, les moyens de l'atteindre étaient peu nombreux. On prétend que le but continue d'être le même ; j'en doute, à voir mille chemins ouverts, et que chacun prend un détour nouveau pour y arriver. On ne pensait pas alors qu'il y eût autre chose au monde que ce que soi-même on voyait tous les jours : de belles formes humaines équivalentes à de belles idées, ou de beaux paysages, c'est-à-dire des arbres, de l'eau, des terrains et du ciel ; l'air, la terre et l'eau, trois éléments sur quatre, c'était déjà vaste, et cela suffisait. A chaque chose on donnait à peu près sa couleur générale, et chaque forme était exprimée dans le sens le plus propre, non point à la corriger, mais à la manifester, en vertu de ce principe très-modeste, et cependant très-fier, qui, faisant équitablement deux parts dans les productions de l'art, donne à la nature l'initiative du beau, et nous réserve à nous le droit de le concevoir et de le révéler. On appelle embellir ou créer cette opération de l'esprit ; ce n'est qu'une demi-erreur et peut-être un abus de mots.

Après ce préambule un peu solennel, engagé dans une exposition de principes que je n'avais ni provoquée ni préparée, je continuai, mon ami, raisonnant, divaguant, prenant les faits pour témoignages, invoquant l'exemple de ceux que nous appelons les maîtres, et, comme tu pourras le reconnaître, sans beaucoup d'ordre ni de méthode.

« Ce qui nous a perdus, disais-je aux termes près, c'est la curiosité et le goût des anecdotes. Il y a déjà quelque temps qu'on le répète, et c'est vrai, mais irrémédiable. Autrefois l'homme était tout. Une figure humaine valait un poëme. Quand la nature apparaissait derrière l'homme, c'était à l'état d'auréole, et pour remplacer les fonds noirs des portraitistes, ou les nimbes d'or des primitifs italiens. La peinture et la sculpture se donnaient la main, à ce point que la peinture avait l'air d'être soutenue par sa sœur aînée. Toute pleine encore des traces de cette commune origine et de cette éducation commune, elle avait le sens individuel, le relief abstrait et positif de la statuaire. Et telle était, à la plus grande époque de la renaissance italienne, la fraternité de ces deux arts jumeaux que l'homme qui les a réunis et presque confondus dans ses œuvres est demeuré par là le premier artiste du monde, moins parfait que les Grecs et plus complet. Je ne crois pas que le *Jugement dernier* soit autre chose qu'un immense bas-relief avec le mouvement et la couleur. Le jour où la séparation eut lieu, l'art diminua. Il se transforma le jour où le *sujet* s'introduisit dans la peinture, il tomba tout à fait le jour à jamais déplorable où le *sujet* en devint l'intérêt. En d'autres termes, le *genre* a détruit la grande peinture et dénaturé le paysage même.

« Le *sujet* date de loin, et le *genre* aussi. Si l'on voulait sincèrement remonter aux origines, on manquerait peut-être de respect à des noms singulièrement vénérables et que j'aurais peur de prononcer même entre nous. Nous avons toujours eu trop d'esprit en France. Cette disposition a porté malheur à nos grands hommes. On accorderait peut-être plus de génie à l'homme-roi du dix-huitième siècle, s'il avait été moins spirituel, et l'on remarque peu que le plus grand peintre français du dix-septième siècle avait lui-même autant de dextérité d'esprit que de bon sens. Le bon sens et l'esprit, la finesse et la logique, voilà des qualités gauloises dont les Italiens ne se doutaient pas, ou qu'ils n'ont jamais laissé voir. C'est pourquoi Poussin est moderne; il l'est malgré lui, malgré ses traditions, malgré son sens exquis de l'antique. Il a beau vivre et mourir à Rome, il reste au fond le Normand des Andelys, voisin de Corneille et parent de la Fontaine. Il a beau faire : il est grave, mais spirituel. Il est soucieux, mais il raisonne; il a le trait, le pathétique et la leçon; il est peu naïf en somme dans l'acception simple, forte, ingénument plastique, que les anciens donnaient à ce mot. Le très-grand art ne raisonne pas, du moins dans le sens du syllogisme; il conçoit, il rêve, il voit, il sent, il exprime : mécanisme simple et plus naïf. Qu'est-ce que le *sujet,* sinon l'anecdote introduite dans l'art, le fait au lieu de l'idée plastique, le récit quand il y a récit, la scène, l'exactitude du costume, la vraisemblance de l'effet, en un mot la vérité soit historique, soit pittoresque? Tout se déduit et tout s'enchaîne. La logique apportée dans le *sujet* conduit tout droit à la couleur locale, c'est-à-dire à une impasse, car, arrivé là, l'art n'a plus qu'à s'arrêter; il est fini.

« L'histoire religieuse, l'Ancien et le Nouveau Testament, par l'élévation de l'idée, qui touchait à la foi, par le contact avec le fond des croyances, par leur éloignement légendaire, par le mystérieux des faits, s'élevaient au-dessus de l'anecdote et rentraient dans l'épopée; mais à quelle condition? A la condition d'être le *credo* d'une âme émue, comme chez le moine de Fiesole, ou d'être coulés dans le moule d'une forme sublime, comme dans Léonard, Raphaël, André del Sarto, ces païens. Le *sujet* n'a jamais été pour eux qu'une occasion de représenter l'apothéose de l'homme dans tous ses attributs. Du moment que la mise en scène se fait plus explicative, de deux chose l'une : ou le *sujet* se transfigure comme entre les mains des coloristes-dessinateurs vénitiens, et, par l'absence de toute couleur *vraie,* par le mépris de l'histoire et de la chronologie, il sert de prétexte à une fantaisie épique au fond de laquelle il passe inaperçu; ou bien l'intention de rester vrai prend le dessus, et subitement l'art est rapetissé. A la façon dont les metteurs en scène vénitiens ont compris le *sujet*, il est aisé de voir le cas médiocre qu'ils en faisaient. Quand le Titien peint l'*Ensevelissement du Christ*, qu'y voit-il? Un contraste, — idée plastique, — un corps blanc, livide et mort, porté par des hommes sanguins, et pleuré, dans un deuil qui les rend plus belles, par de grandes Lombardes aux cheveux roux : voilà comme on entendait le *sujet*. Vous voyez que la curiosité d'être vrai n'était pas grande, et que le désir d'être nouveau n'allait pas plus loin que celui d'être exact. Être beau, tel était le premier et le dernier mot, l'alpha et l'oméga d'un catéchisme que nous ne connaissons plus guère aujourd'hui.

« Tout à coup, il y a quelque vingt ans, après avoir épuisé l'histoire ancienne, et puis l'histoire locale, de lassitude ou autrement, les peintres se sont mis en route. De cette époque date un mouvement très-inattendu : je veux parler du besoin des aventures et du goût des voyages. Or, notez bien qu'on voyage du moment qu'on s'attache aux diversités de la nature. La distance n'y fait rien. On peut ne jamais dépasser Saint-Denis, et cependant rapporter des bords de la Seine des œuvres que j'appellerai des notes de voyage. On peut au contraire faire le tour du monde, et ne produire que des œuvres plus générales, impossibles à localiser, ne portant ni timbre, ni certificat de distance, et qui sont alors tout simplement des tableaux. En un mot, il y a deux hommes qu'il ne faut pas confondre, il y a le voyageur qui peint, et puis il y a le peintre qui voyage. C'est toute une différence, comme vous voyez. Et le jour où je saurai positivement si je suis l'un ou l'autre, je vous dirai exactement ce que je prétends faire de ce pays. »

Nous étions en ce moment sur la place du Marché. Une troupe d'enfants indigènes s'y livraient à un exercice d'adresse et d'agilité dont nos collégiens ont l'habitude, et qui, je crois, est cosmopolite, car on le trouve en Irlande aussi bien qu'en Orient. Le jeu consiste à lancer une boule, ou un bâton, ou n'importe quoi de léger qui puisse être enlevé rapidement et rejeté loin. Chaque joueur est armé d'un bâton, et c'est à qui arrivera le premier pour relever la boule et la lancer de nouveau. Les joueurs étaient de jeunes enfants de huit à douze ans, agréables de visage et déliés de tournure, comme la plupart des petits Maures, avec la physionomie fine, les yeux grands et beaux, le teint aussi pur que celui des femmes. Ils avaient les bras nus, leur cou délicat sortait d'un gilet très-ouvert, leur culotte flottante était relevée jusqu'au-dessus du genou pour les aider à mieux courir, et une petite *chachia* rouge pareille à la calotte des enfants de chœur garnissait à peine le sommet de leur jolie tête chauve. Chaque fois que la boule était atteinte et partait, tous ensemble s'élançaient à sa poursuite côte à côte, en troupeau serré, comme des gazelles. Ils couraient en gesticulant beaucoup, perdant leur coiffure, perdant leur ceinture, mais n'y prenant pas garde, volant directement au but, sans qu'on les vît toucher le sol, car on n'apercevait du pas léger des coureurs que des talons nus agités dans un flot de poussière, et ce nuage aérien semblait accélérer leur course et les porter.

Il était deux heures. Le marché venait de finir, la place était entièrement déserte. Un carré de maisons basses et sans toitures, un ou deux cyprès qui pointaient au-dessus des terrasses, la montagne au delà dont l'horizon dentelé partageait le ciel à plus de moitié, un ciel vide, un grand terrain sans accidents, voilà pour le paysage. Les maisons étaient d'un blanc mat à peine altéré par des écorchures, les cyprès noirs; la montagne était franchement verte, le ciel d'un bleu vif, le terrain couleur de poussière, c'est-à-dire à peu près lilas. Une seule ombre au milieu de la vive lumière se dessinait du côté de la place où déjà le soleil inclinait, et cette ombre, inondée des reflets du ciel, aurait pu, grossièrement du moins, s'exprimer elle-même par du bleu.

« Vous voyez bien, dis-je à mon auditeur, cette place et ces enfants? La scène est familière et dans les conditions du *genre;* le cadre lui-même a ce double avantage de l'accompagner d'une manière très-simple et cependant très-locale. Prenons pour exemple ce tableau qui semble tout préparé d'avance et facile à copier comme à décrire. L'exemple en vaut un autre. L'Orient peut à la rigueur tenir dans ce cadre étroit.

« Et d'abord, si vous me permettez d'être pédant tout à mon aise, que voyons-nous? Sont-ce des enfants qui jouent dans le soleil? Est-ce une place au soleil dans laquelle jouent des enfants? La question n'est pas inutile, car elle détermine avant tout deux points de vue très-différents. Dans le premier cas, c'est un tableau de figures où le paysage est considéré comme accessoire; dans le second, c'est un paysage où la figure humaine est subordonnée, mise au dernier plan, dans un rôle absolument sacrifié. A cette question, qui crée aussitôt tant d'opinions diverses, chacun répondra d'après son tempérament propre, sa manière de comprendre les choses, l'habitude de son œil et les dispositions de son talent. Le paysagiste y verra donc un paysage, le peintre de figures un sujet; l'un y distinguera des taches, l'autre des costumes, un troisième en étudiera l'effet, un quatrième y verra des gestes; un autre encore, des physionomies. Suivant qu'on les envisagera de près ou de loin, les enfants deviendront tout ou ne seront plus rien, et si nous les supposons assez près du peintre pour que le portrait de chacun d'eux prenne un intérêt dominant, alors une modification singulière apparaîtra dans ce tableau si simple. Tout le paysage à la fois disparaîtra; à peine apercevra-t-on vaguement quelque chose comme un terrain frappé de lumière et des indications de mise en scène orientale; il ne restera plus de visible et de formulé qu'un groupe important surtout par sa signification humaine, composé d'enfants animés de mouvements rapides et de passions joyeuses, et présenté de manière à mettre en évidence l'expression du geste chez les uns, le jeu de la physionomie chez les autres. D'élimination en élimination, nous arrivons de la sorte à réduire le cadre, puis à le supprimer, à grandir le groupe, puis à le simplifier. Le costume lui-même devient un accident secondaire dans un sujet dont l'intérêt se concentre à ce point sur des formes humaines et sur des visages, et du premier coup nous supprimons le soleil et l'excessive lumière, double obstacle dont personne au monde ne s'était préoccupé quand il s'agissait de peindre les hommes.

« Que devient alors le milieu même où nous apercevons la scène : cette place blanche, ces cyprès verts, ce soleil blanc des heures méridiennes? Que devient tout cet entourage local et significatif, — essentiel si l'on veut localiser la scène, inutile au contraire si l'on veut la généraliser? On touche ainsi aux abstractions, et, sans le vouloir, par le seul fait d'un point de vue plus sévère et plus concentrique, on sort de la nature pour entrer dans les combinaisons de l'atelier; on abandonne le vrai relatif pour un ordre de vérité plus large, moins précise et d'autant plus absolue qu'elle est moins locale. Pour nous, cette petite place de Blidah, solitaire, fortement éclairée par la pleine lumière d'un beau jour d'été, ces vestes rouges et ces culottes blanches, ces jolis enfants un peu bizarres, et c'est par là surtout qu'ils nous séduisent, la chaleur, le bruit, la diversité de la scène à chaque instant changeante, tout cela compose un ensemble d'impressions multiples et nous charme à ce titre surtout que nous y voyons l'individuel caractère d'un tableau d'Orient. Il y a au contraire des peintres, et j'en connais, qui ne prendraient là que le nécessaire, estimant que ce qu'il y a de plus intéressant dans ces enfants, ce n'est pas d'être de petits Blidiens, c'est d'être des enfants; ceux-là sans contredit auraient raison.

« Ce procédé de l'esprit qui consiste à choisir son point de vue, à déterminer la scène, à l'isoler du milieu qui l'absorbe, à sacrifier les fonds, à les faire imaginer plutôt qu'à les montrer; le soin d'expliquer ce qui doit être expliqué et de sous-entendre les accessoires; l'art d'indiquer les choses par des ellipses et de faire imaginer même ce que le spectateur ne voit pas, ce grand art de se servir de la nature sans la stéréotyper, tantôt de la copier jusqu'à la servilité, tantôt de la négliger jusqu'à l'oubli ; ce difficile équilibre des vraisemblances qui oblige à demeurer vrai sans être exact, à peindre et non pas à décrire, à donner non pas les illusions, mais les impressions de la vie : tout cela se traduit par un mot ordinaire, et qui fait le sujet de bien des équivoques, peut-être parce qu'il n'a jamais été bien défini, je veux dire l'interprétation.

« La question se réduit à savoir si l'Orient se prête à l'interprétation, dans quelle mesure il l'admet, et si l'interpréter n'est pas le détruire. Je ne fais point de paradoxe ; j'examine. Ce n'est pas une objection que je crée, je la signale. Et croyez qu'il m'en coûte de médire d'un pays auquel je dois beaucoup.

« L'Orient est très-particulier. Il a ce grand tort pour nous d'être inconnu et nouveau, et d'éveiller d'abord un sentiment étranger à l'art, le plus dangereux de tous, et que je voudrais proscrire : celui de la curiosité. Il est exceptionnel, et l'histoire atteste que rien de beau ni de durable n'a été fait avec des exceptions. Il échappe aux lois générales, les seules qui soient bonnes à suivre. Enfin, il s'adresse aux yeux, peu à l'esprit, et je ne le crois pas capable d'émouvoir. Je parle ici de ceux, et c'est le plus grand nombre, qui ne l'ont pas habité, et n'ont pas, pour le comprendre, l'intime familiarité des habitudes et l'affectueuse émotion des souvenirs. Même quand il est très-beau, il conserve je ne sais quoi d'entier, d'exagéré, de violent, qui le rend excessif, et c'est un ordre de beauté qui, ne rencontrant pas de précédents dans la littérature ancienne ni dans l'art, a pour premier effet de paraître bizarre.

« D'ailleurs il s'impose avec tous ses traits : avec la nouveauté de ses aspects, la singularité de ses costumes, l'originalité de ses types, l'âpreté de ses effets, le rhythme particulier de ses lignes, la gamme inusitée de ses couleurs. Changer quoi que ce soit dans cette physionomie si nettement nouvelle et décisive, c'est l'amoindrir ; apaiser ce qu'elle a de trop vif, c'est l'affadir ; généraliser une pareille effigie, c'est la défigurer. Il faut donc l'admettre en son entier, et je défie qu'on échappe à cette nécessité d'être vrai quand même, d'en exprimer d'abord les côtés bizarres et d'être conduit par la logique même de la sincérité jusqu'à l'excès forcé du naturalisme et du *fac-simile*.

« Il en résulte dans chaque genre également une aberration pareille et certaine.

« Le peintre qui bravement prendra le parti de se montrer véridique à tout prix rapportera de ses voyages quelque chose de tellement inédit, de si difficile à déterminer, que, le dictionnaire *artistique* n'ayant pas de terme approprié à des œuvres de caractère si imprévu, j'appellerai cet ordre de sujets des *documents*. J'entends par documents le signalement d'un pays, ce qui le distingue, ce qui le rend lui-même, ce qui le fait revivre pour ceux qui le connaissent, ce qui le fait connaître à ceux qui l'ignorent; je veux dire le type exact de ses habitants, fût-il exagéré par le sang nègre, et n'eût-il pas d'autre intérêt que son extravagance, leurs costumes étrangers et étranges, leurs attitudes, leur maintien, leurs coutumes, leur démarche, qui n'est pas la nôtre. Or, comme il n'y a plus de limite aux investigations du voyageur lorsqu'il a pris pour règle l'exactitude, nous saurons et nous verrons, à n'en plus douter, d'après ces images minutieuses copiées avec la scrupuleuse authenticité d'un portrait, comment le peuple d'outre-mer s'habille, comment il se coiffe, comment il se chausse. Nous apprendrons quelles sont ses armes, et le peintre les décrira autant qu'un pinceau peut décrire. Les harnais des montures, il faudra de même qu'on les connaisse; il y a plus, il faudra qu'on les comprenne, car à l'artifice ingénieux de montrer tant de choses nouvelles se joindra pour le peintre voyageur l'obligation d'être catégorique et d'expliquer. Et comme l'attrait de l'inédit correspond à ce malheureux instinct universel de la curiosité, beaucoup de gens, se méprenant eux-mêmes, demanderont alors à la peinture ce que donne exclusivement un récit de voyage; ils voudront des tableaux composés comme un inventaire, et le goût de l'ethnographie finira par se confondre avec le sentiment du beau.

« En paysage, il se produira des effets semblables, moins évidents peut-être, non moins réels. L'intérêt des lieux éloignés est immense. Il y a un plaisir irrésistible à dire d'un pays que peu de gens ont visité : Je l'ai vu. Vous savez cela, vous qui passez votre vie à découvrir. Il faut être très-modeste d'abord, — et c'est déjà une vertu humaine assez rare, — pour dissimuler ses titres de voyageur et ne pas afficher le nom des lieux à côté de celui du peintre. Il faut être plus modeste encore, — et cette modestie-là devient un principe d'art, — pour résumer tant de notes précieuses dans un tableau, pour sacrifier la propre satisfaction de ses souvenirs à la vague recherche d'un but général et incertain. Disons le mot, il faut une véritable abnégation de soi-même pour cacher ses études et n'en manifester que le résultat.

« Mais la difficulté n'est pas là seulement : elle est ailleurs, elle est partout. Le difficile est, je le repète, d'intéresser notre public européen à des lieux qu'il ignore; le difficile est de montrer ces lieux pour les faire connaître, et cependant dans l'acception commune aux objets déjà familiers, — de dégager ainsi le beau du bizarre et l'impression de la mise en scène, qui presque toujours est accablante, — de faire admettre les plus périlleuses nouveautés par des moyens d'expression usuels, d'obtenir enfin ce résultat qu'un pays si particulier devienne un tableau sensible, intelligible et vraisemblable, en s'accommodant aux lois du goût, et que l'exception rentre dans la règle, sans l'excéder ni s'y amoindrir. Or, je vous l'ai dit, l'Orient est extraordinaire, et je prends le mot dans son sens grammatical. Il échappe aux conventions, il est hors de toute discipline; il transpose, il intervertit tout; il renverse les harmonies dont le paysage a vécu depuis des siècles. Je ne parle pas ici d'un Orient fictif, antérieur aux études récentes qu'on a faites sur les lieux mêmes; je parle de ce pays poudreux, blanchâtre, un peu cru dès qu'il se colore, un peu morne quand aucune coloration vive ne le réveille, uniforme alors et cachant, sous cette apparente unité de tons, des décompositions infinies de nuances et de valeurs, rigide de formes, dessiné en largeur plus souvent qu'en hauteur, très-net, sans vapeur, sans atténuation, presque sans atmosphère appréciable et sans distance. Tel est l'Orient que, vous et moi, nous connaissons, qui nous entoure et que nous voyons. C'est le pays par excellence du grand dans les lignes fuyantes, du clair et de l'immobile, — des terrains enflammés sous un ciel bleu, c'est-à-dire plus clairs que le ciel, ce qui amène, notez-le bien, à tout moment des tableaux renversés ; — pas de centre, car la lumière afflue partout ; pas d'ombres mobiles, car le ciel est sans nuages. Enfin, jamais que je sache avant nous, personne ne s'est préoccupé de lutter contre ce capital obstacle du soleil, et ne s'est imaginé qu'un des buts de la peinture pouvait être d'exprimer, avec les pauvres moyens que vous savez, l'excès de la lumière solaire, accrue par la diffusion. Je vous signale ici des difficultés de pratique ; il y en a mille autres, plus profondes, plus sérieuses, et beaucoup plus dignes d'être méditées.

« Trois hommes, depuis vingt ans, résument à peu près tout ce que la critique moderne a nommé la peinture orientale. Vous connaissez au moins l'un des trois ; son nom a fait trop de bruit en France pour qu'il n'en soit pas arrivé quelque lointain retentissement jusque dans vos déserts. Je ne me permettrai point de les juger, même en tête-à-tête, à quatre cents lieues de Paris. Je vous dirai seulement, pour employer le vocabulaire à la mode, que l'un a fait avec l'Orient du paysage, l'autre du paysage et du genre, le troisième du genre et de la grande peinture. Chacun d'eux a vu l'Orient, et l'a bien vu, sinon avec une intelligence égale, du moins avec un amour aussi vif, aussi sincère, aussi durable, et l'ensemble de leurs œuvres a été une révélation.

« Le paysagiste a commencé par visiter les lieux les plus célèbres de la terre, et les a décrits, les signant d'un nom de ville, de village ou de mosquée : les traitant à peu près comme des portraits, il fallait bien qu'il nommât l'original. Son œuvre est l'exquise et parfaite illustration d'un voyage dont il aurait pu lui-même écrire le texte, car il apportait en écrivant comme en peignant la même exactitude de coup d'œil, la même vivacité de style et d'expression. Or, de tout cet œuvre considérable, et dont le souvenir aujourd'hui déjà devient confus, ce qui restera peut-être de plus lumineux, de plus choisi, de plus mémorable, ce sont de petits tableaux sans nom, sans désignation précise, par exemple un *crépuscule* au bord du Nil, ou bien des *pèlerins* pauvres voyageant à midi dans l'aride atmosphère d'un pays sans eau. Deux notes générales, une impression de mélancolie nocturne, la terreur des chaudes solitudes, voilà peut-être ce qu'il aura laissé, je ne dis pas de plus parfait, car la nette intelligence de l'homme et la main habile du praticien sont visibles dans tous les tableaux signés de lui, mais de plus heureux pour sa renommée et de plus honorable pour l'art moderne.

« Le peintre de genre a procédé plus résolûment. Dans l'Orient, il a vu l'effet : l'opposition nette, aiguë, tranchante, des ombres et de la lumière. Ne pouvant pas atteindre directement le soleil, qui brûle toutes les mains qui le cherchent, il a pris un détour fort spirituel, et, dans l'impossibilité d'exprimer beaucoup de soleil avec peu d'ombres, il a pensé qu'avec beaucoup d'ombres il parviendrait à produire un peu de soleil, et il a réussi. Cette abstraction de l'effet, ce thème invariable des oppositions vives, il les a poursuivis partout, dans tous les sujets de figure ou de paysage, violemment, obstinément, et avec un succès qui a légitimé ses audaces. Il a beaucoup imaginé, beaucoup rêvé, mais à distance, à travers des partis pris d'esprit, de méthode et de pratique. Il n'est ni vrai ni vraisemblable. *Peu nature*, permettez-moi ce barbarisme d'atelier, sa supériorité la plus incontestable lui vient de ce qu'il a, comme tous les visionnaires, l'esprit rempli de métamorphoses. Il invente encore plus qu'il ne se souvient. Il a gardé de ses séjours en Orient je ne sais quel amour des angles droits, des horizons rectilignes, des intersections brusques, dont il a composé pour ainsi dire la formule et la géométrie de son art. Chaque chose qu'il produit se reconnaît à ce double caractère : l'intensité de l'effet, la combinaison méthodique des formes, et peut-être, à son insu, le sujet n'est-il qu'un prétexte varié pour appliquer identiquement ses formules. Au fond, si quelque chose manque à cet art très-indépendant, c'est de l'être trop dans un sens et de ne pas l'être assez dans l'autre, en un mot d'avoir fait d'énormes sacrifices à la lumière comme à l'indispensable raison du beau.

« Le troisième est monté d'un échelon sur l'escalier presque sans fin du grand art, et dans l'Orient, il a vu les spectacles humains. Notez bien que je ne dis pas l'homme. Il a vu l'homme habillé, par conséquent la tournure, le geste, vaguement la physionomie, mais splendidement le costume et la couleur. De la couleur, il a fait à son tour son abstraction. Il a tellement agrandi son rôle, il l'a doué d'une telle importance, il en a tiré des significations si diverses, si hautes, si frappantes, et parfois si pathétiques, qu'en nous forçant pour ainsi dire à oublier la forme, il a fait supposer qu'il la méprisait ou l'ignorait, deux erreurs dont il est innocent. En vertu de ce principe que la couleur décomposée par des ombres rigoureuses et des lumières perd son effet de plénitude et sa qualité intense, il a imaginé, même pour ses tableaux de plein air, une sorte de jour élyséen doux, tempéré, égal, que j'appellerai le clair-obscur des campagnes ouvertes. Il a pris à l'Orient les bleus forts de son ciel, ses ombres blêmes, ses demi-teintes molles; quelquefois il a fait tomber sur un parasol ouvert quelque chose comme la pesanteur d'un morne et lourd rayon de soleil; mais plus souvent il se plaît dans les demi-clartés froides, la vraie lumière de Véronèse; il substitue sans scrupule des campagnes vertes aux horizons brûlés : il prend le paysage comme un point d'appui, une sorte d'accompagnement sourd et profond qui fait valoir, soutient et centuple la sonorité magnifique de ses colorations. Son chef-d'œuvre, dans le *genre* au moins, est un tableau d'intérieur, blond, clair, limpide, et si nettement écrit, qu'on le dirait exécuté d'un seul trait, d'une seule haleine. Et ce tableau, par sa perfection, témoigne exactement comment l'homme dont je parle a compris l'Orient : son amour du costume, ses scrupules pour l'aspect, enfin le peu de souci qu'il a du soleil et de ses effets. On dit de ses œuvres qu'elles sont belles, mais imaginaires; on le voudrait plus vrai, plus naïf, peut-être le voudrait-on plus oriental... N'écoutez jamais ceux qui vous parleront de la sorte. Croyez plutôt que ce qu'il y a de plus beau chez lui, c'est l'élément le plus général.

« Le *paysagiste,* par je ne sais quelle prédestination singulière, était né peintre d'Orient, car on dit qu'il ressemblait lui-même à un Arabe. Le *peintre de genre* a le goût des pays turcs; il les aime en raison même de leur originalité. Le *peintre d'histoire* est un Vénitien qui se délecte avec des sujets contemporains analogues pour la couleur aux souvenirs passionnés qu'il a gardés de ses maîtres. Il est donc le plus traditionnel et le moins oriental des trois, et c'est la plus minime des raisons qui me font l'estimer si grand.

« J'étais au bord de la Seine, un jour de printemps, avec un paysagiste célèbre qui fut mon maître. Il m'expliquait les changements que l'expérience, l'étude des musées, ses voyages en Italie surtout, avaient apportés dans sa manière de voir les choses et de sentir. Il me disait qu'aujourd'hui il n'apercevait plus que des résumés là où jadis il était enchanté par les détails, et qu'après avoir cherché le particulier, il cherchait maintenant la forme et l'idée typiques. Un berger passa, conduisant sur la berge même de la rivière un long troupeau de moutons qui se profilaient avec des mouvements souples sur les eaux blanchies par un ciel gris de la fin d'avril. Le berger avait la besace au dos, le feutre noir, les guêtres de cuir d'un conducteur de troupeaux; deux chiens noirs, très-pittoresques de tournure, se traînaient lentement entre ses jambes, car le troupeau marchait en bon ordre.

— Savez-vous, me dit mon maître, que c'est une chose très-belle à peindre qu'un berger au bord d'*un fleuve?* — La Seine avait changé de nom, comme le sujet avait changé d'acception : la Seine était devenue *le fleuve.* — Qui de nous pourra faire avec l'Orient quelque chose d'assez individuel et à la fois d'assez général pour devenir l'équivalent de cette idée simple du fleuve? »

Voilà à peu près ce que je disais à Vandell. Tire de ce chaos d'objections, d'aperçus, de notes éparses, la conclusion que tu voudras. Je te rapporte un entretien qui n'est pas un livre de dogme, qui n'est pas même un chapitre de critique. La conclusion personnelle que j'en ai tirée, moi, la voici : il est probable que j'échouerai dans ce que j'entreprends, ce qui ne prouvera pas que l'entreprise est irréalisable. Il est possible aussi que, par une contradiction trop commune à beaucoup d'esprits, je sois entraîné précisément vers les curiosités que je condamne, que le penchant soit plus fort que les idées, et l'instinct plus impérieux que les théories.

Octobre.

Il est convenu que nous partirons demain pour une excursion de chasse qui doit durer trois ou quatre jours. Nous battrons d'abord le lac Haloula, puis toutes les collines jusqu'à Tipaza, où nous irons tuer des lapins dans les voies romaines.

C'est le commandant *** qui conduit la chasse; nos compagnons sont de vieux Africains, officiers de cavalerie indigène, connus comme des tireurs de premier ordre, et, ceci soit dit afin de t'expliquer d'avance l'allure militaire de notre expédition, nous emmenons, à titre de domestiques, de garde d'honneur ou d'escorte, suivant le cas, dix spahis pris dans les manteaux rouges de Blidah. Le convoi, qui pourrait être plus modeste, se compose de deux prolonges ou chariots du train à quatre chevaux. Les chiens, dont on veut ménager les forces pour le lendemain, voyageront dans les voitures avec le matériel de campement, les bagages, l'arsenal des fusils de chasse et les munitions, lesquelles sont calculées d'après un minimun de cent coups par tireur. Dernier détail enfin qui te fera juger du massacre qui se prépare, nous emportons trois grands sacs à pain destinés à contenir le gibier qui ne sera pas mangé sur place et le gibier d'eau qui ne sera pas mangeable.

— Ne vous attendez pas, m'a dit Vandell en me renseignant sur des habitudes peu connues sans doute ailleurs qu'en Algérie, à procéder comme en France, à petit bruit et à petits pas. Les chiens d'arrêt ne servent ici qu'à trouver la piste. Le gibier rencontré, le chasseur se charge du reste, avec son fusil pour le tirer tant qu'il vole, avec son cheval pour le poursuivre de remise en remise, pour le lasser, le forcer, le piétiner, quand il n'en peut plus. C'est une alliance assez originale, et qui vous surprendra, je crois, de la chasse à courre et de la chasse à tire, le mélange attrayant de deux satisfactions très-vives, l'adresse du coup d'œil et la promptitude. Rien là-bas n'est à ménager, ni le terrain, qui n'appartient à personne, ni le gibier, très-abondant. Chacun est libre de charger à fond de train, comme en pays ennemi; le but est de tuer beaucoup. C'est un exercice qu'on apprend en faisant la guerre. Voilà pourquoi tous les officiers aiment la chasse et la pratiquent bien, de même que tout bon coureur de lièvres et de perdreaux est de droit un excellent soldat d'Afrique. Dans les deux cas, la gymnastique est la même, et pour une âme un peu vigoureuse la chasse, assure-t-on, vaudrait la guerre, s'il ne lui manquait un plaisir que rien ne remplace, l'égalité dans la lutte et le charme incomparable du danger. — Je vous préviens de tout cela, ajouta Vandell, pour que vous sachiez ce que vous aurez à faire demain, si vous entendez y mettre de l'amour-propre, ou si modestement vous devez suivre la course en spectateur. Quant à moi, je prendrai ma jument. — La jument blanche de Vandell est, selon lui, la seule monture sur laquelle il ait pu réfléchir à l'aise.

Je suivrai la course comme je pourrai, mon ami, mon unique désir étant de voir le lac, et tu sais pourquoi. Le lac est du petit nombre des curiosités que je me connaisse, et dont je m'accuse comme d'une inconséquence. Nous avions autrefois projeté ce petit voyage sans jamais l'accomplir; c'est bien le moins, puisque l'occasion m'en est offerte, que j'aille éclaircir ou vérifier des imaginations qui nous étaient communes. J'y vais donc comme en pèlerinage, et pour saluer de plus près cet inconnu avec la dévotion qu'on doit à l'objet de ses anciens rêves. C'est peu de chose; mais, toute imagination mise à part, il est bon de remplacer un point d'interrogation par un fait, surtout quand ce point d'interrogation, fixe depuis des années, vous sollicite incessamment par un : Qu'y a-t-il là-bas?

Il y a là-bas, je m'en doute, ce qu'il y a partout, ce qu'on rencontre au bout de son chemin après chaque étape un peu longue, — le jeune enthousiasme des années révolues couché par terre, et si malade, hélas! qu'il est presque mort.

Fera-t-il beau demain? Voilà ce qui nous occupe. Depuis cinq jours, le vent du sud souffle avec furie. C'est l'adieu brûlant de l'été caniculaire, qui finit avec septembre, le mouvement orageux de l'équinoxe et le signal de la saison belle et tempérée où nous entrons, et qu'on appelle ici le *second été*. Je t'ai parlé ailleurs de ce vent funeste : il est très-beau à voir, et très-excitant pour l'esprit, quand le corps n'en est pas trop abattu. Les Blidiens le maudissent; ils en souffrent, ils s'en préservent comme ils peuvent, en restant chez eux, en bouchant les fenêtres, en ne respirant plus. La chaleur a été extrême et sans adoucissement, ni le matin, ni le soir. La nuit dernière, j'en ai fait l'épreuve, il y avait à minuit, sous les orangers, 37 degrés centigrades, température extraordinaire à pareille heure et en pareille saison. J'ai tâché de me figurer ce que des arbres pouvaient souffrir, en les voyant tordus à se rompre dans une lutte impossible à peindre, harassés d'efforts, et comme écartelés entre le vent qui voulait les arracher du sol et ce terrible lien des racines qu'ils ne pouvaient pas rompre. Il y eut un moment où tout sembla craquer; une sorte de bruit déchirant sortit à la fois des entrailles de chaque arbre. Voyons, pensai-je, laquelle sera la plus forte, de la destruction ou de la vie? La vie fut la plus forte, et je t'assure que je m'en sentis soulagé : pas un arbre ne fut déraciné. Seulement des milliers de branches et des milliers de feuilles tourbillonnaient dans l'air, et des centaines de fruits à demi mûrs roulaient par les chemins. Quant au long cyprès qui m'avoisine, soit solidité, soit souplesse, il pliait comme un jonc pour se relever aussitôt, sans paraître autrement souffrir; puis le souffle devenant continu, il demeura penché fortement sous le vent, et ne se redressa qu'au matin, à l'heure où tout à coup l'ouragan se calma. Au surplus, moi qui déteste le vent, je pardonne à celui-ci, peut-être en faveur de son origine, et je dis quand même au vent du désert qu'il est le bienvenu, comme à tout ce qui m'apporte des nouvelles directes du Sahara.

Autre particularité de la saison, qui donne au pays je ne sais quel aspect menaçant. Tous les soirs, nous voyons de longs incendies s'élever au fond de la plaine. Ce sont les Arabes qui brûlent les broussailles, suivant leur méthode expéditive de défricher le plus vite possible, sans le secours de la serpe ni de la charrue. Le feu suit la direction du vent, et se propage du sud-ouest au nord-est. Le jour, on n'aperçoit plus que des fumées un peu vagues, et qu'on prendrait pour des brouillards. Le soir, la flamme apparaît de nouveau, distinctement le feu reprend sa course, et l'horizon du Sahel en est éclairé d'une façon sinistre.

Ce soir, le *khamsin* est tombé à plat et comme par enchantement. Le ciel est presque bleu : l'air est de l'air, et non plus de la poussière en ébullition. Adieu donc jusqu'à demain. Le rendez-vous est à Bab-el-Sebt; l'heure indiquée, six heures. Nous pouvons compter sur le soleil, admirable compagnon qui jamais ne fait défaut. On lui dit : A demain! on peut lui dire : A l'année prochaine! Et si quelqu'un manque aux rendez-vous qu'il a donnés, ce n'est pas lui.

Au bivouac du lac Haloula, octobre.

Nous arrivons. Je suis donc où je voulais venir. La chasse commence demain. Pendant que nos compagnons s'y préparent,

je te parlerai dès ce soir de notre marche en plaine, qui n'a été qu'une promenade assez courte faite avec lenteur.

Nous sommes partis à six heures précises, accompagnés de l'escorte assez bruyante dont je t'ai parlé, — en tout vingt-huit ou trente chevaux, — faisant ensemble beaucoup de tapage et soulevant un flot de poussière qui ne nous a quittés qu'à notre entrée dans les broussailles. Le temps était admirablement beau, net et reposé. Une abondante humidité couvrait la plaine, et, comme le soleil est le plus grand bienfaiteur du monde après Dieu, on aurait dit que, par la seule vertu de sa lumière, il changeait la rosée nocturne en une pluie d'argent. Ce mirage étincelant, qui ne trompa personne, joua devant nos yeux pendant une petite heure ; puis le soleil lui-même en fit ce que la réalité fait des mensonges, et la plaine apparut telle qu'elle est, non pas morte, mais aride, plutôt inculte que stérile, non pas déserte, mais négligée par les mains de l'homme. Au reste, elle ressemble aux cantons que les arrivants traversent en venant d'Alger, avec moins de broussailles qu'à la sortie du Sahel, moins de marécages qu'aux environs de Bouffarik, et plus de landes. J'entends par landes, ici comme ailleurs, tout ce qui pousse au hasard partout où la charrue n'est pas venue, le produit spontané d'une terre qui n'a été labourée ni fortifiée, à qui l'on n'a rien confié, et qui, même en ce pays des générosités naturelles, se fatigue alors le moins possible : les indestructibles oignons mêlés aux indestructibles palmiers nains, le désespoir des colons à venir ; les artichauts sauvages, qui déjà commencent à paraître avec leur tige incolore et leurs fruits barbus ; les romarins, les lavandes, les genêts aux fleurs jaunes, la broussaille enfin à demi dépouillée du peu de feuillage épineux qui lui donnât l'air de végéter, et qui depuis longtemps a pris la couleur indéfinissable des choses poudreuses ou inanimées. L'été n'a pas laissé une herbe vivace sur cette longue étendue, tour à tour battue par les grandes pluies, puis écrasée par le poids des eaux stagnantes, puis durcie, gercée, brûlée par cinq mois déjà de sécheresse et de soleil à peu près continus. De grands espaces vides et d'un parcours aussi doux aux pas des chevaux que peut l'être un pré fauché, ressemblent à des chaumes dont la paille aurait été coupée très-court. Ce qui poussait dans ces prés sans herbe avant que la morsure du soleil ou la dent des troupeaux les eût rasés, je l'ignore; mais on n'y voit plus qu'une multitude de grands chardons à haute tige, tous couronnés, comme la hampe des drapeaux arabes, d'une boule blanche composée d'un duvet soyeux. Rien n'est plus stérile ni plus bizarre. Le vent de l'été passe, sans y former le plus petit murmure, à travers cette claire moisson de fleurs innombrables; il en disperse les soies brillantes et répand leur graine inutile sur des lieues de pays abandonné. Puis viennent les terrains plus maigres, où la marne est encore plus nue, puis de loin en loin des zones basses, où la fraîcheur des eaux souterraines fait naître et verdoyer tristement la végétation rigide et silencieuse des marais. Tout cela n'est ni beau ni laid, ni gai ni triste, mais le détail insignifiant disparaît dans un ensemble tellement vaste et si prodigieusement baigné de lumière et d'air, cette perspective presque incommensurable est cependant contenue dans un cadre si visible et si bien défini, les couleurs y sont si légères et les forme si nettes, qu'on ne saurait imaginer plus de grandeur vague avec autant de précision. C'est l'indéfini réduit aux proportions du tableau et résumé sobrement dans d'exactes limites : spectacle assez frappant lorsqu'on n'a vu que des plaines sans bornes aucunes ou des plaines à contours trop étroits, c'est-à-dire le défaut ou l'excès du grand.

Je te l'ai dit ailleurs, en traversant cette même plaine, les accidents s'évanouissent dans ce grand vide. Au loin vers le nord, on distingue des lignes buissonneuses que nous laissons à droite, et qui sont des bois, puis à de longs intervalles un point blanc de forme indécise, à peu près comme un linge oublié dans la campagne, et qui représente une ferme française isolée, ou plus rarement encore une série de taches noirâtres agglomérées dans un certain ordre et légèrement arrondies, comme des tas d'herbes consumées : c'est un *douar*. Quand un arbre apparaît dans cet horizon plat, où la vue se fatigue à décomposer des azurs, où le vert manque, où l'ombre est nulle, tantôt c'est un vieux olivier protégé par les superstitions locales, où les femmes stériles des tribus voisines vont suspendre en *ex-voto* des lambeaux de guenilles arrachés de leurs voiles, tantôt un groupe inattendu de dattiers poussant de la même souche, comme afin de se tenir compagnie, et martyrisés par les intempéries d'un climat qui n'est pas le leur. De loin en loin, et toutes convergeant à Blidah, on aperçoit des routes, mais à de telles distances qu'une armée pourrait y défiler sans être vue. Blidah se relève à mesure que le voyageur s'en éloigne et descend vers les bas niveaux de la plaine; la ville se dessine alors plus nettement au-dessus d'un petit plateau rattaché de très-près à la montagne, et se découpe en silhouette vive et claire sur le rideau bleuissant de ses jardins.

A huit heures, nous passions la Chiffa, qui est à sec, chose à peine croyable pour ceux qui l'ont affrontée pendant les pluies. Rien n'était plus inoffensif, plus riant : des graviers menus, des sables fins, une jolie guirlande arcadienne de lauriers-roses encore étoilés de fleurs, et deux filets d'eau coulant invisiblement dans un grand lit abandonné capable de contenir un fleuve. A deux lieues de nous, sur la gauche, s'ouvrait la gorge d'où sort aujourd'hui cette veine épuisée, et qui fut témoin de tant de désastres.

A neuf heures, la *poudre parla* sans grand effet, et ce furent les seuls coups de fusil de cette journée, préambule insignifiant de la chasse de demain. Une volée de poules de Carthage partit d'un fouillis de cactus semés en désordre autour d'un marabout abandonné, mais fort loin et au premier bruit qui leur parvint du roulement de nos prolonges. Les premiers prêts les tirèrent à toute fortune. La bande ailée, qui sentit le vent du plomb, fit un écart involontaire, comme pour laisser passer la charge, puis serra ses rangs et s'enfuit à tire-d'aile. Le soleil éclaira un moment encore des plumages blanchâtres, et tout disparut.

La poule de Carthage ou petite outarde, ou canepetière, est un oiseau rare en France, et qui fait l'envie de bien des chasseurs ; voilà pourquoi je te le signale avec quelque déférence dans cette lettre où très-exceptionnellement je te parle chasse. Il figure dans nos fastes de province en compagnie d'un oiseau plus vénérable encore, cent fois plus rare et quasi fabuleux : — je veux parler de la grosse outarde, appelée ici *houbara*, et dont les Arabes eux-mêmes, le peuple le moins chasseur de la terre, s'entretiennent avec curiosité. Shaw, qui lui conteste son identité avec l'outarde, décrit ainsi le *houbara* : jaune pâle tacheté de brun, ailes noires avec taches blanches, collerette blanchâtre rayée de noir, bec plat comme celui des étourneaux, pieds sans orteils. — Outarde ou non, c'est un fort bel oiseau, d'autant plus beau qu'il est introuvable, d'autant plus envié qu'il est moins difficile encore à rencontrer qu'à saisir, comme l'occasion. Un jour, dans le Hodna, sur les ruines mêmes de la romaine Tobna, je vis deux de ces oiseaux insaisissables s'envoler tout à coup du milieu des décombres ; ils étaient, bien entendu, hors de portée, et, comme si le hasard seul les avait rapprochés dans une amitié d'un moment, les deux oiseaux solitaires se désunirent ; l'un prit à droite, l'autre à gauche, et chacun d'eux, mais isolément, mit le désert entre nous et lui. Pourtant, à quelques jours de là, un *houbara* fut tué devant moi, et de la façon que voici. Nous voyagions en colonne, précédés d'une avant-garde et de fanfares, et je ne sais comment l'oiseau se laissa surprendre, et puis dérouter. Au lieu de fuir devant la colonne, il rebroussa chemin, et tout à coup apparut au-dessus des bataillons, volant d'un vol lourd et peu rapide, comme s'il avait perdu à la fois toute prudence et tout espoir de fuite, et que l'effroi l'eût paralysé. Il défila ainsi de la tête à l'extrémité de la petite armée ; miraculeusement il allait atteindre l'arrière-garde sans avoir été tiré, quand un cantinier, qui le voyait venir et prenait son temps, l'ajusta comme une cible et le fit tomber à deux pas en avant de son mulet. C'était un oiseau magnifique, de la grosseur d'une petite dinde, et pesant de quatre à cinq livres. Sa collerette blanchâtre et hérissée l'habillait par le col comme une fraise tuyautée à la Henri IV.

À onze heures, nous faisions halte dans le lit de l'Oued-Djer, rivière profonde encaissée dans des berges limoneuses, tarie comme la Chiffa, dont elle est un des affluents, et n'ayant retenu de son cours d'hiver qu'un ou deux pouces d'eau, où, quand nous arrivâmes, un long troupeau de vaches s'abreuvait : bords escarpés, plantés de grands arbres, oliviers, tamarins, lentisques. Vers trois heures, nous remontâmes à cheval pour reprendre notre course à travers la plaine. Nous laissions à gauche les Hadjout, dont on voyait les tentes, avec des chevaux errant par troupeaux comme dans la Camargue; quelques chameaux égarés loin du *douar* s'approchaient au lieu de fuir, et paisiblement nous regardaient passer. Droits, debout, osseux, avec leurs bosses poilues, leurs épaules chargées de toisons, leurs genoux cagneux et calleux, leurs grands pieds mous, et la charpente énorme et bizarre de leur tête, aux lèvres mobiles, à l'œil si doux, ces grandes bêtes brunes, posées entre le terrain pâle et le ciel d'un bleu tendre, doublaient de proportions et de volume, et prenaient, comme un éléphant vu de près, l'intérêt monumental d'une chose hors nature. La plaine tout entière, c'est-à-dire dix lieues de perspective fuyante, était comprise entre leurs jarrets; la silhouette des hautes montagnes, qui se dessinait comme au pinceau par une ligne indéterminable à hauteur de leur ventre, formait le fond de ce tableau singulier. Ils ne broutaient pas, n'ayant rien à paître. Ils se promenaient avec l'air inoccupé, distrait, je dirais ennuyé, propre aux ruminants qui ne sont pas gourmands. La sobriété de ces animaux prend extraordinairement la signification d'une qualité morale : ne les voyant pas affamés, on les croirait pensifs.

Toute cette plaine est un champ de bataille; les Hadjout en savent quelque chose. C'est là que nous avons gagné petit à petit, escarmouche par escarmouche, notre interminable bataille de Zama. Quand la charrue viendra, quand enfin la pioche ouvrira cette terre où l'on a semé tant de fer et si peu de blé, on trouvera là aussi les restes de nos légionnaires, des épées, des boulets et de grands ossements.

La seule rencontre que nous ayons faite aujourd'hui pendant sept ou huit heures de marche fut celle de trois bergers, deux jeunes gens et un vieillard. Debout sur un pan de mur écroulé, dernier vestige de je ne sais quelle ruine, peut-être romaine, peut-être vandale, peut-être byzantine, peut-être turque, peut-être arabe (car un antiquaire ferait l'histoire de cinq grands peuples avec les origines probables de ce petit mur), le plus âgé des deux fils, un jeune homme de vingt ans, gardait un troupeau de moutons à large queue et de chèvres noires. Il soufflait dans un chalumeau primitif et en tirait non pas précisément une musique, mais des sons sans mesure et sans rhythme, que le vent prolongeait assez mélancoliquement sur la lande, et dont le chien de garde à longues oreilles paraissait s'émouvoir, car il hurlait. A l'écart marchait le vieillard, appuyé d'un bras sur un grand enfant qui pouvait avoir seize ans. Tous les deux portaient le costume étroit et court des bergers : la jaquette attachée à la taille, la calotte en feutre tressé, les sandales à courroies, coupées dans une peau d'agneau. Le vieillard avait les yeux si clignotants que je le crus aveugle, et le jeune homme était si beau, qu'en passant près de lui, Vandell lui dit dans la noble formule du salut arabe :

— Salut sur toi, Jacob, fils d'Isaac, et salut sur ton père !

Me serais-je trompé, mon ami, en déclarant la Bible vivante introuvable?

Un peu après, nous entrions dans les taillis qui bordent le lac au nord-ouest ; fourrés bas, mais très-serrés, de lentisques, de myrtes, de tamarins et de genêts. L'incendie les avait percés; on y voyait partout la trace d'un feu rapide, soit aux rameaux dégarnis de feuilles, soit à la rousseur des feuillages. La flamme en avait fait des arbres d'automne, et pour les rougir encore davantage, le soleil y répandait, comme une teinture ardente, la pourpre de ses derniers rayons.

Il était six heures. Pas une seule feuille agitée ne remuait dans l'épaisseur des taillis, où l'ombre descendait paisiblement sans être accompagnée du moindre souffle. Alors, grâce au silence absolu de cette soirée tranquille, j'entendis s'élever un bruit très-singulier. Imagine un tumulte léger et bizarre de voix, de rumeurs, de soupirs mêlés à des battements d'ailes, à des clapotements d'eau remuée ; une sorte de ramage et de murmure agité, qu'on eût pris pour la conversation de je ne sais quelle peuplade à la langue douce, assemblée je ne pouvais dire où, invisible encore, mais que nous allions surprendre.

— C'est le bruit du lac, me dit Vandell. A pareille heure, on l'entend dix minutes au moins avant de le voir.

Il se montra au moment même où nous sortions du bois, étendu devant nous dans sa plus grande largeur (une lieue à peu près), et sur une longueur incertaine, car il allait se confondre à l'ouest avec l'extrémité discernable de l'horizon, immobile comme une eau morte, parfaitement pur comme un miroir où se répétaient avec exactitude les rougeurs magnifiques du couchant, couvert enfin, — là était le spectacle, — d'un peuple innombrable d'oiseaux. Tous ces oiseaux, les uns connus, les autres inconnus, tous divisés par espèces, chacune avec ses habitudes, son logis, son cri, son chant, ses mœurs et son territoire, toute cette population étrange faisait ses dispositions pour la nuit. J'en distinguais des légions succédant à des légions établies au centre des grandes eaux, de manière à figurer, par une multitude de points obscurs, une sorte de végétation aquatique comparable à des prés flottants sur un marais. C'était la zone habitée par les canards, les sarcelles, les macreuses, les petits plongeurs de couleur sombre. Je les reconnaissais, même à distance, au volume de leur tête, à leur équilibre à fleur d'eau, à leur forme d'oiseaux nageurs qui les fait ressembler à de petits navires. Plus près, et parmi les roseaux, où frémissaient des milliers d'habitants que l'on ne voyait pas, allaient et venaient des bécassines volant par saccades avec leur cri rapide, leur coup d'aile en crochet, leur chute aussi brusque que leur départ est prompt. Au loin passaient des hérons gris ou des ibis d'Égypte, le bec allongé, les pieds tendus, le corps aminci comme des javelots. Dans une anse découverte, mais hors d'atteinte, à peine à portée de carabine, deux grands cygnes, qu'on aurait pris pour le couple royal appelé, par la taille et par la beauté, à régner sur ce petit monde, naviguaient lentement l'un près de l'autre, avec leur col arrondi et leurs plumes couleur de neige, un peu roses du côté du couchant. En même temps des bataillons d'étourneaux qui descendaient des collines passaient au-dessus de nos têtes en faisant le bruit du vent dans des peupliers. Comme une armée qui défile, ils se succédaient à quelques secondes d'intervalle; la masse entière ne forma bientôt plus qu'un long ruban immense qui se dévida sur le lac d'un bord à l'autre, puis tout se fondit en un brouillard. Un moment après, le bruit cessa, et le lac lui-même disparut dans la brume.

La nuit tombait. A quelque cent mètres de nous, un peu sur la droite et presque au pied du *Tombeau de la Chrétienne,* j'apercevais un petit tertre planté de cinq gros oliviers et des feux qui commençaient à flamber parmi les arbres : c'était le bivouac.

La nuit, onze heures.

« Je me souviens, m'a dit ce soir Vandell, qu'à deux portées de fusil tout au plus du village maritime de S. M..., se trouvait une ferme isolée qui jadis, pendant bien des années de mon enfance, représenta pour moi le bout du monde. La ferme se composait d'un amas de maisonnettes entourées d'arbres, de fumier et de provisions de fourrage. Les maisons se voyaient peu : ce qu'on apercevait de loin, au penchant des vignobles et sur la limite de grands champs de blé, perspective absolument nue pendant l'automne, ce qui faisait remarquer cette habitation, qui n'a jamais, que je sache, préoccupé personne excepté moi, c'étaient de vieux noyers dépouillés de bonne heure par les vents salés de

LA CHASSE AU HÉRON
d'après le tableau appartenant à S.A.R Mgr le Duc d'Aumale

E. Plon & Cie édit

la mer et quelques rangées d'ormeaux trapus, dont le fermier ébranchait la tête. Il y avait sous ces arbres une pelouse assez courte, et dans ces arbres quelquefois des oiseaux posés, tels que des huppes, des tourterelles et des ramiers. Quant aux imaginations que je m'étais faites avant qu'il me fût permis d'aller jusque-là, elles se résumaient toutes dans deux sentiments très-vagues et d'autant plus perplexes, celui de la distance et celui de l'inconnu. Enfin le jour arriva où des chasseurs que j'accompagnais m'y conduisirent. C'était en octobre; les champs étaient vides, la campagne dépouillée de ses deux récoltes devenait à la fois plus grave, plus sonore et plus grande. Un oiseau s'envola du petit bois d'ormeaux, — un chat-huant, je l'ai compris plus tard en me rappelant cette journée d'émancipation, qui fut en quelque sorte le début et le prologue de mes voyages. Ce jour-là, et comparativement à ma propre taille, la bête que je vis s'envoler me sembla quelque chose d'énorme et d'extraordinaire, avec de grandes ailes soyeuses, le vol léger d'un oiseau tout en plumes, la mine effarouchée d'un oiseau surpris. Le génie inquiet de la solitude, l'idéal ombrageux de l'inconnu ne pouvaient m'apparaître sous une forme qui fût plus ressemblante à l'esprit visible des chimères, ni prendre une allure plus imaginaire en s'évanouissant pour toujours. A dater de cette première visite, le charme fut rompu, et, soit que tout le mystère du lieu se fût bien réellement envolé à la minute même où j'y mis les pieds, soit qu'il m'eût suffi de grandir pour rectifier mes idées de distance, les choses me parurent beaucoup plus simples, et l'habitude acheva de me montrer que cette maison de fermier ressemblait à toutes les fermes, avec cette différence toutefois que le souvenir persistant de mon illusion lui conservait je ne sais quel indéfinissable attrait. »

Il m'est arrivé ce soir quelque chose de semblable à cette aventure. Le lac, dans ma vie de voyages, représentait ce que la ferme de S. M... a représenté dans la jeunesse de Vandell : quelques centaines de pas pour aller à l'une, six ou sept lieues tout au plus pour venir à l'autre, et dans les deux cas le même désir vague et continu de voir, de connaître et de s'assurer. La solitude a pris la même occasion pour se révéler, presque la même forme pour m'apparaître; peut-être s'enfuira-t-elle demain, emportée par des millions d'ailes. Le charme est-il rompu? Je n'en sais rien, mais je le croirais. On ne bivouaque pas impunément avec trente chevaux dans l'inconnu.

Nous habitons le bivouac adopté par les voyageurs qui viennent de Cherchell ou de Milianah, au bord même du lac, au pied des collines, et si près du *Kouber-er-Roumiia,* que l'on voit d'ici son triangle émoussé se dessiner en ombre sur la tenture étoilée de la nuit. Il est posé sur le sommet du Sahel exactement comme les petites pyramides de pierres qui jalonnent les longues courbes des steppes sahariens. On l'aperçoit à égale distance de la terre et de la mer; depuis quinze siècles la vieille balise sert de guide aux matelots et aux caravanes, et mystérieusement les invite à s'arrêter. Un petit plateau circulaire constamment battu, piétiné par les chevaux, troué par les piquets des tentes, incendié par les feux de bivouac; des cendres, des débris, de vieilles litières, c'est-à-dire tout ce que laissent après eux les voyageurs d'un moment; une source d'eau douce à deux pas du lac, dont l'eau saumâtre n'est pas buvable; de gros oliviers contemporains peut-être de la dynastie douteuse qui dort là-haut sous son *tumulus* de cailloux, — voilà ce qui compose le camp.

Il est tard. La lune a paru vers neuf heures; elle est à deux jours de son plein, pas tout à fait ronde, un peu comme un cercle mal dessiné, admirablement douce à regarder, limpide et sereine. Les feux allumés dans le ventre même des oliviers, dont l'énorme cavité sert de cheminée, sont éteints, moins une ou deux étincelles. Il ne reste autour de nous que la froide humidité des minuits d'octobre, des rayons pâles et des voiles de brume. Jamais nuit n'aura fait descendre sur des yeux que le soleil a fatigués des clartés plus sommeillantes, ni des rideaux plus blancs.

Au bivouac du lac, mardi soir.

Nous avons dormi sous nos tentes froides comme on dort au bivouac, d'un sommeil transparent qui perçoit, presque aussi distinctement que la veille, les bruits, les lueurs, les murmures mêmes de la nuit. Entre minuit et une heure du matin, un grand tumulte s'est élevé dans le camp; nos chevaux se battaient; trois des plus vifs ont brisé leurs entraves, se sont d'abord précipités dans les roseaux, puis se sont échappés vers les collines en hennissant avec frénésie. La poursuite a duré deux heures. A travers le tissu grisâtre de mon pavillon de toile, j'ai vu de nouveau flamber de grands feux, et respiré l'aromatique fumée des bois résineux. Nos Arabes ont continué de veiller rangés en cercle autour de la flamme et aussi près que possible du foyer pour se préserver de deux ennemis redoutables à pareille époque et en pareil lieu, l'humidité qui tombait comme la pluie, et les moustiques.

La lune a décliné vers les montagnes de l'ouest, et j'ai soulevé la porte de ma tente au moment même où l'aube rougeâtre commençait à naître au-dessus de Blidah. Le ciel, orangé d'abord, pâlissait et blanchissait rapidement à mesure que le soleil approchait de ce haut horizon. Rappelle-toi deux belles gravures d'après Edwin Landseer, deux gravures qui semblent colorées, tant les valeurs de gris et de noir sont justes et singulièrement bien observées : l'une a pour titre *the Sanctuary*, l'autre, *the Challenge*. Je ne saurais te donner une idée ni plus exacte, ni plus belle, du lac et de la silhouette acérée des montagnes, vues à cette heure de demi-ténèbres, à travers le premier crépuscule qui suit la nuit; puis tout à coup la diane a sonné pour annoncer le point du jour, et quelques minutes après, le soleil tout rose jaillissait dans une atmosphère éclatante comme de l'argent.

Je t'ai dit que nos compagnons comptaient faire de la chasse au lac un massacre; cette chasse a été nulle ou à peu près. Un obstacle que personne n'avait prévu a rendu la battue impossible; il fallait des bateaux pour arriver jusqu'au large, et les bateaux n'existaient plus. Les deux ou trois petits sabots à fond plat que l'eau n'a pas coulés ou la vase engloutis avaient été pris par des guetteurs d'ibis arrivés cette nuit. Les canards, les sarcelles, les ibis, les cygnes et les hérons, tous les oiseaux qui nagent, ou que leur instinct tient éloignés du bord, nous échappaient. Il restait un pis aller; c'était de fouiller les roseaux. De toutes les façons de chasser, il n'en est pas de plus originale et de moins certaine. A midi seulement, car il fallut prendre des précautions d'hygiène comme pour un bain, nous nous mîmes en chasse; autrement dit, nous nous mîmes à l'eau.

Le lac est entouré de roseaux élevés de huit ou dix pieds, si serrés qu'on les croirait plantés exprès pour rendre les abords inaccessibles, disposés par lignes épaisses et rangés symétriquement comme des palissades. Je ne connais pas de halliers plus difficiles à percer, ni plus incommodes à côtoyer. Ils portent tous une échelle d'étiage parfaitement graduée par des lignes de boue, depuis le plus haut jusqu'au plus bas niveau du marais, limite extrême que le lac atteint en ce moment. Aussitôt engagé dans cette broussaille à feuilles aiguës et tranchantes, à cannes serrées, à fûts réguliers comme des tuyaux d'orgue, on ne voit plus que le petit espace de ciel presque imperceptible qui reste à découvert au-dessus de la tête et l'eau noirâtre où l'on est plongé jusqu'à mi-corps. Il est également impossible de se diriger, de se reconnaître, de faire appel à ses compagnons ou de leur porter secours en cas de détresse. Il faut marcher en tâtonnant, s'assurer de la résistance de la boue, afin d'éviter les fondrières, et se tenir toujours droit, debout, le fusil haut et la carnassière aussi près que possible des épaules.

Vandell avait pris, non pas un fusil, mais un long bâton qui nous servit de canne. Autant que nous le pûmes, nous naviguâmes de conserve. De temps en temps, une aile apparaissait à travers les taillis, ou passait sur nos têtes à nous effleurer, pour s'abattre aussitôt derrière le rideau vert des roseaux. Quelquefois, mais de loin en loin, une explosion se faisait entendre à une petite distance; alors des centaines de canards qu'on ne voyait pas s'envolaient en battant l'eau de leurs ailes, avec un bruit pareil à celui d'une multitude d'avirons.

Je ne puis dire combien de chemin nous fîmes, ni dans quelles parties du lac, ni dans quelle direction. Je sais que nous marchâmes consciencieusement de midi à cinq heures, toujours à couvert, toujours embarrassés dans les halliers, toujours avec de l'eau jusqu'aux hanches. Nous nous dirigions d'après le soleil d'abord, puis, quand on eut cessé de le voir, d'après les couleurs du zénith. Une heure à peu près avant la fin du jour, nous rencontrâmes un des chasseurs d'ibis. Il avait établi son embuscade dans une sorte de bassin découvert, sur la lisière intérieure des roseaux. C'était une étroite cabane faite de joncs coupés, ayant un toit et un plancher, l'un et l'autre fort à jour, et portée sur des pilotis. Au pied était amarré un bateau. On n'apercevait du chasseur, immobile au fond de sa cachette, que le canon d'un long fusil qui sortait par une embrasure, et donnait à sa citadelle flottante un aspect assez menaçant.

— *Ya!* fils de Nemrod, lui cria Vandell, bonjour.

— Bonjour, répondit l'Arabe, qui fit mouvoir en s'y tournant les branchages de sa cabane.

— Ta journée a-t-elle été bonne?

— Regarde dans le bateau, dit le chasseur.

Nous vîmes au fond du bateau trois oiseaux étendus : deux ibis de couleur un peu triste et un cygne magnifique.

— Il a tué le roi du lac, dis-je à Vandell en regardant le bel oiseau, frappé droit au cœur d'une blessure encore saignante qui le rendait plus beau.

Le soleil était tout à fait bas. Il n'éclairait plus que le sommet des taillis; de longues zones d'ombre s'étendaient sur les eaux du lac et les glaçaient de couleurs froides. A cinq heures et demie, nous rentrions à nos tentes. On a tendu des cordes entre les oliviers pour y suspendre le gibier. J'y ai vu des poules sultanes, des butors, des râles d'eau, quelques canards, un petit nombre de bécassines, — en tout soixante-trois pièces.

Au bivouac du lac, mercredi soir.

Je saurai tout à l'heure ce que la chasse a produit, et puisque cette lettre ne doit plus être qu'un registre de chasseur, je joindrai ce détail aux précédents. Nous descendons de cheval après avoir couru pendant douze heures à travers un fort beau pays, vu Tipaza, qui ressemble à toutes les villes détruites, et le Chenoua, qui rappelle, avec des proportions colossales, des formes plus âpres et des irisations plus délicates, la Sainte-Baume de Provence. La ville romaine est à trois lieues du camp, de l'autre côté du Sahel, en obliquant vers Cherchell. L'ancienne Julia-Cæsarea et l'ancienne Tipaza de la Mauritanie césaréenne étaient séparées par le Chenoua, dont le sommet pouvait servir aux deux villes d'observatoire commun. Cherchell est devenue arabe; Tipaza a été abandonnée. On l'a ruinée, saccagée, détruite de fond en comble. Deux ou trois choses seulement sont restées reconnaissables pour tout homme qui n'est pas un antiquaire : les portes, les voies extérieures et les tombeaux. Ceux-ci sont ouverts, comme si les morts qui les habitaient étaient déjà ressuscités, et tous les couvercles renversés ont mis à découvert des auges vides, qui serviront plus tard d'abreuvoirs pour les chevaux. Les sables apportés par le vent de la mer ont depuis longtemps remplacé les cendres humaines. Quelques inscriptions à recueillir, des chapiteaux tombés des colonnes, des colonnes morcelées par tronçons, de rares débris de marbre sculpté, de longs pans de murs à briques étroites couverts de l'énorme végétation des lentisques en boule, deux longues allées de sépultures qui vont expirer dans des dunes de sable, vastes amas de poussière blanche et stérile accumulés sur des choses déjà mortes comme des monceaux d'oublis, — voilà ce qui reste d'un peuple qui fut le plus grand envahisseur, le plus grand colonisateur, et l'un des plus solides architectes des peuples de la terre : exemple pour ceux qui n'ont ni dans l'esprit, ni dans les mœurs, ni dans les établissements, la solidité du génie romain.

Nous avons dîné sur les ruines, et j'ai tué deux perdreaux rouges qui picoraient des graines dans le tombeau ouvert d'une... *Hortensia*,..... pleurée et regrettée, dit l'inscription, par un *Tullius*. — J'ai vu, dans des lentisques grands comme des ormeaux, des compagnies tout entières de perdreaux perchés, — chose assez rare, et que je n'avais pas vue ailleurs. — Les cordes tendues au travers du bivouac sont chargées de butin. C'est un magnifique étalage de gibier. En perdreaux, lapins et lièvres, il y a ce soir trois cent quatre-vingt-quatorze pièces.

Blidah, fin d'octobre.

Deux jours après notre retour du lac, nous reprenions, Vandell et moi, le chemin de la plaine. C'était un samedi, jour du *sebt* ou grand marché des Hadjout ; il y avait fête à l'issue du marché, et nous avions reçu du kaïd lui-même un billet cérémonieux qui nous invitait à la *diffa* du soir.

La fête était une sorte de réunion cantonale organisée par plusieurs *douars* voisins dans l'intention de se divertir à frais communs, de monter à cheval, de courir, de brûler de la poudre, derniers plaisirs qui restent à cette petite peuplade aux trois quarts détruite, à qui les réelles émotions de la vie militaire sont interdites, et que la paix ennuie comme le néant. Les Hadjout n'ont jamais aimé ni pratiqué quoi que ce soit, excepté les industries de la guerre. On se faisait Hadjout comme on se fait soldat. Quant aux femmes, épouses ou mères, filles ou sœurs de soldat, seller des chevaux qui vont combattre, armer de leurs propres mains des hommes intrépides, les assister de loin, les accueillir par des *you-you* d'enthousiasme, pleurer les morts et panser des blessures bien reçues, tel était le plaisir martial qui leur revenait dans une existence aventureuse dont la guerre, sous toutes ses formes, petites ou grandes, faisait le fond, le mobile, les charmes et le profit. Voilà pourquoi une *fantasia,* qui ne vaut pas la guerre, mais qui lui ressemble, est aujourd'hui le spectacle le plus propre à consoler des vétérans qui ne la font plus, ou des jeunes gens qui ne l'ont jamais faite.

— Vous ne trouverez là-bas, m'avait dit Vandell, rien que vous ne connaissiez de longue date : des gens assemblés sous des tentes, une fête équestre, suivie d'une danse de nuit, avec des repas homériques, qui sont la réjouissance obligée de l'estomac; mais c'est une politesse due au kaïd, qui nous attend. Peut-être au surplus nous amuserons-nous, car j'ai beaucoup d'amis chez les Hadjout, à commencer par ce gueux d'Amar-ben-Arif, qui fera devant vous ses tours de force de jongleur et d'écuyer.

Amar-ben-Arif devait être en effet, mon ami, le héros de la journée, et beaucoup plus sérieusement que Vandell ne l'avait prévu, car il nous ménageait la surprise d'un exploit tragique et d'un deuil navrant.

A midi, nous arrivions au marché, où nous savions trouver le kaïd : c'était lui faire doublement honneur que de nous rendre à son audience du *sebt* et de venir le saluer dans sa tente. Le *sebt* se tient au fond de la plaine, sur le territoire hadjout, dans la grande lande qui s'étend entre la Mouzaïa et le lac. Comme son nom l'indique, il a lieu le septième jour de la semaine, sous la présidence soit d'un officier du bureau arabe, soit du kaïd, qui remplit les fonctions de juge pendant ces journées fertiles en contestations, en querelles d'intérêts, en escroqueries, petits procès inséparables de tout commerce, et qui sont réglés séance tenante.

Un marché arabe ressemble à nos foires de village ; mêmes usages ou à peu près, même personnel de campagnards, de marchands ambulants, de colporteurs, de maquignons. Changez les races, substituez les *chaouchs* armés de cannes et les cavaliers du *beylik* aux gardes champêtres et aux gendarmes, la tente mobile du kaïd à la maison communale du maire, imaginez des denrées africaines au lieu de denrées françaises, des troupeaux de chameaux mêlant leur physionomie et leurs grognements, qui n'ont pas d'analogue, à l'aspect, au mouvement connu d'un parc de bétail composé de chèvres, de moutons, d'ânes, de mulets, de chevaux, de vaches et de bœufs maigres, et vous aurez une première idée du marché du *sebt*. Reste à supposer maintenant la grandeur du lieu, l'étendue de la plaine environnante, la beauté propre aux horizons de la Mitidja, la gravité d'une lande algérienne, l'éclat de la lumière, l'âpreté du soleil insoutenable même en octobre, enfin une réunion de tentes, avec la forme conique des pavillons de guerre ou de voyage, emblème intéressant quand il est l'expression des mœurs d'une société primitive, usage absurde en Europe, où la tente est la maison toujours suspecte des gens sans profession légitime, où l'homme errant est présumé n'avoir ni feu ni lieu, où le nomade est plus ou moins un vagabond. Qu'on suppose encore, pour approcher du vrai, le murmure particulier des foules arabes, la nouveauté des costumes, tous à peu près pareils et presque tous blancs, enfin certaines industries locales et bizarres, surtout à cause de leur extrême simplicité.

Les bouchers y viennent avec leurs étaux garnis de viandes saignantes, les maréchaux ferrants, les cordonniers, les cafetiers, les rôtisseurs avec leurs ustensiles et leur matériel on ne peut plus réduit, les gens du sud avec leurs laines et leurs dattes, ceux de la plaine avec leurs grains, les montagnards avec leur huile, leur bois et leur charbon. Les jardiniers de Blidah apportent les fruits et tous les légumes cultivables, depuis les oranges et les cédrats jusqu'aux pois chiches rôtis, qui sont le grain rôti de l'Écriture sainte, jusqu'aux lentilles, dont on fait un potage rouge en souvenir du plat d'Ésaü. Les colporteurs juifs ou arabes vendent la mercerie, la droguerie, les épices, les essences, les bijoux grossiers, les cotonnades de tout pays et les tissus de toute fabrique, etc. Chacun a son étalage en plein vent ou couvert, et dans les deux cas les dispositions sont fort simples.

Une ou deux caisses ou bien des paniers pour contenir les marchandises, une natte pour les exposer, un carré d'étoffe en manière de parasol, voilà, je crois, le seul mobilier nécessaire au marchand forain.

Celui des artisans n'est guère plus compliqué. Le maréchal ferrant, que je prends pour exemple, est un homme en tenue de voyage, coiffé du voile, en jaquette et les pieds chaussés de sandales à courroies, qui porte avec lui dans le capuchon de son manteau tout le matériel d'une industrie qui semble un art de fantaisie, tant elle a peu d'occasions de s'exercer. Ce sont des morceaux de fer brut ou préparés d'avance, un marteau, des clous, un chalumeau, une très-minime provision de charbon de bois, enfin l'enclume, c'est-à-dire un instrument portatif semblable lui-même à un marteau dont le manche sert de tige et de point d'appui. Trouve-t-il un cheval à ferrer, aussitôt il s'installe. Il fait un trou dans la terre, et y établit son fourneau de forge. Il plante son enclume à côté du fourneau, s'accroupit de manière à la saisir entre ses genoux, choisit un fer dans sa provision, et le voilà prêt. Un apprenti, un voisin, le premier passant venu rend à l'industriel le service de souffler le feu, et lui prête obligeamment le secours de ses poumons. Le fer rougi et façonné, le reste se pratique comme en Europe, mais avec moins d'effort, moins de précaution, moins de perfection surtout. Le fer est rarement autre chose qu'une sorte de croissant très-mince, à moitié rongé de rouille, qui ressemble à du cuir taillé dans une vieille savate hors d'usage. Quand le charbon manque, on le remplace alors par de la tourbe, ou plus simplement par du fumier de chameau, combustible actif, qui se consume à petit feu sourd, comme un cigare, et se reconnaît tout de suite à des combinaisons d'odeurs végétales absolument fétides.

Boutiques, acheteurs, marchands, gens à pied et à cheval, bêtes de service et bêtes d'achat, tout se trouve aggloméré sans beaucoup d'ordre, ni de prudence. Les grands dromadaires se promènent librement et se font faire place, comme des géants dans une assemblée de petits hommes; le bétail se répand partout où il peut; l'âne au piquet fraternise avec l'âne mis en vente, et dans ce pêle-mêle, où les intéressés seuls savent se reconnaître, il est assez malaisé de distinguer les gens qui vendent de ceux qui achètent. Les affaires se traitent à demi-voix, avec la ruse du campagnard et les cachotteries du trafiquant arabe; on fume des pipes afin d'en délibérer; on boit du café comme un moyen amical de se mettre d'accord; il y a, de même qu'en France, des poignées de main significatives pour sceller les marchés conclus. Les payements se font à regret, l'argent s'écoule avec lenteur, avec effort, comme le sang d'une plaie ouverte, tandis qu'au fond des mouchoirs (le mouchoir tient ordinairement lieu de bourse) on entend résonner, longtemps avant qu'elle se décide à paraître, cette chose mystérieuse, si bien gardée, si bien défendue, si bien cachée, qui s'appelle ici le *douro*.

Au centre de ce bivouac, improvisé pour quelques heures seulement, s'élevait la tente du kaïd, surmontée de ses trois boules de cuivre et du croissant, et précédée de l'étendard arabe aux trois couleurs, qui accompagne partout les chefs militaires. Deux fort beaux chevaux tout sellés étaient entravés devant la porte. A l'intérieur, il y avait des tapis, des coussins, des armes posées dans les coins, un ample chapeau de paille accroché au pilier de la tente, avec une jolie tasse en argent ciselé suspendue par un long cordonnet de soie rouge à glands d'or. Tel est, mon ami, l'aspect le plus ordinaire des tentes de guerre; celle-ci ressemblait en outre à un prétoire, tant il y avait de clients empressés d'y trouver place, tous une bourse à la main et causant de la grande affaire du moment, de règlements de comptes, de déficits, d'erreurs, de chicanes d'argent. Le kaïd en occupait le centre et le fond; il donnait des ordres, expédiait ses *chaouchs*, et de temps en temps recevait lui-même et comptait de ses propres mains je ne sais quel impôt, soldé en monnaie de cuivre, qui passait aussitôt dans une grande bourse à fond d'or, où j'avais cru d'abord qu'il mettait son tabac. C'est un homme de quarante-cinq ans au moins, très-grand, très-maigre, très-beau, avec l'air ennuyé qui sied bien au commandement, beaucoup de dignité d'allure, le teint jaune ardent, la physionomie impérieuse et douce, les yeux admirables; il était vêtu de blanc comme un lévite, ce qui le rajeunissait un peu, sans *burnouss*, coiffé seulement du voile, enveloppé du *haïk* et des *gandoura* d'été, irréprochable par la blancheur des étoffes et négligé par la mise comme un grand seigneur en déshabillé de maison. Il fut affectueux pour Vandell et poli pour moi. Sans se rendre compte au juste de ce que nous faisons l'un et l'autre dans son pays, l'un avec sa plume et son baromètre, moi avec ma boîte à couleurs et mes crayons, il admet qu'un homme aime à s'instruire et qu'il ait beaucoup à apprendre en venant chez lui. D'ailleurs, pour peu qu'on ne ressemble pas à tout le monde, du moment qu'on n'a pas d'industrie reconnue, qu'on n'est pas *mercanti*, comme ils disent, la curiosité s'attache à vos démarches, et en pareil cas un étranger a toujours beau jeu près des Arabes. Tout ce qui se marque sur le papier passe à leurs yeux pour de l'écriture; toute écriture est d'intérêt public. Pourquoi un peintre ne serait-il pas un espion politique? La politique est au fond de leur vie, de leurs espérances et de leurs soupçons.

Quand le moment fut arrivé de lever la séance, le kaïd se fit amener son cheval. Ses cavaliers se mirent en selle; ses musiciens se groupèrent en ligne derrière lui. Le porte-étendard s'empara du drapeau et se plaça, d'après l'usage, entre le kaïd et les musiciens. Deux cavaliers, le fusil droit, formaient l'avant-garde. J'imaginai que cet appareil, bien superflu, n'avait pas d'autre but que de nous faire honneur, et nous achevâmes, au son continu des tambourins, des hautbois et des fifres, au pas mesuré des processions, la petite lieue qui nous séparait du rendez-vous où se donnait la fête.

C'était à peu de distance des *douars*, dans un terrain vague, peu broussailleux, choisi tout exprès pour que la course y fût facile. On y avait établi d'un côté des tentes ouvertes (tentes d'hospitalité à l'intention de ceux qui voudraient y dormir), et de l'autre une grande tente en laine sombre, vaste comme une maison, entièrement close, excepté par un seul endroit, celui qui regardait l'horizon vide. La paroi qui faisait face au champ de course était abattue jusqu'à terre; seulement, comme l'étoffe était vieille et criblée de trous, les femmes, réunies d'avance, avaient beaucoup plus de fenêtres qu'il n'en fallait pour bien voir, mais n'en avaient pas d'assez larges pour qu'on les vît. Une troupe d'enfants s'ébattait aux alentours comme des poussins sur la limite d'un poulailler; deux ou trois chiens de bonne garde surveillaient les approches.

Précisément en face du pavillon des femmes, au-dessus duquel flottait un petit drapeau rouge, était planté l'étendard de soie du kaïd. Ces deux bannières mesuraient la largeur de l'hippodrome, qui s'étendait indéfiniment dans la longueur; elles déterminaient le point d'arrivée des coureurs, c'est-à-dire le but où les chevaux bien menés devaient s'arrêter court, où les fusils devaient tirer, les saluts de la poudre s'adressant de droit au kaïd d'abord, et puis aux femmes.

Il était quatre heures. Les préparatifs semblaient terminés. La *diffa* cuisait dans la tente fermée, où de confuses rumeurs se faisaient entendre et d'où s'échappait, comme à travers des soupiraux de cuisine, une forte odeur de ragoûts mêlée à des fumées de bois vert. La mesure lente et monotone d'une danse nationale (diminutif un peu plus décent de la danse égyptienne de l'*abeille*) était marquée par des chants rhythmés et des battements de mains, et les explosions d'une joie immodérée couvraient par intervalles le cri des poulets égorgés qui se débattaient sous le couteau des servantes. Tout ce que le territoire hadjout pouvait fournir de cavaliers valides était réuni : une ligne épaisse de deux cents chevaux environ fermait au sud l'extrémité du champ de course. Le bivouac se remplissait de gens en tenue de guerre, allant et venant dans l'herbe, avec cette marche incertaine que donnent aux cavaliers arabes le volume et le poids des doubles bottes, et surtout l'embarras des longs éperons traînants.

A ce moment arrivait de la plaine, et dans la direction de Blidah, une petite cavalcade composée de deux mulets, montés chacun par une femme en costume de ville et abondamment enveloppée de voiles. Un nègre les précédait, assis de côté sur un âne; une négresse à pied les accompagnait.

— Voici Assra et le nègre Saïd, dit Vandell, qui reconnut à cette distance la servante d'Haoûa et son mari.

— En ce cas, lui dis-je, il est aisé de présumer quelles sont les deux cavalières.

Elles entrèrent dans le camp, mais ne descendirent point à la demeure des femmes : on leur fit traverser la foule entière, et je ne sais quel ordonnateur de la fête les conduisit droit à une petite tente dressée à l'écart, dans laquelle il y avait des tapis, des coussins, et qui semblait en effet préparée pour un hôte attendu qui devait l'occuper seul. Personne, au reste, ne prit garde à leur arrivée; j'entendis vaguement dire autour de moi que c'étaient les danseuses.

A peine assises, l'une d'elles ôta son voile, et la belle Aïchouna se laissa voir dans la tenue légère et transparente qu'elle aime et qui lui va si bien. L'autre ne fit qu'entr'ouvrir sa guimpe juste assez pour qu'on la reconnût, pour montrer qu'elle était fort bien mise, et qu'elle avait au cou, outre ses colliers et ses parures, douze aunes au moins de chapelets fleuris.

— Tu aurais mieux fait de rester chez toi, lui dit Vandell.

Haoûa fit sans répondre un geste indifférent qui signifiait que toute chose lui était à peu près égale, qu'elle n'avait pas eu de raison précise pour venir ici, qu'elle n'en avait pas non plus pour s'y déplaire, et je la vis sourire, du sourire inexprimable qui faisait sa grâce et sa froideur, au triste hasard qui déjà semblait avoir disposé d'elle.

Le kaïd ne s'approcha point de la tente, non plus qu'aucun des vieillards ni des hommes sérieux. Un grand vide était formé tout autour, moins par discrétion que par dédain. On y remarquait seulement, rôdant à quelques pas de la porte soulevée, des jeunes gens de seize à vingt ans, aux airs indolents, à la tournure galante, au visage amaigri, blanchâtre et fané, les yeux noircis, la coiffure un peu de côté : ils souriaient à la brillante Aïchouna, qui paraissait connue de tous, et regardaient, — c'était leur droit, — mais avec un certain embarras mêlé d'impertinence, la petite étrangère au maintien sérieux que pas un d'entre eux ne paraissait connaître.

— Est-ce qu'elles vont rester là, demandai-je à Vandell, loin des femmes, comme des baladines et des filles de *parias,* exposées même en plein jour à la curiosité d'une troupe de soldats et sous les regards insolents de ces beaux fils qui les déshonorent?

— Que faire contre le préjugé? me dit Vandell. Il est partout, et ni vous ni moi n'y changerons rien. Non, mon ami, Haoûa ne sera pas admise dans la tente des mères de famille. On y parle un langage que peut-être elle n'a jamais parlé, on s'y livre à des jeux dont rougirait peut-être son pâle visage ; mais l'une a montré ses joues, les autres restent voilées ; l'une ouvre volontiers sa maison, les autres ferment la leur : ce n'est point une question de sentiment, c'est une question de discipline. Toute la différence est dans un rideau : baissé, la femme est honnête ; levé, la femme ne l'est plus. C'est, comme vous le voyez, très-fictif, très-déraisonnable, et cependant sacré comme un principe et respectable comme le devoir. Au surplus, ajouta Vandell, laissons agir le préjugé. Il est hypocrite, il est injuste et cruel, il fait des victimes et les choisit mal, les sacrifie sans en avoir le droit ; au fond, il est utile. L'intolérance est l'hypocrisie de la vertu, d'accord ; mais c'est aussi le dernier hommage rendu à la loi morale par un peuple qui n'a plus de mœurs.

Au moment où retentirent les premiers coups de fusil de la course, Aïchouna dit à son amie :

— Viens, voici les chevaux qui partent.

Elles se levèrent alors, prirent leur voile et se mêlèrent à la foule des spectateurs.

— Au revoir, me dit Haoûa selon sa coutume.

— Au revoir, lui dis-je comme autrefois. J'aurais pu lui dire : Adieu, car je ne la retrouvai plus que dans sa tente, à demi morte et méconnaissable.

D'abord nous vîmes courir la valetaille, les gens de classe inférieure, les plus pauvrement montés de la tribu : de petits chevaux sans tournure, des cavaliers sans luxe, de mauvais fusils rouillés, quelquefois un bout de ficelle au lieu de bride. De pareils écuyers n'ont pour se rendre intéressants que la vitesse. Ils montent leurs chevaux comme ils monteraient des oiseaux rapides, ne les gouvernent point, les maîtrisent à peine et les laissent voler de toute la légèreté d'un galop qui ne fait pas beaucoup plus de bruit que des ailes. La première bête venue leur est bonne, fût-elle à demi dressée, n'eût-elle pas encore l'âge de servir, pourvu qu'elle ait l'allure vive, et la plus méchante arme leur convient, pourvu qu'elle contienne la poudre et fasse explosion sans éclater. Quand ils n'ont ni bottes, ni éperons, ils se servent de la houssine et du tranchant de l'étrier; à défaut de cravache, ils ont leur cri de *arrah*, sorte de clameur irrésistible pour des chevaux aussi excitables qu'ils sont dociles. Il ne s'agit point de parader, de faire des prouesses; il suffit de courir ventre à terre, de décharger ses armes en atteignant le but, et de recueillir, en passant devant la tente où sont les femmes, les *you-you* qui répondent en manière d'applaudissements aux salves dont la mousqueterie les salue. Toutes les classes et toutes les fortunes ont droit de prendre part à ces jeux. Le peuple le plus aristocrate de la terre se montre en pareil cas plein de bonhomie. Chacun s'amuse pour son compte : le valet court à côté de son maître, s'il est assez bien monté pour suivre son allure. En vertu de ce principe applicable aux jeux militaires, que devant l'ennemi il n'y a ni distinction de caste, ni supériorité de naissance, un cavalier vaut un cavalier, et le galop d'un cheval doit égaliser tous les rangs.

Ce prélude, au reste, fut très-court, et ne dura pas plus de quelques minutes; il mit les spectateurs en haleine, et fit sentir aux chevaux l'odeur de la poudre. Le kaïd avait pris place au pied du drapeau, ayant près de lui ses deux fils, deux jolis enfants, l'un de six ans, l'autre de dix. L'aîné, costumé, coiffé, botté, comme un jeune soldat, avec de longs bas de cuir jaune, et trônant dans une attitude princière, comme si le spectacle eût été donné en son honneur, se renversait, pour être plus à l'aise, sur de vieux serviteurs à barbe grise, qui s'étaient couchés à plat ventre, de manière à lui servir de coussins. Des cris éclataient au fond de l'hippodrome, où la cavalerie, prête à partir, s'organisait par petits pelotons.

Le premier départ fut magnifique; douze ou quinze cavaliers s'élançaient en ligne. C'étaient des hommes et des chevaux d'élite. Les chevaux avaient leurs harnais de parade; les hommes étaient en tenue de fête, c'est-à-dire en tenue de combat : culottes flottantes, *haïks* roulés en écharpe, ceinturons garnis de cartouches et bouclés très-haut sur des gilets sans manches de couleur éclatante. Partis ensemble, ils arrivaient de front, chose assez rare pour des Arabes, serrés botte à botte, étriers contre étriers, droits sur la selle, les bras tendus, la bride au vent, poussant de grands cris, faisant de grands gestes, mais dans un aplomb si parfait, que la plupart portaient leurs fusils posés en équilibre sur leur coiffure en forme de turban, et de leurs deux mains libres manœuvraient soit des pistolets, soit des sabres. A dix pas de nous, et par un mouvement qui ne peut se décrire, tous les fusils voltigèrent au-dessus des têtes; une seconde après, chaque homme était immobile et nous tenait en joue. Le soleil étincela sur des armes, sur des baudriers, sur des orfévreries; on vit, dans un miroitement rapide, briller des étoffes, des selles brodées, des étriers et des brides d'or; ils passèrent comme la foudre, en faisant une décharge générale qui nous couvrit de poudre et les enveloppa de fumée blanche. Les femmes applaudirent. Un second peloton les suivait de si près, que les fumées des armes se confondirent, et que la seconde décharge répéta la première, comme un écho presque instantané. Un troisième accourait sur leurs traces, dans un nouveau tourbillon de poussière, et tous les fusils abattus vers la terre. Il était conduit par le nègre Kaddour, un cavalier accompli, célèbre dans la plaine où sa jument grise a fait des miracles. Cette jument est un petit animal efflanqué, très-souple et fluet, couleur de souris, complétement rasé, sans crinière et dont la queue tondue ressemble au fouet des chiens courants. Des argenteries fanées, de grelots, des amulettes, une multitude de chaînettes pendantes, la décoraient d'une sorte de parure originale pleine de bruissements et d'étincelles. Kaddour était en veste écarlate, en pantalon de couleur pourpre. Il portait deux fusils, l'un sur la tête, l'autre dans la main gauche; dans la droite, il avait un pistolet dont il fit feu; puis il fit feu de ses deux fusils, l'un après l'autre, en les changeant de main, les lança comme un jongleur fait de deux cannes, et disparut étendu sur le cou de sa bête, son menton touchant la crinière.

La mousqueterie ne cessa plus. Coup sur coup, sans relâche, des cavaliers se succédèrent à travers un rideau de poussière et de poudre enflammée, et les femmes, qui continuèrent de battre des mains et de pousser leurs glapissements bizarres, purent respirer pendant une heure l'ardente atmosphère d'un champ de bataille. Imagine ce qui ne pourra jamais revivre dans ces notes, où la forme est froide, où la phrase est lente; imagine ce qu'il y a de plus impétueux dans le désordre, de plus insaisissable dans la vitesse, de plus rayonnant dans des couleurs crues frappées de soleil. Figure-toi le scintillement des armes, le pétillement de la lumière sur tous ces groupes en mouvement, les *haïks* dénoués par la course, les frissonnements du vent dans les étoffes, l'éclat, fugitif comme l'éclair, de tant de choses brillantes, des rouges vifs, des orangés pareils à du feu, des blancs froids qu'inondaient les gris du ciel; les selles de velours, les selles d'or, les pompons aux têtières des chevaux, les œillères criblées de broderies, les plastrons, les brides, les mors trempés de sueur ou ruisselants d'écume. Ajoute à ce luxe de visions, fait pour les yeux, le tumulte encore plus étourdissant de ce qu'on entend : les cris des coureurs, les clameurs des femmes, le tapage de la poudre, le terrible galop des chevaux lancés à toute volée, le tintement, le cliquetis de mille et mille choses sonores. Donne à la scène son vrai cadre que tu connais, calme et blond, seulement un peu voilé par des poussières, et peut-être entreverras-tu, dans le pêle-mêle d'une action joyeuse comme une fête, enivrante en effet comme la guerre, le spectacle éblouissant qu'on appelle une *fantasia* arabe. Ce spectacle attend son peintre. Un seul homme aujourd'hui saurait le comprendre et le traduire; lui seul aurait la fantaisie ingénieuse et la puissance, l'audace et le droit de l'essayer.

Réduite à des éléments tout à fait simples, à ne regarder dans cette mise en scène surabondante qu'un seul groupe, et dans ce groupe qu'un seul cavalier, la *fantasia*, c'est-à-dire le galop d'un cheval bien monté, est encore un spectacle unique, comme tout exercice équestre fait pour montrer dans leur moment d'activité commune et dans leur accord les deux créatures les plus intelligentes et les plus achevées par la forme que Dieu ait faites. Séparez-les, on dirait que chacune d'elles est incomplète, car ni l'une ni l'autre n'a plus son maximum de puissance; accouplez-les, mêlez l'homme au cheval, donnez au torse l'initiative et la volonté, donnez au reste du corps les attributs combinés de la promptitude et de la vigueur, et vous avez un être souverainement fort, pensant et agissant, courageux et rapide, libre et soumis. La Grèce artiste n'a rien imaginé ni de plus naturel, ni de plus grand. Elle a montré par là que la statue équestre était le dernier mot de la statuaire humaine, et de ce monstre aux proportions réelles, qui n'est que l'alliance audacieusement figurée d'un robuste cheval et d'un bel homme, elle a fait l'éducateur de ses héros, l'inventeur de ses sciences, le précepteur du plus agile, du plus brave et du plus beau des hommes.

De temps en temps, et comme des acteurs de premier ordre sûrs d'eux-mêmes et toujours certains d'être applaudis, des cavaliers couraient isolément ou deux par deux, et alors dans un tel ensemble que les deux chevaux avaient l'air d'être conduits par une seule main ou attelés à un même timon qu'on ne voyait pas. Ceux-là valaient qu'on les nommât : c'était Kaddour, qui recommençait ses courses avec sa jument taillée comme un lévrier; Djelloul, sur un cheval bai sombre caparaçonné de soie cramoisie; Ben-Saïd-Khrelili, tout habillé de rose et montant un cheval tout noir comme un corbeau; Mohammed-ben-Daoud, le manchot, vieux débris des anciennes guerres, à qui l'on passait des fusils chargés, et qui, ne pouvant plus les mettre à l'épaule, les tirait à bras tendu, comme des pistolets. Le vieux Bou-Noua, beau-père du kaïd, courut accompagné seulement de ses trois fils, charmants jeunes gens vêtus à la légère, et qui lui servaient de pages. Il montait un cheval de haute taille, lourdement équipé, aux larges sabots, à vaste encolure, qui galopait avec emphase, comme les chevaux de Rubens, les jarrets pliés, d'une allure arrondie, redondante et retentissante. Lui-même était énorme, grand, gros, ventru, la barbe en éventail, le visage blond, les yeux clairs et ronds comme ceux des aigles. Il portait avec une ampleur singulière un *haïk* flottant, que le mouvement de la course amplifiait encore en le faisant voler, et deux ou trois vestes chargées d'or, plus un baudrier d'or, formaient autour de sa taille une sorte de plastron solide où le soleil rayonnait comme sur une cuirasse. Il galopait, non pas debout, car le poids de son costume et son embonpoint l'empêchaient de se dresser tout à fait, mais à demi soulevé sur ses étriers, une main posée carrément sur le pommeau de sa selle, l'autre agitant un long fusil, arme magnifique qu'il dédaignait de charger à poudre. Un sabre kabyle à fourreau d'argent pendait à son épaule gauche, et complétait ce splendide harnais de guerre. Après chaque course fournie, les cavaliers revenaient au petit pas ou dans un galop plein d'allure. Ils s'arrêtaient un moment vers le milieu du champ de course, y faisaient bondir leurs chevaux pour les exciter davantage, les harcelaient de la bride, les éperonnaient sur place, et retournaient, en paradant, se former en bataille à leur point de départ.

Au milieu de ce luxe, de ce désordre et de ce bruit passait et repassait l'aventureux Amar-ben-Arif. Je ne l'avais pas vu depuis la soirée d'Hassan; je me souvenais du joueur d'échecs, sobre de gestes, froid de paroles, et quand Vandell me dit : Voici Ben-Arif, je ne le reconnus plus.

A cheval, il me parut court, moins élégant que beaucoup d'autres, mais d'une solidité qui n'avait pas d'égale. On le sentait inébranlable, et, soit qu'il quittât la selle ou qu'il s'y cramponnât, debout comme assis, même dans le plus périlleux des équilibres, il conservait la puissance de carrure et la facilité d'évolutions d'un lutteur. De son visage, à moitié masqué par un pli relevé du *haïk*, on n'apercevait que le haut des joues d'une pâleur ardente, deux pointes de moustaches hérissées et des yeux couleur de charbons en feu. Modestement habillé de drap sombre, sans beaucoup de broderies, mais avec toute sorte d'armes passées dans la ceinture, il maniait en écuyer consommé un cheval grisâtre dont tout le harnachement, moitié cuir violet, moitié métal, ressemblait à des aciers ciselés. Pour fusil, il avait une arme française à double canon, dans lequel il versait des pleines mains de poudre. Il l'amorçait en courant, et de minute en minute nous le voyions paraître, soit seul, soit accompagné, mais toujours reconnaissable à sa mine un peu étrange, à son cheval tout miroitant d'acier bleuâtre, à la double détonation de son fusil, qui nous éclatait en plein visage. Il s'annonçait d'ailleurs par un galop bruyant, car, contre l'usage presque général dans les tribus, son cheval était ferré.

Cette course effrénée durait depuis une heure. Amar paraissait aussi infatigable qu'au début; il n'avait pas mis pied à terre une seule fois, et sa bête n'avait pas soufflé une seule minute.

— *Ya!* Ben-Arif, lui criait-on, prends garde à ton cheval, qui saigne. Tu l'éventreras, prends-y garde.

Il répondait seulement :

— Patience, j'en ai un autre.

Puis il repartait ventre à terre, et fournissait un galop, sinon plus rapide, du moins plus impétueux que les précédents.

Enfin, non par lassitude, mais sans doute par pitié pour sa monture, ou par précaution, comme on l'a compris plus tard, il s'arrêta. Il examina les flancs de son cheval, où chaque coup d'éperon se dessinait par un bourrelet de poils hérissés, par des sillons de peau rougeâtre, par des filets de sang, suivant qu'il l'avait piqué plus au vif. Avec un peu d'herbe, il étancha le sang; avec un peu de terre pétrie de salive, il fit un emplâtre dont il boucha les plaies qui saignaient trop; partout où l'animal avait des écumes, il l'épongea rapidement d'un coin de son *haïk;* il le dessangla légèrement pour soulager sa respiration haletante; par une flatterie singulière, il le baisa sur les narines en l'appelant d'un nom que je n'entendis pas; puis il sauta sur son cheval de rechange, qu'un valet d'écurie tenait en main. C'était un étalon bai-cerise, tout frais, tout reposé, complétement équipé, comme pour une expédition de guerre. Une longue *djebira* pendait au pommeau de sa selle; on voyait passé sous la sangle un sabre de fabrique espagnole, à lame un peu courbe, à poignée de corne, et sans fourreau.

— Cet enragé finira par faire des sottises, observa Vandell en le regardant partir à fond de train.

Amar-ben-Arif reparut au bout de quelques minutes, et comme il défilait devant nous, nous saluant à bout portant de ses deux décharges, le kaïd lui fit signe de la main, et lui dit :

— Attends un peu, Ben-Arif, je vais courir.

Le soir approchait, la fête allait finir, et je m'étonnais que le kaïd fût resté si longtemps sans y prendre part.

Il resta chaussé de ses babouches, boucla seulement son ceinturon, releva, pour être plus à l'aise, le long *haïk* qui l'enveloppait négligemment, et lui donnait, malgré son âge, je ne sais quelle juvénile et hautaine élégance. Il enfourcha son cheval blanc, le même qui l'avait ramené du marché. Trois jeunes gens qui n'avaient pas encore couru l'imitèrent. Lentement ils prirent du champ, puis s'arrêtèrent. Amar était à sa gauche, un jeune homme, neveu du kaïd, à sa droite, en tout cinq cavaliers. J'en-

tendis le kaïd dire à ses compagnons : « Êtes-vous prêts? » Et les cinq chevaux partirent à la fois. Ils arrivèrent de front et dans l'ordre du départ. Le kaïd n'était point armé. Trois coups de fusil retentirent : c'étaient les trois jeunes gens qui faisaient feu. Amar ne tira pas. Rapidement il posa son fusil en travers de sa selle, rassembla son cheval comme pour le faire sauter, fit un écart à gauche, et comme il était à deux pas seulement du premier rang des spectateurs, l'animal, enlevé tout droit, retomba des quatre pieds au milieu d'eux. Il y eut un cri déchirant, — je l'entends encore au moment où je t'écris, puis des clameurs, puis un tumulte. La foule s'ouvrit, je vis à terre quelque chose de blanc qui roula, puis resta couché.

— Ah! le misérable! s'écria Vandell.

— Arrêtez-le! hurla le kaïd, qui s'élança sur Amar.

Mais personne n'eut le temps de le saisir; il passa près de nous presque à nous renverser, se retourna pour voir qui le suivait, et siffla bruyamment. Son premier cheval, tout fatigué qu'il était, s'échappa des mains du palefrenier et partit comme un trait. Quelques secondes après, nous vîmes dans un flot de poussière un petit groupe de cavaliers lancés à toute bride à travers la plaine. A une petite distance en avant, à portée de pistolet tout au plus, on apercevait Ben-Arif, couché à plat ventre sur sa selle, qui piquait droit vers la montagne, et près de lui son cheval de rechange, la selle vide, qui galopait avec la légèreté d'un cheval sauvage.

Ce tragique incident fut si rapide, que je vis en même temps, et pour ainsi dire d'un seul coup d'œil, l'écart du cheval, la fuite d'Amar, puis le tumulte des gens qui s'empressaient autour de la personne atteinte, et que j'entendis à la fois les cris confus de : « Le misérable! arrêtez! courez! » et des voix dans la foule qui disaient : « Elle est morte! »

Je regardai Vandell, qui comprit mon geste et me dit :

— Oui, c'est elle.

C'était en effet la pauvre Haoûa qui venait de recevoir en plein visage le terrible choc du cheval d'Amar. Elle n'était pas morte, mais elle avait au-dessus du sourcil droit une blessure béante qui lui labourait le crâne. Le sang qui s'en échappait à flots l'inondait de la tête aux pieds. Elle gémissait faiblement, les yeux hagards, complétement évanouie, et les traits décomposés par une horrible pâleur. On la porta dans sa petite tente, on la déposa sur un matelas. Tout de suite on courut aux cuisines pour y faire rougir des fers, méthode arabe qui consiste à soigner les blessures avec des moxas; mais le kaïd et Vandell, qui l'examinaient, dirent l'un après l'autre :

— C'est inutile.

Au bout d'une heure seulement, elle reprit connaissance, son regard devint mobile, et son bel œil éteint nous regarda comme à travers un voile de sang.

— *Va, habibi!* me dit-elle, ô mon ami! je suis tuée.

Elle fit un second effort pour se faire entendre, et dit :

— Il m'a tuée!

Il y avait foule autour de la blessée, et des attroupements de curieux commentaient, expliquaient avec la plus bruyante émotion l'accident, qui ne passait aux yeux de personne pour une maladresse de Ben-Arif.

— Il l'a tuée et bien tuée, me dit Vandell... Il l'a voulu... Peut-être le voulait-il depuis longtemps... C'était sa femme... On le dit ici, et si nous avions été plus curieux, nous l'aurions su plus tôt. Il a tué son premier mari pour l'épouser; elle l'a quitté en le sachant assassin; il l'assassine aujourd'hui pour prouver qu'un meurtre ne pèse pas d'un poids bien lourd quand il s'agit d'un désir ou d'une haine.

Il était six heures à peu près; la fête était finie; la nuit descendit sur ce lugubre dénoûment.

Je ne m'occupai guère, mon ami, de ce qui suivit, et le reste de cette veillée funèbre peut se raconter en quelques mots... Aussitôt que la nuit fut noire, et tandis que la blessée agonisait dans sa tente, assistée d'Aïchouna, qui la regardait mourir, et de la négresse Assra, qui se lamentait, on servit la *diffa,* et tout le monde alla manger. Pendant une ou deux heures, je n'entendis plus que le murmure de la foule attablée sur l'herbe, le va-et-vient des cuisiniers qui portaient les plats; puis après la *diffa* vint la danse. Un jeune homme, un enfant de seize ans, fut choisi pour remplacer Aïchouna, qui fut la plus regrettée des deux absentes. De grands feux furent allumés dans la lande, d'immenses feux de broussailles qui jetèrent une flamme claire. Un grand cercle s'établit tout autour, si vaste qu'il touchait d'un côté à la tente des femmes, et de l'autre arrivait presque jusqu'au petit pavillon d'Haoûa, dont personne alors ne s'approcha plus. Deux ou trois bougies à la lueur tremblante éclairaient vaguement le groupe obscur des deux pleureuses étendues presque à l'étouffer sur le corps pâmé de la mourante.

Cependant le danseur commença de faire à petits pas le tour de l'assemblée; devant chaque spectateur, il s'arrêtait, exécutait, longuement accompagné par la voix des chanteurs et par les battements de mains monotones, la même et régulière pantomime. Chacun, en retour d'un plaisir égal pour tous, lui tendait une pièce de monnaie; le danseur la recevait, soit sur le front, soit sur les joues, et continuait sa collecte jusqu'à ce qu'il eût le visage à peu près couvert de piécettes d'argent.

Entre onze heures et minuit, les cavaliers revinrent, exténués d'une course de quatre heures et ne ramenant pas Ben-Arif, qui s'était échappé par un défilé de la montagne.

La nuit était magnifique d'étoiles, mais excessivement humide et glacée. Jusqu'au matin nous restâmes assis sur l'herbe et grelottants sous la rosée. Puis le danseur, fatigué, ne dansa plus; les chants épuisés s'interrompirent, et les feux continuèrent seuls de pétiller au milieu du silence absolu d'une assemblée de gens accroupis dont les trois quarts au moins s'assoupissaient.

Vers quatre heures, et comme un repos profond couvrait la plaine, pour la dernière fois nous entrâmes dans la tente. Un reste de bougie s'éteignait. Aïchouna dormait. Assra, accablée de lassitude, les cheveux en désordre et le visage absolument labouré de coups d'ongles, s'était laissée tomber d'épuisement et dormait. Haoûa était morte. La tête un peu de côté, les bras roidis, les paupières fermées, dans un sommeil qui devait ne plus finir, elle était telle à peu près que nous l'avions vue dormir sur son estrade de soie, et toute couverte encore de ses fleurs blanches, qui, cette fois, lui survivaient.

Blidah, fin d'octobre.

Me voilà seul, mon ami. Vandell m'a quitté. Nous nous sommes séparés aujourd'hui même. Il part je ne sais trop pour où, ni pourquoi. Il s'en va parce que la saison l'avertit de se mettre en route, parce que sa destinée est de vivre sur les grands chemins, et d'y mourir, dit-il, lorsque son heure aura sonné.

Depuis trois jours, il m'avait annoncé sa décision. Il a recueilli tout ce qui meublait sa chambre, collections, papiers et notes, et les a transportés ailleurs. Il a renouvelé sa provision de tabac, la seule qui lui fasse quelquefois défaut lorsqu'il se trouve en plein désert. Ce matin, à sept heures, il était prêt.

— Si vous le voulez, m'avait-il dit, nous monterons par les Beni-Moussa, nous nous arrêterons soit au télégraphe, soit aux cèdres, et nous nous quitterons là-haut, c'est-à-dire le plus tard possible.

Je montai donc à cheval et l'accompagnai.

Comme nous traversions la place du marché arabe, bon nombre de gens des tribus le reconnurent :

— Bonjour, Sidi-bou-Djaba, lui disaient-ils, où vas-tu?

— Je pars.

— Tu quittes Blidah?

— Oui.

— Passeras-tu par...?

Et chacun nommait sa tribu.

— Peut-être, répondait Vandell; s'il plaît à Dieu.

— Bon voyage, Sidi-bou-Djaba, que Dieu t'assiste, que le salut t'accompagne, que ton chemin soit bon!

— Salut sur tous! reprenait Vandell. J'irai chez vous avant l'été.

A l'un il disait : fin décembre; à l'autre : après les neiges; à d'autres au contraire : pendant les pluies, — suivant l'emploi qu'il destinait à chacune des divisions de son prochain hiver. Au moment de franchir la porte du ravin, il s'arrêta comme frappé d'une idée subite et tout à fait nouvelle, et me dit :

— Savez-vous qu'il y a juste huit mois je passais par ici, croyant venir à Blidah pour huit jours?

Tu connais la route escarpée que nous avons suivie, cette longue rampe en colimaçon qui commence au lit de l'Oued, décrit de grands cercles sur le flanc nord de la montagne, et conduit en quatre ou cinq heures de cheval au dernier sommet qui domine immédiatement Blidah. A mi-côte à peu près se trouve la glacière, jadis habitée par des Maltais, pourvoyeurs de neige, charbonniers et chasseurs. Il reste une ou deux baraques en manière d'abri, posées au bord de l'étroite esplanade où par une claire matinée de mars, ensemble, il y a de cela trop d'années pour que je les calcule, nous avons vu voler des aigles et cueilli des fleurs qui ne fleurissent plus en automne. Un peu plus haut, sur un piton qui se voit de Blidah, est perché le télégraphe, avec ses longs bras articulés qui meurent d'inaction pendant les obscurs brouillards de l'hiver. Tout à fait au sommet, parmi les cèdres et sur le dernier repos de la montagne, taillée en pain de sucre, subsiste encore un vieux marabout, autrefois ouvert, aujourd'hui barricadé de broussailles, qui cependant n'est pas en ruine, quoiqu'il ait l'air absolument abandonné. Le plateau n'a pas plus de cent pas d'étendue; il est environné de cèdres et pavé de roches vives, plates et blanches, et si fortement lavées, puis dévorées par le soleil, qu'elles ont pris l'aspect aride et dénudé des ossements qui sont restés longtemps en plein air. Une herbe rude et courte, sorte de végétation métallique, la seule qui puisse vivre sur ce sol de pierre et dans les duretés de ce haut climat, forme, avec des lichens grisâtres et des lambeaux de je ne sais quelle mousse épineuse, l'indigente et morne couverture du rocher. Les cèdres sont bas, mais très-larges; leur feuillage est noirâtre, leur tronc couvert de fer rouillé. Le vent, les neiges, la pluie, le soleil, qui semble encore plus âpre ici que dans la plaine, la foudre, qui de temps en temps les frappe et les partage en deux comme de fabuleux coups de hache, toutes les intempéries des saisons extrêmes les criblent de blessures mortelles, qui pourtant ne les font pas mourir. Leur enveloppe exfoliée les abandonne et se répand en poussière autour de leur tronc. Les passants les ébranchent, les bergers les mutilent, les bûcherons en font des fagots; ils finissent petit à petit, mais avec l'intrépidité des choses vivaces; leurs racines ont la solidité de la pierre qui les nourrit, et la séve, qui semble fuir devant les nécessités inévitables de la mort certaine, se réfugie dans les rameaux, qui toujours verdissent et fructifient.

Nous nous assîmes au pied de ces vieux arbres respectables et pleins de conseils. La journée était belle, et me parut triste, peut-être parce que nous n'étions gais ni l'un ni l'autre. Il faisait chaud et très-calme, circonstance que je n'oublierai jamais, car je lui dois la plus forte impression de grandeur et de paix complète qu'on puisse éprouver dans sa vie. Le silence était si sévère, l'immobilité de l'air était telle que nous remarquâmes le bruit de nos paroles, et qu'involontairement nous nous mîmes à causer plus bas.

Mesuré de l'endroit dont je parle au pied du marabout, l'horizon décrit un cercle parfait, excepté sur un seul point, où le cône noirâtre de la Mouzaïa fait saillie. Au nord, nous embrassions la plaine avec ses villages à peine indiqués, ses routes tracées par des rayures pâles, puis tout le Sahel, courant, comme un sombre bourrelet, depuis Alger, dont la place exacte était déterminée par des maisons blanches, jusqu'au Chenoua, dont le pied s'avançait distinctement, comme un promontoire entre deux golfes; au delà, entre la côte d'Afrique et le ciel infini, la mer s'étendait à perte de vue comme un désert bleu. Dans le sud-est, on apercevait le Djurdjura, toujours blanchâtre; à l'opposé, montait la pyramide obscure de l'Ouarensenis; quatre-vingts lieues d'air libre, sans nuage et sans tache aucune, séparaient ces deux bornes milliaires posées aux deux extrémités des pays kabyles.

A nos pieds se développaient quinze lieues de montagnes échelonnées dans un relief impossible à saisir, enchevêtrées l'une à l'autre, et noyées, confondues dans un réseau d'azurs indéfinissables. Nous aurions pu voir Médéah, si la ville n'était masquée par le Nador et perdue dans le pli d'un ravin, qui lui-même est le versant d'un plateau très-élevé, puisqu'il y neige. Droit au sud, et bien au delà de ce vague échelonnement de formes rondes, de plissures, de vallées, de sommets, — géographie réduite à l'état de carte panoramique du vaste pays montueux qu'on appelle le Tell et l'Atlas, — on découvrait des lignes plus souples, à peine sinueuses, tendues comme des fils bleuâtres entre de hautes saillies, dont la dernière, à droite, porte la citadelle de Boghar. Plus loin encore commençait la ligne aplatie des plaines. Enfin à l'extrême limite de cette interminable étendue, dans une sorte de mirage indécis, où la terre n'avait plus ni solidité ni couleur, où l'œil ébloui aurait pu prendre des montagnes pour des filets de vapeurs grises, je voyais, — du moins Vandell les nommait avec la certitude du voyageur géographe, — les sept têtes des Seba-Rous, et par conséquent le défilé de Guelt-Esthel et l'entrée du pays des Ouled-Nayl. La moitié de l'Afrique française était étendue devant nous : les Kabyles de l'est, ceux de l'ouest, le massif d'Alger, l'Atlas, les steppes, et, directement à l'opposé de la mer, le Sahara.

— Voilà mon territoire, me dit Vandell; le monde est à celui qui voyage.

Et il étendit les deux bras par un grand geste qui sembla contenir un moment tout le périmètre visible de cette terre africaine dont il a fait la propriété de son esprit.

Pendant quelques minutes, il examina dans le nord un point blanc qui semblait flotter entre le ciel vague et la mer très-pâle.

— C'est un navire qui retourne en France, lui dis-je.

Il cligna fortement des yeux, pour amortir l'éclat de la lumière qui nous aveuglait, et dit :

— Peut-être, j'en ai vu quelquefois de plus loin.

Puis il tourna le dos à la mer et ne la regarda plus.

— Croyez-vous que nous nous reverrons? lui demandai-je.

— Cela dépend de vous. Oui, si vous revenez ici; non, si je dois aller vous trouver en France, où probablement je n'irai jamais. Qu'irais-je y faire? Je ne suis plus des vôtres. A force de répandre autour de moi ma civilisation, ajouta-t-il en souriant, il ne m'en reste plus assez pour vivre là-bas, où, dit-on, vous en avez trop.

Quand le soir approcha, Vandell interrogea la hauteur du soleil, et se leva.

— Il est quatre heures, ou peu s'en faut, me dit-il; allez-vous-en. Vous avez juste le temps de vous laisser glisser jusqu'aux sources de l'Oued et de rentrer au trot par le ravin. Moi, je n'ai qu'une petite marche à faire, deux lieues de pente douce, et je trouve un *douar*.

Et là-dessus il siffla sa jument, qui vint d'elle-même, et, par une vieille habitude, lui présenta le côté du montoir. Lorsqu'il fut établi dans sa selle en forme de fauteuil, il alluma sa pipe, resta immobile encore un instant sans fumer ni regarder rien. Puis brusquement il me tendit sa main osseuse et brune, et me dit :

— Qui sait? *Insha Allah*, s'il plaît à Dieu! voilà le grand mot et toute la sagesse humaine.

Presque aussitôt il descendit lentement, tout à fait renversé sur sa selle afin de soulager la bête, dont les genoux pliaient, tant la pente était rapide.

— Bonne chance! me cria-t-il encore.

Et comme si un souvenir plus joyeux lui revenait en mémoire, il arrêta sa jument et ajouta :

— Souvenez-vous de ceci, ce n'est pas moi qui vous le dis, c'est notre jovial ami Ben-Hamida : *Tâchez d'agir avec le bonheur plutôt qu'avec cent cavaliers*.

— Adieu, lui dis-je une dernière fois en lui tendant de loin mes deux mains.

Puis il fit demi-tour et s'éloigna. Cinq minutes après, je n'entendis et ne vis plus rien. Un léger vent, le premier souffle qui eût traversé l'air depuis midi, fit tomber deux ou trois pommes de cèdre qui roulèrent sur la pente et se perdirent dans le chemin plongeant qu'avait suivi Vandell. Je regardai le sud, où il s'en allait, puis le versant nord, où j'allais descendre.

— Si-bou-Djaba est parti? me dit, en me tenant l'étrier, l'Arabe qui m'accompagnait.

— Oui, répondis-je.

— Et toi, où vas-tu?

— Moi, je vais à Blidah, et dans trois jours je serai en France.

Il est dix heures, mon ami. Le clairon des Turcs, que je n'entendrai plus, sonne le couvre-feu. Bonne nuit, et à bientôt.

C

TABLE DES MATIÈRES

Pages.

DÉDICACE. — A Armand du Mesnil.
PRÉFACE.................................. III

PREMIÈRE PARTIE

UN ÉTÉ DANS LE SAHARA

	Pages.		Pages.
I. DE MEDEAH A EL-AGHOUAT...	1	4 juin 1853.........	76
Medeah, 22 mai 1853....	Ib.	.. juin 1853.........	81
El-Gouëa, 24 mai au soir..	7	.. juin 1853.........	93
Boghari, 26 mai au matin..	16	.. juin 1853.........	102
D'jelfa, 31 mai.......	24	.. juin 1853.........	108
D'jelfa, même date, cinq heures.........	45	.. juin 1853.........	120
		La nuit fin de juin 1853..	127
D'jelfa, même date, sept heures...........	48	1er juillet 1853.......	132
		.. juillet 1853........	134
Ham'ra, 1er juin 1853...	54	.. juillet 1853........	137
Ham'ra, même date, la nuit.	57	.. juillet 1853........	139
2 juin 1853, à la halte, dix heures..........	58	III. TADJEMOUT-AÏN-MAHDY.....	145
Sidi-Makhelouf, 2 juin 1853.	64	Aïn-Mahdy. — Vendredi, juillet 1853.........	Ib.
A la halte, 3 juin 1853, neuf heures..........	66	Aïn-Mahdy, juillet 1853..	168
El-Aghouat, 3 juin au soir.	67	Aïn-Mahdy, juillet 1853..	176
II. EL-AGHOUAT..........	73	Tadjemout, juillet, au soir...........	183
3 juin 1853, au soir....	Ib.	El-Aghouat, juillet 1853..	185

SECONDE PARTIE

UNE ANNÉE DANS LE SAHEL

	Pages.		Pages.
I. MUSTAPHA D'ALGER.......	193	8 novembre.........	202
Mustapha d'Alger, 27 octobre 1852..........	Ib.	Mustapha, 10 novembre..	203
		11 novembre.........	220
Mustapha, 5 novembre...	193	15 novembre.........	225

	Pages.		Pages.
16 novembre	228	Blidah, mars	295
Décembre	232	Blidah, mars	299
Même date, le soir	242	Avril	302
Mustapha, fin décembre	243	III. Mustapha d'Alger	313
4 janvier	246	Mustapha d'Alger, avril	Ib.
Mustapha d'Alger, janvier	248	Mustapha d'Alger	319
12 janvier	257	Blidah, mai	321
Même date, onze heures du soir	259	Même date, la nuit	322
13 janvier	260	IV. La Plaine	325
18 janvier	261	Blidah, août	Ib.
Fin janvier	262	Blidah, août	327
4 février	263	Septembre	332
7 février	266	Octobre	347
		Au bivouac du lac Haloula, octobre	350
II. Blidah	267	La nuit, onze heures	358
Blidah, 8 février	Ib.	Au bivouac du lac, mardi soir	361
Blidah, février	269		
Blidah, février	275	Au bivouac du lac, mercredi soir	364
24 février	279		
26 février	282	Blidah, fin d'octobre	365
Même date, au soir	290	Blidah, fin d'octobre	384
Blidah, 28 février	293		

EN VENTE A LA MÊME LIBRAIRIE :

A travers l'Asie centrale. *La steppe kirghize — le Turkestan russe — Boukhara — Khiva — le pays des Turcomans et la Perse.* Impressions de voyage, par Henri Moser. Ouvrage orné de plus de 170 gravures, dont 117 dessins de M. E. van Muyden et 16 héliotypies, avec une carte itinéraire du voyage à travers l'Asie centrale. Un vol. grand in-8°. Prix............ 20 fr.

La Hongrie, de l'Adriatique au Danube. Impressions de voyage, par Victor Tissot. Un beau volume grand in-8°, illustré de 10 héliogravures d'après Valerio, et de plus de 160 gravures dans le texte, dont 100 dessins de Poirson. Prix............ 20 fr.

La Russie et les Russes. Kiew et Moscou. Impressions de voyage, par Victor Tissot. Un beau volume grand in-8°, illustré de plus de 240 gravures, dont 67 de F. de Haenen et 115 de Pranischnikoff. Prix............ 20 fr.

Voyage autour du monde, par le comte DE Beauvoir, renfermant : **Australie, — Java, Siam, Canton, — Pékin, Yeddo, San Francisco.** Un vol. grand in-8°, illustré de 100 gravures et de 7 cartes imprimées en couleur. 10e *édition.* Prix............ 20 fr.

Amsterdam et Venise, par Henry Havard. Un beau volume grand in-8° colombier, orné de 7 eaux-fortes par Flameng et Gaucherel, et de 124 gravures sur bois. 2e *édition.* Prix. 20 fr.

Prisonniers dans les glaces, texte et dessins par Georges Fath. Un vol. illustré. Prix... 8 fr.

Les Aventures de Martin Tromp, par Raoul de Navery. Un vol. grand in-8°, illustré. 8 fr.

La Terre Sainte (1re partie). Son histoire, ses souvenirs, ses sites, ses monuments, par Victor Guérin, agrégé et docteur ès lettres, chargé de missions en Orient. 2e *édition.* Un beau volume grand in-4°, illustré de 21 superbes planches en taille-douce et de 300 belles gravures sur bois. (Ouvrage couronné par l'Académie française, prix Montyon.) Prix............ 50 fr.

La Terre Sainte (2e partie). *Liban, Phénicie, Palestine occidentale et méridionale, Pétra, Sinaï, Égypte,* par Victor Guérin. Un beau vol. grand in-4°, enrichi de 19 superbes planches en taille-douce, de 3 grandes cartes en couleur, et de 300 belles gravures sur bois. (Ouvrage couronné par l'Académie française, prix Montyon.) Prix............ 50 fr.

Les Cataractes de l'Obi. Voyage dans les steppes sibériennes. Texte et dessins par Georges Fath. Un vol. in-8°. Prix............ 8 fr.

Le Sahara, souvenirs d'une mission à Coléah, par Auguste Choisy, ingénieur en chef des ponts et chaussées. Un volume in-18. Prix............ 3 fr. 50

Sahara et Laponie, par le comte E. Goblet d'Alviella — I. Un mois au sud de l'Atlas. — II. Un voyage au cap Nord. Un vol. enrichi de 18 gravures. 2e *édit.* Prix............ 4 fr.

Au pays du Soudan. *Bogos, Mensah, Souakim,* par Denis de Rivoyre. Un volume in-18, avec dessins et carte spéciale. Prix............ 4 fr.

La Comédie de notre temps. Première série : *la Civilité, — les Habitudes, — les Mœurs, — les Coutumes, — les Manières et les Manies de notre époque.* Études au crayon et à la plume, par Bertall. Un vol. grand in-8°, richement illustré. 2e *édition.* Prix : cartonné, 24 fr.; relié. 25 fr.

La Comédie de notre temps. Deuxième série : *l'Enfance, — la Jeunesse, — l'Age mûr, — la Vieillesse,* par Bertall. Un vol. grand in-8°, richement illustré. Prix............ 20 fr.

La Vie hors de chez soi (Comédie de notre temps. Troisième partie) : *l'Hiver, — le Printemps, — l'Été, — l'Automne,* par Bertall. Un vol. gr. in-8°, richement illustré. 2e *édition.* 20 fr.

Bêtes et Gens, fables et contes humoristiques, à la plume et au crayon, par Stop. Un vol. in-8°, illustré de nombreuses gravures. 1re série. 2e *édition.* Prix : cartonné, 10 fr.; relié, 12 fr. — 2e série. Un vol. in-8°, illustré. Prix............ 8 fr.

PARIS. TYPOGRAPHIE DE E. PLON, NOURRIT ET Cie, RUE GARANCIÈRE, 8.

www.ingramcontent.com/pod-product-compliance
Lightning Source LLC
Chambersburg PA
CBHW070923230426
43666CB00011B/2281